Claudia Fröhlich/Michael Kohlstruck (Hrsg.)

Engagierte Demokraten

Vergangenheitspolitik in kritischer Absicht

WESTFÄLISCHES DAMPFBOOT

Umschlaggestaltung unter Verwendung von Fotos von:
Margarete Mitscherlich, Willy Brandt, Rolf Hochhuth (erste Reihe);
Peter Weiss, Fritz Bauer, Wolfgang Staudte (zweite Reihe);
Beate Klarsfeld, Theodor W. Adorno, Otto Köhler (dritte Reihe).

Die Deutsche Bibliothek – CIP-Einheitsaufnahme
Engagierte Demokraten: Vergangenheitspolitik in kritischer Absicht /
hrsg. von Claudia Fröhlich und Michael Kohlstruck. – 1. Aufl. – Münster :
Westfälisches Dampfboot, 1999
ISBN 3-89691-464-2

Gedruckt mit Unterstützung der „Gesellschaft zur Förderung politisch-
wissenschaftlicher Publizistik und demokratischer Initiativen e.V.",
„Gegen Vergessen – für Demokratie e.V." und der „Friedrich-Ebert-Stiftung".

1. Auflage Münster 1999
© 1999 Verlag Westfälisches Dampfboot, Münster
Alle Rechte vorbehalten
Umschlag: Lütke · Fahle · Seifert, Münster
Layout: Jörn Essig-Gutschmidt, Münster
Druck: Rosch Buch, Scheßlitz
Gedruckt auf säurefreiem Papier
ISBN 3-89691-464-2

Inhalt

Claudia Fröhlich/ Michael Kohlstruck
Vergangenheitspolitik in kritischer Absicht — 7

Joachim Perels
Eugen Kogon – Zeuge des Leidens im SS-Staat und Anwalt
    gesellschaftlicher Humanität — 31

Leonore Siegele-Wenschkewitz
Martin Niemöller – Abkehr vom Nationalismus — 46

Werner Bergmann
Philipp Auerbach – Wiedergutmachung war „nicht mit normalen
    Mitteln" durchzusetzen — 57

Andreas Wöll
Wolfgang Staudte – „Sicher sind es nicht die Filme, die das eigene
    Nest beschmutzen" — 71

Detlef Bald
Wolf Graf von Baudissin – Die Zivilisierung des Militärs — 84

Andreas Nachama
Heinz Galinski – Wir wollten, daß die Geschichte des Judentums
in Deutschland nicht zu Ende ist — 95

Claudia Fröhlich
Fritz Bauer – Ungehorsam und Widerstand sind ein „wichtiger Teil
unserer Neubesinnung auf die demokratischen Grundwerte" — 106

Rolf Hanusch
Erich Müller-Gangloff – Ein Bürger auf der Grenze — 121

Gerhard Schoenberner
Joseph Wulf – Die Dokumentation des Verbrechens — 132

Hans-Ernst Böttcher
Richard Schmid – ein Radikaler im öffentlichen Dienst. — 143

Johannes Heesch
Hans Werner Richter und der Grünwalder Kreis – „Die Feuerwehr
    der Demokratie" — 154

Thorsten Bonacker
Theodor W. Adorno – Die Zukunft des Erinnerns   170

Michael Kohlstruck
Reinhard Strecker – „Darf man seinen Kindern wieder ein Leben in Deutschland zumuten?"   185

Helmut Kramer
Barbara Just-Dahlmann – „Ludwigsburg öffnete uns schockartig die Augen, Ohren und Herzen"   201

Eckart Spoo
Otto Köhler – Der unnachgiebige Aufklärer   213

Erika Weinzierl
Hermann Langbein – Zeitzeuge in Wort und Schrift   224

Hanno Beth
Rolf Hochhuth – Der Knecht als Feld-Herr   237

Peter Jochen Winters
Bernd Naumann – Die Protokolle des Frankfurter Auschwitz-Prozesses   254

Alfons Söllner
Peter Weiss – Die Dramatisierung der Erinnerung und ihre Widersprüche   265

Angelika Ebrecht
Alexander und Margarete Mitscherlich – Erinnerungsarbeit als politische Kritik   277

Rita Thalmann
Beate Klarsfeld – „Ich will, daß meine beiden Kinder darauf stolz sind, eine deutsche Mutter zu haben."   289

Bernd Rother
Willy Brandt – Der Kniefall von Warschau   299

Danksagung der Herausgeber   309
Die Autorinnen und Autoren   310

Claudia Fröhlich/ Michael Kohlstruck

Vergangenheitspolitik in kritischer Absicht

„Die Demokratie als solche ist bekanntlich ein recht vager Begriff, der zu Freiheit und Gerechtigkeit nicht automatisch in Beziehung steht. Es bedarf der Spontaneität des einzelnen, die sich in formalen Prinzipien nicht erschöpft."

(Max Horkheimer)[1]

Die Bundesrepublik ist im fünfzigsten Jahr ihres Bestehens durch ein stabiles politisches System und eine hohe Zustimmung der Bevölkerung zur repräsentativen Demokratie geprägt. Im Vergleich mit anderen Demokratien schneidet sie gut ab. Die Politische Kultur des Landes hat ihre nationalen Besonderheiten, sie unterscheidet sich aber in ihren grundlegenden Wertorientierungen und Funktionsweisen nicht von der Öffentlichkeit in anderen westlichen Demokratien. Im Rückblick auf die Anfangsjahre zeigt sich, daß es nicht ein besonders langer, aber ein weiter Weg war, der bis zu dieser *Ankunft im Westen* zurückgelegt werden mußte.[2] Wenig geändert hat sich freilich der äußere Rahmen dieser Entwicklung: der demokratische, föderative und soziale Rechtsstaat des Grundgesetzes ist – auch nach dem Beitritt der neuen Länder – im wesentlichen der gleiche geblieben. Eine um so stärkere Entwicklung hat im Stil und den Wertmaßstäben der politischen Auseinandersetzungen und damit der Politischen Kultur stattgefunden. Die entscheidenden Entwicklungen haben sich hier in den ersten zwanzig Jahren der Bundesrepublik zugetragen. Die rasante Entwicklung von der zwar repräsentativ-demokratisch verfaßten, aber autoritären Adenauer-Ära zu pluralen und liberalen öffentlichen Debatten findet ihren prägnantesten Ausdruck in den Worten Willy Brandts, der in seiner Regierungserklärung von 1969 erklärte: „Wir wollen mehr Demokratie wagen."

Dem waren verschiedene Abschiedserklärungen vorausgegangen: Bundeskanzler Erhard hatte 1965 das Ende der Nachkriegszeit erklärt und die Studentenbewegung hatte sich in Lebensstil und Politikverständnis vom „Establishment" abgesetzt. Der „Abschied von den Eltern" (Peter Weiss) war schon Anfang der sechziger Jahre erfolgt. Ulrich Schamonis Roman eines selbstmörderischen Abschieds, in dem sich der Überdruß am erfolgsorientierten Aufbau der fünfziger Jahre formulierte, erschien bereits 1962.[3] Mit der Kulturrevolte der „68er" hatte die Bundesrepublik dann „einen Schub in der inneren Demokratisierung" erlebt.[4] Verschiedentlich hat man in diesen formativen Jahren auch eine „zweite Gründung" der Bundesrepublik gesehen. Mit der sozialliberalen Koalition wurde 1969 nicht nur erstmals die CDU/ CSU-Regierung, sondern ein Bundeskanzler abgelöst, der während der NS-Diktatur Mitglied der NSDAP war und im Auswärtigen Amt mit Propagandafragen beschäftigt war. An seine Stelle trat mit Willy Brandt ein Emigrant und aktiver Gegner der Diktatur, der seine politische Identität durch die Beibehaltung seines nom des guerre unterstrich. Mit seiner Wahl zum Bundeskanzler wurde auch die Legitimität des Kampfes gegen den Nationalsozialismus in der offiziellen Bundesrepublik anerkannt. Mit Brandts Kniefall von Warschau wiederum würdigte die westdeutsche Republik die osteuropäischen Opfer des Nationalsozialismus. Der Kontrast zu dem NS-Bild der fünfziger Jahre hätte kaum größer sein können.

„Wir müssen uns in Deutschland miteinander geistig zurechtfinden. Wir haben noch nicht den gemeinsamen Boden. Wir suchen zusammenzukommen."[5] Der von den Nationalsozialisten entlassene Philosoph Karl Jaspers kehrte 1945 auf seinen Lehrstuhl für Philosophie an der Universität Heidelberg zurück. Seine erste Vorlesungsreihe im Wintersemester 1945/46, der er die zitierten Worte voranstellte, beschäftigte sich mit der „geistige(n) Situation in Deutschland". Sie wurde 1946 in einem kleinen Bändchen mit dem Titel *Die Schuldfrage* veröffentlicht und ist einer der ersten – und heute bekanntesten – Versuche, die Auseinandersetzung mit der Schuld der Deutschen während des Nationalsozialismus und eine Debatte über „Strategien der Auseinandersetzung mit der nationalsozialistischen Vergangenheit"[6] anzustoßen. Karl Jaspers wollte zur Klärung des Selbstverständnisses der Deutschen, die nun Bürger einer postdiktatorischen Gesellschaft waren, beitragen; er wollte „als Deutscher unter Deutschen Klarheit und Einmütigkeit fördern, als Mensch unter Menschen teilnehmen an unserem Mühen um Wahrheit."
Nach dem militärischen Sieg über Deutschland im Mai 1945 verfolgten die Alliierten das Ziel, den deutschen Nationalsozialismus institutionell und ideell zu delegitimieren. Demilitarisierung, Dekartellisierung, Denazifizierung und Demokratisierung waren die Leitlinien der alliierten Deutschlandpolitik.[7] Der Bruch der alliierten Kriegskoalition und die sich zuspitzende Systemkonfrontation zwischen den Westalliierten und Russland bewirkten jedoch eine Neuakzentuierung der politischen Interessenlagen. Seit Ende der vierziger Jahre wirkte sich die Ost-West-Konfrontation auf die innenpolitischen Determinanten deutscher Politik und den institutionellen und ideellen

Demokratisierungsprozeß Deutschlands aus. Schon nach Gründung der beiden deutschen Staaten im Herbst 1949 kennzeichneten Westintegration, Wiederbewaffnung und Wiederaufbau die selbstbewußte Politik der ersten Regierung der Bundesrepublik Deutschland unter Kanzler Konrad Adenauer.[8] Noch nach der bedingungslosen Kapitulation Deutschlands galt den Alliierten die personelle Säuberung als „Kernstück der westalliierten Entnazifizierungspolitik"; sie war gerade für die Amerikaner die „unabdingbare Voraussetzung für die demokratische Neuordnung" Deutschlands.[9] Jeder Deutsche, der mehr als nominelles Mitglied der NSDAP gewesen war, so hieß es in der entsprechenden Besatzungsdirektive, sollte zukünftig in Deutschland keine wichtige Position im öffentlichen Dienst, in der Wirtschaft, in Parteien, Verbänden, Presse oder im Bildungswesen bekleiden. Doch der Anspruch der Alliierten, den vor allem die Amerikaner zunächst mit „missionarischem Eifer" umsetzten, hielt den Bedingungen der politischen Entwicklungen nicht stand. Nach einer ersten Phase der Verhaftungen und Internierungen, Entlassungen und Berufsverbote, zeigte das veränderte besatzungspolitische Interesse der Amerikaner und der Westalliierten, Deutschland als westlichen Bündnispartner zu gewinnen, schon im März 1946 Wirkung. Die Amerikaner delegierten die Durchführung der Entnazifizierung an die Deutschen.[10] Dies wurde jedoch nicht als Chance verstanden, sich mit der Vergangenheit auseinanderzusetzen. Mit argumentativer Schützenhilfe der Kirchen etablierte sich in Deutschland eine abwehrende Haltung gegenüber der personellen Entnazifizierung, die die Entnazifizierung „als grundsätzliches Unrecht an sich" kritisierte und ablehnte.[11] Im Dezember 1950 läutete der Bundestag den formellen Abschluß der Entnazifizierungsverfahren ein.
Schon in seiner ersten Regierungserklärung im September 1949 forderte auch Konrad Adenauer eine weitreichende Amnestie. Er wurde damit nicht nur dem „kollektiven politischen Erwartungshorizont"[12] gerecht, vielmehr gab er auch „die Grundlinien der westdeutschen Politik in der Kriegsverbrecher-Frage für die kommenden Jahre an: Zum einen die Differenzierung der verurteilten NS-Kriegsverbrecher in Nichtschuldige und 'wirklich Schuldige' (…). Darin eingeschlossen war andererseits die Überzeugung, daß ein offenbar erheblicher Teil der in Nürnberg, Dachau und an anderen Orten Verurteilten zu Unrecht bestraft worden sei." Eines der ersten Gesetze, die der deutsche Bundestag verabschiedete, war dann auch das „Gesetz über die Gewährung von Straffreiheit", die Weihnachtsamnestie von 1949. Das Gesetz hatte eine weitreichende und – wie man beteuerte – nicht bedachte Wirkung: es amnestierte auch die von deutschen Spruchgerichten in der britischen Zone wegen

Organisationsverbrechen Verurteilten, also die Personen, die wegen „kenntnisbelasteter Zugehörigkeit" zu einer der im Nürnberger Urteil der Alliierten für verbrecherisch erklärten Organisationen wie beispielsweise der SS und der Gestapo zählten, „vermutlich mehrere zehntausend NS-Täter".[13] Die Bundesregierung schaffte zu einem sehr frühen Zeitpunkt den „Einstieg in eine rasch fortschreitende Delegitimierung der Verfolgung von NS-Straftaten".[14]
Die strafrechtliche Delegitimierung des NS-Unrechtsstaats und die Aburteilung der NS-Täter waren neben der personellen Entnazifizierung das zweite Kernstück der alliierten Bemühungen um Demokratisierung und Wiederherstellung des Rechts in Deutschland. Tatsächlich schien die deutsche Bevölkerung zu akzeptieren, daß die Alliierten die Spitzen des NS-Staates, unter ihnen Hermann Göring, Außenminister Joachim von Ribbentrop, den Chef des OKW Wilhelm Keitel, den frühere Innenminister Wilhelm Frick und den Stellvertreter Hitlers Rudolf Heß in Nürnberg vor Gericht stellten und aburteilten. Ganz in Übereinstimmung mit der Unterscheidung, die Adenauer zwischen „wirklich Schuldigen" und den vielen zu Unrecht Verurteilten traf, hatte aber auch die deutsche Gesellschaft die Hoffnung, daß mit dem ersten Prozeß in Nürnberg gegen die Hauptkriegsverbrecher die Verantwortlichen verurteilt seien und deutsche Schuld abgegolten sei. Dem „unangenehmen Teil des alliierten Angebots", einer „schonungslosen Aufklärung" des NS-Systems, wie beispielsweise der Aufdeckung der Beteiligung der deutschen Wirtschaft und der Ärzte in den zwölf Nachfolgeprozessen, verweigerte sich die deutsche Gesellschaft.[15] Die Deutschen, so resümiert Bergmann, „leugnete(n) ... jede Mitverantwortung für die Taten des NS-Regimes", „die Mehrheit der Deutschen (gab) der NS-Führung die Schuld am Holocaust, an den Kriegsverbrechen und an der deutschen Katastrophe".[16]
Zur Lösung des Problems der – wie es hieß – „sogenannten Kriegsverbrecher" hatte sich in Deutschland dann bis Anfang der fünfziger Jahre eine breite gesellschaftliche Front von Vertretern beider Kirchen, der Publizistik, der alten militärischen Elite und der Bundesregierung zusammengefunden.[17]
Die deutschen Forderungen blieben nicht ohne Erfolg: Die politischen Entwicklungen im Zeichen des Kalten Krieges ermöglichten ein Junktim des „Kriegsverbrecherproblems" mit der Wiederbewaffnung Deutschlands. Der amerikanische Hochkommissar John McCloy sprach im Januar 1951 weitreichende Begnadigungen für verurteilte NS-Täter aus. War die wirtschaftliche Elite, die die Alliierten im Flick- und I.G.-Farben-Prozeß verurteilt hatte, bereits im Sommer 1950 entlassen worden, wurden im Februar 1951 auch

alle noch Inhaftierten aus dem Krupp-Prozeß begnadigt. Die bundesdeutsche Presse feierte die Freilassung der NS-Täter – das Thema der Schuld der Deutschen am NS schien damit abgehandelt.[18] Die neue, selbstbewußtere Rolle der Bundesrepublik vor dem Hintergrund des Kalten Krieges führt zu einer weitreichenden Exkulpation des Nationalsozialismus durch die deutsche Rechtsprechung. Obwohl 1950 und 1951 die der deutschen Justiz nach der Kapitulation seitens der Besatzungsmächte auferlegten Beschränkungen weitgehend aufgehoben wurden und die deutsche Justiz damit die Möglichkeit hatte, die NS-Verbrechen nach deutschem Recht zu verfolgen, sank die Zahl der rechtskräftigen Verurteilungen wegen NS-Verbrechen stetig und erreichte schon 1952 den niedrigsten Stand seit 1946.[19] Die Formel vom „gesetzlichen Unrecht und übergesetzlichen Recht", die der deutsche Strafrechtstheoretiker und Rechtsphilosoph Gustav Radbruch als strafrechtstheoretischen Rahmen entwickelt hatte, um den Unrechtscharakter des NS-Staats erfassen und die Täter aburteilen zu können und auf die sich die Alliierten noch im ersten Nürnberger-Prozeß bezogen hatten, war für die Rechtsprechung in Deutschland kaum mehr Bezugspunkt.[20]
Wie gering zu dieser Zeit in Deutschland die personelle und ideelle Distanzierung vom Nationalsozialismus und wie gering die Identifizierung der postdiktatorischen Gesellschaft mit der Demokratie war, zeigt exemplarisch eine Meinungsumfrage vom Oktober 1948, in der nahezu die Hälfte der Befragten den Nationalsozialismus noch immer für eine „gute Idee" hält, die nur „schlecht ausgeführt wurde".[21] Für die Nachkriegsgesellschaft war nicht die Auseinandersetzung mit der eigenen Vergangenheit identitätsbestimmend, vielmehr suchte die deutsche Gesellschaft durch Schuldabwehr, Schuldprojektion und Verdrängung den Kontinuitätsbruch mit dem Nationalsozialismus. Als 1950 deutsche Zeitschriften in Artikelserien über Männer und Ereignisse aus dem „Dritten Reich" berichteten, erklärten 44% der vom Allensbacher Institut für Demoskopie Befragten, die Berichte zwar gelesen zu haben, aber nur 16% der Leser hielten die Informationen über die Vergangenheit für nützlich.[22] Es waren vor allem Abgrenzungsmuster und Kriterien eines sichtbaren Erfolges, die die deutsche Identität prägten: Der Kommunismus als Feindbild und der ökonomische Wiederaufbau der Bundesrepublik wurden die maßgebenden integrativen Eckpfeiler und ideologischen Stützen des innenpolitischen Aufbaus.[23] Anfang 1949, also in dem Jahr, in dem mit dem Grundgesetz die Demokratie verfassungsrechtlich neu begründet wurde, nannten in einer *Spiegel*-Umfrage mehr als die Hälfte der Befragten ihren Antikommunismus als entscheidendes Motiv, ihre Stimme bei der Bundes-

tagswahl abzugeben, und fast der Hälfte der Befragten schien die demokratische Freiheit, die die deutsche Gesellschaft gerade erst gewonnen hat, entbehrlich, sofern nur die ökonomische Absicherung der Lebensverhältnisse gewährleistet war.[24] So konstatierten die *Gewerkschaftlichen Monatshefte* Anfang der fünfziger Jahre einen Mangel an politischem Engagement und Verantwortungsbewußtsein:

Das Leben der meisten hat sich seit 1948 ... in einem hausbackenen Sinne privatisiert, es weicht dem objektiv unentrinnbaren gesellschaftlichen Bezug und seiner Verantwortung geflissentlich aus. Wo der einzelne heute für sich und allenfalls für die seinen eine einigermaßen zulängliche soziale Position zurückerobert hat, gilt für ihn die Problematik der Existenz als gelöst.[25]

Die Abgeordneten des deutschen Bundestags sprachen sich in ihrer Sitzung am 17. September 1952 dann dafür aus, endlich einen Schlußstrich unter die deutsche Vergangenheit zu ziehen. Schon im September 1951 hatte Bundeskanzler Adenauer gefordert, „jetzt mit der Naziriecherei einmal Schluß" zu machen.[26] In der Parlamentsdebatte im Herbst 1952 stigmatisierten Abgeordnete der FDP wie auch der SPD die NS-Prozesse der Alliierten als „Ausübung politischer Macht und politischer Gewalt", als „Siegerwillkür" und „Besatzungsjustiz" und der Abgeordnete Mende von der FDP appellierte schließlich, die Schuld der Deutschen relativierend, an die Abgeordneten im Bundestag: „meine Damen und Herren, sieben Jahre danach scheint doch nun Gelegenheit zu sein, einen Schlußstrich zu ziehen. (...) Wir wollen den Blick nach vorn tun."[27]

In der zweiten Hälfte der fünfziger Jahre setzte eine allmähliche Veränderung ein,[28] die sich im Jahr 1958 deutlich manifestierte.[29] Genannt werden als äußere Stationen der Prozeß gegen einen früheren Leiter einer Einsatzgruppe, der sog. „Ulmer Einsatzgruppen-Prozeß", in dessen Gefolge im Dezember 1958 die „Zentrale Stelle zur Aufklärung nationalsozialistischer Verbrechen" eingerichtet wurde. Die Zeit zwischen 1958 und dem Ende des Frankfurter Auschwitz-Prozesses (1965) wird überhaupt als eine Zeit des Übergangs beurteilt, der durch verschiedene Ereignisse befördert wurde. Dazu gehören die Schmierereien an der neueingeweihten Synagoge in Köln (1959/60), die Debatten um die Verjährung der Delikte Mord und Totschlag im Deutschen Bundestag 1960, der Prozeß gegen Eichmann in Jerusalem (1961/1962), der Frankfurter Auschwitz-Prozeß selbst und schließlich die Verjährungsdebatten von 1965.[30] Erst danach bestand in der Bundesrepublik ein breiterer Kenntnisstand der NS-Verbrechen und eine Bereitschaft, in öffentlichen Debatten auch über persönliche Schuld und politische Verantwortung der Deutschen zu sprechen.

In der Zeitgeschichtsforschung scheint weitgehend Übereinstimmung zu bestehen, daß der Übergang mehr oder weniger konfliktfrei und ohne das Zutun von Personen „erfolgt" ist. Selten jedenfalls wird die Tatsache gewürdigt, daß erst über das Engagement von einzelnen und nach harten Konflikten eine aufgeklärte und selbstreflexive öffentliche Thematisierung des Nationalsozialismus durchgesetzt werden konnte.[31]
Auf die häufig übersehene, in manchen Fällen grundlegende Bedeutung der Initiative von einzelnen Personen macht manchmal ein eigenartige Anonymisierung aufmerksam. So wird über das Zustandekommen des Ulmer Einsatzgruppenprozesses von 1956 in der folgenden Weise berichtet: „Am Verfahren gegen das Einsatzkommando Tilsit ... ist ... bereits die Art und Weise relevant, wie es zustande kam: durch puren Zufall nämlich. Einer der Angeklagten war eine zeitlang als Leiter eines Flüchtlingslagers tätig, wurde wegen seiner von ihm verschwiegenen politischen Vergangenheit entlassen und strengte daraufhin dreist einen Arbeitsgerichtsprozess gegen das Land Baden-Württemberg an, wodurch die Justizbehörden auf dieses ‚Einsatzkommando' überhaupt erst aufmerksam wurden."[32] Tatsächlich bestand der „Zufall", der wohl eine ebenso anonyme geschichtliche „Notwendigkeit" unterbrochen hat, darin, daß ein Zeitungsleser die Meldung über den Arbeitsgerichtsprozeß zum Anlaß genommen hatte, den ehemaligen Polizeidirektor von Memel, Fischer-Schweder anzuzeigen.[33] Eine ähnliche Initiative hat auch einen Anstoß für den Frankfurter Auschwitz-Prozeß gegeben.[34]
Geht man systematisch der Frage nach, wie es im Konkreten zu einzelnen markanten Wendepunkten in der Auseinandersetzung mit dem Nationalsozialismus kam, zeigt sich häufig das gleiche Ergebnis: Was die Geschichtswissenschaft zu Recht als allgemeine Rahmenbedingungen, immanente Faktoren und unmittelbare Anlässe der Veränderungen anführt, wäre ohne die bewußte Aktivität einzelner Personen und kleiner Gruppen nichts weiter geblieben als ungenutzte Gelegenheiten. Zu einem nicht unerheblichen Teil gehen die neuen Akzente in der öffentlichen NS-Thematisierung auf das politische Engagement einzelner Personen und kleiner Gruppen zurück, die sich in jahrelanger Arbeit für eine öffentliche und breite Auseinandersetzung mit dem NS eingesetzt haben.
Dies bedeutete damals etwas anderes als etwa in der Zeit nach 1979, als mit der us-amerikanischen Fernsehserie „Holocaust" die Vernichtung der europäischen Juden einen medientauglichen Namen erhalten hatte; es war auch etwas anderes als in der Zeit nach 1985, als mit der Rede des Bundespräsidenten von Weizsäcker eine generationenübergreifende deutsche Verantwortung

für die NS-Verbrechen formuliert worden war. In einer Zeit, in der die berufsbiographischen Kontinuitäten zwischen Diktatur und Demokratie sehr viele Angehörige der NS-Funktionseliten wieder in Amt und Würden gebracht hatten und in der überdies der Ost-West-Konflikt die Hochzeit des Kalten Krieges erreicht hatte, war die Enttarnung ehemaliger Nazis, die Aufdeckung ihrer Taten, die Information über die NS-Verbrechen und ihre systematische Organisation ein riskantes und oft frustrierendes Engagement. Die Gegner einer politischen relevanten Auseinandersetzung mit dem Nationalsozialismus waren nicht nur in der Bevölkerung zunächst in der Mehrheit, sie hatten auch häufig einflußreiche Positionen in Politik und Verwaltung, Kirche und Hochschule. Wer die Aufarbeitung des NS in den fünfziger und sechziger Jahren mit moralischen, ethischen oder politischen Forderungen verband, sah sich heftigen Anfeindungen und vielfältigen Konflikten ausgesetzt. Es ist verständlich, daß es nicht viele Personen gab, die sich diesen Schwierigkeiten stellen konnten.

Die Einsprüche dieser kritischen Minderheit begleiteten allerdings von Anfang an den „Prozeß der Amnestierung und Integration der vormaligen Anhänger des 'Dritten Reiches'".[35] Der restriktiven offiziellen Vergangenheitspolitik setzten sie eine kritische vergangenheitspolitik entgegen. Kurt Schumacher, Oppositionsführer der SPD, kritisierte etwa 1949 die erste Regierungserklärung des Bundeskanzlers scharf, weil Konrad Adenauer die Schuld der Deutschen an der Ermordung der Juden und die daraus erwachsende Verantwortung mit keinem Wort erwähnt hatte. Bundespräsident Theodor Heuss sprach im selben Jahr von der „Kollektivscham" der Deutschen und verurteilte 1952 in seiner Rede anläßlich der Eröffnung der Gedenkstätte Belsen den Umgang der Deutschen mit ihrer Vergangenheit als ein Verfahren „moralisch Anspruchslose(r)".[36] Die Kritik dieser Minderheit, zu der die hier Porträtierten gehören, hat einen deutlichen politischen Akzent in der Aufarbeitung der Vergangenheit gesetzt: Aus der Erinnerung an die Diktatur, den imperialistischen Krieg und die NS-Verbrechen sollten Konsequenzen für die Gestaltung des politischen Gemeinwesens gezogen werden. Sie vertrauten nach 1949 nicht allein auf die strukturelle und institutionelle Demokratisierung der Bundesrepublik. Ihr Engagement gründete in der Idee, daß der gesellschaftliche Transformationsprozeß auch die Mentalitäten und die Politische Kultur umfassen müsse. Sie vertraten nicht nur den Anspruch, daß die Repräsentanten von Regierung und Parlament für eine derartige Erneuerung einzustehen haben, sie forderten die postdiktatorische Gesellschaft dazu auf, als Bürgergesellschaft die Fähigkeit zur verantwortlichen Partizipation anzuerkennen und zu lernen. Der kritische Einspruch setzte also dem strukturellen und institutionellen Demokratisierungsprozeß, der sich im Zeichen des Kalten Krieges abzeichnete, einen normativen Begriff der Demokratie gegenüber. Die Leitidee dieser Aufarbeitung der Vergangenheit ist einem historisch-genetischen Denken verpflichtet und zielt auf ein Lernen aus der Geschichte für Gegenwart und Zukunft. Damit wird Einspruch erhoben gegen die wirkungsmächtige Schlußstrichmentalität und das Bedürfnis der deutschen Gesellschaft, den „Schleier des Vergessens"[37] auszubreiten, wie es auch die Mehrheit der Bundestagsabgeordneten 1952 forderte.

Die Vergangenheit, die hinter den engagierten Demokraten lag und für viele von ihnen persönliche Verfolgung, Inhaftierung und Folter oder Vertreibung bedeutet hatte, war nicht mehr zu ändern. Um so stärker traten sie – allen neuen Schwierigkeiten zum Trotz – für einen wirklichen Neuanfang ein. Als ihr gemeinsames Motiv kann das Selbstverständnis von Eckart Heinze gelten, der sich als Journalist Michael Mansfeld nannte und als erster öffentlich dagegen protestiert hatte, daß frühere Träger der NS-Außenpolitik wieder im Auswärtigen Amt eingestellt wurden. Als Reaktion auf die Artikelserie von Mansfeld in der *Frankfurter Rundschau* wurde vom Deutschen Bundestag der Untersuchungs-Ausschuß Nr. 47 eingesetzt. Hier erklärte Mansfeld im Dezember 1951:

Ich war fünf Jahre Soldat, und als ich zurückkam, hatte ich persönlich das Gefühl, als ich den ersten britischen Soldaten auf der Straße sah, daß nun etwas vollkommen Neues anfangen müßte, von hier und heute ... ich habe daran geglaubt, daß wir aus diesem fürchterlichen Dreck, aus dieser Lorke, aus der wir herausgekommen sind, etwas erkennen müssen, daß man nun etwas Neues anfangen müßte, und ich habe gedacht, die andern müßten auch so denken. Aber ich habe offensichtlich falsch gedacht. Ich habe als Journalist nur nach dem Prinzip gehandelt, daß die erste Freiheit der Presse darin liegt, kein Gewerbe zu sein ... ich habe seit eineinhalb Jahren einen Fall gesucht, woran ich die Restaurierungspolitik wie sie ist ... aufrollen kann, und da kam mir der Fall Auswärtiges Amt im Frühjahr dieses Jahres ... in die Hand ... und das bin ich meiner Generation schuldig, daß es eben nicht wiederkommt, daß nicht all die Ewiggestrigen wiederkommen, daß nun endgültig etwas Neues kommt ... .[38]

Wie lassen sich die vorgestellten engagierten Demokraten charakterisieren? Welche Gemeinsamkeiten verbindet sie? In einem allgemeinen Sinn sind die hier Porträtierten Intellektuelle, Personen also, „die sich ... berufen fühlen, allgemeine Fragen zu stellen, sich von der eigenen Existenz zu distanzieren, vom Geist her das Leben kritisch zu betrachten. Diese Menschen haben in allen modernen oder sich modernisierenden Gesellschaften eine wichtige,

kritisch-vorwärtstreibende Funktion."[39] Die Initiativen gehen aber nur in einigen Fällen von „freischwebenden" Intellektuellen aus. [40] Viele hatten durchaus wichtige öffentliche Ämter inne – ohne allerdings die Distanz zu Politik und Gesellschaft aufzugeben, die für gesellschaftspolitische Neuanfänge wohl unabdingbar ist.[41] Die Mehrzahl der Vorgestellten gehören persönlich oder als Angehörige ihrer Familien zu dem Kreis derer, die von den Nazis zu „Nichtariern" erklärt wurden und Opfer von Verfolgung wurden. Einige konnten sich der drohenden Deportation und den Lagern durch Emigration entziehen. Andere waren ursprünglich selbst nationalistische Parteigänger, die erst durch die Erfahrung der Diktatur und des Krieges zu anderen politischen Auffassungen gefunden haben. Die Mehrzahl gehört zu denen, die als Erwachsene das „Dritte Reich" erlebt haben. Zur jüngeren Generation gehören in unserem Fall diejenigen, die heute zwischen 60 und 70 Jahre alt sind. Auch wenn es sich in den vorgestellten Fällen nicht um eine Auswahl handelt, die den strengen Anforderungen statistischer Repräsentativität genügt, wird deutlich, daß die Anstöße zur Aufarbeitung im Sinne eines neuen politischen Ethos durchaus nicht nur von den „Jungen" – weder der nachwachsenden Zweiten Generation noch der politischen Generation der „68er" ausgegangen sind. Offensichtlich hat es weder der Etablierung einer generalkritischen Haltung noch einem neoromantischen Aufbegehren gegen die Formen des gesellschaftlichen Lebens bedurft, um für einen neuen verantwortlichen Umgang mit der NS-Vergangenheit einzutreten. Das protestantische Milieu – in dem der Begriff der „Vergangenheitsbewältigung" geprägt wurde – scheint für ein moralisch motiviertes und ethisch akzentuiertes politisches Engagement fruchtbar zu sein. Die deutliche Präsenz von Publizisten und Journalisten zusammen mit den beiden Schriftstellern bestätigen die triviale Einsicht, daß eine öffentliche Wirkung von den publizierenden, nicht den privatisierenden Kreise ausgeht. Zu dieser Art des öffentlichen Engagements haben geistes- und sozialwissenschaftliche Hochschullehrer offensichtlich eher einen Zugang als die Vertreter etwa der Natur- oder Ingenieurswissenschaften.
Gleichwohl: keines dieser soziologischen Merkmale verweist in irgendeiner Weise zwingend auf das dokumentierte Engagement. Weder die Zugehörigkeit oder die spätere Solidarität mit Opfern und Gegnern des Nationalsozialismus, weder die Zeitgenossenschaft noch die Zugehörigkeit zur Zweiten Generation, weder ein revidierter Nationalprotestantismus noch die Tätigkeit als Jurist bedeuten eine Festlegung auf das hier nachgezeichnete Engagement. Verstehen läßt es sich nur aus der irreduziblen Individualität von Lebensgeschichte und persönlicher Entscheidung.

So unterschiedlich die Wege waren, die zu einem bestimmten Engagement geführt haben, so unerläßlich scheint in den ersten zwanzig Jahren der persönliche Mut gewesen zu sein, gegen eine offizielle Vergangenheitspolitik und eine weithin ablehnende oder mindestens indifferente öffentliche Meinung die Stimme zu erheben. „Der Mut ist die Tugend des Beginnens" (Vladimir Jankélévitch). Wer den Mut als bloße Unteroffizierstugend abtut, oder ihn unter das Verdikt einer ethnotypischen Sekundärtugend stellt, übersieht seine Bedeutung für eine wirkliche politische Opposition. Ernst Bloch hat sich bekanntlich geweigert, den Begriff der Heimat den Nationalsozialisten zu überlassen. Die engagierten Demokraten aus den frühen Jahren der Bundesrepublik können heute veranschaulichen, daß auch die Tugend des Mutes weder in der politischen Praxis noch der zeitgeschichtlichen Reflexion den Rechtsradikalen gehört.[42]

Der mutigen Entscheidung, einen politischen Konflikt zu beginnen und durchzustehen, korrespondiert – auch das zeigen die Porträts – mit dem Mut, seine Folgen zu tragen. In nicht wenigen Fällen haben die Konflikte über die gewollte politische Gegnerschaft hinaus zu politischen Feindschaften und manchmal auch zu überraschenden Entsolidarisierungen geführt. Behinderungen des beruflichen Fortkommens können ebenso wie finanzielle Schwierigkeiten und die Erfahrung einer politischen Vereinsamung zu den Risiken eines politischen Engagements gehören.

Auch wenn man darauf verzichtet, Determinanten des Protests zu suchen und die Gemeinsamkeiten eher auf der Ebene persönlicher Eigenschaften beschreibt, lassen sich die politischen Konstellationen benennen, die die Auseinandersetzung mit der NS-Vergangenheit begünstigt und welche sie eher behindert haben.

In einigen Fällen wird deutlich, wie wichtig es war, die Perspektiven der Nachbarstaaten kennenzulernen. Die Informationen über den Nationalsozialismus und sein Personal, die etwa aus New York, Paris, Warschau und Prag, aber auch aus Ostberlin auf verschiedenen Wegen nach Westdeutschland gefunden haben, waren häufig eine Voraussetzung, die deutschen Verhältnisse auch aus der Perspektive der Völker zu beurteilen, die unter dem vom Deutschen Reich begonnenen Krieg, der politischen Repression und der rassistischen Verfolgung gelitten hatten. Was sich in der westdeutschen Binnensicht auch für manchen späteren Beobachter noch als ein unvermeidliches kommunikatives Beschweigen ausgenommen hatte[43] oder doch wenigstens als „Verstrickungsäquivalenz" (Bernd-A. Rusinek) eine faktische Voraussetzung für einen beruflich-politischen Wiederaufstieg früherer Funktionseliten bot, wurde von den Opfern und Gegnern im Ausland als die Restauration einer deutschen Gefahr wahrgenommen. Diese Hinweise zeigen, daß auch in Zukunft die Auseinandersetzung mit dem Nationalsozialismus in der Bundesrepublik ohne Einbeziehung der Problemwahrnehmung durch die europäischen Nachbarn kaum hinreichend untersucht werden kann.[44] Was sich auf der einen Seite günstig auf die Schärfung eines kritischen Blicks ausgewirkt hat, war für die öffentliche Wirkung des Eintretens für eine ethisch anspruchsvolle Auseinandersetzung mit dem NS oft genug auch ein Hindernis. Zu den politischen Rahmenbedingungen des Kalten Krieges gehörten korrespondierende Ideologien.[45] Der Westen setzte unter dem Signum des Totalitarismus die Tradition des Antikommunismus fort und der Osten pflegte den Antifaschismus mit der These vom westdeutschen Neofaschismus. Für beide Parteien dieser politisch-ideologischen Front hatte der Nationalsozialismus damit eine kritische Gegenwartsbedeutung nur für die jeweilige Gegenseite. Der Westen sah den Nationalsozialismus als Totalitarismus im Staatssozialismus fortgesetzt, der Osten verwies auf die berufsbiographischen Kontinuitäten zwischen Diktatur und Demokratie und die Fortdauer des Kapitalismus. Der Dominanz dieses politischen Rahmens war schwer zu entkommen: Wer im Westen öffentlich die personellen Kontinuitäten oder die Macht der Konzerne kritisierte, entging schwerlich dem Vorwurf, ein Parteigänger „des Spitzbarts" zu sein; dieser Vorwurf war in den seltensten Fällen in den tatsächlichen Motiven der Betreffenden begründet, sondern bezog sich lediglich auf die äußere Verwandtschaft des Protests mit der östlichen Propaganda.

Ohne Zweifel ist die Auseinandersetzung mit dem Nationalsozialismus durch die Initiativen von Einzelnen und kleinen Gruppen stark verändert worden. Wir gehen davon aus, daß die auf das NS-Thema bezogenen Impulse eine Bedeutung haben, die über die spezielle Frage der Vergangenheitsbewältigung hinausreicht und für die angesprochene Entwicklung des politischen Lebens in der Bundesrepublik bis etwa 1970 maßgeblich waren. Dies läßt sich in drei Dimensionen zeigen.
Mit der Gründung der Bundesrepublik war eine politisch-instutionelle und normative Abgrenzung vom Nationalsozialismus vollzogen. Die Propagierung neonationalsozialistischer, insbesondere antisemitischer Ideologie führte in der Regel zu Sanktionen. Andererseits war die Personalpolitik in nicht wenigen Ministerien und im Justizdienst davon geprägt, daß solche Personen wiedereingestellt wurden, die bereits in der NS-Zeit in Verwaltung, Justiz und Politik tätig waren – und in etlichen Fällen auch an Verbrechen

beteiligt waren. Der Protest gegen diese Kontinuitäten, wie er mit Michael Mansfeld begonnen hatte und etwa von Reinhard Strecker, Otto Köhler und Beate Klarsfeld fortgeführt wurde, argumentierte nur teilweise mit juristischen Kategorien. Stärker war der politisch-ethische Einspruch dagegen, daß die Biographien der Repräsentanten des neuen politischen Gemeinwesens den Wertmaßstäben des Grundgesetzes nicht standhielten. Kritisiert wurde nicht, daß die Betreffenden in der Bundesrepublik neonazistisch agitiert hätten, sondern daß sie als frühere Funktionsträger des nationalsozialistischen Staates für eine öffentliche Aufgabe in einem freiheitlich-demokratischen Staat nicht tragbar seien.

Mit diesem Einspruch wurden die Werte der neuen politischen Ordnung um eine neue Interpretation ergänzt und strengere Normen als die des Strafgesetzbuches geltend gemacht. Der Zugang zur politischen Elite ist diesen politisch-ethischen Forderungen zufolge nicht allein an eine fachliche Fähigkeit und Schuldfreiheit im juristischen Sinn geknüpft; die Voraussetzung für die Zugehörigkeit zur politischen Elite muß – gerade nach einem politischen Systemwechsel – ebenso daran gebunden werden, daß die Betreffenden die neue Wertordnung auch durch ihre Berufsbiographie beglaubigen können. Im strengen Sinn kann zur politischen Elite nur gehören, wer für diese Werte selbst ein Risiko eingegangen ist.[46]

Von einer vergleichbaren Überlegung sind viele der Initiativen geprägt, die auf eine umfassende Information über den Nationalsozialismus und seine Verbrechen angelegt sind. Auch sie formulieren mit Publikationen, Ausstellungen oder konzeptionellen Überlegungen zur Aufarbeitung der Vergangenheit ein Programm, das über nur funktionale Maximen gesellschaftlichen Lebens hinausgeht. Für die Aufrechterhaltung der gesellschaftlichen Reproduktion ist ein geschichtliches Wissen kaum erforderlich, vielleicht sogar regelrecht störend. Wichtig wird ein historisches Wissen aber, wenn es um das politisch-ethische Selbstverständnis von Staatsgesellschaften geht. Ein klares und souveränes Selbstverhältnis setzt eine wirkliche Kenntnis der eigenen Geschichte voraus. „Auch das Dunkle, vom dem unser Dasein überschattet ist, auch das Widersetzliche, an dem seine Einheit zu zerbrechen droht, kann uns zur Quelle der Erneuerung werden, vorausgesetzt nur dies eine, daß es nicht mit feigen Ausflüchten umgangen, sondern mit furchtloser Entschlossenheit ins Auge gefaßt und gestellt wird. Nicht das Wegsehen, sondern das Hinblicken macht die Seele frei."[47] Was Theodor Litt in der Sprache der Nachkriegszeit eher personenbezogen formuliert hat, kann mit einigen Erweiterungen auch auf Gesellschaften übertragen werden. Mit dem

„Hinblicken" allein ist es dann freilich nicht getan, hinzukommen muß eine klare öffentliche Verurteilung von Verbrechen und Verbrechern und ihre Entfernung aus öffentlichen Ämtern. – In einer ersten Hinsicht besteht die weitergehende Bedeutung der Initiativen zur Auseinandersetzung mit der NS-Zeit darin, daß sie für das Selbstverständnis der jungen Bundesrepublik überhaupt eine Einbeziehung der Geschichte und ihre Bewertung nach explizit ethischen und rechtlichen Maßstäben gefordert haben. Sie haben sich damit in Gegensatz zur offiziellen Vergangenheitspolitik gebracht, die nach außen wie innen im Umgang mit den Folgen des Nationalsozialismus im wesentlichen legalistisch und nach politischen Opportunitätsgesichtspunkten verfahren ist.[48]

Nun lassen sich auch die gängige Regierungspraxis und die dominanten Beiträge zur öffentlichen Beschäftigung mit dem NS in den frühen fünfziger Jahren nach ihrer impliziten Wertorientierung befragen. Dadurch kann verdeutlicht werden, worin sich die letztlich die Aufarbeitungsinitiativen vom Mainstream in Politik, Publizistik und Gesellschaft unterschieden: Die öffentliche Thematisierung der NS-Vergangenheit vor Beginn der entscheidenden Wende 1958 war durch eine Dominanz national-kollektiver Maßstäbe charakterisiert. Die öffentliche Erinnerung folgte weitgehend dem impliziten Ziel, die eigene „Ehre", sei es die des ganzen deutschen Volkes, der „Kriegsgeneration" oder der Wehrmacht zu wahren. Die Schmähung als „Nestbeschmutzer" ist der deutlichste Ausdruck dieses nationalen Kollektivismus, der sich in den Einstellungen der Bevölkerung ebenso findet wie in den einschlägigen Publikationen etwa zur Wehrmacht. In die Struktur dieser Wertorientierung konnte die Empörung über die von Alliierten vorgenommene Entnazifizierung eingelassen werden wie der Protest – etwa der Evangelischen Kirche – gegen die Inhaftierung verurteilter NS-Verbrecher.

Gegen einen Ehrbegriff im Sinne eines bloßen Kollektivschutzes erheben die hier vorgestellten Aktivitäten Einspruch. Sie interpretieren die NS-Vergangenheit nicht länger nach dem tradierten und apologetischen Schema des „Krieges", in dessen Verlauf temporäre „Sondermaßnahmen" ergriffen werden, die später als bloße „Kriegsverbrechen" bezeichnet werden – sondern bestehen auf der Anerkennung von systematischen und spezifischen NS-Verbrechen, mit denen gegen universelle Menschenrechte verstoßen wurde.[49]

Dies bedeutet eine prinzipielle Neuorientierung. Die Verurteilung der NS-Verbrechen als Verstoß gegen individuelle Menschenrechte und ohne relativierende Einschränkungen zugunsten einer nationalen Ehre der Deutschen, bricht mit der Werttradition, für die das nationale Kollektiv der höchste Wert

war. Versteht man die Konflikte im öffentlichen Umgang mit dem Nationalsozialismus auch als Konflikte in dieser Elementarschicht von verbindlichen gesellschaftlichen Wertorientierungen, so werden die affektiven Energien dieser Auseinandersetzungen verständlich. „Sie besitzen schon in ihrem Entstehen den Charakter des Außeralltäglichen und berühren jenen Bereich elementarer Werte, deren unbedingte Geltung Durkheim mit dem Namen des Heiligen belegt hat."[50]
In einer zweiten Hinsicht haben die Impulse zur Aufarbeitung der Vergangenheit dazu beigetragen, daß die normative Integration des politischen Prozesses nicht mehr über das nationale Kollektiv als höchsten Wert erfolgt, sondern über die Menschen- und Grundrechte, und damit in der Ausrichtung an der individuellen Person.[51] Wer in den fünfziger und frühen sechziger Jahren den universellen Menschenrechten einen höheren Rang als den partikularen Interessen der Nation beigemessen hat, hat zur Ratifizierung der Wertordnung des Grundgesetzes in der Praxis der Politischen Kultur beigetragen. Mansfeld war ein gutes Beispiel dafür, daß man öffentliche Aufmerksamkeit für das Problem der „Ewiggestrigen" herstellen konnte – aber auch dafür, daß dies nicht gleichbedeutend mit einem Erfolg in den materialen Entscheidungen sein mußte. Mansfeld hatte mit seinen Artikel die deutsche und internationale Öffentlichkeit erreicht.[52] Auch gab ihm der Abschlußbericht des Untersuchungsausschusses in einigen Punkten recht, wenn er festhält, daß im Auswärtigen Amt „einige Personen beschäftigt" wurden, „deren Verwendung das Vertrauen des In- und Auslandes zur demokratischen Entwicklung [in der Bundesrepublik Deutschland] beeinträchtigen konnte. Sie sind zum Teil entfernt, zum Teil sollen die Vorschläge des Untersuchungsausschusses über ihre weitere Verwendung es unmöglich machen, daß fernerhin eine Gefährdung des Ansehens der Bundesrepublik stattfindet."[53] Er hatte zudem in einigen der von ihm angeprangerten Fälle Erfolg, da einige „Mißstände" auf Empfehlung des Ausschusses beendet wurden. In anderen Fällen, etwa der Karriere des Werner von Bargen hatte er keinen Erfolg. Von Bargen brachte es bis zum Botschafter der Bundesrepublik in Bagdad, obwohl er während der NS-Zeit von den Judendeportationen gewußt und an ihrer Organisation beteiligt gewesen war. Resigniert und abgeklärt resümierte Mansfeld: „Die Schlacht wurde vom Auswärtigen Amt unter Opferung einiger sowieso altersmüder Kollegen gewonnen."[54] Ähnliche Erfahrungen mußte auch Karl Jaspers machen. Er hatte 1948 einen Ruf nach Basel angenommen. Obwohl man auf sein Bleiben in Heidelberg größten Wert legte, erkannte Jaspers eine abwehrende Haltung gegenüber einer Auseinandersetzung mit der NS-Ver-

gangenheit. „Man hat sich mit meinem Denken nicht eingelassen", schrieb Jaspers, „es waren Monologe."⁵⁵ Die Geschichten von Jaspers und Mansfeld sind, wie die Geschichten anderer engagierten Demokraten, Geschichten eines erfolgreichen Scheiterns. Auch wenn der Filmemacher Wolfgang Staudte sich entschied, keine Filme mehr zu drehen, die sich mit der NS-Vergangenheit beschäftigten, wenn Joseph Wulfs Idee eines Dokumentationszentrums im Haus der Wannsee-Konferenz sich nicht durchsetzen konnte und Beate Klarsfeld sich zwar von ihren Kindern, aber nicht von der deutschen Gesellschaft verstanden fühlte, war ihr Engagement hinsichtlich der Durchsetzung einer demokratischen Politischen Kultur erfolgreich.

Neben den sachlich bedeutsamen Impulsen in der Beschäftigung mit dem Nationalsozialismus darf nicht übersehen werden, daß einige der hier Porträtierten ihr Engagement häufig ohne jeden Rückhalt in Institutionen begonnen haben. Ihre Initiativen sind insofern nicht allein wegen ihrer Aussage zum Thema Nationalsozialismus interessant, sondern auch als frühe Beispiele eines politischen Verhaltens, das über die konventionellen Angebote politischer Beteiligung weit hinausgeht. Bis in die sechziger Jahre praktizierten die Parteien und die von ihnen getragenen Verfassungsinstitutionen „eine rein repräsentative, mit autoritären Zügen versehene Variante der Demokratie".⁵⁶ Obgleich die politisch institutionellen Gründungsakte der Demokratie vollzogen waren, wirkte eine etatistische Tradition mit einer unpolitischen, obrigkeitsstaatlichen Untertanengesinnung und einer starken Konfliktscheu nach. Alexander Mitscherlich hat 1962 seinen Überdruß an dieser politischen Atmosphäre zusammengefaßt:

„Das Gefühl, das unsere ökonomisch so erfolgreiche politische Führung in den letzten Jahren mehr und mehr erweckt hat, ist das, daß wir unmündige Kinder sind, die brav und fleißig ihrer Arbeit nachgehen sollen. Sind wir folgsam, dann geht es uns wirtschaftlich prächtig, alles übrige sollen wir vertrauensvoll in die Hände unseres Kanzlers und der Wirtschaftsverbände und der Kirchen legen, die uns als besorgte weise Väter führen werden. Wenn das Demokratie sein soll, so muß ich gestehen, daß ich nicht bereit bin, Demokratie als politischen Kindergarten definieren zu lassen."⁵⁷

Vor diesem Hintergrund wird die Bedeutung der Initiativen für die Verbreiterung der politischen Partizipation im politischen Leben der Bundesrepublik deutlich. Einzelne Privatpersonen haben in teilweise unkonventionellen Formen begonnen, sich um öffentliche Fragen zu kümmern, deren Konflikthaltigkeit ihnen bewußt war. Auch unabhängig vom konkreten Thema haben sie damit frühe Alternativen zur bloßen „Kanzlerdemokratie" praktiziert. Wer sich in den fünfziger und sechziger Jahren öffentlich und mit Nachdruck um die Auseinandersetzung mit dem Nationalsozialismus bemühte, wurde fast zwangsläufig zu einem Vorbild der „partizipatorischen Revolution" (Max Kaase) und zu einem Beispiel für eine Politisierung mit Citoyens.[58] Die Impulse zu einer politisch gehaltvollen Auseinandersetzung mit dem Nationalsozialismus haben über ihren Beitrag zu einer geschichtlichen Selbstbesinnung hinaus auch wichtige Beiträge für eine Veränderung der Politischen Kultur im ganzen geleistet. Sie haben daran mitgewirkt, daß das politisch-ethische Selbstverständnis der Bundesrepublik eine tradierte kollektivistische Wertorientierung verloren hat und nun am Individuum und unverlierbaren Menschenrechten ausgerichtet ist. Von der „Formseite" des Engagements her gesehen, sind einige der Porträtierten mit ihren unkonventionellen und respektlosen Vorstößen Vorreiter einer außerparlamentarischen politischen Mobilisierung geworden.

Für die Porträtsammlung wurden Personen ausgewählt, die wichtige Impulse für einen aus Freiheit begonnenen und von Verantwortung getragenen Umgang mit dem NS gegeben haben. Das Spektrum dieser Initiativen ist bewußt sehr weit gehalten und umfaßt historische Information und Aufklärung, Proteste gegen die berufsbiographischen Kontinuitäten, juristische Ahndung des NS-Unrechts, Initiativen zur Wiedergutmachung und praktischen Sühne, direkte politische und rechtliche Strukturinnovationen aus den Erfahrungen des Nationalsozialismus, kritische Gegenwartsdiagnosen und provokative Einsprüche gegen Indifferenz und Schlußstrichmentalität.
In manchen Fällen haben sich die Porträtierten durchaus als kritische deutsche Patrioten verstanden, in anderen Fällen haben sie auch ohne ein derartiges Selbstverständnis an einer Veränderung der Auseinandersetzung mit dem NS mitgewirkt. Hermann Langbein etwa hat sich als Österreicher verstanden und mit seiner umfassenden Dokumentation des Frankfurter Auschwitz-Prozesses das Wissen der Bundesdeutschen über die NS-Verbrechen in der Bundesrepublik vergrößert.
Bei einigen der vorgestellten politischen Biographien mögen Zweifel aufkommen, ob sie dem hier und heute gültigen Verständnis von Demokratie immer entsprochen haben. Wahrscheinlich sind solche Zweifel berechtigt. Andererseits zeigt sich in einer solchen Skepsis eine eigenartige Blindheit für die geschichtliche Dimensionen biographischer Prozesse, die ganz ähnlich wohl auch für die Entwicklung von Kollektivphänomenen wie der Politischen Kultur eines Landes gelten. Für Erfahrungs- und Transformations-

prozesse hat ein politisches Reinheitsgebot vermutlich eine nur sehr beschränkte Gültigkeit. Interessanter als solche ex-post-Beurteilungen anhand abstrakter Kriterien scheinen deshalb Rekonstruktionen, die zeigen, wie in Wandlungsprozesse Impulse aus ganz verschiedenen historischen Quellen eingehen können, die trotz ihrer Heterogenität die Durchsetzung einer partizipationsoffenen und menschenrechtsorientierten Politischen Kultur mitbewirkt haben. Die Biographien spiegeln mit ihren Brechungen und Widersprüchen die geschichtlichen Kräfte wider, die jenseits der politisch institutionellen Vorgaben tatsächlich für die Durchsetzung einer neuen Politischen Kultur verantwortlich waren.

Der Kreis derer, die Impulse für eine selbstkritische Auseinandersetzung mit dem Nationalsozialismus in der Bundesrepublik gesetzt haben, reicht selbstverständlich über die hier vorgestellten Personen hinaus. Doch zeigt auch der knappe – und wiederum auswählende – Blick auf einige weitere Streiter für eine Vergangenheitspolitik in kritischer Absicht, daß es aufs ganze gesehen eine doch recht kleine Zahl von Engagierten war. Aus Gesprächen und der Forschungsliteratur geht hervor, daß zwischen ihnen ein hohes Maß an Verbindung und in vielen wichtigen Fragen eine inhaltliche Übereinstimmung bestanden hat.[59]

Zusammen mit Michael Mansfeld (1922-1979) hat etwa der Journalist und spätere Intendant des Südwestfunkes Helmut Hammerschmidt (1920-1998) 1956 die politische Dokumentation ‚Der *Kurs ist falsch*' herausgegeben, in der die Fortsetzung von Karrieren ehemaliger nazistischer Funktionseliten als politisches Versäumnis angeprangert wurde: „Es ist Zeit, daß man diesen Tendenzen begegnet. Nicht die Remers sind jetzt gefährlich, da hat Herr Bundesminister Lehr völlig recht. Gefährlich sind die Verantwortlichen in Regierung und Opposition, die gegenüber solchen Erscheinungen nicht den Mut zur Unpopularität und zum Durchgreifen haben."[60] Hammerschmidt unternahm 1965 den ersten Versuch, die Aufarbeitung und die Folgen des NS in Deutschland kritisch zu bilanzieren.[61] In seiner „Provokation, die fehlt", dem Nachwort zu diesem Band, fordert Hammerschmidt: „Wir müssen mehr können, nicht nur kennen. (...) Wir müssen wieder Mut zu Gestaltung finden (...). Wir müssen geistig beweglicher werden (...). Wir müssen wieder persönlich Verantwortung übernehmen."[62]

Robert M. W. Kempner (1899-1993) war Hauptankläger bei dem Prozeß gegen die Hauptkriegsverbrecher vor dem Militärgerichtshof der Alliierten (IMT) in Nürnberg und der in amerikanischer Verantwortung stehenden Nachfolgeprozesse.[63] Kempner vertrat für die amerikanische Seite die Auffassung, daß nur transparente, rechtsstaatliche Strafverfahren Aufklärung der Verbrechen *und* die Neugründung einer Rechtskultur leisten können. Nicht zuletzt über die Erstellung der umfangreichen Dokumentensammlung des IMT haben die Prozesse geholfen, „das Verbrechenssystem als ein Geflecht einzelner Verhaltensweisen sichtbar zu machen und auf diese Weise einen Begriff des Verbrechens, der sich in der Vorstellungswelt der meisten Menschen auf die individuelle normabweichende Tat reduziert und im Einzelmord zu kulminieren scheint, zu korrigieren und ihn auf staatliches Handeln auszuweiten."[64]

Kempners akribische Aufklärungsarbeit und die Tatsache, daß der aus Deutschland vertriebene Jurist als Ankläger zurückgekehrt war, machten ihn in den frühen fünfziger Jahre für die national orientierte Presse häufig zu einem Angriffsziel. Im Zusammenhang mit der Aufklärungsarbeit von Michael Mansfeld war Kempner etwa vom Chefredakteur der *Zeit*, Richard Tüngel, als „Schädling" angegriffen worden. Mit einer öffentlichen Stellungnahme in der *Frankfurter Rundschau* bestätigte Kempner jedoch die Richtigkeit zahlreicher Rechercheergebnisse von Mansfeld und kritisierte seinerseits das Eintreten der *Zeit* für „Verbrecher, die in Nürnberg wegen ihrer Beteiligung an Massenmorden und ähnlichen Verbrechen verurteilt worden sind."[65]

Für die fünfziger Jahre ist auch Erich Lüth (1902-1989) zu nennen. Lüth hatte in Hamburg die Initiative „Friede mit Israel" gegründet, die sich im Herbst 1952 mit der neugegründeten „Gesellschaft für christlich-jüdische Zusammenarbeit" zusammengeschlossen hatte.[66] Lüth hatte im September 1950 gegen das Wiederauftreten von Veit Harlan als Filmregisseur und zum Boykott des Harlan-Films „Unsterbliche Geliebte" aufgerufen, da Harlan im „Dritten Reich" den antisemitischen Propagandafilm „Jud Süß" gedreht hatte. Vom Landgericht Hamburg wurde Lüth im November 1951 wegen dieser „sittenwidrigen Boykottaufforderung" verurteilt. Das Bundesverfassungsgericht in Karlsruhe hob jedoch im Januar 1958 dieses Urteil auf und gab damit dem Grundrecht auf Meinungsfreiheit den Vorrang vor der Gewerbefreiheit.[67]

Zu den Freunden und Mitstreitern von Joseph Wulf hat mit Gerhard Schoenberner (geb. 1931) ein weiterer Pionier der Information und Aufklärung über die NS-Verbrechen gehört. Er begann 1960, in Büchern, Ausstellungen und Filmen die Auseinandersetzung mit der NS-Vergangenheit zu führen. Schoenberner war einer der Autoren der Ausstellung *Die Vergangenheit mahnt* in der Berliner Kongreßhalle 1960. Das Verdienst seines ersten Buches, dem Bildband *Der gelbe Stern* wie auch der Dokumentation *Wir haben es gesehen* aus dem Jahr 1962 lag darin, „erstmals historisches Bild- und Textmaterial einer breiteren Öffentlichkeit zur Verfügung zu stellen."[68] *Der gelbe Stern*, der „eine ganze Generation sozialisiert" hat (Peter Steinbach), wurde in neun Sprachen übersetzt und mehrfach aufgelegt. Schoenberner hat als Fachberater u.a. bei der Gestaltung des Berliner Gestapogeländes („Topographie des Terrors") mitgewirkt. Auf ihn geht die Konzeption der Gedenkstätte Haus der Wannsee-Konferenz (Berlin) und ihrer Dauerausstellung zurück. Schoenberner war und ist in einer Vielzahl von Publikationen, internationalen Lehrveranstaltungen und über eine breite Beratertätigkeit maßgeblich an der Aufklärung über die NS-Zeit beteiligt.

Die Porträts können zeigen, daß sich die Durchsetzung einer demokratischen Politischen Kultur in der Bundesrepublik – nach dem Vorlauf der politischen Institutionen – auch dem kritischen Engagement einzelner Persönlichkeiten verdankt. Die Erinnerung an ihre Aktivitäten verdeutlicht, daß ein „nötiges Medium" zur Transformation der postdiktatorischen zur demokratischen Gesellschaft auch der Konflikt ist.[69] Zugleich wird nachvollziehbar, wie wenig sich das Politische in der Regierungspolitik und der Verabschiedung von Gesetzen erschöpft. Es ist deshalb geboten, in den gesellschaftsrelevanten Umgang mit der NS-Vergangenheit auch die Stimmen einzubeziehen, die der offiziellen Vergangenheitspolitik widersprochen haben.[70] Eine andere Geschichte der Bundesrepublik beginnt mit ihrer Gründung und nicht erst in den sechziger Jahren. Auch wenn die vorgestellten Konflikte um die Gegenwart der Vergangenheit Geschichte geworden sind – sie bleiben ein Plädoyer für eingreifendes politisches Handeln und gegen Politikverdrossenheit.

Anmerkungen

1 Max Horkheimer an Hans Bott, Ministerialdirektor im Bundespräsidialamt am 12.07.1954, zitiert nach Jeffrey Herf: Zweierlei Erinnerung. Die NS-Vergangenheit im geteilten Deutschland. Berlin 1998, S. 386.
2 Vgl. Axel Schildt: Ankunft im Westen. Ein Essay zur Erfolgsgeschichte der Bundesrepublik. Frankfurt a.M. 1999.
3 Ulrich Schamoni: Dein Sohn läßt grüßen. Roman. Berlin 1962.
4 Wilfried Loth: Verschweigen und Überwinden: Versuch einer Bilanz. In: ders./ Bernd-A. Rusinek (Hg.): Verwandlungspolitik. NS-Eliten in der westdeutschen Nachkriegsgesellschaft. Frankfurt a.M. 1998, S. 353-360.
5 Karl Jaspers: Die Schuldfrage. Von der politischen Haftung Deutschland (1946). München 1996. S. 7.

6 Anson Rabinbach: Der Deutsche als Paria. Deutsche und Juden in Karl Jaspers' „Die Schuldfrage". In: Moltmann, Bernhard u.a. (Hg.): Erinnerung: zur Gegenwart des Holocaust in Deutschland-West und Deutschland-Ost. Frankfurt a.M. 1993. S. 170.

7 Vgl. Christoph Kleßmann: Die doppelte Staatsgründung. Bonn ⁵1991. S. 78ff.

8 Vgl. a.a.O., S. 251ff.

9 Vgl. Clemens Vollnhals: Die Hypothek des Nationalprotestantismus. Entnazifizierung und Strafverfolgung von NS-Verbrechen nach 1945. In: Geschichte und Gesellschaft, H. 1, 1992. S. 53.

10 Vgl. Kleßmann, Staatsgründung (Anm. 7), S. 86ff.

11 Vgl. Vollnhals, Hypothek (Anm. 9), S. 55.

12 Norbert Frei: Vergangenheitspolitik. Die Anfänge der Bundesrepublik und die NS-Vergangenheit. München 1997. S. 29.

13 Ulrich Herbert: Best. Biographische Studien über Radikalismus, Weltanschauung und Vernunft 1903-1989. Bonn 1996. S. 439

14 Frei, Vergangenheitspolitik (Anm. 12), S. 29.

15 Anneke de Rudder: „Warum das ganze Theater?" Der Nürnberger Prozeß in den Augen der Zeitgenossen. In: Jahrbuch für Antisemitismusforschung, Band 6, 1997. S. 237.

16 Werner Bergmann: Die Reaktion auf den Holocaust in Westdeutschland von 1945 bis 1989. In: Geschichte in Wissenschaft und Unterricht, H. 43, 1992. S. 328.

17 Vgl. Ulrich Brochhagen: Vergangene Vergangenheitsbewältigung. Zum Umgang mit der NS-Vergangenheit während der fünfziger und frühen sechziger Jahre. In: Mittelweg 36, H. 5, 1992. S. 148.

18 Vgl. Ulrich Brochhagen: Nach Nürnberg. Vergangenheitsbewältigung und Westintegration in der Ära Adenauer. Berlin 1994. S. 35ff.

19 Adalbert Rückerl: NS-Verbrechen vor Gericht. Heidelberg ²1984. S. 329.

20 Gustav Radbruch: Gesetzliches Unrecht und übergesetzliches Recht. In: Ders.: Der Mensch im Recht. Göttingen 1969. S. 111ff. Dazu Susanne Benzler: Justiz und Anstaltsmord nach 1945. In: Kritische Justiz, H. 2, 1988. S. 137ff.

21 Vgl. Elisabeth Noelle/ Erich Peter Neumann (Hg.): Jahrbuch der öffentlichen Meinung 1947-1955. Allensbach ²1965. S. 134.

22 Vgl. a.a.O., S. 136.

23 Kleßmann spricht von einer „konsensfähigen Integrationsideologie in Gestalt des Antikommunismus". Kleßmann, Staatsgründung (Anm. 7), S. 255.

24 Vgl. Ihre Meinung. *Der Spiegel* vom 05.03.1949, S. 32f.

25 Gewerkschaftliche Monatshefte, H. 2, 1951. S. 4.

26 Zit.n. Manfred Overesch: Gesamtdeutsche Illusion und westdeutsche Realität. Von den Vorbereitungen für einen deutschen Friedensvertrag zur Gründung des

Auswärtigen Amts der Bundesrepublik Deutschland 1946-1949/51. Düsseldorf 1978. S. 9ff.
27 Verhandlungen des Deutschen Bundestags. I. Wahlperiode. Stenographische Protokolle, Bd. 13. Bonn 1952. S. 10499 und S. 19502.
28 Vgl. Clemens Vollnhals: Zwischen Verdrängung und Aufklärung. Die Auseinandersetzung mit dem Holocaust in der frühen Bundesrepublik. In: Ursula Büttner (Hg.): Die Deutschen und die Judenverfolgung im Dritten Reich. Hamburg 1992, S. 357-392, hier S. 367. – Axel Schildt: Der Umgang mit der NS-Vergangenheit in der Öffentlichkeit der Nachkriegszeit. In: Loth/ Rusinek: Verwandlungspolitik, (Anm. 4), Frankfurt a.M. 1998, S. 19-54.
29 Vgl. zu dieser Datierung zuletzt: Jeffrey Herf: Zweierlei Erinnerung. Die NS-Vergangenheit im geteilten Deutschland. Berlin 1998, S. 351. – Michael Kohlstruck: Zwischen Erinnerung und Geschichte. Der Nationalsozialismus und die jungen Deutschen. Berlin 1997, S. 58-64 m.w.N.
30 Vgl. u.a. Hans-Peter Schwarz: Die Ära Adenauer. Epochenwechsel 1957-1963 Stuttgart 1983. S. 204-216; Kurt Sontheimer: Die Adenauer-Ära. Grundlegung der Bundesrepublik. München 1991, S. 180.
31 Vgl. hingegen zur Geschichte der Vergangenheitsbewältigung als Konfliktgeschichte: Michael Schwab-Trapp: Konflikt, Kultur und Interpretation. Eine Diskursanalyse des öffentlichen Umgangs mit dem Nationalsozialismus. Opladen 1996; Thomas Herz/Michael Schwab-Trapp: Umkämpfte Vergangenheit. Diskurse über den Nationalsozialismus seit 1945. Opladen 1997.
32 Karl-Heinz Wocker: Das Erbe des SS-Staates. In: Radius 1958, H. 3, S. 42-44, hier S. 42; Vgl. ganz ähnlich: Alfred Streim: Zur Gründung und Zukunft der Zentralen Stelle der Landesjustizverwaltungen zur Aufklärung von NS-Verbrechen. In: Claudia Kuretsidis-Haider/Winfried R. Garscha (Hg.): Keine „Abrechnung". NS-Verbrechen, Justiz und Gesellschaft in Europa nach 1945. Leipzig, Wien 1998, S. 130-143, S. 131.
33 Barbara Just-Dahlmann/ Helmut Just: Die Gehilfen. NS-Verbrechen und die Justiz nach 1945. Frankfurt a.M. 1988, S. 17.
34 Vgl. den Beitrag von Erika Weinzierl in diesem Band.
35 Frei, Vergangenheitspolitik (Anm. 12), S. 397.
36 Theodor Heuss: Das Mahnmal. In: Theodor Heuss Politiker und Publizist: Aufsätze und Reden. Ausgew. u. kommentiert v. Martin Vogt. Tübingen 1984. S. 409.
37 Falko Kruse: NS-Prozesse und Restauration. In: Kritische Justiz, H. 2, 1978. S. 118.
38 Michael Mansfeld: Bonn, Koblenzer Strasse. Der Bericht des Robert von Lenwitz. München 1967, S. 373.
39 Richard Löwenthal: Der romantische Rückfall. Wege und Irrwege einer rückwärts gewendeten Revolution. Stuttgart 1970. S. 11.
40 So die Wortprägung von Alfred Weber, die von Karl Mannheim popularisiert wurde.

41 Vgl. Claus Leggewie: Politische Kreativität. Über das Neue in der Politik – und in der Politikwissenschaft. In: Ders.: Wozu Politikwissenschaft? Über das Neue in der Politik. Darmstadt 1994. S. 3-18.

42 Vgl. Ruthard Stäblein (Hg.): Mut. Wiederentdeckung einer persönlichen Kategorie. Bühl-Moos 1993, S. 12.

43 Vgl. Hermann Lübbe: Der Nationalsozialismus im deutschen Nachkriegsbewußtsein. In: Historische Zeitschrift Bd. 236. 1983. S. 579-599.

44 Vgl. für das westliche Ausland: Brochhagen, Nach Nürnberg (Anm. 17).

45 Vgl. Helmut Dubiel: Niemand ist frei von der Geschichte. Die nationalsozialistische Herrschaft in den Debatten des Deutschen Bundestages. München 1999, S. 275-285; Werner Bergmann/Rainer Erb/Albert Lichtblau (Hg.): Schwieriges Erbe. Der Umgang mit Nationalsozialismus und Antisemitismus in Österreich der DDR und der Bundesrepublik Deutschland. Frankfurt a.M. 1995. – Jürgen Danyel (Hg.): Die geteilte Vergangenheit. Zum Umgang mit Nationalsozialismus und Widerstand in beiden deutschen Staaten. Berlin 1995.

46 Vgl. Arnold Gehlen: Soziologische Voraussetzungen im gegenwärtigen Staat (1956). In: Ernst Forsthoff (Hg.): Rechtsstaatlichkeit und Sozialstaatlichkeit. Aufsätze und Essays. Darmstadt 1968, S. 320-339; Wolf Lepenies: Zum Sprechen bringen. Für einen Patriotismus der Intellektuellen. In: F.A.Z. vom 23.10.1992.

47 Theodor Litt: Wege und Irrwege geschichtlichen Denkens. München 1948. S. 133.

48 Vgl. Frei, Vergangenheitspolitik (Anm. 12).

49 Vgl. Heinz Artzt: Zur Abgrenzung von Kriegsverbrechen und NS-Verbrechen. In: Adalbert Rückerl (Hg.): NS-Prozesse. Nach 25 Jahren Strafverfolgung. Karlsruhe 1972, S. 163-194.

50 Thomas Herz/ Michael Schwab-Trapp: Konflikte über den Nationalsozialismus nach 1945. Eine Theorie der politischen Kultur. In: dies.: Umkämpfte Vergangenheit (Anm. 31), S. 11-36, hier S. 21.

51 Vgl. Rainer M. Lepsius: Die Prägung der politischen Kultur der Bundesrepublik durch institutionelle Ordnungen. In: ders.: Interessen, Ideen und Institutionen. Opladen 1990, S. 63-84.

52 Hans-Joachim Döscher: Verschworene Gemeinschaft. Das Auswärtige Amt unter Adenauer – zwischen Neubeginn und Kontinuität. Berlin 1995, S. 308; Vgl. zu Mansfeld auch: Manfred Overesch: Gesamtdeutsche Illusion und westdeutsche Realität (Anm. 26).

53 Zitiert nach Döscher, Verschworene Gemeinschaft, S. 304.

54 Michael Mansfeld: Sei keinem untertan. Wien, München, Basel 1957, S. 425.

55 Zit. n. Hans Saner: Karl Jaspers. Reinbek 1970. S. 55f.

56 Kurt Sontheimer: Deutschlands Politische Kultur, München 1991, S. 26, 31.

57 Alexander Mitscherlich: Humanismus heute in der Bundesrepublik. In: Hans Werner Richter (Hg.): Bestandsaufnahme. München 1962, S. 144, zitiert nach Sontheimer: Die Adenauer-Ära (Anm. 30), S. 139.

58 Vgl. Michael Th. Greven: Politisierung ohne Citoyens. Über die Kluft zwischen politischer Gesellschaft und gesellschaftlicher Individualisierung. In: Ansgar Klein/ Rainer Schmalz-Bruns (Hg.): Politische Beteiligung und Bürgerengagement in Deutschland. Möglichkeiten und Grenzen. Baden-Baden 1997, S. 231-251.

59 Aufschluß über die personelle Vernetzung der Initiativen geben die Zusammensetzungen der Kuratorien verschiedener Projekte. Vgl. etwa zu dem von Joseph Wulf geplanten Dokumentationszentrum: Gerhard Schoenberner: Der lange Weg nach Wannsee. Von der Gründerzeitvilla zur Gedenkstätte. In: Dachauer Hefte 8, 1992, S. 150-163.

60 Michael Mansfeld/ Helmut Hammerschmidt: *Der* Kurs ist falsch. München, Wien, Basel 1956, S. 11.

61 Helmut Hammerschmidt (Hg.): Zwanzig Jahre danach – eine deutsche Bilanz 1945-1965. München, Wien, Basel 1965

62 A.a.O., S. 520-523.

63 Vgl. Robert M.W. Kempner in Zusammenarbeit mit Jörg Friedrich: Ankläger einer Epoche. Lebenserinnerungen. Frankfurt a.M. 1983

64 Herbert Jäger: Zur „Kriminalität der Mächtigen". In: Martin Hirsch/Norman Paech/Gerhard Stuby (Hg.): Politik als Verbrechen. 40 Jahre „Nürnberger Prozesse". Hamburg 1986, S. 36.

65 Hans-Jürgen Döscher: Verschworene Gesellschaft. Das Auswärtige Amt unter Adenauer zwischen Neubeginn und Kontinuität. Berlin 1995, S. 165-168.

66 Vgl. Erich Lüth: Die Friedensbitte an Israel 1951. Eine Hamburger Initiative. Hamburg 1976; Erich Lüth: Ein Hamburger schwimmt gegen den Strom. Hamburg 1981.

67 Vgl. Werner Bergmann: Antisemitismus in öffentlichen Konflikten. Kollektives Lernen in der politischen Kultur 1949-1989. Frankfurt a.M., S. 86-117; Vgl. Wolfgang Kraushaar: Der Kampf gegen den „Jud-Süß"-Regisseur Veit Harlan. In: Mittelweg 36 1995, H. 6, S. 4-33.

68 Cornelia Brink: Ikonen der Vernichtung. Öffentlicher Gebrauch von Fotografien aus nationalsozialistischen Konzentrationslagern. Berlin 1998, S. 147.

69 Vgl. Lübbe: Der Nationalsozialismus (Anm. 43).

70 Vgl. dazu Norbert Frei, Vergangenheitspolitik (Anm. 12).

Joachim Perels

Eugen Kogon – Zeuge des Leidens im SS-Staat und Anwalt gesellschaftlicher Humanität

I.

Nach der Befreiung aus dem Konzentrationslager Buchenwald schrieb Eugen Kogon – von Juni bis Dezember 1945 – das analytisch und moralisch maßgebende Buch über das Systen der deutschen Konzentrationslager – den *SS-Staat*.[1] Im Vorwort begreift Kogon es als Teil des kritischen Selbstreflexionsprozesses der deutschen Gesellschaft, ohne den ein Neubeginn, der die politischen und sozialen Wurzeln der nationalsozialistischen Herrschaft abschneidet, nicht möglich ist: Es kam darauf an, „den Prozeß der Selbstbesinnung einzuleiten, den die Welt, an aller erster Stelle Deutschland, dringend von Nöten hat."[2]
Neun Jahre später, 1954, publizierte Kogon, mittlerweile Professor an der Technischen Hochschule Darmstadt, einen Artikel, der das weitgehende Scheitern seiner Nachkriegserwartungen zum Ausdruck bringt. Angesichts der „Wiederkehr der Gestrigen", die sich „einzeln auf den hohen, reihenweise auf den mittleren Sesseln der Verwaltung, der Justiz, der Verbände nieder(lassen)" und in der Wirtschaft „ohnehin die Hebel in ihren sicheren ... Händen (halten)", spricht er davon, daß „allzuviele 131er" – jene Trägerschichten des „Dritten Reiches", die im Wege des Gesetzes zur Artikel 131 des Grundgesetzes in den Staatsapparat inkorporiert wurden – über „allzuviele 45er bereits gründlich gesiegt" haben.[3] Der Prozeß der Aufarbeitung der NS-Despotie ist in den fünfziger Jahren, besonders mit dem Aufstieg und der Rehabilitierung der traditionellen Eliten, die ihre frühere Rolle in eine technisch-neutrale umdeuteten, weitgehend zum Erliegen gekommen.[4]
Kogons Tätigkeit nach 1945, sein Wirken als Publizist, Redakteur und Wissenschaftler, ist zwischen den Polen einer Aufklärung über die Mechanismen der NS-Herrschaft, ihrer politischen, sozialen und psychischen Überwindung und den gegenläufigen gesellschaftlichen Tendenzen, die einem umfassenden Neubeginn nach 1945 entgegenwirken, angesiedelt.

II.

Der *SS-Staat* wurde zu einem Grundbuch über das NS-System. Das hatte vielerlei Gründe. Bedeutsam war, daß Kogon auch unter den Bedingungen der Terrorstrukturen des Konzentrationslagers, denen er selbst ausgesetzt war, die ungewöhnliche – christliche Fähigkeit – besaß, die Feinde und Peiniger nicht zu hassen,[5] auch wenn er sie, selbstredend, entschieden ablehnte und bekämpfte. Unter dieser Voraussetzung konnte er selbst die Verhältnisse im Konzentrationslager nahezu unpolemisch darstellen.[6] Sein Buch genügt einem hohen Wahrheitsanspruch. Die fast nüchterne Genauigkeit, die den Gegenstand des Schreckens am ehesten trifft, teilt Kogon mit anderen, von exilierten Sozialwissenschaftlern und Juristen verfaßten, ebenso wegweisenden Büchern über die NS-Herrschaft – mit Ernst Fraenkels *Doppelstaat*, mit Franz Neumanns *Behemoth* und mit Hannah Arendts Studie über *Ursprünge und Elemente totaler Herrschaft*.[7]

Das Gewicht des *SS-Staates* beruhte auch darauf, daß Kogon seine Darstellung politisch profilierten Mithäftlingen, Kommunisten, Sozialdemokraten, einem Zentrumsmann zum kritischen Gegenlesen vorgelegt hatte.[8] Aus dem gemeinsamen Blick der Erniedrigten konnte die Nazi-Diktatur eher erkannt werden als in manch anderer kontemplativer, wissenschaftlicher Untersuchung.

Das Moment des Handelns, selbst noch im Konzentrationslager, ist für Kogons Erkennen konstitutiv. Schon in seiner Jugend, in der er, aufgewachsen im katholischen Milieu Münchens, geprägt von Benediktinern und Dominikanern, den Wunsch hatte, als Missionar zu wirken und Menschen für die Botschaft Jesu zu gewinnen, bildete sich seine handlungsorientierte Charaktereigenschaft heraus.[9] Als in Buchenwald sein Leben auf des Messers Schneide stand und er durch die Solidarität von politischen Häftlingen vor einem Todestransport bewahrt wurde, gelang es ihm, in einem tollkühnen Akt, einen SS-Arzt, dem er sich als Schreiber zur Verfügung stellte, durch seine intellektuelle Gesprächskraft zu neutralisieren.[10] Mit Hilfe seines Feindes konnte er sich retten. Kogon fügt der exakten Beschreibung der Übermacht der Zwangsverhältnisse ein Moment äußerst relativer, aber existierender Handlungsmöglichkeiten hinzu – hierzu gehörte auch das von politischen Häftlingen organisierte Abhören ausländischer Rundfunksender, die über das Näherrücken der Front der Befreier berichteten.[11]

Die Struktur des Konzentrationslagers fällt mit der Abwesenheit jeglicher rechtlicher Schutzpositionen der Häftlinge zusammen: „Eine Welt für sich, ein Staat für sich – eine Ordnung ohne Recht, in die der Mensch geworfen wurde, der nun mit allen Tugenden und Lastern – mehr Lastern als Tugenden – um die nackte Existenz ... kämpfte" – der SS, aber auch der „Arroganz der Mithäftlingsherren" ausgeliefert.[12]

Die Form, in der der Häftling bei seiner Ankunft im Lager behandelt, erniedrigt und beleidigt wurde, enthielt das ganze System vollendeter Rechtlosigkeit, die es möglich machte, die Menschen in wehrlose Objekte zu verwandeln, für die das Recht auf Leben nicht galt. Eine sog. „Empfangszeremonie" beschreibt Kogon so: „Meist stürzte sich sofort ein Rudel herumlungernder Scharführer lüstern auf die neue Beute. Es regnete Schläge und Fußtritte, die ‚Neuen' wurden mit Steinen beworfen und mit kaltem Wasser begossen; wer lange Haare oder einen Bart hatte, wurde daran zu Boden gerissen; Krawattenträger hatten ebenfalls nichts zu lachen, wenn sie gewürgt wurden. Dann hieß es stundenlang mit dem ‚Sachsengruß': die Arme hinter dem Kopf verschränkt, häufig auch noch in Kniebeuge, vor der Politischen Abteilung ausharren – in Kälte, Regen oder Sonnenglut ohne Essen, ohne Trinken, ohne austreten zu dürfen. Dabei konnte jeder SS-Mann mit den Erschöpften treiben, was ihm beliebte."[13] Die Wirkung der Aufnahme im Konzentrationslager, bei dem er auch seinen eigenen überlebenswichtigen Schutzmechanismus benennt, charakterisiert Kogon mit den Worten: „Es gab nicht sehr viele Personen, die diesen Prozeß der Willensbrechung und menschlicher Entwürdigung ohne inneren Schaden überstanden. Mancher konnte sich seine inneren Werte nur dadurch bewahren, daß er gleichsam eine Bewußtseinsspaltung vornahm, indem er seinen Körper willenlos der Willkür preisgab und sein eigentliches Selbst psychologisch und objektiv beobachtend absentierte."[14]

III.

Die frühe Rezeption des 1946 in München erschienenen SS-Staates zeugt von dessen epochemachender Bedeutung. Politisch exponierte Philosophen der Emigration, Max Horkheimer und Hannah Arendt, und einer der einflußreichsten Theologen der Bekennenden Kirche, Hans Joachim Iwand, eigneten sich 1946/47 sogleich Kogons Buch an. Dies zeigt, welch produktive Verbindung zwischen Vertretern der Emigration und den Opfern und Opponenten des NS-Regimes sich nach 1945 herstellte.

Max Horkheimer, der das Projekt zur Erforschung der sozialpsychologischen Bedingungsfaktoren nationalsozialistischer Herrschaft mit der Entwicklung der Kategorie des „faschistischen" (später „autoritär" genannten) Charakters in Gang gebracht hatte,[15] nannte in einem Brief vom 24.5.1947 Kogons Buch „eines der aufschlußreichsten und erschütterndsten" Dokumente, die er über das „Dritte Reich" gelesen habe – zumal er „seinen eigenen Platz in der Welt" dadurch bestimmt hatte, daß er „seit den ersten Hitler-Jahren stets ein

Exemplar der Lagerordnung des Konzentrationslagers Esterwegen in seiner Schreibtischschublade behielt".[16] Horkheimer, der nach Deutschland an die Frankfurter Universität zurückkehrte, weil er den minoritären Gruppen der überlebenden Opfer und Gegner des NS-Regimes zur Seite stehen wollte,[17] schließt mit Eugen Kogon, mit dem er schon 1948 Rundfunkgespräche zu führen beginnt, eine auch persönliche Freundschaft. Für Horkheimer ist er der Zeuge eines anderen Deutschland, mit dem sich die Verjagten verbinden konnten.

Hannah Arendt, die in einem 1944 geschriebenen Aufsatz über „Organisierte Schuld" Kategorien für die unverstellte Erkenntnis der geschichtlich unvergleichlichen staatlichen Morde und der systematischen Beteiligung von Nicht-Verbrechern an den großen Verbrechen entwickelt,[18] hatte den *SS-Staat* schon in den Fahnen gelesen. Sogleich hatte sie versucht, eine englische Übersetzung des Buches für den Schocken Verlag in Gang zu bringen.[19] In ihrem bereits erwähnten 1951 erschienenen Hauptwerk über „Totale Herrschaft" stützt sie sich mehrfach explizit auf Kogons Analyse.[20]
Hans Joachim Iwand, der im Protestantismus den Schuldanteil des kirchlichen Bürgertums an der Stabilisierung und Rechtfertigung der NS-Herrschaft ins Zentrum der Aufmerksamkeit rückte, [21] veröffentlichte in der *Zeit* (14.8.1947) eine theologische Besprechung des *SS-Staates*, die Kogons Beschreibung der von der SS hergestellten Hölle ohne schnellen Trost der Wahrnehmung zu öffnen suchte: „Wenn man dieses Buch gelesen hat, wenn man ein wenig ... ermessen hat, was hier an Qual gelitten ... wurde – und wenn man daran denkt, daß dies alles Seite an Seite, Wand an Wand mit einer in unbesorgten Daseinsgenuß dahinlebenden Gesellschaft geschah (erkennt man), daß unsere Tränen, unser Erwachen, unser Verurteilen und Entrüsten ... zu spät kommt."[22]

IV.

Als das NS-Regime mit dem Sieg der Alliierten zerschlagen war und Kogon von den Amerikanern aus dem Konzentrationslager befreit wurde, entwickelte er mit großer Legitimation und klarem Blick Grundsätze für einen fundamentalen Kontinuitätsbruch mit dem „Dritten Reich", durch den die „Bedingungen der Humanität" (Kogon) gelegt werden sollten.
Die Wahrnehmung der Verantwortung der politischen Führung des NS-Regimes und der sie tragenden Schichten für das System des Grauens stand an erster Stelle. Auf einer Kundgebung der CDU vom 11. November 1945,

deren Gründungsmitglied Kogon war, erklärte er: „Die Niederlage von 1945 kann zum Ausgangspunkt des größten Segens für die deutsche Nation werden, wenn das Volk erkennt, daß es an dieser Tragödie selbst schuld war. (...) Diejenigen, die sich aktiv schuldig gemacht haben, müssen wirklich raus aus Ämtern und Stellungen."[23] Im Schlußkapitel des *SS-Staats*, an dem Kogon in jener Zeit arbeitete, wurde die vielfältige Verantwortung und daraus folgende moralische und rechtliche Haftung für die Ausübung der terroristischen Staatsgewalt anschaulich und differenziert bestimmt:

Kein Deutscher, der nicht gewußt hätte, daß es Konzentrationslager gab. Kein Deutscher, der sie für Sanatorien gehalten hätte (...). Alle Deutschen, die Zeugen der vielfältigen antisemitischen Barbarei geworden, Millionen, die vor brennenden Synagogen und in den Straßenkot gedemütigten jüdischen Männern und Frauen gleichgültig, neugierig, empört oder schadenfroh gestanden haben (...). Kaum ein Deutscher, dem nicht bekannt gewesen wäre (...), daß im Lande unentwegt hingerichtet wurde (...). Viele Geschäftsleute, die mit der Lager-SS in Lieferbeziehungen standen, Industrielle, die vom SS-Wirtschafts-Verwaltungs-Hauptamt KL [Konzentrationslager-]-Sklaven für ihre Werke anforderten (...), Medizinprofessoren, die mit Himmlers Versuchsstationen, Kreis- und Anstaltsärzte, die mit professionellen Mördern zusammenarbeiteten (...). Zahlreiche höhere Wehrmachtsoffiziere, die über die Massenliquidierungen russischer Kriegsgefangener in den KL, außerordentlich viele deutsche Soldaten und Feldgendarmen, die über die entsetzlichen Greueltaten in Lagern, Ghettos, Städten und Dörfern des Ostens Bescheid gewußt haben.[24]

Kogon trennt die Aufarbeitung der kriminellen Struktur des NS-Regimes von dem Problem der Überwindung der Massenbasis des Nationalsozialismus systematisch ab. Die ideologische NS-Loyalität, die in erheblichem Maße nach dem Ende der Diktatur fortexistierte – schon 1946 hielten 40 % der Bevölkerung des Nationalsozialismus für eine gute Idee, die nur schlecht ausgeführt worden war[25] –, sucht Kogon dadurch zu überwinden, daß er in den *Frankfurter Heften*, die in jener Zeit mit einer Auflage von 50.000 weite Verbreitung fanden, für diejenigen Nazi-Gefolgsleute, die keine kriminellen Handlungen begangen hatten, ein „Recht auf politischen Irrtum" einforderte.[26] Damit sollte die geistige Umkehr zur Demokratie für die Masse der sog. Mitläufer erleichtert werden. Kogons Forderung enthielt einen politischpädagogisch wahren Kern – als Integrationsangebot gegenüber Menschen, in denen nationalsozialistische Einstellungen latent und gebrochen fortexistierten. Sein Gedanke war allerdings mit einer allzu versöhnlichen Randunschärfe verbunden: die ideologischen Handlanger der Diktatur, die niemanden getötet, aber die Diskriminierungs- und Mordpraxis des Regimes umfassend legitimiert hatten, konnten möglicherweise durch das proklamierte Recht auf politischen Irrtum entlastet werden – auch dann, wenn sie ihre einstige Haltung nicht selbstkritisch überwanden, sondern in Schweigen begruben oder auf ein autoritäres „Normalmaß" reduzierten.

Die gesellschaftliche Konzeption des Neubeginns – der weitere Grundsatz Kogons – entstammt den Diskussionen mit den politischen Köpfen der Arbeiterbewegung im Konzentrationslager, nachdem er in den Jahren zuvor, bei aller Nähe zu den Gewerkschaften, unter dem Einfluß von Othmar Spann den restaurativen Gedanken des korporativen Staates verfochten hatte.[27] Nur eine neue, dem NS-System vollständig entgegengesetzte Gesellschaftsordnung, die über die politische Negation hinausgehend dessen soziale Grundlagen zu beseitigen suchte, war für Kogon die angemessene Antwort auf das „Dritte Reich". In einem Aufsatz von 1947 drückte er diese Intention mit dem Wort vom „Sozialismus der Freiheit" aus. Der Begriff enthält eine Abgrenzung: die privatwirtschaftliche Struktur, die den Aufstieg des Nationalsozialismus – die Mitfinanzierung der zur „Vernichtung des Marxismus" angetretenen NSDAP durch die Industrie ist hierfür nur ein Indiz[28] – sollte aufgehoben werden: „Nur eine vernünftige Sozialisierung bietet uns die Gewähr dafür, daß jene Machtgruppen ... ausgeschaltet bleiben, die uns in diesem Hause morgen schon wieder vergewaltigen möchten."[29]

Kogons Begriff des Sozialismus ist explizit gegen dessen bürokratisch verzerrte Form gerichtet, wie er vor allem in der Sowjetunion, dem „NKWD-Staat" (Kogon), als Herrschaft der autokratischen Führungsschicht über die Gesellschaft ausgebildet war. Sozialismus meinte die Kombination von gesellschaftlicher Selbstverwaltung, demokratisch legitimierter, gegen die Dominanz des Profitprinzips gerichteter Planung verbunden mit Marktmechanismen. Den Kern eines derartigen Sozialismus faßt Kogon in den Satz: „(D)ie Arbeitenden selbst ... (sollen) vorzugsweise zu Trägern der Wirtschaft werden".[30]

V.

Kogons Konzeption zur Überwindung der NS-Herrschaft geriet in dem Maße ins Abseits, in dem sich die gesellschaftlichen Machtverhältnisse wiederherstellten. Der Prozeß der Selbstaufklärung über die terroristische Struktur des „Dritten Reiches" wird von den erstarkenden einstigen Trägerschichten des Regimes – von der Beamtenschaft, über die Privatwirtschaft bis zu den Kirchen und Universitäten – vielfach blockiert.[31] Diese zunehmende Wahrnehmungsverweigerung hatte Kogon, wiederum im Schlußkapitel des *SS-Staats*, vorweg beim Namen genannt: „Wie hat das deutsche Volk auf das

Unrecht reagiert? Als Volk überhaupt nicht." Die allgemeine Feststellung, die mit den zeitgenössischen Beobachtungen von Hannah Arendt und Max Horkheimer übereinstimmt,[32] konkretisiert Kogon mit einer ganzen Reihe von Beispielen: „Wo immer man in Deutschland heute, sei es in der Straßenbahn oder im Eisenbahnabteil ... von Kriegsgefangenen hört, denen es im Sommer 1945 in einzelnen Lagern teilweise schlecht ging, ... spricht das Herz in den Worten mit – empört oder mitleidvoll. Berichte aus Konzentrationslagern erwecken in der Regel höchstens Staunen oder ungläubiges Kopfschütteln; sie werden kaum zu einer Sache des Verstandes, geschweige denn zum Gegenstand aufwühlenden Empfindens."[33] Kogons Postulat eines mit der bewußten Abwendung vom Nationalsozialismus verbundenen Rechts auf politischen Irrtum lief im Zuge der vielfach gescheiterten Ausschaltung der Funktionseliten, denen eine innerlich halbdistanzierte Mitläufer-Rolle zugemessen wurde, überwiegend ins Leere. Mit der gängigen Interpretation der Kategorie des Mitläufers geriet die überzeugte Aufrechterhaltung der NS-Herrschaft durch dessen politische Anhängerschaft aus dem Blick. John H. Herz zeigte, daß den Mitläufern im Entnazifizierungsverfahren nicht etwa ein Irrtum zugute gehalten wurde. Ihre NS-Haltung wurde umgedeutet: Der frühere Polizeipräsident von Nürnberg, verantwortlich für das November-Pogrom von 1938, ein Industrieller, der KZ-Häftlinge als Arbeitskräfte ausbeutete, ein Propagandist, der die Rassenpolitik glorifizierte – alle diese Nazis – und die Beispiele zeigen nur eine Tendenz – wurden als bloße Mitläufer eingestuft,[34] für die per definitionem keine Selbstreflexion in Frage kam. Anstelle der Aufarbeitung des „politischen Irrtums" veränderte sich der Begriff der Entnazifizierung: Nicht mehr die Ausschaltung der aktiven Nazis, sondern die Entproblematisierung ihrer einstigen NS-Haltung hieß nun Entnazifizierung.[35]

Der Gedanke einer gesellschaftlichen Umgestaltung, dessen Gewicht an den Sozialisierungsermächtigungen und Sozialisierungsaufträgen der Landesverfassungen abgelesen werden kann,[36] verlor mit der ersten mehrheitsgestützten bürgerlichen Regierung weitgehend seinen Einfluß. Eine „restaurative Epoche", wie sie Kogons Mitstreiter Walter Dirks in einem großen Aufsatz von 1950 bezeichnete, hatte sich etabliert.[37] Diese Epoche war, trotz der Konstituierung des Grundgesetzes, dadurch charakterisiert, daß der Zusammenhang von kritischer Selbstreflexion der NS-Zeit und der Idee gesellschaftlicher Neugestaltung zerriß. Im Mehrheitsspektrum der Gesellschaft und des Staates dominierte Mitte der fünfziger Jahre, trotz der Entschädigungsgesetzgebung und des Wiedergutmachungsabkommens mit Israel, die Politik des Vergessens – vor allem der Verbrechen, die in den Nürnberger Nachfolgeprozessen der Vereinigten Staaten gegenüber der Justiz, der Militärführung, den Einsatzgruppen etc. öffentlich thematisiert und geahndet wurden.[38]

VI.

In dieser Periode konnte Kogon nur begrenzt gestaltend wirksam werden. Er formulierte Gegenpositionen zur herrschenden Entwicklung der Bundesrepublik.

Der Begriff des Christentums wurde unter dem erstarkenden Einfluß der Kirchen, die das NS-Regime vorgeblich intakt überstanden hatten, für Kogon zum politischen Streitfall. Gegenüber der Tendenz, eine bestimmte Lesart des Christentums zur Rechtfertigung und Durchsetzung politischer Machtinteressen einzusetzen – symptomatisch war Adenauers Äußerung im Bundestagswahlkampf 1957, daß es darum gehe ob Deutschland mit der CDU christlich bleibe oder bei einem Sieg der SPD kommunistisch werde –[39] nahm Kogon, längst nicht mehr in der CDU, die Haltung eines jesuanisch bestimmten Kritikers ein. Er markiert die Differenz von staatlicher und kirchlicher Macht und der Botschaft des Evangeliums. Sein christliches Verständnis dringt durch die verzerrte Gestalt eines Herrenchristentums hindurch und bezieht sich direkt auf die biblischen Quellen: In Jesus von Nazareth ist „Gott sichtbar geworden (...). Die Auferstehung hat sein Beispiel beglaubigt; der Prozeß der 'Reich'-werdung zum uns vorbestimmten diesseitigen und jenseitigen wahren Menschsein ist seither in Gang gesetzt."[40] Aus dem Blickwinkel des Menschensohns hält Kogon seiner mit der Regierungspolitik Adenauers vielfach liierten Kirche ihr Versagen im „Dritten Reich", dem sie sich nicht selbstkritisch gestellt hatte, vor und entwickelt damit zugleich Maßstäbe für ein politisch verantwortliches Christentum, das die Gesetze der Welt nicht widerspiegelt, sondern transzendiert: „Mit dem großen geschichtlichen Wort 'Es ist Dir nicht erlaubt!' ist die kirchliche Autorität in Deutschland dem Tyrannen nicht entgegengetreten. Keineswegs hat die Kirche ... mit dem ganzen Gewicht ihrer Bedeutung, angesichts der heuchlerischen oder zynischen Zertrampelung von Menschenrechten, angesichts der hohnvollen Verletzung von Treu und Glauben allerorten, angesichts millionenfacher Knechtung und barbarischer Tötungen gerufen ...: 'Du sollst nicht morden' (...). 'Kluges' Schweigen, ängstliches Dulden, beständiger Versuch, mit schriftlichen Eingaben rein kirchliche Rechte zu wahren ... deckte das Opfer jener Tausenden von Kaplänen, Pfarrern, Ordensleuten ... zu (...)."[41] Kogons christliche Motivation und seine politische Position bedingen sich. Die Bergpredigt, deren Weisung auf ein anderes Gemeinwesen, auf einen neuen Äon hinzielen, in dem ein bestimmtes Handeln eingefordert wird – „Selig sind die Sanftmütigen, selig sind, die Barmherzigkeit üben, selig sind die Friedensstifter" (Mt. 5, 5,7,9) – ist für Kogon „die positivste und produktivste Herausforderung – der kühnste Entwurf in der Geschichte der Menschen – der göttliche Entwurf für ihn."[42] Es ist bezeichnend, daß große christliche Gegner des NS-Regimes, Eugen Kogon wie Dietrich Bonhoeffer, aus der Erfahrung des widermenschlichen Grauens, dem sie zusammen mit anderen durch ihren Widerstand ein Ende setzen wollten, die Bergpredigt als Zentrum der Glaubenspraxis begreifen.[43] Sie entzieht der mit Herrschaftsinteressen verknüpften Kirche die Deckung durch die Bibel.

Auf staatsrechtlischem Gebiet bezieht Kogon eine ähnliche Gegenposition. Er legt den Widerspruch von Grundgesetz und politischer Herrschaft offen. An der größten, von 1960 bis 1968 geführten verfassungspolitischen Auseinandersetzung in der Geschichte der Bundesrepublik, am Kampf um die Notstandsgesetze, wird deutlich, daß die geplante Regelung des Ausnahmezustands darauf zielt, das Programm von Bundeskanzler Erhard, eine formierte Gesellschaft autoritär durchzusetzen, die die legalen Handlungsmöglichkeiten der Gewerkschaftsbewegung zugunsten einer sogenannten Rationalität des ökonomischen Gesamtprozesses in der Krise zur Disposition stellt, zu realisieren.[44] In den von der CDU-Regierung vorgelegten Gesetzentwürfen erblickt Kogon den Geist Carl Schmitts, der ihm im NS-Regime in Gestalt der Rechtfertigung einer normativ ungebundenen Staatsgewalt entgegentrat.[45] Im Jahre 1965 schrieb Kogon das Vorwort zu seiner in hoher Auflage verbreiteten Broschüre der führenden juristischen Opponenten der Notstandsgesetze. Die geplanten Notstandsgesetze, die damals vor allem die Koalitionsfreiheit der Gewerkschaften und die demokratische Entscheidungskompetenz des Parlaments bedrohten, hatten eine klare Funktion: „ Ein alter deutscher Drang ... verband sich, insbesondere über die Ministerialbürokratie der hohen Ränge, mit dem massiven bürgerlichen Klasseninteresse, den erreichten gesellschaftlichen Zustand und jene Entwicklung, die ihm entspricht, bestens zu erhalten."[46] Dem irrationalen Antikommunismus, lange Jahre dominierendes Legitimationsmuster der Bundesrepublik, setzte Kogon einen wirklichkeitsadäquateren

Blick entgegen. Gerade weil er, schon auf Grund seiner Erfahrung mit dogmatisch verhärteten, kaltherzigen kommunistischen Funktionshäftlingen[47] und seiner Verwerfung des autoritären Machtsystems des sogenannten „realen Sozialismus", als Sympathisant des Sowjetsystems unverdächtig war, konnte er um so glaubwürdiger die soziale Funktion des Antikommunismus ins Blickfeld der Kritik rücken.

Die außenpolitische Doktrin der Bundesrepublik, daß Sowjetrußland eine „Expansions- und Agressionspolitik" betreibe – so formulierte es Adenauer am 7. Februar 1952 im Deutschen Bundestag – konfrontierte Kogon mit der historischen Realität, „daß der Sowjet-Union in Jalta die Einflußzone zugestanden worden war ..., daß sie aber ... nirgends die zwischen ihr und den Westalliierten vereinbarte Trennungslinie der Systeme, die Demarkationslinie quer durch Europa und durch Deutschland, überschritt."[48] Blockierte der Antikommunismus rationale Beziehungen zu den Ländern des Ostblocks, die am meisten unter der Nazi-Herrschaft gelitten hatten, deren territoriale Ordnung vor allem in Gestalt der Oder-Neiße-Linie aber nicht anerkannt wurde, so führte er innenpolitisch dazu, die politische Betätigungsfreiheit von Kommunisten einzuschränken oder schließlich ganz auszuschalten: durch eine Strafrechtspraxis, die sich weniger an der Verletzung konkreter Rechtsgüter als an einer kommunistischen Gesinnung orientierte[49] – eine „höchst fragwürdige Praxis."[50] Als Leiter des politischen Magazins *Panorama* brachte Kogon im Jahre 1964 eine Sendung von Lutz Lehmann zu dieser Struktur der juristischen Generalausgrenzung von Kommunisten, deren Parteigänger er im Konzentrationslager einst auch als äußerst hilfsbereit, ja als Lebensretter erfahren hatte.[51] Damit gelang eine folgenreiche öffentliche Problematisierung der politischen Justiz.

Nimmt man den außenpolitischen Immobilismus in den Beziehungen zu Osteuropa und die innenpolitische Ächtung von Kommunisten zusammen, so trifft Eugen Kogons Resümee zu, daß das „Hauptnegativum der antikommunistischen Prinzipienpraxis der Verlust der produktiven politischen Vorstellungswelt war."[52] Die Feindbestimmung gegen Kommunisten konnte auf Kritiker übertragen werden, die wie die Sozialdemokratie oder die Gesamtdeutsche Volkspartei Gustav Heinemanns, deren Plakate 1953 mit dem Satz „Von Moskau bezahlt" überklebt wurden, Alternativen zur Politik Adenauers formulierten. Der blinde Antikommunismus immunisierte die Außenpolitik gegen die – etwa in der Stalin-Note vom März 1952 oder im Deutschland-

Plan der SPD von 1959 angelegten – Konzeption zur Milderung oder Überwindung der Blockkonfrontation.[53]

VII.

In einer Zeit, in der der ökonomisch-technische Selbstlauf des Kapitalismus von der Industrie über die bürgerlichen Parteien bis hin zu der mit Gerhard Schröder sich neo-liberal häutenden SPD mit dogmatisierter Gewißheit zum Programm erhoben wird, wirken Kogons gesamtgesellschaftliche Diagnosen und Perspektiven höchst gegenwartsnah. Das Verhältnis von politischer Gestaltungsmöglichkeit und ökonomischen Zwängen beschrieb Kogon in einem Beitrag über die „historische Funktion der Technik": „Die Politik, vermeintlich souverän, geriet völlig in den Sog der einseitigen wirtschaftlich-technischen Rationalität (...). Mittlerweile sind die ... fundamentalen Nachteile und Gefährdungen unserer einseitigen Entwicklung zutage getreten, deren Rationalität beschränkt, ja partiell in gesamtgesellschaftliche Irrationalität eingebettet ist. (...) Sozialpolitik muß mit Milliarden ... Aufwendungen den Vernachlässigungen und Schädigungen begegnen, um deren Entstehung sich die Erfolgswirtschaft und die technische Rationalität nicht kümmern. (...) Existenzunsicherheit und -unruhe müssen als Preis des Fortschritts hingenommen werden. Der totale Selbstruin ... durch die Zerstörung des Gleichgewichts der Natur ist nicht mehr auszuschließen."[54]

Um dieser Entwicklung – versuchsweise – entgegenzutreten, rückt Kogon eine Gruppe als potentiellen Träger gesamtgesellschaftlicher Rationalität in den Blick, die von der traditionellen Arbeiterbewegung eher an der Seite des Kapitals angesiedelt wurde: die Ingenieure. Die von ihm initiierte und ausgewertete Untersuchung des Bewußtseins von Ingenieuren – auf die Umfrage seiner Forschungsgruppe gingen 28.000 Antworten ein – mündet in eine strategisch gerichtete Gesellschaftsanalyse, in der – wie in seinen sozialistischen Entwürfen nach 1945 – das soziale Ganze zur Veränderung ansteht. Im Vorwort zu seinem – zu Unrecht fast vergessenen – Buch *Die Stunde der Ingenieure* schrieb Kogon: „Das Buch ... soll dazu beitragen, der Technologischen Intelligenz voll zum Bewußtsein zu bringen, was ihre Aufgabe ist. (...) Gegen eine mechanistische und vorwiegend quantitative Betrachtung des Lebens (ist) seine bessere, nämlich durchwegs humane Rationalisierung zu bewirken. (...) Das setzt in der Technologischen Intelligenz ... ein überfachliches Problembewußtsein und einen sozialen Einfallsreichtum voraus, der sich ergibt, wenn vom Gesichtspunkt der Humanisierung als gesellschaftspolitischer Norm die sinnvollen Fragen gestellt werden."[55]

VIII.

Eugen Kogons Schriften sind durch seine Lebensgeschichte beglaubigt. Er verkörpert eine Kontinuität des Denkens, in dem sich die Erfahrung des Grauens der nationalsozialistischen Herrschaft, die ihn in seinen Träumen immer wieder heimsuchte, und der geistige Kampf für einen humanen Sozialismus, dessen Zivilisationsstufe noch nirgends erreicht ist, verbinden. Kogon war seiner Zeit voraus. Er ist es bis heute geblieben.

Anmerkungen

1 Eugen Kogon: Der SS-Staat. Das System der deutschen Konzentrationslager. München 1946.
2 A.a.O., S. X.
3 Eugen Kogon: Beinahe mit dem Rücken zur Wand. In: Frankfurter Hefte 1954, H. 9, S. 641.
4 Vgl. Norbert Frei: Vergangenheitspolitik. Die Anfänge der Bundesrepublik und die NS-Vergangenheit, München 1996; Joachim Perels: Das juristische Erbe des „Dritten Reiches". Beschädigungen der demokratischen Rechtsordnung. Frankfurt a.M. 1999.
5 Vgl. Eugen Kogon: Meine Entwicklung im Glauben. In: Ders.: Liebe und tu was du willst. Reflexionen eines Christen, Gesammelte Schriften, Bd. 4, hg. von Michael Kogon und Gottfried Erb. Weinheim 1996, S. 50f.
6 Vgl. Eugen Kogon, Der SS-Staat (Anm. 1), S. XIIf.
7 Ernst Fraenkel: Der Doppelstaat (1941). Frankfurt a.m. 1974; Franz Neumann: Behemoth. Struktur und Praxis des Nationalsozialismus (1942/ 44). Köln 1977; Hannah Arendt: Ursprünge und Elemente totaler Herrschaft (1951). Frankfurt a. M. 1962.
8 Vgl. Eugen Kogon, Der SS-Staat (Anm. 1), S. XIIf.
9 Vgl. Eugen Kogon: Meine Entwicklung (Anm. 5), S. 40ff.
10 Vgl. Eugen Kogon: Abkommandiert zur Liquidation. In: Ders.: „Dies merkwürdige wichtige Leben". Begegnungen. In: Gesammelte Schriften, Bd. 6, hg. von Michael Kogon und Gottfried Erb. Weinheim 1997, S. 55ff; Eugen Kogon: Die Rettung, ebd., S. 59ff; Eugen Kogon: Ein Sturmbannführer wird umgedreht, ebd. S. 63ff.
11 Eugen Kogon: Von der Befreiung, a.aO., S. S. 71f; Eugen Kogon, Der SS-Staat (Anm. 1), S. 260f.

12 Eugen Kogon, Der SS-Staat (Anm. 1), S. IX.
13 A.a.O., S. 40f.
14 A.a.O., S. 44.
15 Vgl. Theodor W. Adorno u.a.: Der autoritäre Charakter (1950). Amsterdam 1968; Max Horkheimer: Briefwechsel 1941-1948. Gesammelte Schriften, Bd. 17, hg. von Gunzelin Schmid Noerr. Frankfurt a.M. 1996. S. 739.
16 Max Horkheimer: Briefwechsel 1941-1948 (Anm. 15), S. 814.
17 A.a.O., S. 1027.
18 Hannah Arendt: Organisierte Schuld (1944). In: Dies.: Sechs Essays. Heidelberg 1948, S. 33ff.
19 Hannah Arendt/ Karl Jaspers: Briefwechsel 1926-1969, hg. von Lotte Köhler und Hans Saner. München 1985. S. 123.
20 Vgl. Hannah Arendt: Ursprünge und Elemente totaler Herrschaft (Anm. 7), S. 640, 652, 657, 658, 664.
21 Jürgen Seim: Hans Joachim Iwand. Biografie. Gütersloh 1999, S. 289ff; H. Ludwig: Die Entstehung des Darmstädter Wortes. In: *Junge Kirche* 1977, Beiheft 8/9.
22 Jürgen Seim: Hans Joachim Iwand (Anm. 21), S. 330. – Im nationalprotestantischen, von Hanns Lilje herausgegebenen *Sonntagsblatt* vom 19.10.1952 wurde allerdings der *SS-Staat* als „re-education-Buch", das „zu schmal angelegt" sei, abgewertet. Vgl. Axel Schildt: Solidarisch mit der Schuld des Volkes. Die öffentliche Schulddebatte und das Integrationsangebot der Kirchen in Niedersachsen nach dem zweiten Weltkrieg. In: Bernd Weisbrod (Hg.): Rechtsradikalismus in der politischen Kultur der Nachkriegszeit. Hannover 1995, S. 286.
23 Eugen Kogon: Frankfurter Rede, gehalten auf der ersten Kundgebung der CDU am 11. November 1945. In: Ders.: Die restaurative Republik. Zur Geschichte der Bundesrepublik Deutschland, Gesammelte Schriften, Bd. 3, hg. von Michael Kogon und Gottfried Erb. Weinheim 1996, Bd. 3. S. 17f.
24 Eugen Kogon: Der SS-Staat (Anm. 1), S. 331f.
25 Anna J. Merrit/ Richard L. Merrit (Hg.): Public Opinion in Occupied Germany. Urbana 1970. S. 295.
26 Eugen Kogon: Das Recht auf politischen Irrtum (1947). In: Ders.: Die unvollendete Erneuerung, hg. von Hubert Habicht. Frankfurt a.M. 1964, S. 50.
27 Vgl. Eugen Kogon: Meine Entwicklung im Glauben (Anm. 5), S. 47f., S. 50.
28 Georg Wolfgang Felix Hallgarten: Hitler, Reichswehr und Industrie. Frankfurt a.M. 1962, S. 79ff; Aufruf der NSDAP vom 10.3.1933. In: Walther Hofer (Hg.): Der Nationalsozialismus. Dokumente 1933-1945. Frankfurt a.M. 1957, S. 55.
29 Eugen Kogon: Der Weg zu einem Sozialismus der Freiheit in Deutschland (1947). In: Ders.: Die unvollendete Erneuerung (Anm. 26), S. 63.
30 A.a.O., S. 47.
31 Frei, Vergangenheitspolitik (Anm. 4); Perels, Erbe (Anm.4).

32 Hannah Arendt: Besuch in Deutschland 1950. Die Nachwirkungen des Naziregimes. In: Dies.: Zur Zeit. Politische Essays. Hg. von Marie-Luise Knott. Berlin 1986. S. 43ff; Horkheimer, Schriften (Anm. 15), S. 739f., S. 827ff, S. 925ff, S. 984, S. 990.
33 Kogon, SS-Staat (Anm. 1), S. 330f.
34 John H. Herz: The Fiasco of Denazification in Germany. In: Political Science Quartely, H. 63, 1948. S. 583f.
35 A. a. O., S. 590, Anm. 108.
36 Wolfgang Abendroth: Das Grundgesetz. Pfullingen 1966. S. 19ff.
37 Walter Dirks: Der restaurative Charakter der Epoche. In: Frankfurter Hefte, H. 9, 1950. S. 942ff.
38 Frei, Vergangenheitspolitik (Anm. 4); Perels, Erbe (Anm.4).
39 Stimme der Gemeinde, H. 14, 1957. Sp. 431f. m.w.Nachw.
40 Eugen Kogon: Ein neues Verständnis des Erlösungsgeschehens. In: Kogon, Liebe (Anm. 5), S. 71.
41 Eugen Kogon: Die Kirchen in der Hitlerzeit: ein bedenkenreiches Mittun-Nichtmittun. In: Kogon, Liebe (Anm. 5), S. 214f.
42 Eugen Kogon: Die Provokation der Bergpredigt – Einweisung in die Humanität. In: Kogon, Liebe (Anm. 5), S. 66.
43 Dietrich Bonhoeffer: Nachfolge. München ^{2}1940. S. 55ff.
44 Eugen Kogon: Der Ausbau des autoritären Leistungsstaates in der Bundesrepublik. In: Kogon, Republik (Anm. 23), S. 144ff.
45 Carl Schmitt: Politische Theologie. Berlin ^{2}1934. Ders.: Positionen und Begriffe im Kampf mit Weimar – Genf – Versailles (1940). Berlin 1994.
46 Eugen Kogon/Wolfgang Abendroth/Heinrich Hannover/Helmut Ridder/Jürgen Seifert: Der totale Notstandsstaat. Frankfurt a.M. 1965. S. 4.
47 Kogon, SS-Staat (Anm. 1), S. 254f.
48 Eugen Kogon: Die Funktion des Antikommunismus in der Bundesrepublik Deutschland. In: Kogon, Republik (Anm. 23), S. 202.
49 Alexander von Brünneck: Politische Justiz gegen Kommunisten in der Bundesrepublik Deutschland 1949 – 1968. Frankfurt a.M. 1978; Diether Posser: Anwalt im Kalten Krieg. Ein Stück deutscher Geschichte in politischen Prozessen. München 1991. Insbes. S. 191ff, S. 298ff.
50 Kogon, Funktion (Anm. 48), S. 204.
51 Lutz Lehmann: Legal und Opportun. Politische Justiz in der Bundesrepublik. Berlin 1966; Kogon, SS-Staat (Anm. 1), S. 255.
52 Kogon, Funktion (Anm. 48), S. 204.
53 Vgl. etwa Gustav Heinemann: Verfehlte Deutschlandpolitik. Irreführung und Selbsttäuschung. Artikel und Reden. Frankfurt a.M. 1966. S. 136ff.

54 Eugen Kogon: Die historische Funktion der Technik in der Sicht des Politologen. In: Eugen Kogon – ein politischer Publizist in Hessen. Hg. von Hubert Habicht. Frankfurt a.M. 1982. S. 428.
55 Eugen Kogon: Die Stunde der Ingenieure. Technologische Intelligenz und Politik. Düsseldorf 1976. S. VIf.

Leonore Siegele-Wenschkewitz

Martin Niemöller – Abkehr vom Nationalismus

Hat der Protestantismus sich je aus seiner unseligen Verbindung von Thron und Altar lösen können? Diese Frage wird in der Öffentlichkeit, in zeithistorischen Publikationen wie in den Medien seit einiger Zeit diskutiert. Die evangelische Kirche sehe den Staat nach wie vor als „Obrigkeit" und habe nicht gelernt, sich als eine Größe unter anderen im demokratischen Kräftespiel zu verstehen. Neue Nahrung gibt dieser These die Verflechtung eines Teils der ostdeutschen Kirchen mit der Stasi: „Einmal Staatskirche – immer Staatskirche" lautet der Vorwurf. Hat der Protestantismus aus seiner Geschichte gelernt?
Wir lenken den Blick auf eine prägende Gestalt des deutschen Protestantismus des 20. Jahrhunderts, um die Zeitverflochtenheit in Distanz und Nähe zu den jeweiligen Staatsformen, in denen sich die deutsche Geschichte wiederfindet, zu demonstrieren. Martin Niemöller ist wie kaum ein anderer geeignet, auf diese wechselvolle Geschichte Licht zu werfen: in ihren Bindungen und Verstrickungen, in ihren Kontinuitäten und Brüchen und in Impulsen und Neuansätzen, die uns heute noch aktuell erscheinen.
Es ist nicht die Absicht dieses Beitrags, ein Heldenleben vorzuführen. Niemöller selbst ist lebenslang daran beteiligt gewesen, Heldenbilder von sich zu zerstören. Seine Zeitgenossen hat er von 1933 an damit irritiert und bisweilen auch schockiert, daß sich in seinem Lebenslauf Themen und Charakterzüge vereinten, die man lieber auf mehrere Personen und Biographien verteilt gesehen hätte.[1]
Bis 1933 erscheint seine Biographie (* 14.2.1892 Lippstadt, ✝ 6.3.1984 Wiesbaden) in sich stimmig; sie lag im Trend der politischen Mentalität der Mehrheit der Deutschen und zumal des deutschen Protestantismus: die Kindheit in einem behüteten evangelischen Pfarrhaus; die Schulzeit im Elberfelder Gymnasium, die er als Primus 1910 mit dem Abitur abschloß; die militärische Ausbildung bei der kaiserlichen Marine; die im persönlichen Eid auf den Kaiser begründete Bindung an das preußische Herrscherhaus. Sie erlosch – eigenem Bekunden gemäß – erst bei der Nachricht vom Tode Wilhelms II., die ihn 1941 im KZ erreichte.[2] Niemöller war in den ersten Lebensjahrzehnten fromm, national und kaisertreu, ja auf Gedeih und Verderb an das kaiserliche Deutschland gebunden, das – Fritz Fischer zufolge – nach der Weltmacht griff. U-Boot-Kommandant war er mit Passion. Die Rolle schien

ihm so sehr auf den Leib geschrieben, daß viele Menschen ihn auch in seinen späteren Funktionen als Pastor (1923-31 Vereinsgeistlicher der westfälischen Inneren Mission, 1931-37 Pfarrer in Berlin-Dahlem), als Leiter des Kirchlichen Außenamts (1945-55) und als Kirchenpräsident (1947-64) immer als den ehemaligen U-Boot-Kommandanten gesehen haben. Bis zur Kapitulation 1918 setzte Niemöller auf einen Siegfrieden Deutschlands. Das Kriegsende erlebte er als Dolchstoß, und bis 1933 blieb er ein erklärter Gegner der demokratischen Weimarer Republik. Schon 1924 wählte er die Nationalsozialisten und auch im März 1933 gab er ihnen seine Stimme. Martin Niemöller – eine autoritäre Persönlichkeit, die im autoritären Führerstaat die angemessene politische Repräsentanz der Deutschen sieht. Die Symbiose von Protestantismus und Nationalismus scheint perfekt.

Doch zum Erstaunen vieler politischer Weggefährten war er 1933 nicht einer der Führer der nationalsozialistischen Kirchenpartei, der Deutschen Christen. Der Kirchenkampf, den er als Pfarrer in Dahlem durch die Gründung und Führung des Pfarrernotbunds entscheidend mitgestaltete, brachte ihn an die Seite des Schweizer Theologen Karl Barth und Dietrich Bonhoeffers, der von Anfang an den Nationalsozialismus ablehnte. Beide machten freilich 1933 keinen Demokraten aus Martin Niemöller. Jedoch fand die kirchliche Opposition, die Bekennende Kirche, zu zwei grundlegenden Bekenntnisaussagen, die politische Wirkungen gehabt haben: Die oberste Autorität ist für die christliche Kirche Gott, wie er sich in Jesus Christus offenbart hat; und: Rassismus soll in der Kirche keinen Platz haben.

Den ersten Grundsatz haben Hitler und das NS-Regime als Bestreitung des Totalitätsanspruchs sowohl des Führers als auch der NS-Ideologie verstanden. Beispielhaft dafür ist die Begegnung zwischen Hitler und evangelischen Kirchenführern am 25. Januar 1934 gewesen, bei der es auch zu dem berühmten Wortwechsel zwischen Niemöller und Hitler kam über die Frage, wer die Verantwortung für das deutsche Volk trägt. Niemöller widersprach Hitler, der ihn auf die Kirche und den religiösen Bereich begrenzen wollte, mit den Worten: „Als Christen und Männer der Kirche haben auch wir eine Verantwortung für das deutsche Volk, die uns von Gott auferlegt ist. Weder Sie noch irgend jemand anders kann uns aus ihr entlassen".[3] Niemöller war später der festen Überzeugung, daß er aufgrund dieses Widerspruchs von 1938 an als Hitlers „persönlicher Gefangener" in den KZ Sachsenhausen und Dachau inhaftiert wurde.

Der zweite Grundsatz, daß eine christliche Kirche den sog. „Arierparagraphen" nicht vom Staat übernehmen kann, sollte die Solidarität mit den

Judenchristen bekräftigen. An dieser Frage sei das Bekenntnis der Kirche angetastet. Hier müsse die Kirche den häretischen deutsch-christlichen Kirchenleitungen widerstehen. Die jüdische Gemeinschaft aber wurde auch von der Bekennenden Kirche ohne öffentlichen Protest den nationalsozialistischen Verfolgungs- und Vernichtungsmaßnahmen überlassen. Allerdings hat Niemöller dies schon von 1935 an als Versagen und Schuld der Bekennenden Kirche gebrandmarkt. Niemöller ist ein entscheidender Wortführer der Richtung der Bekennenden Kirche geworden, die mit dem Namen seiner Kirchengemeinde als „Dahlemiten" bezeichnet wurde. Die Dahlemiten haben 1936 eine Denkschrift an Hitler gerichtet, die Rassismus und Menschenrechtsverletzungen, ja insgesamt die menschenverachtende, christentums- und kirchenfeindliche Ideologie und Politik des NS-Regimes benannt und angeprangert hat.[4]
Zweifellos hat diese Entwicklung der Ereignisse Niemöller neue Orientierungen abverlangt. Als er am 5. Juni 1945 in amerikanischem Gewahrsam in Neapel vor der internationalen Presse Auskunft über sein Leben gibt, erscheint vieles an seinen Äußerungen unstimmig und ungereimt, zumal er das Gewalt- und Terrorsystem der Nationalsozialisten aus nächster Nähe erlebt hat: Seine freiwillige Meldung in Hitlers Krieg – zeigt sich da nicht der unentwegte U-Boot-Kommandant? Der Kirchenkampf sei eine rein religiöse Angelegenheit gewesen – also war er offenbar kein politischer Gegner des Nationalsozialismus? Die für die Deutschen angemessene Demokratie müsse erst noch erfunden werden – ist Niemöller ungebrochen ein Anhänger des autoritären Führerstaats?[5]
Die für Religionsfragen zuständigen Vertreter der amerikanischen Besatzungsmacht reagierten skeptisch, ob er sich je aus seinen nationalistischen und militaristischen Bindungen würde lösen können. Deshalb sollte er – dessen ungeachtet, daß er im In- und Ausland nicht zuletzt durch seine lange KZ-Haft zur Symbolfigur des kirchlichen Widerstands gegen den Nationalsozialismus geworden war – auch die neuzuschaffende Evangelische Kirche in Deutschland nicht leiten. Der 77jährige württembergische Landesbischof Theophil Wurm wurde gegenüber Niemöller klar favorisiert.[6]
Die kritischen, zum Teil auch vernichtenden Beurteilungen, die Niemöller in aller Öffentlichkeit und weltweit erfahren hat, scheinen ihn nicht entmutigt, sondern eher herausgefordert zu haben. Im Rückblick sagt er, er habe sich von einem konservativen zu einem fortschrittlichen und schließlich zu einem revolutionären Menschen entwickelt. Diese Entwicklungsfähigkeit macht es so spannend, sich mit ihm zu beschäftigen. Sie ermöglichte ihm, sich mit den großen, die Menschheit bewegenden Themen des 20. Jahrhunderts auseinan-

derzusetzen; sich dafür Kenntnisse zu verschaffen, die er nicht nur aus Gedrucktem zog, sondern vor allem in der Begegnung und in enger Zusammenarbeit mit anderen Menschen gewann.

Die Zeitläufte ließen auch seine Familienverhältnisse nicht unberührt. Seinem Temperament und Herkommen nach war Martin Niemöller ein Patriarch. Jedoch schätzte er als Gegenüber eine ihm ebenbürtige Lebensgefährtin. Vierzig Jahre lang führte er eine Ehe mit der ehemaligen Lehrerin Else, geb. Bremer, die ihr Leben tatkräftig der „Sache ihres Mannes" widmete. Während seiner achtjährigen Gefangenschaft lagen die Verantwortung für das Pfarrhaus und die Familie, den Freundeskreis und die vielfältigen Beziehungen ganz bei ihr. Die Art und Weise, wie sie sich in ihrer Eigenständigkeit bewährt hat, machte sie nach 1945 im Ausland zu einer gefragten Rednerin.[7] Als Achtzigjähriger ging Niemöller seine zweite Ehe ein mit Sybille Donaldson, geb. von Sell; sie kannten einander schon seit der Dahlemer Zeit. Sybille Niemöller-von Sell hat über ihre Verwurzelung im preußisch-protestantischen Adel als Tochter des Ulrich Freiherr von Sell, Flügeladjutant und Schatullenverwalter Kaiser Wilhelms II. und der Augusta von Brauchitsch sowie ihren gemeinsamen Lebensweg mit Martin Niemöller 1992 und 1994 zwei Erinnerungsbücher vorgelegt.

Weiterentwickeln mußte sich Niemöller in der „Stunde Null" vor allem im Hinblick auf den politischen und kirchlichen Wiederaufbau in Deutschland. Um jeden Preis wollte er verhindern, daß die Chance eines Neuanfangs vertan würde und nur eine Restauration zustandekäme. „Der Weg ins Freie" – dies war seine konkrete Utopie.[8] Ihn zu bedenken und zu beschreiben halfen ihm auch nach 1945 Freunde wie Karl Barth, die Kreise der Bekennenden Kirche, die sich in der Zeitschrift *Stimme der Gemeinde* zu Wort meldeten, und die vielen ökumenischen Kontakte. Diesem linken Flügel der Bekennenden Kirche, dem Niemöller angehörte und dessen Wortführer er zuweilen auch war, ging es um ein verändertes Verhältnis des Protestantismus zum Staat. Nachdem sie sich über die Erfahrung des nationalsozialistischen Regimes von dem Ideal eines christlichen Staats distanziert hatten, ging es darum, daß die Kirche ihren Ort in einem freien demokratischen Staatswesen findet.

Niemöllers Ja zur parlamentarischen Demokratie, das er unter dem Einfluß von Karl Barth bei der Kirchenversammlung in Treysa schon Ende 1945 öffentlich aussprach, verdient festgehalten zu werden:

Wir haben als Kirche ein Interesse und eine Aufgabe, daß den Menschen Recht und Freiheit auch im öffentlichen und staatlichen Leben gegeben werden. Deshalb ist uns aber die Staatsform und deshalb sind uns die Grundsätze, nach denen das öffentliche

Leben gestaltet wird, nicht gleichgültig; und deshalb können uns Staatsformen und Gesetze nicht einfach als gegebene Tatsachen erscheinen, mit denen wir uns abzufinden haben. Die Demokratie, wie sie in der abendländischen Welt seit dem Eintritt des Christentums in die Welt gewachsen ist, hat nun einmal mehr mit dem Christentum zu tun als irgendeine autoritäre Form der Staatsführung, die das Recht und die Freiheit für den einzelnen verneint. Über diese Dinge haben wir uns klar zu werden und für das praktische Verhalten der Kirche wie für unser Reden als Kirche daraus die Folgerungen zu ziehen.[9]

Aus dieser prinzipiellen und theologisch begründeten Bejahung der parlamentarischen Demokratie ist zunehmend ein Ja zur außerparlamentarischen Opposition geworden. Niemöller sah es als die Aufgabe der Kirche in einem freiheitlichen demokratischen Staat an, auch den politischen Weg der Deutschen vom Bibelwort her kritisch mitzubedenken und mitzugestalten. Vom Zeugnis der Bibel her hatte er 1945 als allererster etwas zur Schuld der Kirche, zu seiner eigenen persönlichen Schuld und zur Schuld der Deutschen zu sagen. Vor jedem Neuanfang gelte es für die Deutschen, die eigene Schuld zu erkennen und zu benennen, anzuerkennen und auf sich zu nehmen. Die Kirche sollte mit Selbstkritik und Schuldübernahme vorangehen. Deshalb war Niemöller eine treibende Kraft für das Zustandekommen der sog. Stuttgarter Schulderklärung des Rats der Evangelischen Kirche in Deutschland vom 18./19. Oktober 1945, in der die evangelische Kirche – stellvertretend für die deutsche Nation nach dem Zusammenbruch der nationalsozialistischen Diktatur – über die eigene Schuld der Deutschen am Terrorsystem und Zweiten Weltkrieg sprach.[10]

Seit seiner Befreiung war er im deutschen Protestantismus derjenige, der am kompromißlosesten und eindrücklichsten die Schuldfrage aufwarf. Worin nun sah Niemöller die Schuld der Deutschen, wie stellte sich für ihn der Zusammenhang dar von Schuld und Befreiung? Schuld besteht zuallererst darin, daß – wie er ungeschminkt und realistisch ausspricht – „diese Morde an Millionen von deutschen Händen verübt sind". Als Schuld erkannte er aber zugleich die Blockade gegenüber der Erkenntnis des Massenmords. Das, was Jahrzehnte später Ralph Giordano als „zweite Schuld" bezeichnet hat, sah Niemöller bereits unmittelbar nach dem Ende der NS-Herrschaft auf die Deutschen zukommen und versuchte alles Menschenmögliche, um dieser zweiten Schuld zu begegnen. Dabei sah er sich wirksamen Abwehrmechanismen gegenüber: die Schuld wird verdrängt oder gänzlich geleugnet wegen der Ungeheuerlichkeit der Verbrechen; und ferner begegnete ihm der Einwand, es gäbe keine Kollektivschuld.

Gegen die Leugnung der Verbrechen ging Niemöller an, indem er als Zeitzeuge, als Augen- und Ohrenzeuge beredt von den Gewaltverbrechen berichtete und beschrieb, wie man selbst als Täter Teil der Vernichtungsmaschinerie werden kann. Niemöller akzeptierte hingegen den Einwand gegen die Kollektivschuld. Eine Kollektivschuld könne es nicht geben, weil Schulderkenntnis ein Gewissen voraussetzt, und ein Gewissen hat nur eine Person, ein einzelner Mensch, nicht die Gemeinschaft. Aber es gäbe eine Kollektiv*haftung*, die von einer Gemeinschaft übernommen und in ihren Folgen getragen werden muß.

Mit einer solchen Kollektiv*haftung* aber beginnt für ihn der Weg ins Freie: denn dann kann gesehen und anerkannt werden, was wirklich geschehen ist – und wenn es der millionenfache Mord ist – und die Deutschen müssen lernen, die Verantwortung für das Geschehene zu übernehmen, da es im Namen Deutschlands von ‚deutschen Händen' verübt worden ist.

In der deutschen, zumal auch in der kirchlichen Öffentlichkeit, stießen solche Anstöße und Erwartungen an Reue, Scham und Erneuerung auf Unverständnis, – mehr noch: Empörung und erbitterten Widerstand. Ein Beispiel ist die Reaktion von Studenten, darunter ehemaligen Wehrmachtsangehörigen, auf einen Vortrag, den Niemöller am 22. Januar 1946 in der Neustädter Kirche in Erlangen hielt. Er wurde mit Scharren, Trampeln und Mißfallensäußerungen aufgenommen.[11] Niemöller hat sich 1947 resignativ zum Erfolg seiner Schuldpredigt geäußert.[12] Nach seiner Einschätzung hat er dafür die Mehrheit der Deutschen nicht sensibilisieren können.

Als krasser Widerspruch zur Schuldpredigt mag eine Maßnahme erscheinen, die Niemöller als Kirchenpräsident der Evangelischen Kirche in Hessen und Nassau verantwortlich in Gang gesetzt hat. Während er sich für eine Selbstreinigung der Kirchen mit Überzeugung eingesetzt hatte, die in seiner eigenen Landeskirche zur Entlassung von 88 der 169 beanstandeten Kirchenbeamten und Pfarrer aus dem Dienst geführt hatte,[13] rief er mit einer Kanzelerklärung am 1. Februar 1948 regelrecht zum Boykott der Entnazifizierung auf, die sich sowohl an die Pfarrerschaft als auch an die Vorsitzenden und Beisitzer der Spruchkammern richtete: Wir müssen „allen Christen die ernste Frage vorlegen, ob sie es noch verantworten können, sich freiwillig an der Durchführung eines Verfahrens zu beteiligen, das Haß sät, statt der Gerechtigkeit und Versöhnung zu dienen. Es ist eine ernste Frage an die Gewissen, die wir damit stellen; und nach unserem Maß der Erkenntnis müssen wir bitten: wirkt an dieser Sache, die so viel Unrecht im Gefolge hat, nicht länger aus freien Stücken als öffentliche Kläger oder als freiwillige Belastungszeugen mit!"[14]

Der Historiker Clemens Vollnhals interpretiert diesen Vorgang so, daß der wegen der Schulddiskussion umstrittene Kirchenpräsident Niemöller diese Kanzelerklärung, mit der die neu gebildete Evangelische Kirche in Hessen und Nassau sich erstmals an die Öffentlichkeit wandte, aus populistischen Gründen habe verlesen lassen, weil er sich darin der Zustimmung der Mehrheit der protestantischen Gemeindemitglieder habe sicher sein können. Sie sei also ein Mittel gewesen, um seine Akzeptanz und Macht in der Kirche zu sichern.[15] Diese Deutung der Kanzelerklärung als innerkirchliches Versöhnungsangebot ist nicht von der Hand zu weisen. Ob Niemöller damit allerdings gleichzeitig das Thema ‚Schuld an der nationalsozialistischen Vergangenheit' zu den Akten gelegt und sich zum Sprecher der zu entschuldenden NS-Täter gemacht hat, ist angesichts seines politischen Engagements der Nachkriegsjahre gegen eine einseitige Westintegration, gegen Wiederaufrüstung und Militarisierung der Bundesrepublik kritisch zu hinterfragen.

Niemöllers theologische Kritik am Befreiungsgesetz ist gleichwohl ernstzunehmen, die darin bestand, daß es eher zur Selbstrechtfertigung und Entschuldung führe als daß es einen Weg zur Schulderkenntnis darstelle. Und Niemöllers Credo bestand gerade darin, daß die Schulderkenntnis und Schuldübernahme der ‚Weg ins Freie' sei.

Seine Bereitschaft, Verhältnisse zu benennen, die obsolet geworden oder erneuerungsbedürftig seien, machte nicht vor den Kirchen Halt. Er scheute sich nicht, die Landeskirchen als abbruchreif zu bezeichnen, „indem sie nur auf die Sicherung der eigenen Existenz bedacht gewesen sind und stumm zugeschaut haben, solange andere leiden und kämpfen" mußten. Die Kirche der Zukunft müsse „eine völlig staatsfreie Kirche" sein, die in ihrem Handeln zur Geltung bringt, daß die Nächsten Gottes Frage an uns sind. Sein Drängen auf Freiheit der Kirche war verbunden mit der selbstkritischen Frage nach der Glaubwürdigkeit der Kirche.[16]

Gleichwohl hat er sich am Neuaufbau der südhessischen Landeskirche engagiert beteiligt. Die Ordnung der Evangelischen Kirche in Hessen und Nassau trägt seine Handschrift, insofern sie mit dem Aufbau der Kirche von der Gemeinde her und der egalitären Struktur der Leitung an die Tradition der Bekennenden Kirche anknüpft. Große Irritation hat Niemöller in seiner eigenen Landeskirche, in der EKD und in der politischen Öffentlichkeit damit ausgelöst, daß er kirchenleitende Ämter wahrnahm mit dem Selbstbewußtsein eines Mahners und Kritikers, als „Gewissensbiß der Nation" – wie er einmal genannt wurde. Zur Demokratisierung unserer politischen Kultur und auch der Kirche hat zweifellos beigetragen, daß er Konflikte in aller Öffent-

lichkeit austrug. Dabei ging er wie mit seinem Offenen Brief an Konrad Adenauer vom 4. Oktober 1950 gegen die Wiederaufrüstung oder mit der Attacke auf den Verteidigungsminister Franz Josef Strauß im Januar 1957 in direkte Konfrontation mit hohen politischen Mandatsträgern.[17]
Ein weiteres zentrales Thema war die gegenseitige Verantwortung der Deutschen in Ost und West. Niemöller konnte die deutsche Teilung nicht akzeptieren und war deshalb ein scharfer Kritiker der Adenauerschen Politik. Durch die deutsche Teilung, so lautete seine hellsichtige Prognose, würden die Ostdeutschen ihrem Schicksal überlassen. Die Abkoppelung des Westens würde bei einer späteren Wiedervereinigung unlösbare Probleme schaffen. Und im geteilten Deutschland sah Niemöller einen schwer kontrollierbaren Unsicherheitsfaktor für den Weltfrieden.
Im Nationalismus, der in Deutschland häufig mit Antisemitismus verbunden war, und im Militarismus hat er die entscheidenden Wurzeln für die deutsche Katastrophe erkannt. Schienen ihm diese Ideologien zunächst ganz selbstverständlich mit dem Christentum kompatibel zu sein, gerieten solche Wertorientierungen in den dreißiger Jahren ins Wanken. In der berühmten Kasseler Rede vom 25. Januar 1959 hat er beschrieben, wie sein politisches Engagement für Frieden und Versöhnung daher rührt, daß er hinsichtlich seiner christlichen Glaubensüberzeugung eine völlige Kehrtwendung durchgemacht hat. Als Folge eines Treffens mit den Atomwissenschaftlern Otto Hahn, Werner Heisenberg und Carl Friedrich von Weizsäcker im Jahr 1954, das ihm zu Bewußtsein brachte, daß Atomwaffen dazu imstande sind, alle Lebewesen auf der Oberfläche dieses Globus zu vernichten, ist er Pazifist geworden.[18]
„Ich bin" – berichtet er – „bewogen worden, mein Neues Testament noch einmal sehr gründlich anzusehen auf die Frage hin: wie soll sich eigentlich der Mensch gegen seine Feinde und sein Volk gegen die Feinde des Volkes wehren? (...) Wir haben gelebt, als stünde in der Bergpredigt eine Seligpreisung, (...) nämlich: Selig sind die Starken und Gewaltigen, denn sie werden die Erde erobern. Das gibt es nicht. Sondern da heißt es: Selig sind, die auf Gewalt verzichten, nämlich die Sanftmütigen. (...) Wir sollten wissen: Jeder Mensch, der Gewalt anwendet, der muß sich für die Gewaltanwendung, aber nicht für die Verweigerung der Gewaltanwendung vor dem Herrn Jesus Christus als vor seinem Herrn verantworten (...). Das Böse mit dem Guten überwinden, das ist eigentlich das, was uns Christen von anderen Menschen unterscheidet oder unterscheiden sollte".[19]
An der Frage: ‚Was kann die Kirche, was können Christen für den Frieden tun?' hat sich Niemöller zeitlebens abgearbeitet, indem er vom patriotischen

U-Boot-Kommandanten zu einem Gegner der deutschen Wiederbewaffnung und schließlich zu einem erklärten Pazifisten geworden ist. Die Mentalität des vom Kaiser gelobten Untertanen – gelobt, weil er Schiffe versenkt hatte – wich schon 1934 einem respektlosen Aufbegehren gegenüber dem bewunderten „Führer" Adolf Hitler und verwandelte sich nach 1945 in das Selbstbewußtsein, ein protestantischer Weltbürger zu sein. Im selben Jahr, als die Evangelische Kirche in Deutschland (EKD) den Militärseelsorgevertrag mit der Bundesregierung unterzeichnete, wurde Niemöller im Oktober 1957 Präsident der Deutschen Friedensgesellschaft/Bund der Kriegsgegner, einer Organisation, die 1892 von den späteren Nobelpreisträgerin Bertha von Suttner und Alfred Hermann Fried gegründet worden war. Am Ostermontag 1958 nahm er am ersten Ostermarsch von London nach Aldermaston teil. 1959 wurde er auch Präsident der Internationale der Kriegsdienstgegner, die von 1960 an mit dem 1958 entstandenen Verband der Kriegsdienstverweigerer auch in der Bundesrepublik Deutschland Ostermärsche organisierte. Unter der Präsidentschaft von Niemöller arbeiteten diese Organisationen in den sechziger, siebziger und achtziger Jahren in basisdemokratischen Bewegungen und Aktionen gegen den Vietnamkrieg, das Zivildienstgesetz und die zunehmende Aufrüstung zusammen. 1974 schlossen sich die drei Verbände zusammen zur Deutschen Friedensgesellschaft/Vereinigte Kriegsdienstgegner. Erneut wurde der damals 82jährige Niemöller ihr Präsident.

Die Kritik an einer staatshörigen evangelischen Kirche, wie er sie im Kaiserreich und auch im Hitlerstaat erlebt hatte, ließen ihn intensiv auf Selbständigkeit und Freiheit der Kirche auch gegenüber dem demokratischen Staat dringen. Damit ging er oft genug auf Konfliktkurs zur EKD. So war er gegen den Militärseelsorgevertrag, wandte er sich prinzipiell gegen eine Anlehnung an die C-Parteien. Der schreiende Gegensatz von armen und reichen Ländern, die Sogkraft des Geldes, die er – um der Alternative Kapitalismus oder Kommunismus zu entkommen – Mammonismus nannte, schien ihm das vordringlichste ungelöste Problem der Menschheit.[20]

Denn mit seiner Herauslösung aus dem Nationalismus ging eine Ablösung vom Nationalprotestantismus einher. Niemöller hatte als KZ-Häftling, der in glaubwürdiger Weise für die Nachfolge Jesu Christi Zeugnis abgelegt hatte, das Interesse und die Anteilnahme einer weltweiten Öffentlichkeit gefunden. 1945 machte ihn der Rat der sich neu formierenden EKD zu ihrem Botschafter für die weltweiten ökumenischen Beziehungen, als er mit der Leitung des Kirchlichen Außenamts beauftragt wurde. Er hat die EKD zwischen 1948 und 1975 bei den Weltkirchenkonferenzen mitvertreten. Seine feste Verwurzelung im ökumenischen Gedanken, sein aktives Eintreten für Einigungsbestrebungen zwischen den christlichen Kirchen führte dazu, daß er 1961 zu einem der sechs Präsidenten des Ökumenischen Rats der Kirchen gewählt wurde. Niemöller hat in großer persönlicher Freiheit seinen Finger in der Regel auf schmerzende Wunden gelegt, auf Themen, die man eher vergessen als aufrühren wollte. Wenn in seinen Augen eine politische Lehre zur Ideologie verkrustete, wie z. B. der Antikommunismus, fühlte er sich geradezu herausgefordert, ihr provokativ etwas entgegenzusetzen. Erinnert sei an seine Moskaureise im Jahr 1952 oder seinen Besuch bei Ho Tschi Minh 1966. Für ihn war dies ein Zeichen von Lebendigkeit, ja von Wirken des lebendigen Gottes an lebendigen Menschen. Denn der Glaube bewirkt eine Schärfung des Gewissens. Er macht, daß Menschen sich verändern können, und er treibt in die öffentliche Verantwortung.

Die Person Martin Niemöllers hat Anstoß erregt und Anstöße gegeben. Mögen wir heute auch die Zeitbedingtheit von Niemöllers Optionen erkennen, mögen wir seinen politischen Standpunkt nicht teilen – eine Herausforderung sind seine Aktionen und Erkenntnisse bis heute geblieben.

Anmerkungen

1 Eine Auswahl von Werken Martin Niemöllers ist nachgewiesen bei Carsten Nicolaisen: Emil Gustav Martin Niemöller. In: Neue Deutsche Biographie, Bd. 19, Berlin 1999, S. 239-241; vgl. außerdem: Martin Greschat: Martin Niemöller. In: Gestalten der Kirchengeschichte X/2: Die neueste Zeit IV, Stuttgart 1984, S. 187-204; Leonore Siegele-Wenschkewitz, Auseinandersetzungen mit einem Stereotyp: Die Judenfrage im Leben Martin Niemöllers. In: Ursula Büttner (Hg.): Die Deutschen und die Judenverfolgung im Dritten Reich, Hamburg 1992, S. 293-319.

2 Vgl. das Interview mit Niemöller wenige Monate vor seinem Tod. In: Hannes Karnick/ Wolfgang Richter: Niemöller. Was würde Jesus dazu sagen? Ein Film-Bilder-Lesebuch, Frankfurt a.M. 1986, S. 16.

3 Überliefert von James Bentley: Martin Niemöller. Eine Biographie. München 1985.

4 Martin Greschat (Hg.): Zwischen Widerspruch und Widerstand. Texte zur Denkschrift der Bekennenden Kirche an Hitler (1936). München 1987.

5 Zum Interview in Neapel und den Reaktionen einer internationalen Öffentlichkeit Clemens Vollnhals: Evangelische Kirche und Entnazifizierung 1945-1949. Die Last der nationalsozialistischen Vergangenheit. München 1989, S. 13.

6 A.a.O., S. 14ff.
7 Leonore Siegele-Wenschkewitz: Die Sache meines Mannes. Die Jahre 1890 bis 1961. In: Protestant, Das Jahrhundert des Pastors Martin Niemöller, Frankfurt a.M. 1992. S. 137-154.
8 Martin Niemöller: Der Weg ins Freie. Stuttgart 1946.
9 Die Rede ist abgedruckt in: Fritz Söhlmann (Hg.): Treysa 1945. Die Konferenz der evangelischen Kirchenführer 27.-31. August 1945. Lüneburg 1946, S. 26f.
10 Martin Greschat (Hg.): Die Schuld der Kirche. Dokumente und Reflexionen zur Stuttgarter Schulderklärung vom 18./19. Oktober 1945. München 1982.
11 Vgl. a.a.O., S. 188-194.
12 Nach Dietmar Schmidt: Martin Niemöller – eine Biographie. Stuttgart 1983, S. 187.
13 Clemens Vollnhals: Entnazifizierung und Selbstreinigung im Urteil der evangelischen Kirche, Dokumente und Reflexionen 1945-1949. München 1989. S. 55.
14 Die Kanzelabkündigung der Kirchenleitung der Evangelischen Kirche in Hessen-Nassau. In: Kirchliches Jahrbuch 1945-1948. Gütersloh 1949, S. 206-208.
15 Clemens Vollnhals, Evangelische Kirche und Entnazifizierung (Anm. 5), S. 107.
16 Martin Niemöller über die deutsche Schuld, Not und Hoffnung. Zollikon-Zürich 1946, S. 24.
17 Der Brief an den Bundeskanzler Dr. Konrad Adenauer sowie die Auslassungen über Strauß in: Hans Joachim Oeffler u.a. (Hg.): Martin Niemöller. Ein Lesebuch. Köln [2]1989, S. 166 f. u. S. 209.
18 Niemöller: Was würde Jesus dazu sagen? (Anm. 2), S. 117f.
19 Die Kasseler Rede, in: Martin Niemöller, Ein Lesebuch (Anm. 17), S. 201-219.
20 Über „die Macht des Mammon" und „den Mammon und die Christenheit". In: Martin Niemöller: Ein Lesebuch (Anm. 17), S. 234-240; S. 281-285.

Werner Bergmann

Philipp Auerbach – Wiedergutmachung war „nicht mit normalen Mitteln" durchzusetzen

„Das Bild dieses Mannes schwankt in der Geschichte", so charakterisierte Erich Lüth seinen Freund Philipp Auerbach 1959 in einem Gedenkbuch über Juden in München.[1] Auerbachs umstrittenes Wirken und sein schließliches Scheitern hängen einerseits mit seiner Persönlichkeit zusammen; so sieht Lüth die Ursache vieler Konflikte in dessen hektischem Tatendrang, seinem ungezügelten Temperament, seiner fehlenden Selbstkritik und seiner triebhaften Leidenschaft zu helfen. Andererseits ist Auerbachs Wirken und sein Scheitern auch Ausdruck der „verworrenen und quälenden Jahre nach der deutschen Katastrophe."[2] Das Auf und Ab seiner Nachkriegskarriere und ihr tragisches Ende im Jahre 1952 können geradezu als paradigmatisch für die bewegten späten vierziger Jahre und die mit der Gründung der Bundesrepublik einsetzende Restauration gelten.

Der Name Auerbach steht für die frühe Phase der Hilfe und Entschädigung für die vom NS-Regime rassisch und religiös Verfolgten, zu denen er als Emigrant (nach Belgien 1933), Internierter in französischen Lagern (ab 1940 St. Cyprien, Gurs und Le Vernet), als Gestapo-Häftling im Berliner Polizeigefängnis (wo er ab Ende 1942 als Dolmetscher eingesetzt wurde) und als Häftling von Auschwitz (Jahreswende 1943/1944), Groß-Rosen und Buchenwald auch selbst gehörte. Sein Schicksal dieser Jahre hat Auerbach in dem Buch *Der Mann, der Elend sah* noch 1945 beschrieben. Als Konsequenz hat er seine Aufgabe darin gesehen, „als väterlicher Freund, als Primus inter Pares für meine Leidensgenossen zu wirken; und diese Aufgabe entspringt dem Gelöbnis, welches ich mir gab, angesichts der rauchenden Kamine von Auschwitz, der Galgen von Buchenwald und der sterbenden und leidenden Kameraden". Aus der Lagererfahrung stammt nach eigenem Bekunden der „eiserne politische Willen", für die Zukunft der Verfolgten in einem demokratischen Deutschland und Europa zu arbeiten.[3]

Auerbach, 1906 in Hamburg geboren, hatte dort von 1913-1922 die Talmud-Thora Schule besucht und anschließend eine kaufmännische Lehre und eine Drogisten-Fachschule absolviert. Er war schon in der Weimarer Republik als Mitglied der DDP und Mitbegründer der „Fortschrittlichen Jugend" politisch aktiv und unterstützte im belgischen Exil die republikanische Seite im Spanischen Bürgerkrieg. Allerdings bleibt seine Biographie partiell im dunkeln, „was nicht zuletzt auf seine eigene Initiative zurückzuführen ist."[4] Bereits wenige Monate nach seiner Befreiung trat er in die SPD ein und war, dank eines nur damals möglichen „Karrieresprungs", am 1. September 1945 als Oberregierungsrat in Düsseldorf mit den Angelegenheiten von ehemaligen KZ-Häftlingen und Verfolgten befaßt, zugleich war er Mitbegründer und Präsident der dortigen Israelitischen Kultusgemeinde.[5] Auerbach, dem man einen „fanatischen Arbeits- und Hilfseifer" nachsagte,[6] gründete schon im Dezember 1945 mit dem Landesverband Nordrhein die erste derartige jüdische Organisation in Deutschland und war im Wohlfahrtsausschuß der britischen Zone für die Angelegenheiten der Juden zuständig.[7] Schon früh geriet er als Vorsitzender des Landesverbandes in Gegensatz zu Norbert Wollheim, dem Vorsitzenden des Zentralkomitees der Britischen Zone, und anderen Vertretern der DPs (Displaced Persons), die für eine überregional organisierte Auswanderung eintraten, während Auerbach für Juden in Deutschland eine Zukunft, ja „so etwas wie eine Mission des jüdischen Volkes sah – die Funktion eines Richters und eines Anklägers gegenüber den Deutschen".[8] Andererseits spielte Auerbach bei der damals noch illegalen Auswanderung der DPs nach Palästina eine wichtige Rolle. Mit der Gründung des „Zonenausschusses der jüdischen Gemeinden" baute er zu diesem Zweck eine eigene Organisation auf, auch wenn er die Zusammenarbeit mit dem Zentralkomitee, d.h. der Vertretung der DPs, dessen Vizepräsident er war, anderen gegenüber beteuerte. Die Konflikte, die Auerbach später mit den internationalen jüdischen Organisationen austrug, waren hier schon angelegt.

Bereits in Düsseldorf agierte Auerbach also in mehreren Rollen: Neben der Tätigkeit als jüdischer Funktionär und seiner Arbeit für die NS-Verfolgten wurde ihm vom Regierungspräsidenten der Aufbau eines „politischen Referats" erlaubt, das in erster Linie ehemalige Nationalsozialisten aufspüren sollte.[9] Schon vorher hatte Auerbach wohl mit Duldung des britischen Field Security Service ein Kommando, wie es sie auf Initiative von einzelnen Deutschen in den ersten Nachkriegsmonaten häufiger gab, zusammengestellt, das „auf die Plünderung von Villen und die Festnahme von Nationalsozialisten spezialisiert" und in der Öffentlichkeit als die „politischen Kommissare des Regierungsbezirks Düsseldorf" bekannt war.[10] Dieses „Referat" wurde von der Militärregierung nicht genehmigt, und Auerbach betrieb seine Aktivitäten gegen ehemalige Nationalsozialisten auf eigene Faust weiter, da er die Entschädigung der Opfer nicht aus Steuermitteln – eine deutsche Kollektivschuld lehnte er ab –, sondern aus NS-Vermögen bestreiten wollte.[11] Die Meinungen gehen darüber auseinander, ob er im Januar 1946 seine Tätigkeit in Düsseldorf wegen dieser Aktivitäten und Enthüllungen über die NS-Vergangenheit hoher Politiker,[12] dem unberechtigten Führen des Doktortitels[13], aufgrund der übertriebenen Darstellung seines Verfolgtenschicksals[14] oder „wegen Unfähigkeit" wieder aufgeben mußte, wie Peter Hüttenberger vermutet. Hüttenberger beschreibt die Initiative Auerbachs geradezu als „kennzeichnend für die Unordnung" des staatlichen Lebens und charakterisiert ihn als „zwielichtige Persönlichkeit", die es „vorzog, in Bayern ... Geschäfte zu betreiben."[15] Dort hatte Auerbach sich bereits Ende 1945 um eine vergleichbare Stellung beworben, die er als prominenter Funktionär aufgrund der Fürsprache aller jüdischen Interessenvertretungen schließlich bekam.[16] Er galt in den Augen der Deutschen als „prononcierter Vertreter des Judentums", wie der Schriftsteller Rudolf Hagelstange rückblickend schrieb.[17]

Die Entschädigung für die NS-Opfer war nicht nur wenig populär in der deutschen Bevölkerung, sie war auch ein politisch und rechtlich sehr unübersichtliches Feld, das 1945 noch von keinen speziellen Rechtsnormen geregelt war. Das Vordringen des Wiedergutmachungsgedankens ist vor allem drei Einflüssen zuzuschreiben: den jüdischen Verbänden in aller Welt, den westlichen Besatzungsmächten und einigen engagierten Deutschen.[18] Die amerikanische Militärregierung hatte in Bayern bereits im Oktober 1945 den Ministerpräsidenten Wilhelm Hoegner (SPD) veranlaßt, ein als nur temporäre Sonderbehörde gedachtes „Staatskommissariat für rassisch Verfolgte" einzurichten.[19] In Bayern stellte sich das Versorgungsproblem in besonderer Weise, da es das Land mit den meisten KZ-Häftlingen, die kurz vor Kriegsende in das noch unbesetzte Land gebracht worden waren, und DPs war. München bildete in den Jahren 1945-1952 eine Durchgangsstation allein für 120.000 jüdische DPs, die vor allem nach Israel und in die USA auswanderten.[20] Wie Polizeiakten, Zeitungsberichte und Bevölkerungsumfragen erkennen lassen, galten die DPs vielen Deutschen als Schwarzhändler, und die DP-Lager waren für den bayerischen Justizminister Dr. Josef Müller „Oasen und Asyle, wo Verbrecher hinflüchten und ihre Tat verwischen können". Die *Hannoversche Allgemeine Zeitung* charakterisierte die 332.000 Personen, die Auerbach nach eigenen Angaben in Bayern zu betreuen hatte, als ein „ungeheures Konglomerat von echten Antifaschisten und Verfolgten, teils aber auch von Kriminellen, Abenteurern und Betrügern übelster Sorte und beinahe jeder Nationalität."[21] Diese „Sonderkaste von Opfern" sah man gegenüber der entrechteten Masse der allgemeinen Kriegsopfer und Heimatvertriebenen als privilegiert an. Auerbach erwähnt 1947 in seinem Rechenschaftsbericht, daß aus den vielen Drohbriefen an ihn Neid, Haß und Verachtung gegen die Verfolgten sprach, die man in die KZ und Gaskammern zurückwünschte.[22] Für viele lag der Verdacht nahe, Mitarbeiter von Entschädigungsämtern könnten in dubiose Geschäfte mit den DPs verwickelt sein, zumal Auerbachs Vorgänger im August 1946 wegen Unterschlagungen von der Militärregierung entlassen worden war. Wenn auch die Entwicklung bis zum US-zonalen Entschädigungsgesetz von 1949 auf eine Verrechtlichung der Entschädigung zielte, so blieben doch in den „ersten Jahren Improvisation Trumph."[23] Angesichts der in den frühen Jahren im Wildwuchs entstandenen Rechtsmaterie stand Auerbach zwischen den Ansprüchen der Opfer, den Vorstellungen der Alliierten und denen der bayerischen Landespolitik. Es ist sicher kein Zufall, daß man in dieser Frühphase der Entschädigungspolitik jemanden als Staatskommissar einsetzte, der selbst Verfolgter gewesen und alles andere als ein Bürokrat war, sondern der als „Mann der Tat" beschrieben wird, bereit und fähig, „gordische Knoten durchzuschlagen und so Entscheidungen zu erzwingen."[24] Mit seiner Verantwortungsfreude und Tatkraft, die sein Jugendfreund Lüth schon bei dem militanten Demokraten und Kämpfer einer Hamburger Reichsbanner-Kameradschaft beobachtet hatte, wurde Auerbach in den ersten Nachkriegsjahren zum erfolgreichen und anerkannten Organisator der Hilfe für die Verfolgten. Sein Erfolg beruhte angesichts von zahllosen Hilfesuchenden, die sich am Ende ihrer physischen und psychischen Kräfte befanden und denen es oft an den nötigen Papieren und Nachweisen ihres Leidensweges fehlte, gerade auf der Verletzung von Prinzipien der Bürokratie, auch wenn er selbst in seinem Rechenschaftsbericht das Bild eines geordneten, streng prüfenden bürokratischen Apparates vermitteln will.[25] Der Bericht macht zugleich die Komplexität des Arbeitsfeldes und die Arbeitsbelastung Auerbachs und seiner Mitarbeiter deutlich. Nach seiner Ernennung zum nicht-beamteten „Staatskommissar für rassisch, religiös und politisch Verfolgte" am 10. Oktober 1946 gelang es Auerbach, eine einflußreiche Stellung in der Landespolitik zu erringen. Diese war offenbar aufgrund seines Rückhalts bei den amerikanischen Besatzungsbehörden so stark, daß er öffentlich als „ungekrönter König von Bayern" angegriffen und ihm in Regierungskreisen der Vorwurf gemacht wurde, er bilde einen „Staat im Staate".[26] Man störte sich in den Ministerien an der Auerbachschen „Superbehörde", die häufig mit anderen staatlichen Stellen in von Auerbach politisierte Kompetenzkonflikte geriet.[27] Als „Staatskommissar" wurde von ihm natürlich Loyalität gegenüber der Politik der Staatsregierung erwartet, die auf eine möglichst geringe finanzielle Belastung durch Entschädigungszahlungen ausgerichtet war. Als drittes kam noch seine maßgebende Rolle in den „Vereinigungen der Verfolgten des Naziregimes (VVN)" und in jüdischen Organisationen hinzu, die ihn zum entschiedenen Anwalt der Verfolgten und zu einem scharfen Kritiker der Entnazifizierung und des wiederaufkeimenden Antisemitismus machten. Politiker und Presse, vor allem die *Süddeutsche Zeitung (SZ)*, sahen hier Positionskonflikte und griffen ihn mit der Bevölkerungsmeinung im Rücken öffentlich an. So beschuldigte ihn Justizminister Müller (CSU), „er sei zu 50% für den gegenwärtigen Antisemitismus verantwortlich und warnte ihn, durch sein Auftreten den Eindruck zu erwecken, als ob er eine ähnliche Kontrollfunktion ausübe, wie sie etwa ein Gauleiter besessen habe."[28] Um Auerbach seiner Doppelfunktion zu entkleiden, wurde die Umbildung des Staatskommissariats in ein Landesamt für Wiedergutmachung beschlossen, in dem Auerbach ab dem 16. November 1948 als „Generalanwalt für Wiedergutmachung" die Interessen der Verfolgten wahrnahm, aber die Entscheidungsgewalt über die Wiedergutmachungsansprüche verlor. Auerbach sah sich später als politisches Bauernopfer des Justizministers, der Propaganda gebraucht und ihn als den „angeblich am meisten gehaßten Mann" dafür ausgesucht habe. Die *SZ* benannte am 30. Oktober 1948 als Motiv des Justizministers: „Es ist der Sinn dieser Umorganisation, dem nachgerade unerträglichen Zustand ein Ende zu setzen, daß durch die ‚Dynamik' der Person des bisherigen Staatskommissars und durch seine Neigung über sachliche Argumente sich hinwegzusetzen und zum Fenster hinaus zu polemisieren, die Interessen der von ihm betreuten Personen geschädigt werden." Auerbach wehrte sich mit Verweis auf das Votum der Landtagsparteien und von Verfolgten-Organisationen und sah den politischen Kern der Angriffe darin, „ daß die Süddeutsche Zeitung bewußt den Juden Auerbach bekämpft, der verschwinden muß, da er im Rahmen des Neoantisemitismus nach Meinung gewisser Kreise störend wirkt. Da wir immer noch eine Militärregierung haben, wagt man noch nicht in aller Deutlichkeit zu schreiben, wie man es zwischen den Zeilen beschrieben hat. Hinterher bemüht man sich eifrigst durch Richtigstellungen und anderweitige Auslegungen den Verdacht des Antisemitismus von sich zu weisen."[29] Auerbach griff prominente Politiker auch in den folgenden Jahren wegen antisemitischer Äußerungen an und rügte die geringe Opferbereitschaft der Deutschen bei der Wiedergutmachung. In einem Briefwechsel mit Bundesfinanzminister Schäffer kritisierte er die Bundesregierung, weil sie es nicht für notwendig erachtet habe, „auch nur eine Tat der moralischen, geschweige denn materiellen Wiedergutmachung für die Opfer des Nationalsozialismus zu vollbringen."[30]

Als Präsident der israelitischen Kultusgemeinden Bayerns und Vorsitzender der Arbeitsgemeinschaft der jüdischen Gemeinden in Deutschland für die US-Zone, später als Direktoriumsmitglied im Zentralrat der Juden war er auch zonenübergreifend am Wiederaufbau jüdischen Lebens in Deutschland beteiligt, der ebenfalls von mancherlei Konflikten begleitet wurde. Dies macht ein Gespräch zwischen Bundespräsident Theodor Heuss und Norbert Wollheim am 20. März 1950 deutlich, in dem die Initiative Auerbachs zur Sprache kam, die Gemeindevertreter des Westzonen einzuberufen, um einen bei der Bundesregierung zu akkreditierenden Sprecher der Juden zu bestimmen, einen Posten, auf den sich Auerbach vielleicht Hoffnungen machte. Wollheim bestritt Auerbachs Kompetenz in dieser Sache und zitierte dann eine Bemerkung von Heuss über Auerbach, die ihm „bewies, daß auch Prof. Heuss Dr. Auerbach nicht sehr sympathisch gesonnen ist."[31] Grund für Wollheims Antipathie war wohl primär ein politischer Dissens zwischen beiden. Auerbach wollte den jüdischen Gemeinden in Deutschland die gesamtjüdische Vertretung zum Einklagen von Entschädigungen übertragen, was den Interessen der internationalen jüdischen Organisationen, denen Wollheim als Zionist näher stand, widersprach.[32] Trotz dieser massiven Anfeindungen wurde Auerbach nach dem Erlaß des Entschädigungsgesetzes (August 1949) im November zum kommissarischen Präsidenten des neu gegründeten Landesentschädigungsamtes (LEA) berufen. Damit war „im Grunde genommen wieder alles beim alten."[33] Wie den späteren Aussagen hoher Beamter und Politiker vor dem „Untersuchungsausschuß zur Prüfung der Vorgänge im Landesentschädigungsamt" zu entnehmen ist, war allen klar, daß die Wiedergutmachung, als „Nachgeburt des Krieges, des Zusammenbruchs, des Chaos", nicht im Stil einer normalen Behörde zu organisieren war und daß im LEA chaotische Zustände herrschten, die nur einem Mann wie Auerbach zumutbar waren. Dieser erwarb sich die Anerkennung seiner Vorgesetzten, da er die Wiedergutmachung primär nach kaufmännischen Gesichtspunkten abwickelte und durch die vorgezogene Haftentschädigung vielen DPs eine schnelle Auswanderung ermöglichte und damit dem Staat hohe Unterhaltskosten ersparte. Um die DPs „auf diese Weise mit je 500 Mark aus dem Land entfernen" zu können, drückten Bürgermeister und Polizeibehörden manches Auge zu und manche Bescheinigung wurde gefälscht.[34] Diese Tatsachen waren im Finanzministerium seit langem bekannt, hatte doch ein Prüfbericht des Obersten Rechnungshofes im Juli 1950 Mißstände moniert. Man reagierte aber abwartend auf die wachsende Flut von Anschuldigungen und Gerüchten. Noch Ende Oktober 1950 wurde dem LEA im bayerischen Landtag „wertvolle Arbeit" bescheinigt, so daß der Umschwung Anfang 1951 überraschend kam.

Auerbach war letztlich zwischen alle Fronten geraten. Wegen der Vorwürfe der kommunistischen Unterwanderung hatte er als SPD-Mann 1949 die VVN verlassen müssen, die nun ermutigt durch Justizminister Müller eine massive Kampagne gegen ihn startete und Beschwerden an das Finanzministerium richtete. Auch in den divergierenden jüdischen Interessengruppen besaß er keine rückhaltlose Unterstützung mehr. Wie angedeutet, lag er mit jüdischen Hilfsorganisationen, vor allem der „Jewish Restitution Successor Organization" im Dauerstreit, da er nach ihrer Ansicht zu sehr die Interessen der Juden in Deutschland vertrat und ihren Plänen, die individuellen Rückerstattungsansprüche über Globalabkommen mit den Ländern abzulösen, den hartnäckigsten Widerstand entgegensetzte.[35] Im Januar 1951 hatte ein Vertreter des „American Jewish Committee" Auerbach gegenüber dem bayerischen US-Landeskommissar George N. Shuster als „ein schmerzliches Problem für die jüdischen Organisationen"[36] bezeichnet, der dann am 21. Januar den Anstoß für die Ermittlungen gegen „Unbekannt" im LEA wegen angeblicher Fälschungen gab. Das Amt wurde noch in der Nacht besetzt und nach Beschlagnahme der Akten für längere Zeit geschlossen. Auerbach, der zunächst nicht suspendiert oder beschuldigt worden war, und die Organisationen der Betroffenen sowie die SPD protestierten. Auerbach führte die Besetzung auf die Initiative seines Intimfeindes Justizminister Müller zurück und stellte sie im Rundfunk als „Frontalangriff auf die Wiedergutmachung und das Judentum" hin. Kritische Stellungnahmen zu den Umständen der Besetzung, der Vorwurf antisemitischer Motive gegen die Ermittlungsbehörden, Unterstützung Auerbachs seitens des Finanzministeriums und der Presse sowie Rechtfertigungen der Behörden und ein scharfer Angriff des Justizministers vor dem Landtag bestimmten die nächsten Wochen. Schließlich wurde Auerbach am 10. März in einer dramatischen Polizeiaktion auf der Autobahn wegen Verdachts des Betruges und der Urkundenfälschung verhaftet. Ihm wurde vorgeworfen, von der württembergischen Wiedergutmachungsbehörde unrechtmäßig Haftentschädigungsgelder für 111 heimatlose Ausländer in Höhe von rund 250.000 DM gefordert zu haben. Die Quittungen über die ausgezahlten Gelder seien alle gefälscht gewesen, da diese Personen nie existiert hätten. In den nächsten Wochen kam es zu einem „infernalischen Kesseltreiben",[37] in

dem Auerbach auf der Basis eines Berichts des Justizministeriums des Betrugs, der Erpressung, der Untreue und der Bereicherung in großem Umfang beschuldigt[38] und als „Mann ohne weiße Weste"[39] hingestellt wurde, der sich schon im KZ unsolidarisch gegen seine Mithäftlinge verhalten habe. Bevor es zum Prozeß kam, untersuchte ab Mitte August 1951 ein parlamentarischer Untersuchungsausschuß die Verantwortlichkeit für die auf 5,3 Millionen Mark bezifferten Verluste des LEA. Dabei wurde deutlich, wie sehr das Amt einerseits Gegenstand von Interessenkonflikten zwischen der Besatzungsmacht, den Verfolgtenorganisationen und der Staatsregierung gewesen war, wie schwierig und unorthodox andererseits die Amtsführung und die Kontrolle in dem chaotischen Bereich der Wiedergutmachung war, denn es kamen zahlreiche Mißstände nicht nur auf seiten Auerbachs ans Licht. Mehrere Zeugen machten deutlich, daß Auerbach zwar eine problematische Person, aber für die Abwicklung der schwierigen Wiedergutmachungsfragen „erfolgreich und nützlich" war: „Er war der Einzige, der verschiedene Leute eigenhändig rauswerfen konnte, wir alle hätten uns das nicht erlauben können, weil uns dann die Amerikaner am Kragen gepackt hätten", sagte Ministerpräsident Ehard (CSU) über die Rolle Auerbachs.[40] In den Aussagen schien mehrfach durch, Auerbach habe die NS-Belastung von Politikern als Druckmittel eingesetzt. Ein Mitarbeiter sagte aus, Auerbach habe auf einen Panzerschrank hingewiesen, „in dem sich angeblich Akten über Dr. Ehard, Dr. Ringelmann und Dr. Josef Müller ‚mit interessantem Material'"[41] befänden. Offenbar hat Auerbach tatsächlich Informationen über Müller besessen, der als Rechtsanwalt für eine Gruppe von „Arisierern" tätig gewesen war.[42] Ob hier eine Wurzel für die Intimfeindschaft der beiden lag, muß offenbleiben, da Biographien keine Anhaltspunkte bieten, warum Müller als „Anti-Nazi" sich gegen Auerbach wandte.[43]
Der „Fall Auerbach" löste in der bayerischen Politik heftige Erschütterungen aus. Der Streit um die Vorladung Auerbachs vor den Untersuchungsausschuß führte zu einem Verfassungskonflikt, und Landtagspräsident Alois Hundhammer (CSU) eröffnete eine Korruptionsaffäre, indem er seinem innerparteilichen Gegner Justizminister Müller und „Leute(n) von der Bayernpartei und der SPD" vorwarf, von Ohrenstein bzw. Auerbach Gelder oder Kredite bekommen zu haben. Dieser Skandal endete mit dem Rücktritt Müllers, womit kurz nach dem Anlaufen des Auerbach-Prozesses die politische Hauptfigur ausgeschaltet war.[44]
Auerbach, der bereits im April 1951 einen Selbstmordversuch unternommen hatte, erkrankte in der Untersuchungshaft schwer, so daß seine Haftfähigkeit

in Frage stand. Es kam in dieser Sache zu öffentlichen Konflikten zwischen den ärztlichen Gutachtern. Am 14. April 1952 begann der im In- und Ausland mit Spannung erwartete „Sensationsprozeß" gegen Auerbach und drei weitere Mitangeklagte. Der Fall sollte sich, wie die *SZ* schon am 20. Februar prophezeit hatte, als strafrechtlich und politisch reichlich verfilzt erweisen. Bereits der Prozeßbeginn mußte vertagt werden, da die Verteidigung versuchte, das deutsche Gericht für nicht zuständig und die Richter aufgrund ihrer früheren NSDAP-Mitgliedschaft für befangen zu erklären. Hier lag das Kernproblem: „Man braucht den Richtern in diesem formell zwar rein strafrechtlichen, in Wahrheit aber auch politischen Prozeß keineswegs ‚Nazi'-Ressentiment unterstellen ..., aber es hätte doch, beim Teufel, in ganz Bayern ein paar Richter gegeben, die nun nicht sämtlich der NSDAP angehörten. Immerhin derselben NSDAP, die mit millionenfachem Massenmord jene ... Wiedergutmachung ausgelöst hat, bei der Herr Auerbach seine Verfehlungen begangen haben soll (...)."[45] In ähnlichem Sinne sollen die „New Yorker Axis Victims League" und das „Committee on Fair Play for Auerbach", die Auerbach finanziell und moralisch unterstützten,[46] den Bundeskanzler in einem Brief gebeten haben, dafür zu sorgen, „daß künftig in der Bundesrepublik keine Juden mehr durch Richter abgeurteilt werden, die einstmals der NSDAP angehörten."[47] Die Vernehmung der Zeugen, unter ihnen Ministerpräsident Ehard, der ehemalige Ministerpräsident Hoegner und andere hochrangige bayerische Politiker, brachte in den ersten Wochen in wesentlichen Anklagepunkten eine Entlastung für Auerbach. Belastungszeugen widerriefen ihre Aussagen, und es wurden dubiose Methoden bei der Voruntersuchung bekannt, die Auerbach durch Falschaussagen hatten belasten sollen.

„Auerbach-Prozeß – ein Schuß nach hinten?", fragte die *Saarbrücker Zeitung* am 28. Mai 1952. Nach fünfzehn Wochen ging die Beweisaufnahme in diesem größten Nachkriegsprozeß am 30. Juli 1952 zu Ende. Der Staatsanwalt hielt Auerbach – zur Überraschung der Öffentlichkeit – in allen wesentlichen Anklagepunkten (Untreue, Verstoß gegen das Währungsgesetz, passive Bestechung, Amtsunterschlagung u.a.) für schuldig und forderte fünf Jahre Gefängnis, obwohl er die gesundheitlichen und psychischen Schäden – vor allem der „Zerstörung der inneren Werte" – der KZ-Haft Auerbachs ebenso als strafmildernd wertete wie das Fehlen einer „starken Hand im Rücken" und seine Verdienste als Motor der Wiedergutmachung.[48] Als straferschwerend wertete der Staatsanwalt, daß Auerbach die „Bereitwilligkeit zur Wiedergutmachung, die bei einem großen Teil der deutschen Bevölkerung vor-

handen sei, psychologisch möglicherweise geschädigt habe", und daß es seine Schuld sei, „wenn die ewig Unbelehrbaren glauben, wieder Anlaß zu haben, ihre Dummheit (d.h. Antisemitismus, W.B.) in die Welt hinauszuposaunen."[49] Die Verteidigung, die auf Freispruch plädierte, bemühte den Vergleich zum Dreyfus-Prozeß und stellte die Sabotierung des Entschädigungsverfahrens als den „gewünschte(n) und gewollte(n) Erfolg des Abschießens von Auerbach" hin, der an den deutsch-israelischen Wiedergutmachungsverhandlungen sonst möglicherweise führend teilgenommen hätte. Auerbach wurde am 14. August 1952 zu zweieinhalb Jahren Gefängnis und zu einer Geldstrafe von 2700 DM wegen Untreue, Amtsunterschlagung, versuchter Abgabe falscher eidesstattlicher Erklärungen, passiver Bestechung und unberechtigter Führung eines akademischen Grades verurteilt, wogegen er Revision beim Bundesgerichtshof ankündigte. Damit waren alle schweren Anklagen, die das Justizministerium zuvor erhoben hatte, in sich zusammengebrochen. Übriggeblieben waren nur eine Reihe kleinerer Anklagepunkte. Auerbach sprach von einem „zweiten Dreyfus-Urteil" und von „Terror-Justiz, wie sie in der Sowjetzone üblich ist". Die Presse kritisierte das Urteil mit Verweis auf die Diskrepanz zwischen den erhobenen Anschuldigungen und dem Prozeßergebnis[50] zumeist als zu hart und bemängelten die zu geringe Berücksichtigung der Zeitumstände: Der „unsichtbare Angeklagte" war die Zeit des rechtlichen und staatlichen Vakuums, „das herbeizuführen, sehr viele Deutsche beigetragen hatten."[51] Sie bestritten jedoch überwiegend einen politischen, antijüdischen Charakter des Prozesses. Von ausländischen Stimmen wurde nicht so sehr die Berechtigung des Urteils angezweifelt, als vielmehr die moralische Fragwürdigkeit des Prozesses sowie der Ton der Prozeßführung. Bruno Weil, der Vorsitzende des „Committee on Fair Play for Auerbach" kritisierte das Urteil als zu hart. Er sollte nach dem Tod Auerbachs einen Artikel „Dreyfus und Auerbach – Eine geschichtliche Gegenüberstellung" veröffentlichen, der im Kern eine Parallele sehen wollte: nämlich den Kampf gegen die Demokratie und die Wahrheit.[52] Die israelische Zeitung *Tagesnachrichten* befürchtete sogar, der Fall Auerbach werde die „Lage der Juden in Deutschland untergraben."[53]
Der Selbstmord Auerbachs färbte die Bewertung des Prozesses in den Medien und durch Parteien und Verbände negativer ein und gab zu Ehrenerklärungen für den Verstorbenen Anlaß. Der SPD-Vorsitzende Kurt Schumacher bezeichnete in dem Beileidstelegramm an Auerbachs Frau den Verstorbenen als „lautere Persönlichkeit". Auerbach selbst hatte in einem Abschiedsbrief geschrieben: „Ich habe mich niemals persönlich bereichert und kann dieses

entehrende Urteil nicht weiterhin ertragen. Ich habe bis zuletzt gekämpft, es war umsonst (...). Mein Blut komme auf das Haupt der Meineidigen." Die Beisetzungsfeier nutzten seine Anwälte und jüdische Teilnehmer, um in Reden oder auf Transparenten Anklage gegen die (Nazi-)Richter und Josef Müller zu erheben. Es kam danach zu Prügeleien zwischen der Polizei, die die Transparente beschlagnahmen wollte, und einer Gruppe jüdischer Demonstranten. Gegen den Vorsitzenden und den Staatsanwalt gingen anonyme Morddrohungen ein. Die Konfliktparteien begannen sich mit Klagen zu überziehen, doch das Münchener Urteil erwies sich als revisionsresistent.

In rückblickenden Kommentaren schien dieser Prozeß eine „doppelte Vergangenheit" aufgearbeitet zu haben. Die NS-Zeit hatte Deutschland in ein Chaos geführt, in dem politisch gehandelt werden mußte und in dem Problemlösungen mehr zählten als eine enge Orientierung an Richtlinien und Gesetzen. Im Fall Auerbach ging es um die – nicht völlig gelungene – Aufarbeitung dieser chaotischen Nachkriegszeit, den Beginn des Rechtsstaates und um eine „saubere Wiedergutmachung". Auerbach war somit ein Opfer dieser Verhältnisse und der Schädigungen aus der ersten Vergangenheit, so daß eine Amnestie besser gewesen wäre, wie die *Badische Zeitung* meinte.[54] Der Schlußbericht des LEA-Untersuchungsausschusses kam denn auch zu einem milderen Urteil: „Solche Aufgaben waren nicht mit normalen Mitteln und auch nicht von Persönlichkeiten zu lösen, die zwar getreu dem Gesetz arbeiteten, der außergewöhnlichen Lage gegenüber jedoch ziemlich hilflos gewesen wären."[55] Für andere war Auerbach eine Art stellvertretendes Sühneopfer, denn um die neu gewonnene Ordnung zu festigen, hätten die vergangenen Verfehlungen bestraft werden müssen.

Was jedem Bundesbürger präsent sein mußte, war die Nähe des Prozesses zu den Wiedergutmachungsverhandlungen mit Israel und der „Jewish Claims Conference", die ab Mitte September 1951 parallel stattfanden. Es steht zu vermuten, daß die Ablehnung des Luxemburger Abkommens durch die Affäre noch zunahm und daß das Wiedergutmachungswirken der Länder – wie Otto Küster rückblickend schrieb – einen „abscheulichen moralischen Stoß erlitten" hatte.[56] „Die Affäre Auerbach läutete das Ende der Nachkriegszeit in der Wiedergutmachung ein", so beschreibt Goschler deren institutionelle Wirkung. Sie verlor ihren Sonderstatus, was Ausdruck der politisch intendierten „Normalisierung" gegenüber den NS-Verfolgten war, und geriet unter erhöhten Spardruck und Kontrollzwang des Fiskus. Die Bürokratisierung nahm das Thema aus der Öffentlichkeit heraus, in die es durch Skandale immer wieder geraten war. Mit Auerbachs Verurteilung und Tod war dieses Nachkriegskapitel nun abgeschlossen.

Anmerkungen

1 Erich Lüth: Mein Freund Philipp Auerbach. In: Hans Lamm: Von Juden in München. Ein Gedenkbuch, München 1959. S. 364-368, hier S. 364.
2 Ebd.
3 Rechenschaftsbericht des Staatskommissars für rassisch, religiös und politisch Verfolgte, 15. September 1946 bis 15. Mai 1947, S. 10 u. 23.
4 So in der ersten biographischen Annäherung Elke Fröhlich: Philipp Auerbach (1906-1952). „Generalanwalt für Wiedergutmachung". In: Geschichte und Kultur der Juden in Bayern. Lebensläufe, hrsg. von Manfred Treml und Wolfgang Weigand. München 1988. S. 315-320, hier S. 315.
5 Zit. n. Biographisches Handbuch der deutschsprachigen Emigration nach 1933, Bd. 1, hrsg. vom Institut für Zeitgeschichte, München, und der Research Foundation for Jewish Immigration. New York, München 1980. S. 24.
6 *Badische Zeitung* vom 19.8.1952.
7 Dazu und zum folgenden vgl. Hagit Lavsky: Die Anfänge der Landesverbände der jüdischen Gemeinden in der britischen Zone. In: Herbert Obenaus (Hg.): Im Schatten des Holocaust: Jüdisches Leben in Niedersachen nach 1945. Hannover 1997. S. 199-234, hier S. 216.
8 A.a.O., S. 223.
9 Dazu und zum folgenden Peter Hüttenberger: Nordrhein-Westfalen und die Entstehung seiner parlamentarischen Demokratie. Siegburg 1973. S. 183-185.
10 A.a.O., S. 184.
11 Vgl. Constantin Goschler: Der Fall Philipp Auerbach. Wiedergutmachung in Bayern. In: Ludolf Herbst/ Constantin Goschler (Hg.): Wiedergutmachung in der Bundesrepublik Deutschland. München 1989. S. 84.
12 Dies vermutete Goschler, a.a.O., S. 79.
13 Laut Anklageschrift im Münchener Prozeß.
14 Fröhlich, Auerbach (Anm. 4), S. 316.
15 Hüttenberger, Nordrhein-Westfalen (Anm. 9), S.184.
16 Mit den entsprechenden Quellen siehe Constantin Goschler: Wiedergutmachung. Westdeutschland und die Verfolgten des Nationalsozialismus (1945-1954). München 1992. S. 79.
17 Rudolf Hagelstange: „Recht" und Gerechtigkeit. Zum Tode Philipp Auerbachs. In: Deutsche Rundschau 78, Heft 9, 1952. S. 949.
18 Ludolf Herbst: Einleitung. In: Ders./Goschler (Hg.), Wiedergutmachung (Anm. 11), S. 20.

19 Dazu Goschler, Wiedergutmachung (Anm. 16), S. 78.
20 Dazu Juliane Wetzel: Juden in München 1945-1951. Durchgangsstation oder Wiederaufbau? München 1987.
21 „Die Hintergründe der Münchener Vorgänge", 31.1.1951.
22 Rechenschaftsbericht (Anm. 3), S. 22.
23 Herbst, Wiedergutmachung (Anm. 11), S. 21.
24 Lüth, Mein Freund (Anm. 1), S. 364.
25 Rechenschaftsbericht (Anm. 3), S. 13ff.
26 *Hannoversche Allgemeine Zeitung* vom 31.1.1951.
27 So Dr. Sebastian Endres, Vizepräsident im Landesamt für Vermögensverwaltung und Wiedergutmachung vor dem Untersuchungsausschuß des bayrischen Landtages, zit. n. *Die Neue Zeitung* vom 26.1.1952.
28 *Süddeutsche Zeitung* vom 26.10.1948.
29 Leserbrief Auerbachs an die *Süddeutsche Zeitung* vom 11.12.1948.
30 Zit. n. *Süddeutsche Zeitung* vom 26.10.1950.
31 Yeshayahu A. Jelinek (Hg.): Zwischen Moral und Realpolitik. Deutsch-israelische Beziehungen 1945-1965. Eine Dokumentensammlung. Gerlingen 1997. S. 145.
32 Lavsky, Landesverbände (Anm. 7), S. 222f.
33 Goschler, Wiedergutmachung (Anm. 16), S. 161.
34 Staatssekretär Ringelmann, in: Bayrischer Landtag, 2. Wahlperiode, 1950-1954, 186. Sitzung am 10.3.1954, Stenographische Berichte, S. 930.
35 Dazu Goschler, Wiedergutmachung (Anm. 16), S. 162 und 172ff.
36 A.a.O., S. 179.
37 *Allgemeine Jüdische Wochenzeitung in Deutschland* vom 22.8.1952; diese Formulierung greift Kraushaar wieder auf: *Die Zeit* vom 14.8.1992.
38 Vgl. zu dem öffentlichen Konflikt Werner Bergmann: Antisemitismus in öffentlichen Konflikten. Kollektives Lernen in der politischen Kultur der Bundesrepublik 1949-1989. Frankfurt a. M. 1997. S. 154ff.
39 *Der Mittag* vom 12.3.1951.
40 *SZ* vom 13.10.1951.
41 *SZ* vom 27.10.1951.
42 Dazu Johannes Ludwig: Boykott, Enteignung, Mord. Die Entjudung der deutschen Wirtschaft. Hamburg 1989. Kap. 2.
43 Friedrich Hermann Hettler: Josef Müller („Ochsensepp"). Mann des Widerstands und erster CSU-Vorsitzender. München 1991. S. 199.
44 Zum Rücktritt Müllers neuerdings Thomas Schlemmer: Aufbruch, Krise und Erneuerung. Die Christlich-Soziale Union 1945 bis 1955. München 1998. S. 407ff.
45 *SZ* vom 2.4.1952.

46 Dazu Leo Baeck Institute, New York, Siegfried Moses, Axis Victims League, Collection, Box 1 (47/3).
47 *Die Welt* vom 29.8.1952.
48 *SZ* vom 6.8.1952.
49 Ebd.
50 *Schweizer National-Zeitung* vom 20.8.1951.
51 *Die Welt* vom 16.8.1952.
52 *Frankfurter Rundschau* vom 3. 9.1952.
53 Presse- und Informationsamt der Bundesregierung, 19.8.1952.
54 *Badische Zeitung* vom 19.8.1952.
55 Schlußbericht des Untersuchungsausschusses zur Prüfung der Vorgänge im Landesentschädigungsamt vom 10.12.1953, Bayrischer Landtag, 1953/54, Beilage 5128, S. 15.
56 Otto Küster: Deutsche Wiedergutmachung betrachtet Ende 1957. In: Franz Böhm/ Walter Dirks (Hg.): Judentum. Schicksal, Wesen und Gegenwart, Bd. 2. Wiesbaden 1965. S. 871f.

Andreas Wöll

Wolfgang Staudte – „Sicher sind es nicht die Filme, die das eigene Nest beschmutzen"

Kurz vor seinem sicheren Tod am Weihnachtsabend 1945 kommt dem Kriegsverbrecher Ferdinand Brückner das Schicksal in Gestalt der Liebe zur Hilfe. Susanne Wallner, vor wenigen Monaten erst dem KZ entronnen, fällt dem von ihr geliebten Dr. Hans Mertens in den Arm, der bereits die Pistole auf Brückner gerichtet hält. „Hans, wir haben nicht das Recht zu richten". Mertens hält inne und wendet sich dann von Brückner ab. „Nein, Susanne, aber wir haben die Pflicht Anklage zu erheben, Sühne zu fordern im Auftrag von Millionen unschuldig hingemordeter Menschen". Am Schluß des Films *Die Mörder sind unter uns* findet sich, befreit durch den Verzicht auf persönliche Rache, das Liebespaar Mertens und Wallner während der Kriegsverbrecher Brückner – angeklagt von den Bildern seiner Opfer und zugleich einsichtslos nach Ausflüchten suchend – zurückbleibt.

Die Mörder sind unter uns ist die erste deutsche Filmproduktion nach dem Zusammenbruch des NS-Regimes. Sie wird am 15. Oktober 1946, einen Tag vor der Vollstreckung der Urteile im Nürnberger Prozeß gegen die Hauptkriegsverbrecher, in der Berliner Staatsoper uraufgeführt. Für den damals 40-jährigen Wolfgang Staudte, der den Film im Auftrag der neugegründeten Deutschen Film AG (DEFA) gedreht hatte, ist damit ein Lebensthema angeschlagen, das er in den kommenden zwei Jahrzehnten mit nachgerade militantem Engagement bearbeitet. Zermürbt von den damit verbundenen Kontroversen um seine Person und der andauernden Erfolglosigkeit bei Publikum und Kritik zieht er sich Ende der sechziger Jahre von diesem Thema resigniert zurück.

An Staudtes Biographie, an der Wirkung seiner Filme und an den Kontroversen um seine Person kann man beispielhaft die Konflikte ablesen, die in der bundesdeutschen Gesellschaft mit der Verarbeitung der NS-Vergangenheit verbunden waren. *Die Mörder sind unter uns* ist zu einem geflügelten Wort geworden, mit dem auf die Kontinuität zwischen dem NS-Regime und der frühen Bundesrepublik hingewiesen wird. Die Bedeutung des Films reicht aber weiter: Seine Entstehungsbedingungen, die Inszenierung und Umarbeitung des Stoffes sowie die Rezeption des Werkes machen *Die Mörder sind unter uns* zu dem deutschen Nachkriegsfilm par excellence.[1]

Berlin im Herbst 1945! ... Hier ist kein Verharren in stiller, ehrender Andacht. Menschen hasten und drängen achtlos vorbei – im harten Kampf um eine neue Existenz, den Blick in die Zukunft gerichtet. Von den Trümmerresten der Häuser schreien grelle Plakate: Aufbauen! Unberührt von dieser kategorischen Forderung des Tages lebt Dr. Mertens sein eigenes, verschlossenes, zielloses Dasein. Die kleine Atelierwohnung, die er seit den Tagen der Kapitulation in Besitz genommen hat, trägt noch immer alle Spuren der vergangenen Kampfhandlungen.

Mit diesen Worten umreißt Wolfgang Staudte die Grundsituation seines Filmstoffes.[2] Der Protagonist der Handlung ist jener Dr. Hans Mertens (Ernst Wilhelm Borchert), im Krieg Offizier, im bürgerlichen Beruf ein angesehener Chirurg. Sein Verhalten in den Eingangssequenzen des Films ist durchaus schleierhaft: „Bis zum Zerspringen aufgeladen mit moralischer Empörung, verstört, vor Schrecken völlig aus dem Gleichgewicht, anklagend, pathetisch, sentimental, wird die Figur hin und her getrieben, ohne die eigene Realität begreifen und ohne sinnvoll handeln zu können. (...) Nicht das Gefühl der neuen Freiheit und der in ihr möglichen besseren Zukunft regieren, sondern Ekel und Verzweifelung über die mörderische Vergangenheit und die erlebte eigene Hilflosigkeit und Passivität. Ein persönliches Schuldbewußtsein fehlt jedoch, oder es ist vage".[3]
Die Person des Dr. Mertens ist einer unerträglichen Spannung ausgesetzt. Einerseits lernt er in der aus der KZ-Haft heimgekehrten Susanne Wallner (Hildegard Knef) eine Frau kennen, die nicht nur Lebensbejahung und Zukunftshoffnung ausstrahlt, sondern den wirren und zynischen Mertens mit liebevollem Verständnis und aufopferungsvoller Pflege bedenkt. Und nicht nur das: „ (...) was Susanne mit einfachem menschlichen Mitgefühl, mit fraulicher Fürsorge und Hilfsbereitschaft begann, endet mit einer großen, alles verzeihenden Liebe".[4] Just in dem Moment, in dem die Macht der Liebe Mertens zu verändern beginnt und es den Anschein hat, als würde er an der Seite Susanne Wallners in ein geordnetes bürgerliches Leben zurückfinden können, erkennt er auf der Straße seinen ehemaligen militärischen Vorgesetzten, Hauptmann Ferdinand Brückner (Arno Paulsen), der nun als Fabrikant aus Wehrmachtshelmen Kochtöpfe fertigt. Mertens verwandelt sich in die getriebene und undurchschaubare Persönlichkeit der Eingangssequenzen zurück. Fortan vollzieht sich die Handlung unter dem spürbaren Zwang, Brückner zu töten.
Das Finale am Weihnachtsabend 1945 löst das Rätsel um Mertens' opaken Charakter. Kurz bevor er Brückner auf einer Weihnachtsfeier in dessen Betrieb erschießen will, wird in ihm die Erinnerung an den Heiligen Abend im

Jahr 1942 übermächtig. Damals hatte Brückner als Rache für einen Sabotageakt 100 Zivilisten erschießen lassen. Der schwache Protest Mertens' war wirkungslos geblieben. Das vage Schuldbewußtsein, an dem der Kriegsheimkehrer leidet, erhält durch die unabweisbar werdende Erinnerung eine konkrete Gestalt. Mit dem Entschluß, Brückner zu töten, will Mertens die unschuldigen Opfer rächen und sich selbst von der Schmach befreien, das Massaker nicht verhindert zu haben.

Staudte hat bei der Inszenierung des Stoffes die Stilmittel und Techniken des filmischen Expressionismus der Weimarer Republik und des italienischen Neorealismus genutzt. *Die Mörder sind unter uns* ist auch inhaltlich weniger ein politischer als „ein ganz und gar psychologischer Film".[5] Staudte bewegt sich mit seinem Filmthema viel eher in dem zeittypischen existentialistischen Diskurs über die Fragen von Freiheit, Wahl und Verantwortung, als daß der Film den Terror der NS-Zeit anprangern will:

Wir wollen in diesem Film, der in der Welt spielt, in der wir leben, in der wir uns alle zurechtzufinden haben, nicht die äußere Wirklichkeit abfotografieren. Ich bemühe mich, zu Problemen Stellung zu nehmen, wie sie heute Tausende und aber Tausende unserer Mitmenschen belasten. Die Beziehung des Menschen zu seiner jetzigen Umwelt, seine Gefühlswelt innerhalb der politischen Kulisse – das ist das Grundthema dieses Films (...).[6]

Beide Facetten des Films, die Nähe zum filmischen Expressionismus und Neorealismus wie die Beziehungen zum existentialistischen Diskurs jener Jahre, erklären den Erfolg des Films in der unmittelbaren Nachkriegszeit. Andererseits ist Staudte bei diesem Film ein politischer Filmemacher, der später einmal von sich sagt, nicht er provoziere mit seinen Filmen, sondern er werde von den gesellschaftlichen Zuständen zu Filmen provoziert.[7] Im Jahre 1946 ist es die – in einem privaten Erlebnis wurzelnde – Erregung über die ungestörte Rückkehr vieler Kriegsverbrecher in ihre bürgerlichen Berufe, die Staudte zu seiner ersten Regiearbeit nach dem Krieg motiviert. Diese politische Dimension seiner Filme erklärt etwas über die anhaltende Bedeutung des Regisseurs Wolfgang Staudte.

Zur Wirkung des Filmes *Die Mörder sind unter uns* in den unmittelbaren Nachkriegsjahren hat maßgeblich der Umstand beigetragen, daß der im westlichen Teil Berlins lebende Wolfgang Staudte die Dreherlaubnis für seine Produktion von den Kulturoffizieren der sowjetischen Militäradministration erhalten hatte. Daß der erste deutsche Nachkriegsfilm unter dem Dach der ostdeutschen DEFA zustande gekommen war und daß der Film den Konflikt zwischen einem von Gewissensbissen geplagten Kriegsheimkehrer und einem von diesem wiedererkannten Kriegsverbrecher erzählt, hat dazu geführt, in diesem Film das antifaschistische Gründungsmanifest des politisch ambitionierten deutschen Nachkriegsfilms zu sehen. Womöglich liegt hier aber ein Mißverständnis über das Politische am Filmemacher Staudte vor. Denn es zeigt sich gerade an Staudtes erster Nachkriegsregie, wie kompliziert und untergründig bestimmt das Verhältnis des Regisseurs zu den politischen Dimensionen seiner Arbeit ist.

Zunächst muß auf den bekannten Umstand hingewiesen werden, daß die Lizenzierung des Filmes durch die sowjetische Militäradministration weniger mit einer weltanschaulichen Präferenz Staudtes zusammenhängt als vielmehr dem Desinteresse bzw. der Ignoranz in den Kultur- und Kontrollabteilungen der westlichen Siegermächte geschuldet ist. Staudte sagte später: „Ich wollte den Film machen, ganz egal bei wem".[8] Seine ursprüngliche Motivation für den Film geht auf ein Erlebnis gegen Ende des Krieges zurück, in dessen Verlauf er von einem angetrunkenen SS-Mann in einer Theaterkantine als „Kommunistenschwein" beschimpft und mit dem Tod bedroht worden war:

Die anderen haben ihn davon abgehalten, und er wurde auch wieder friedlich und sagte: ‚Wenn der Scheiß vorbei ist, dann kümmere ich mich wieder um meine Apotheke.' Das war der Apotheker von der Ecke Friedrichstraße/Schumannstraße. Ich habe mich dann verkrümelt und gedacht, was wohl passiert, wenn ich den später mal erwische, (...). Ich hab ihn später nicht erwischt, denn er war dann tot.[9]

Wenn man aufgrund dieser biographischen Äußerung schon annehmen kann, daß in die Figur des Dr. Mertens etwa mit dem Wunsch nach Rache Momente des Seelenlebens eines Wolfgang Staudte eingezeichnet worden sind, so läßt sich daran eine weitere Interpretation anschließen. Denn so wie Mertens nicht nur unter dem ungesühnten Verbrechen leidet, sondern auch unter der Schmach, es nicht durch couragiertes Verhalten verhindert zu haben, so hatte sich der Filmemacher Staudte mit einer nicht unproblematischen Vergangenheit während der Zeit des Nationalsozialismus auseinanderzusetzen.

Staudte wurde 1906 als Sohn eines Schauspielerehepaares in Saarbrücken geboren. Nach etlichen Umwegen fand er gegen Ende der Weimarer Republik zum Film. Der Vater, politisch auf Seiten der Gewerkschaften und der Linken engagiert, war zeitweise Mitglied im Ensemble der Berliner Volksbühne, einem damals wie heute avantgardistischen, politischen und provokanten Theater. Die ökonomischen Verwerfungen ab dem Jahre 1929 machten auch vor der Schauspielbranche nicht Halt und so war Staudtes Vater, der vorübergehend arbeitslos geworden war, ohne größeres Zögern bereit, in die

NSDAP einzutreten, um sich damit die Stellung an einem Schauspielensemble zu sichern.[10]
Zu einem Eintritt in die Nazi-Partei war Wolfgang Staudte nie zu bewegen. Aber auch er ließ sich in die Fachschaft Film der Reichsfilmkammer aufnehmen, um weiterhin seiner damaligen Arbeit als Werbefilmer nachgehen zu können. Die problematischen Aspekte von Staudtes Biographie während der NS-Zeit hängen allerdings mit seinem unbedingten Wunsch zusammen, nicht zum Militär eingezogen werden zu wollen. Die dafür notwendige UK-Stellung – die Befreiung vom Waffendienst aus kriegswichtigen Gründen – erkaufte er sich durch seine Bereitschaft, jede ihm angebotene Schauspielrolle anzunehmen. Am schwersten wiegt in diesem Zusammenhang wohl eine Statistenrolle, die er in Veit Harlans antisemitischem Propagandastreifen *Jud Süß* (1940) spielte.

Staudte hat zu dieser Entscheidung später Stellung bezogen und dabei jede Beschönigung vermieden:

> Oft war es so, daß jemand anrief: Du hast morgen zwei Tage bei mir zu tun. Ich fand es völlig uninteressant, was da gedreht wurde. Bei *Jud Süß* war es anders, da wußte ich sehr genau, worum es geht (...). Als der Anruf kam, stand für mich nicht zur Diskussion, ob ich spielen würde, denn wenn ich nicht gespielt hätte, wäre meine UK-Stellung kassiert worden, und dann hätte ich eine Rolle gespielt an der Front irgendwo.[11]

Dieses mit dem Begriff Anpassung wohl nur unzureichend umschriebene Verhalten setzte sich bei Staudte bis Kriegsende fort. Als Nachwuchsfilmer drehte er für die zur UfA gehörende „Tobis-Filmkunst GmbH" mehrere Filme. Dabei ist weniger das Engagement für eine besonders linientreue Produktionsfirma problematisch als vielmehr Staudtes Bereitschaft, als Regisseur den Film *Akrobat schö-ö-ö-n* zu übernehmen, der eigentlich von Herbert Selpin hätte inszeniert werden sollen. Selpin war kurz vor Drehbeginn wegen einer Beleidigung der Marine denunziert worden und starb in Haft – angeblich durch Selbstmord. Wenn Staudte dies auch nicht unbedingt gewußt haben mußte, so war er doch informiert darüber, daß die NS-Propagandisten unter Goebbels die Hauptfigur des Films, den Artisten Charlie Rivel, als Gegenfigur zu Charlie Chaplin aufbauen wollten; eine Aufgabe, der der Spanier und Parteigänger Francos nur zu gerne nachkam und die von der gleichgeschalteten Presse – unter höhnischen Hinweisen auf Chaplin – mit Beifall aufgenommen wurde.[12]

Man wird dieses Verhalten Staudtes während der NS-Zeit in vielerlei Hinsicht erklären und verstehen können; will man es bewerten, so wird man nicht sagen können: Was für ein couragierter Mann! Für das Verständnis und die Einordnung der Nachkriegsfilme des Wolfgang Staudte sind die hier geschilderten biographischen Aspekte von großer Wichtigkeit. In der Person des Dr. Mertens wird jedenfalls weniger ein antifaschistischer Held präsentiert als vielmehr der Charakter eines schuldig gewordenen Zeitgenossen problematisiert. Staudte dreht *Die Mörder sind unter uns* nicht zuletzt als einen Film über sich selbst.

Diese Dimension des Werks hat kaum ein anderer Kritiker so radikal verfehlt wie der damals für die *Deutsche Film-Rundschau* schreibende Schriftsteller Wolfdietrich Schnurre: „Auch Dr. Mertens, der sich im Film zweimal zum Urteilsvollstrecker aufwerfen wollte, ist der Mörder. Denn er ließ das Blutbad am Weihnachtsabend zu. Er schlug resignierend die Hacken zusammen, als er sah, daß sein Einspruch nichts fruchtete. Er tat, was wir alle taten: er kapitulierte vor der Gewalt. (...) Und ausgerechnet diesen schuldig-'unschuldigen' Durchschnittsdeutschen setzte man uns als rehabilitierten Haupthelden vor".[13] Dr. Mertens ist kein Held – ebensowenig wie die Figur des Maschinenmeisters Behnke in *Rotation* (1948) oder die Figur des Straßenhändlers Kleinschmidt in *Rosen für den Staatsanwalt* (1959). *Die Mörder sind unter uns* ist überhaupt kein programmatischer Film. Darin unterscheidet sich Staudte fundamental vom italienischen Neorealismus eines Vittorio de Sica oder Roberto Rossellini. Er macht uns durch seine Arbeiten mit gebrochenen Biographien oder zerbrochenen Existenzen bekannt. Sein Thema ist das Verhältnis von Schuld und Neuanfang. Staudte ist kein Agitator, sondern ein Moralist – ein (selbst)kritischer, manchmal ein polemischer. Und gerade in diesem Sinne wird er zu einem politischen Filmemacher; einer, der „den unterirdischen Verwerfungen des deutschen Bewußtseins (nachspürt), den vertuschten oder auch nur verdrängten Untaten während der Nazi-Zeit wie dem Fortwuchern dieser Mentalität in der Nachkriegszeit".[14]

Diese Haltung bringt den Regisseur Wolfgang Staudte in der Bundesrepublik – wie unter dem ostdeutschen Regime – in Schwierigkeiten. Bereits *Die Mörder sind unter uns* wird im Westen als DEFA-Produktion mit gewissen Vorbehalten aufgenommen, eine Haltung, die sich auf Staudtes zweite wichtige Produktion dieser Jahre, den Film *Rotation* überträgt. In *Rotation* inszeniert er die Geschichte eines unpolitischen Arbeiters in den Jahren 1925 bis 1945. Der Protagonist des Films ist der Maschinenmeister Hans Behnke (Paul Esser). Im proletarischen Milieu der späten Weimarer Republik zimmert er an einer glücklichen, privatistischen Existenz bevor auch ihn das Schicksal der Arbeitslosigkeit aus der Bahn wirft. Nach Hitlers Triumph findet er Arbeit beim *Völkischen Beobachter*, aus Opportunismus tritt er der NSDAP bei – aber widerstrebend unterstützt er zugleich eine Widerstandsgruppe. Ausgerechnet von seinem Sohn wird er denunziert und entgeht nur dank der Befreiung Berlins durch die Rote Armee der Vollstreckung eines gegen ihn verhängten Todesurteils. Der Film endet mit der durch eine gemeinsame pazifistische Bekundung beglaubigten Versöhnung zwischen Vater und Sohn.[15] Staudte hat die Arbeit an *Rotation* auf seinen vorhergehenden Film *Die Mörder sind unter uns* bezogen:

Bei den *Mördern* handelte es sich ja eigentlich um eine hektische, sehr eruptive Geschichte. Für mich war es wichtig, das zugrundeliegende Phänomen nun erst mal genauer zu klären und dafür eine greifbare Formel zu finden. Außerdem beobachtete ich im Westen, wo ich ja lebte, eine beginnende Restauration, wo alles überwunden oder verdrängt wurde.[16]

Diese Auskunft illustriert trefflich, was Staudte mit seiner Bemerkung meint, nicht er provoziere mit seinen Filmen, sondern er werde zu seinen Filmen provoziert. Die politische Brisanz seiner Filme rührt daher, daß sich Staudte hartnäckig für die Ursachen des Nationalsozialismus interessiert und weiterhin nach den notwendigen Voraussetzungen für einen Neuanfang fragt, während die Mehrheitsgesellschaft – auf je eigene Weise im Westen wie im Osten – bereits zur Tagesordnung übergegangen ist. Der politische Filmemacher Wolfgang Staudte entwickelt sich entlang eines Konfliktes über die Frage, wie nah man die Verunsicherung über die politische und moralische Katastrophe des Nationalsozialismus an sich herantreten lassen möchte.

Die Beschäftigung mit der Vorgeschichte des Nationalsozialismus motiviert Staudte Anfang der fünfziger Jahre, Heinrich Manns Roman *Der Untertan* (1951) für die DEFA zu verfilmen. Der Film mit Werner Peters als Diederich Heßling in der Hauptrolle wird ein großer internationaler Erfolg. In der Bundesrepublik wird er allerdings verboten und kann erst im März 1957 – mit Kürzungen und einem Vorspann, der die Vorgänge im Film zum Einzelfall erklärt – in den Kinos gezeigt werden. Hier kündigt sich eine aggressive Haltung der Bundesregierung gegen die Regiearbeiten Wolfgang Staudtes an, die mit dem Vorbehalt gegenüber DEFA-Produktionen nicht mehr hinreichend erklärt werden. Staudte gilt als Nestbeschmutzer, der durch seine Filme die demokratische Legitimation und die moralische Integrität der Bonner Nachkriegsrepublik in Zweifel ziehen will.

Als ein besonders scharfes Instrument gegen den mißliebigen Filmemacher erweisen sich dabei die Bürgschaften, die vom Bundesinnenministerium für die Filmgesellschaften in der Regel übernommen werden und die das unternehmerische Risiko bei Filmproduktionen erst kalkulierbar machen. Allein im Jahr 1951 müssen in der Bundesrepublik zwei Produktionen abgesagt werden, weil Wolfgang Staudte als Regisseur vorgesehen war und das Innenministerium daraufhin eine Bürgschaft verweigert (*Die Fremde*; *Der goldene Schatten*). Für die Produktion des Filmes *Gift im Zoo* (1951) wird die Bürgschaft − nach einigen Korrekturen am Drehbuch − zunächst übernommen, dann aber widerrufen, weil das Ministerium Staudte verdächtigt, am 1. Mai 1951 in Ostberlin eine Rede gehalten zu haben. Staudte kann nachweisen, daß er am nämlichen Tag auf Einladung des französischen Hohen Kommissars bei einem Filmtreffen in Westdeutschland war; statt die peinliche Intervention zurückzuziehen, verlangen die ministeriellen Stellen nun, Staudte möge als Vorbedingung für seine weitere Beschäftigung eine Erklärung abgeben, er werde in Zukunft nicht mehr für die DEFA arbeiten. Zudem wird signalisiert, daß ein antikommunistisch akzentuierter Zeitungsbeitrag des Regisseurs spätere Finanzierungen seiner Filme ebenso erleichtern könnte wie die Inszenierung eines gegen das ostdeutsche Regime gerichteten Films.[17] Staudte lehnt ab und legt die Regiearbeit nieder.

Die Attacken der Institutionen gehen einher mit äußerst scharfen Kritiken und persönlichen Anwürfen in der Presse. Besonders in *Christ und Welt* und in der *Deutschen Zeitung*, aber auch im *Spiegel* wird gegen einen Regisseur polemisiert, der mit seinem Film *Der Untertan* „Charaktermord" begangen habe und dem Ziel der systematischen Zerstörung an territorialer, kultureller und sozialer Substanz ein Denkmal gesetzt habe.[18]

Staudte, der sich 1955 bei den Dreharbeiten zu dem Film *Mutter Courage und ihre Kinder* mit Bertolt Brecht überwirft und der sich daraufhin von der DEFA trennt, kann bis 1956 keine Filme in der Bundesrepublik oder für westdeutsche Produktionsgesellschaften mehr drehen. Seinen ersten internationalen Erfolg im Westen hat er mit der niederländischen Produktion *Ciske de Rat* (1955), für die er im Jahr der Fertigstellung mit dem Silbernen Löwen der Filmfestspiele in Venedig ausgezeichnet wird. Dieser Preis hinterläßt auch in der Bundesrepublik Eindruck; Staudte bekommt Engagements angeboten. Zugleich muß er aber erleben, daß seine künstlerischen und politischen Ambitionen von den Produktionsgesellschaften mißachtet werden. Der Film *Madeleine und der Legionär*, den Staudte 1957 für die gerade wiedergegründete UfA drehte, war von ihm als antikolonialistischer und antimilitaristischer Film geplant. Unter dem Druck der Geldgeber beginnt bald schon eine völlige „Verballhornisierung des Themas", schließlich entsteht ein kommerzieller und schlechter Film.[19]

Wolfgang Staudte – „Sicher sind es nicht die Filme, die das eigene Nest beschmutzen"

In der Bundesrepublik dreht Staudte noch drei Filme, die seinen Ruhm begründen, sich wie kein anderer westdeutscher Regisseur mit der nationalsozialistischen Vergangenheit auseinandergesetzt zu haben. Davon sind *Kirmes* (1960) und *Herrenpartie* (1963/64) künstlerisch eher schwache Produktionen. *Rosen für den Staatsanwalt* (1959) darf hingegen als eine der gelungensten deutschen Nachkriegsproduktionen gelten. Die Geschichte des wegen Schokoladendiebstahls zum Tode verurteilten Gefreiten Rudi Kleinschmidt (Walter Giller), der durch Zufall der Vollstreckung des Urteils entkommt und der im Oberstaatsanwalt Wilhelm Schramm (Martin Held) nach dem Krieg seinen Henker wiedertrifft, hätte in der Bundesrepublik tatsächlich eine große realistische Filmtradition begründen können. Auch dieser Film präsentiert keinen Helden. Walter Giller spielt einen traurigen Clown, der sich vom Schock des wegen einer Lappalie verhängten Todesurteils in Wahrheit nie wieder erholt hat – trotz aller Bemühungen, den Lebenskünstler zu geben. Bei Kleinschmidt reicht es nicht einmal zum Wunsch nach Rache. Den Repressionen des reüssierenden Oberstaatsanwaltes, der ihn aus der Stadt ekeln lassen will, begegnet er erneut mit Ohnmacht. Das drohende Ende einer Liebesbeziehung verführt ihn zu der kindischen Reaktion, erneut Schokolade zu stehlen. Der Oberstaatsanwalt wird so zufällig wie unausweichlich von seiner verbrecherischen Vergangenheit eingeholt. Obwohl Kleinschmidt nur ungeschoren davonkommen möchte und bereit ist, nach einem Freispruch die Stadt zu verlassen, bleibt Schramm in der Angst gefangen, der Angeklagte könne gegen ihn auftreten. Das bisher erfolgreich betriebene Spiel der Lebenslügen und Täuschungen findet unter diesem Druck sein Ende als der ehemalige Kriegsrichter, „für das geringstmögliche Strafmaß, die Todesstrafe" plädiert.

Angriffe auf Staudte blieben nicht aus. Die bizarrste Form öffentlicher Agitation gegen ihn war sicherlich mit einem „Dankesbrief" des jugoslawischen Staatspräsidenten Josip Broz Tito erreicht, der in der Bundesrepublik nach der Aufführung des Films *Herrenpartie* kursierte. Der Film attackiert das geschmacklose Verhalten einer deutschen Urlaubergruppe in Jugoslawien gegenüber den Witwen von Partisanen. Von einer Hamburger „Arbeitsgemeinschaft für Heimatschutz" wurde er deshalb als Auftragsarbeit für den „Weltkommunismus" denunziert. Sämtliche Förderungen für den Film wurden gestrichen, seine Aufführung als deutscher Beitrag bei den Filmfestspielen in Cannes wurde gestoppt. Die Verleihfirma ließ den Film daraufhin in nur zwei bundesdeutschen Großstädten anlaufen, so daß die Produktion auch zu einem finanziellen Desaster wurde.[20] Staudte hat die offiziösen Attacken und die in der Öffentlichkeit gegen ihn geführten Kampagnen zum Anlaß genommen, mit scharfen Worten in einen politischen Konflikt einzutreten. In einem „Offenen Brief an die westdeutsche Presse" prangerte Staudte das Wiederaufleben und die Begünstigung rechtsextremer Tendenzen in der Bundesrepublik an:

Wie sehr das politische Klima langsam aber sicher in den Jahren nach totaler Kapitulation [sic] verseucht wurde, geht aus der bizarren Tatsache hervor, daß der Bundestag auch nur zu erwägen wagte, ob es statthaft sei, die Orden und – das Wort ist gefallen – Ehrenzeichen eines durch und durch kriminellen Krieges zu tragen. Nach der Debatte war es statthaft. Und Orden werden heute getragen, die man sowohl für die planmäßige Vergasung von Juden wie für den Überfall auf ein fremdes Land erhalten haben konnte.[21]

Eine Polemik, ohne Zweifel und sicher war es politisch unklug, den Text im *Neuen Deutschland* (nach)drucken zu lassen. Der Adenauerrepublik fiel es dadurch leicht, die berechtigte und notwendige Kritik eines freien Geistes am Umgang mit der NS-Vergangenheit nicht zur Kenntnis nehmen zu müssen. „Politische Filme sind ein Stück Geschichtsdarstellung der Gegenwart. Sofern sie Kunst sind, werden sie parteiisch sein, herausfordernd und subjektiv, aber immer teilnehmend und besorgt um den Zustand des 'eigenen Nestes'", mit dieser Replik begegnete Staudte im Jahr 1964 den nicht verstummenden Vorwürfen, er sei ein Nestbeschmutzer.[22] Es ist eine der späten, von nun an selten werdenden politischen Interventionen des Regisseurs. Im Jahr 1967 verabschiedet sich Staudte – nach dem finanziellen Desaster mit einer von ihm gegründeten Produktionsfirma – schlagartig von allen Ambitionen auf ein künstlerisch anspruchsvolles und politisch unbestechliches Kino und arbeitet fortan im Rahmen von Auftragsarbeiten für die öffentlich-rechtlichen Fernsehanstalten (*Der Seewolf*, 1971; *Lockruf des Goldes*, 1975; *MS-Franziska*, 1976/77; verschiedene *Tatort*-Produktionen).

Diesen zweiten Bruch in seiner Berufsbiographie hat Staudte später sehr souverän mit dem Hinweis auf seine Schulden, auf die Krise der Filmwirtschaft und mit seiner Angst erklärt, als Sozialfall zu enden.[23] Trotzdem mutet es auf den ersten Blick merkwürdig an, daß der Filmemacher von seinem Lebensthema ausgerechnet zu einem Zeitpunkt abläßt, als eine neue Generation von jungen Regisseuren vehement gegen die von ihm bekämpfte Kommerzialisierung des Kinos zu Felde zieht und die studentische Rebellion sich nicht zuletzt an dem verlogenen bundesdeutschen Umgang mit dem Nationalsozialismus entzündet. Aber diese Generation will von einem wie Staudte nichts wissen. Die Filmemacher Edgar Reitz, Alexander Kluge, Wim Wenders und Helma Sanders-Brahms sind künstlerisch an der Nouvelle Vague orientiert, politisch gilt ihnen der Nicht-Emigrant Staudte als Repräsentant einer Generation, die sie bekämpfen.[24] Staudte ist in diesen Jahren des neuerlichen Bruchs ein von der politischen Rechten bekämpfter und von den Linken ignorierter Regisseur.

Wolfgang Staudte starb 1984 im Alter von 77 Jahren bei Dreharbeiten in Jugoslawien. Wolfram Schütte hat in seinem Nachruf an den langen Kampf des Regisseurs gegen die reaktionäre Hetze der Adenauerrepublik erinnert und einen Vergleich zwischen der künstlerischen Biographie des Filmemachers Staudte und des Schriftstellers Wolfgang Koeppen angestellt: „Als der mutige Einzelgänger sein Scheitern einsehen mußte, hat er in der Folge fast nur noch Auftragsproduktionen für das Fernsehen gedreht, (...). Es gibt vielleicht Parallelen zwischen Wolfgang Staudtes schrittweiser Resignation und dem Verstummen des Romanciers Wolfgang Koeppen".[25]
Scheitern, Verstummen, Resignation. Kann ein Filmemacher scheitern? Und wenn ja, scheitert er nicht eher in einem ästhetischen Sinne als in einem politischen? Anders gefragt: Wie muß man sich eigentlich den politischen Erfolg eines Filmregisseurs vorstellen?
Wolfgang Staudte hat uns mit *Rosen für den Staatsanwalt* einen der besten deutschen Nachkriegsproduktionen hinterlassen. Ein formal streng geschlossener Film mit einem perfekten Handlungsbogen und einer grandios inszenierten Schlusspointe. Trotz seiner Geschlossenheit gelingt es dem Film in unerhörter Weise, die verschiedensten Genres zu zitieren und mit Walter Giller verfügt er über einen veritablen Komiker, den man so im deutschen Film selten antrifft. – Nein, im Kino erfährt man nicht die Wahrheit. Aber man soll sich zum fünfzigsten Geburtstag der Bundesrepublik diesen Film wieder ansehen. *Die Mörder sind unter uns* hat über all die Lügen, die die Republik über sich selbst verbreitet hat und in deren zweifelhaftem Glanz sich Teile des politischen Personals so gerne gesonnt haben, die Oberhand behalten. Dieser Film hat uns darin bestärkt, die Kleinschmidts zu lieben und die Schramms zu verachten, und wir freuen uns, wenn der Oberstaatsanwalt aus dem Gerichtsgebäude flieht. Vor dem Fernseher und beim Zeitungslesen empfinden wir Genugtuung darüber, daß auf Dauer für Personen wie Filbinger oder die jüngst aus den Bundeswehrkasernen vertriebenen alten Wehrmachtsoffiziere kein Platz in einer Demokratie ist. Beides haben wir Wolfgang Staudte zu verdanken – im Kino ganz unmittelbar, vor dem Fernseher

und bei der Zeitungslektüre dadurch, daß sich das Klima in dieser Republik ohne Dissidenten wie ihn nicht verändert hätte. Das nenne ich den Erfolg eines Filmemachers.

Anmerkungen

1 Vgl. als Überblick zur Entwicklung des deutschen Films nach 1945 Wolfgang Jacobsen/ Anton Kaes/ Hans Helmut Prinler (Hg.): Geschichte des deutschen Films. Stuttgart, Weimar 1993.
2 Wolfgang Staudte: Ein Exposé. Arbeitstitel: Die Mörder sind unter uns (1946). In: Egon Netenjakob u.a. (Hg.): Staudte. Berlin 1991. S. 155.
3 Wolfgang Netenjakob: Ein Leben gegen die Zeit. Versuch über WS. In: ders., Staudte (Anm. 2), S. 24 f.
4 Staudte, Exposé zitiert nach Netenjakob, Staudte (Anm. 2), S. 155.
5 So Wolfgang Staudte in einem Interview mit der *Berliner Morgenpost* vom 16.01.1959. Zitiert nach Heinz Kersten: Ankläger der Mörder und Untertanen. Die wichtigsten Jahre des Wolfgang Staudte (1943-1955). In: Eva Orbanz (Red.): Wolfgang Staudte. Berlin (West) 1977, S. 16.
6 Staudte, Interview, zitiert nach Orbanz, Staudte (Anm. 5), S. 16.
7 Wiedergegeben nach Katrin Seybold: ... Die Welt verbessern mit dem Geld von Leuten, die die Welt in Ordnung finden. Filme in der Bundesrepublik 1949-1971. In: Orbanz, Staudte (Anm. 5), S. 39.
8 Wolfgang Staudte in einem Interview mit Heinz Kesten, Egon Netenjakob, Eva Orbanz und Katrin Seybold am 13. 05.1974 anläßlich einer Retrospektive seines Werkes durch die Stiftung Deutsche Kinemathek im Westberliner Kino Arsenal. Zitiert nach: Netenjakob, Staudte (Anm. 2), S. 133.
9 Staudte, zitiert. nach Netenjakob, Staudte (Anm. 2), S. 132.
10 Vgl. dazu Malte Ludin: Wolfgang Staudte. Reinbek 1996, S. 17 ff.
11 Staudte in Netenjakob, Staudte (Anm. 2), S. 131 f.
12 Zu Staudtes Engagements während der NS-Zeit vgl. Ludin (Anm. 10), S. 19 ff. Vgl. zu den Reaktionen der Presse auf *Akrobat Schö-ö-ö-n* Ernst Joresch: „Akrobat Schö-ö-ö-n". Alhambra, Kurfürstendamm (1943); in: Orbanz, Staudte (Anm. 5), S. 93 f.
13 Wolfdietrich Schnurre, zitiert nach: Orbanz, Staudte (Anm. 5), S. 104 f.
14 Gerhard R. Koch: Kein Untertan. Zum Tode von Wolfgang Staudte. In: F.A.Z. vom 21.01.1984.
15 Vgl. zu *Rotation* ausführlich: Jens Thiele, Jens: Die Lehren aus der Vergangenheit – *Rotation*. In: Werner Faulstich/ Helmut Korte (Hg.): Fischer Filmgeschichte, Band 3: Auf der Suche nach den Werten 1945-1960. Frankfurt a. M. 1990, S. 126-147.

16 Staudte, in: Netenjakob, Staudte (Anm. 2), S. 133f.
17 Vgl. dazu Seybold in Orbanz, Staudte (Anm. 5), S. 31 ff.
18 Vgl. Netenjakob, Staudte (Anm. 2), S. 43.
19 Vgl. Staudte, in: Netenjakob, Staudte (Anm. 2), S. 140.
20 Vgl. Netenjakob, Staudte (Anm. 2), S. 86 ff.
21 Als Nachdruck veröffentlicht in *Neues Deutschland* vom 25.01.1960. Hier zitiert nach Orbanz, Staudte (Anm. 5), S. 87.
22 Veröffentlicht in Film in Berlin, Offizielle Festspielzeitung der XIV. Internationalen Film-Festspiele. Nr. 8 vom 03.07.1964. Hier zitiert nach: Orbanz, Staudte (Anm. 5), S. 92.
23 Staudte, in: Netenjakob, Staudte (Anm. 2), S. 143 ff.
24 Vgl. dazu die Äußerungen von Sanders-Brahms, zitiert in: Netenjakob, Staudte (Anm. 2), S. 90. Zum Verhältnis Staudtes zur Generation neuer Filmemacher vgl. Ludin, Staudte (Anm. 10), S. 92 ff. Vgl. zur Umbruchsituation des deutschen Films in den sechziger Jahre und zur Rolle der Thematisierung des NS auch Anton Kaes: Deutschlandbilder. Die Wiederkehr der Geschichte als Film. München 1987.
25 Wolfram Schütte: Ein öffentlicher Ruhestörer. Wolfgang Staudte ist gestorben. In: *Frankfurter Rundschau* vom 21.01.1984.

Detlef Bald

Wolf Graf von Baudissin – Die Zivilisierung des Militärs

„Denn an der Verfassung," so der Nestor der Militärreform, „orientiert sich die Legitimität der Entscheidungen und Verhaltensweisen innerhalb einer demokratischen Armee, an den Gesetzen und Vorschriften die Legalität der Maßnahmen, an der politischen Zielsetzung die Loyalität der Soldaten."[1] Die Werte der demokratischen Verfassung als oberste Norm für das Militär zu fordern, war in der deutschen Geschichte nie akzeptabel gewesen. Aber für den im altpreußischen Milieu und im rechtsstaatlichen Denken eines protestantisch-konservativen Elternhauses aufgewachsenen Wolf Graf von Baudissin (1907-1993) war es keine Frage, daß nach 1945 dieser Weg für die Einbindung des Militärs in die Bundesrepublik eingeschlagen werden mußte. Eigentlich hatte Baudissin mit dem Militär nichts mehr zu tun haben wollen, nachdem er 1941 vor Tobruk in Nordafrika in britische Kriegsgefangenschaft geraten und in ein Lager nach Australien gebracht worden war. Ohne Sentimentalität hatte er auch innerlich Abschied von seinem früheren Beruf genommen; nun hatte er sich zusammen mit seiner Frau Dagmar Gräfin zu Dohna-Schlodi auf ein ziviles Leben im künstlerischen Umfeld eingestellt, um „Schönes zu formen." Folglich lehnte es der ambitionierte Töpfer im Sommer 1950 ab, an der Planung für die Aufstellung neuer Streitkräfte in Deutschland teilzunehmen. Doch als Axel von dem Bussche wiederholt an die Cappenberger Ateliertür klopfte, um im Auftrag von Gerhard Graf Schwerin die Einladung zu erneuern und darauf hinzuweisen, „daß er von Stund' an mitverantwortlich auch dafür sei, was ein Anderer vermutlich falsch machen werde, sagte er für Himmerod zu."[2] Daß Baudissin sich seiner Verantwortung bewußt stellte, erklärt sich aus der überlieferten Tradition seiner Familie, einer Adelsfamilie, die ihr Schicksal mit dem der politischen Gemeinschaft verknüpft hatte. Baudissin nahm die Herausforderung also an. Hinzu kam, daß er von alten Familienfreunden angesprochen wurde, die wie er schon früh auf Distanz zum Nationalsozialismus gegangen war. Denn seit er am Ende der zwanziger Jahre als junger Offizier im denkwürdigen Potsdamer Infanterie-Regiment Nr. 9 seinen Platz eingenommen hatte, war ihm die „unbekümmerte Illoyalität" des Offizierkorps gegenüber der Verfassung der Republik unangenehm aufgefallen; gut preußisch zu sein, hieß für Baudissin, „Unrecht und Gewalt" der dreißiger Jahre abzulehnen. Manche aus seiner Umgebung unterstützten aus diesem Grund den militärischen antinationalsozialistischen Widerstand. Und als Baudissin die Nachricht von den Opfern des Widerstandes vom 20. Juli 1944 erhielt, äußerte er, daß er sich am Tode dieser Freunde mitschuldig fühle. Bussche und Schwerin gehörten zu diesen Kreisen, die für eine andere Tradition in der deutschen Geschichte stehen. Von ihnen angesprochen zu werden, ließ Baudissin eigentlich keine andere Wahl, als den Lebensentwurf als Künstler gegen den eines Offiziers aufzugeben.

In Himmerod, in einem Kloster in der Eifel, wurden am 9. Oktober 1950 die Weichen für eine Demokratisierung des Militärs gestellt. Es war die Geburtsstunde des Konzepts vom „Staatsbürger in Uniform". Doch weder das Datum der Tagung noch der konzeptionelle Begriff waren zufällig. Und beides wäre ohne die Person Baudissins nicht zustande gekommen.

Er war zu jener militärischen Expertengruppe geladen worden, die den Rahmen für die zukünftige Bundeswehr abstecken sollte. Die Denkschrift von Himmerod ist ihr zentrales Gründungsdokument,[3] das vom Geist der Restauration wie auch der Reform des Militärs nach dem Kriege zeugt. Allerdings: ohne Baudissin wäre der wirksame Gründungskompromiß nicht zustande gekommen, das Dokument wäre einseitig und eindeutig, nämlich restaurativ geblieben. In dieser Denkschrift ist die kantige Handschrift des militärischen Denkens der vierziger Jahre und der Einsatzmaximen der Verteidigung vom Kap bis zum Kaukasus zu erkennen, für die „das heilige Feuer" des Wehrwillens in der Gesellschaft glühen sollte; man spürt deutlich, daß auch nationalsozialistisch überzeugte Militärs die Feder führten. Diktion und Ansatz des Textes spiegeln die deutsche Tradition einer Überbewertung des Militärischen wie einer Geringschätzung der gesellschaftlichen Pluralität und der demokratischen Politik, Einstellungen aus vordemokratischen Welten.[4]

Baudissin hat die wenigen Textpassagen zu verantworten, die den epochalen Charakter der Reform manifestieren und sich für etwas „grundlegend Neues" aussprechen. In einem Kernsatz wird die gegen die Restauration gerichtete Wendung deutlich, die der Bundeswehr ihre Gestalt der Zukunft eröffnete: „Das deutsche Kontingent darf nicht 'Staat im Staate' werden. Das Ganze wie der einzelne haben aus innerer Überzeugung die demokratische Staats- und Lebensform zu bejahen."[5] In der entscheidenden Stunde in Himmerod wurden die Konturen der Reform allein von Baudissin eingebracht und gegen das militaristische Traditionsbild höchster Generale verfochten. Der junge Major i.G. stand mit seinem aufklärerisch-demokratischen Anspruch einer Gruppe gegenüber, der zum Beispiel der General der Infanterie, Hermann

Foertsch angehörte, der braune Repräsentant einer *Wehrmacht im nationalsozialistischen Staat*, wie dessen bekanntes Bekennerbuch aus den frühen dreißiger Jahren betitelt war. Da blieb am Ende der Tagung nur Resignation. Baudissin äußerte seine Besorgnis vor den „vergangenheitsbelasteten Empfehlungen", die er nicht mittragen konnte; er wollte sich zurückziehen. Beinah kurios mutet es an, daß erst Baudissins Rücktrittsandrohung die Reform des Militärs einleiteten. Erst sein Machtspiel führte zur Einfügung jener Textsprengsel in die Denkschrift, die dem „grundlegend Neuen" eine Chance geben sollten.

Baudissin betrat die Bühne der Politik – faszinierend genug – mit einem programmatisch umfassenden Konzept. Er hatte es zur Bedingung seiner Mitarbeit gemacht – oder wie er in freundlichen Worten umschrieb, er hatte „behilflich" sein wollen, „die 1819 steckengebliebene Reform von Scharnhorst und Gneisenau wieder aufzunehmen."[6] Das war ein Paukenschlag. Nicht daß es um ein historisches Vorbild gegangen wäre, dessen Institutionen oder Organisation in irgendeiner Gestalt erneut belebt werden sollten; es ging um ein Bewahren durch Erneuern. Baudissin griff mit dem historischen Bezug auf Scharnhorst zurück, der in einem ersten Reformversuch nach der Französischen Revolution die bürgerlich-freiheitliche Verfassung auch auf das Militär übertragen wollte. Baudissin ging es um die Zivilisierung des Militärs und um die „Kongruenz" von Militär und Gesellschaft; es ging ihm um den Primat der demokratischen Politik, also um ein Militär als Parlamentsheer. Das um 1806 angelegte Konzept vom „Staatsbürger in Uniform" enthielt diese Forderungen nach der Bürgertauglichkeit des Militärs. Die preußischen Reformen von oben waren das Vorbild für Baudissin, sie waren für den spiritus rector der Militärreform der Bundesrepublik die maßstabsetzende Herausforderung, um die große „reformatorische Aufgabe"[7] – die „Schicksalsfrage der Gegenwart" – in der von Krisen und Umbrüchen geprägten Zeit nach 1945 anzugehen. Der historisch gebildete Baudissin suchte „eine tatsächliche Neugeburt des alten Geisteserbes in zeitgemäßer Form."[8] Das Anknüpfen an die historische Situation stand für Baudissin so in einer unmittelbaren Beziehung zu seiner persönlichen und familiären Lebenswelt. Die ihm angetragene öffentliche Aufgabe für eine Neukonzeptionierung der Bundeswehr begriff er als seine Freiheit, die persönliche Verantwortung aus der Geschichte seiner Familie in diesem Lande zu übernehmen. Worte wie 'preußisches Erbe' hatten ihren Klang aus dem Horizont der alten Herrschaftsklasse in Deutschland. Aber Baudissin reihte sich in eine besondere Gruppe ein – mit dem Bezug auf Scharnhorst wies er der Reform zu Beginn der fünfziger Jahre eine inhaltliche Richtung, die den militärischen Sonderweg des 19. und 20. Jahrhunderts nicht erneut gehen wollte. Denn auf diesem Weg waren alle Reformversuche gescheitert, der erste Versuch nach 1815, der zweite nach 1848 und auch der dritte Versuch, in der Weimarer Republik eine Militärreform durchzusetzen, war durch das Militär als 'Staat im Staate' in sein Gegenteil verkehrt worden. Baudissin stellte sich in die parlamentarische und aufklärerische Tradition Preußens, die Abstand nahm von allem, was „nationalistisch, patriarchalisch-feudal, obrigkeitsstaatlich, vor-technisch oder ethisch neutral" verstanden werden konnte.[9] Mit diesem Geisteserbe sollte die junge Republik von Bonn belebt und die demokratischen Werte, die im Grundgesetz für den Aufbau der staatlichen Institutionen und für alle Bürger verbrieft worden waren, Gestalt gewinnen. In diesem Sinne bedeutete der Bezug auf Scharnhorst dasselbe wie die Forderung, die Normen des Grundgesetzes beim „vierten Anfang" der Militärreform, wie der erste Generalinspekteur, Adolf Heusinger, den historischen Tatbestand bezeichnete, als Normen für den Aufbau der Bundeswehr zu akzeptieren.

An seinem 44. Geburtstag, am 8. Mai 1951, trat Baudissin seinen Dienst im Amt Blank, der Vorgängereinrichtung des Verteidigungsministeriums, an. Man erkennt, daß in Bonn keine Eile herrschte, das Konzept der demokratischen Militärreform zu verwirklichen. Denn auch wenn der Satz die Runde machte, die (Bonner) Republik schaffe sich ihr (neues) Militär und sei im Unterschied zur (Weimarer) Republik, die vom (alten) Militär hatte gestützt werden müssen, nicht von ihm abhängig, erwies sich schnell, daß etablierte Gruppen aus den Stäben der Wehrmacht ihr Bild des 'guten' Militärs auf die Bundeswehr übertragen wollten. Das war ja auch in Himmerod wegweisend protokolliert worden.

Der Gründungskompromiß hatte fatale Wirkungen. Es begann bereits mit der amtlichen Bezeichnung der Aufgaben Baudissins. Ihm wurde das Referat 'Inneres Gefüge' anvertraut – und Nomen est omen. Auch wenn diese Benennung im Himmeroder Text stand, war sie ursprünglich eine nationalsozialistische Schöpfung, die während des Krieges als typisches Kind der Zeit in die alte Reichswehrstruktur der Wehrmacht eingefügt worden war; dabei war es im wesentlichen um eine sozialtechnologische und ideologische Optimierung des Militärs gegangen. Und obwohl auch Modernisierungen darunter fielen, wie beispielsweise Maßnahmen gegen die sozialen Abgrenzungen innerhalb der militärischen Führungsgruppen, die noch aus dem Kaiserreich in die Wehrmacht übernommen worden waren, unterschieden sich diese Maßnahmen wesentlich von den Reformzielen Baudissins, die den Schutz der Individualität und die Forderung nach Gleichberechtigung im Militär zum vorrangigen Ziel erklärten. Auch wenn im Fall des Abbaus sozialer Privilegierung eine gewisse positive Modernisierung in der Wehrmacht festzustellen ist, stimmt diese nur scheinbar mit den Zielen der Militärreform überein. Der Abbau von Privilegierung bedeutet für Baudissin etwas ganz anderes: Als Bestandteil eines liberalen Menschenbildes ist seine Reform weitreichend und grundlegend. Die Norm von „Wesen und Würde des Menschen" sollte Entscheidungen binden: „Die Neugruppierung, wie sie sich vollzieht, muß freilich den enttäuschen, der noch in ständisch-obrigkeitlichen Kategorien befangen ist. Eins ist sicher: Keiner der einst privilegierten Berufe wird seine alte Vorzugsstellung zurückerhalten."[10] Für konservative Ohren mußte das „ungeheuerlich" klingen. Dahinter verbarg sich jedoch ein langfristiger Wandel im Verständnis des Staates und seiner Institutionen, die Max Weber bereits als Entmythologisierung erkannt hatte, und darüberhinaus auch ein normativer Umbau des Militärs. Es konnte folglich keine Lappalie sein, wenn Baudissin hartnäckig die sachbezogene Umbenennung seiner Tätigkeit einforderte. So entstand mit dem Begriff der „Inneren Führung" die Kompromißformel für die Militärreform in der Bundeswehr.

Die Traditionalisten, wie die Mehrheitsgruppe in den ersten Jahrzehnten der Bundeswehr unscharf und beschönigend bezeichnet werden, hatten die Macht des Apparates. Sie suchten Baudissin und seine Handvoll Mitstreiter zu marginalisieren.[11] Der Begriff „innere Führung" sollte die Militärreform auf soziale Fragen der innermilitärischen Beziehungen begrenzen; doch das gelang nicht. „Innere Führung" wurde zum Synonym eines umfassenden Konzepts der demokratischen Militärreform. Die Traditionalisten hatten offensichtlich die Energie und Ausdauer der Reformer und deren politisches Geschick unterschätzt. Mit den Repräsentanten der sich entfaltenden parlamentarischen Institutionen, hervorzuheben ist der Kontakt zu den Abgeordneten Erler und Jäger, entstand ein intensiver langjähriger Diskurs, den gerade Baudissin weiter in die Akademien und Universitäten trug.

In der Öffentlichkeit erfuhr die Militärreform einen großen Auftrieb, breite Akzeptanz und hohe Anerkennung. Die Forderung, eine Verselbständigung des Militärs müsse durch die Anerkennung des Primats der Politik seitens der Bundeswehr ausgeschlossen werden, wurde zunehmend auch von außen an das Militär herangetragen. Damit war Baudissin gemäß seinem Konzept vom „Staatsbürger in Uniform" gefordert, seine Einflüsse gegen solche traditionalistischen Tendenzen geltend zu machen, die das Militär als unabhängige Gewalt der Bundesrepublik konstituieren wollten. Viele Initiativen unterstützten klar und ohne Einschränkung die 1954 bis 1956 verabschiedete Wehrverfassung gemäß dem Satz: „Streitkräfte repräsentieren die gesellschaftlich-politischen Herrschaftsformen, deren Instrument sie sind."[12] Das sind Schlüsselworte eines Konzepts, das dem aus der Geschichte tradierten Verständnis des deutschen Militärs, ein „Sonderleben" in Staat und Gesellschaft zu führen, die Alternative entgegensetzte, Geist und Struktur des Militärs als kongruenten Teil der pluralistischen Gesamtverfassung der Demokratie zu begreifen. Die „Binsenwahrheit" der Militärreform lautete, „daß Demokratie nicht am Kasernentor aufhört." Solche Worte signalisierten unmißverständlich, daß die Aufstellung der Bundeswehr nicht bloße „Wieder-Bewaffnung" sein konnte, sondern daß es um eine Reform an Haupt und Gliedern ging. Die Soldaten sollten in die Verantwortung aller Staatsbürger „für Wahrung und Weiterentwicklung des freiheitlichen Rechtsstaates" einbezogen werden. Der Streit mit den Traditionalisten war fundamental, ernst und gravierend.

Der überlieferten Vorstellung aus der Zeit vor 1945, das Militär sei 'unpolitisch', die mit der Ablehnung der parlamentarischen und demokratischen Parteien gleichzusetzen war, konnte Baudissin die höchst anstößige Antwort geben: „Es öffnet sich hier ein Einlaßtor der Demokratie in die Streitkräfte."[13] In der Konsequenz lag es, die freiheitliche, geistig-politische Kultur der Demokratie, die das Leben des Bürgers ausmacht, auch und gerade dann zur Geltung zu bringen, wenn er die Uniform trägt. „Hieraus ergibt sich die Forderung, dem Soldaten grundsätzlich alle jene Rechte zu belassen, die er nach außen schützen soll. Er muß als Staatsbürger mitten im politischen Leben seines Volkes stehen. Das bedeutet: Er muß das aktive und passive Wahlrecht besitzen; das Recht zur Information, zur freien Meinungsäußerung, das Koalitions- und Petitionsrecht, sowie den Schutz der Glaubens- und Gewissensfreiheit."[14]

Das Postulat von der Kongruenz von Militär und Politik hatte seine komplementäre Ergänzung im Postulat von der Kongruenz von Militär und Gesellschaft. Während der eine Kreis inhaltlich mit der parlamentarischen Demokratie zu erfassen ist, versteht sich der andere Kreis als liberal pluralistische, als soziale Entfaltung. Dieser Normalfall der Gesellschaft sollte normgebend für das Militär werden. Daraus resultiert die Verbindlichkeit des Zivilen. Die Freiheiten des Bürgers im Bild vom „Staatsbürger in Uniform" sollten die neue Sozialfigur der Bundeswehr begründen. Es wurde also verlangt, im System der Streitkräfte Rechts- und Lebensverhältnisse einzurichten, die dem einzelnen die Freiheit belassen. Mehr noch, die Gleichheit verlangt gleichberechtigte Aufstiegsbedingungen für die Berufssoldaten, deren soziale Auswahl nach den Prinzipien der Objektivität und Überprüfbarkeit stattfinden sollte. Leistung und Bildung waren Komponenten dieser Überprüfbarkeit, die gegen Geburtsprivileg und Cliquenwirtschaft stand. Wollte die Reform der Bundeswehr sich ernst nehmen, galt es neben der sozialen Legitimität der Rekrutierung insbesondere das militäreigene (Aus-)Bildungssystem nach den Kriterien der zivilen Offenheit und Pluralität sowie unter Berücksichtigung der politischen Bildung zu gestalten.[15]

Ein weiterer Bezugspunkt der Reform war mit der normativen Begründung der Politik als einem Friedenshandeln gegeben. Für viele Militärs grenzte es an Provokation, daß Baudissin unter dem Motto „Nie wieder Sieg!" eine „Armee für den Frieden" einforderte: „Wir müssen wieder im Frieden und im Recht das Normale sehen."[16] Der Soldat, so formulierte Baudissin seit 1951, solle in allererster Linie für die Erhaltung des Friedens eintreten; denn im Zeitalter des absoluten Krieges mit seinen eigengesetzlichen, alles vernichtenden Kräften gäbe es kein politisches Ziel, welches mit kriegerischen Mitteln angestrebt werden dürfe. Schon zu Beginn des Kalten Krieges löste sich Baudissin von der hergebrachten Sinnstiftung des Militärs. Er folgte sowohl den grundgesetzlichen Postulaten, keinen Angriffskrieg vorzubereiten, als auch seinen Lehren aus der Geschichte; er verlangte, mit den Mythen und Konventionen des Zweiten Weltkrieges distanziert umzugehen. „Das zwingt zu kritischer Bestandsaufnahme; denn den Beitrag zum Frieden als tragendes Motiv des soldatischen Dienstes zu setzen, heißt nicht nur Abschied von manchen Selbstverständlichkeiten. Es bedeutet so etwas wie geistige Revolution."[17] Der Bruch mit der militärischen Vergangenheit war offensichtlich, wenn es Aufgabe der Offiziere sein sollte, „im Frieden den Frieden zu bewahren und im Krieg den Rückweg in den Frieden offenzuhalten." Die Abkehr von den üblichen Gleichgewichts- und Einsatzdoktrinen war vorgezeichnet. Der Militärreformer Baudissin suchte einen eigenen Weg, Sicherheit für die Zukunft des Landes zu bedenken.

Verantwortung ist ein Begriff, der im Konzept der Militärreform eine herausragende Rolle spielte; man könnte in ihm auch das Leitmotiv der binnenmilitärischen, politisch und sozial offenen Kultur sehen. Baudissin suchte

einen Prozeß der historischen Urteilsfindung in Gang zu setzen, bei dem die Wehrmacht und der Grenzwert des 20. Juli eine herausragende Rolle einnahmen. Ihm ging es nicht um eine harmonisierende Vergangenheitspolitik der erneuten Legendenbildung, die in den fünfziger Jahren zum ideologischen Unterfutter der soldatischen Identität stilisiert wurde,[18] Baudissin verlangte ein ernsthaftes Umgehen mit den historischen Belastungen der Geschichte. Gerade von einem Soldaten müsse die „innere Auseinandersetzung" gefordert werden. Der Widerstand des 20. Juli wurde das zentrale Thema, mit dem das 'neue' Militär sich präsentieren sollte; denn weithin galten die Männer des 20. Juli als Verräter, wie sie in der propagandistischen NS-Version verzeichnet waren. Baudissin griff das Tabu offen an. „Dies Vermächtnis verlangt viel Umdenken und den Abschied von manchem liebgewordenen Vorurteil." Der Lernprozeß sollte angestoßen werden, um eine ethische Urteilsfindung zu begründen, selbst wenn die Menschen „offenbar nichts anderes als die Ablehnung des Totalitären verbindet." Ein hoher Anspruch, weil der „Aufstand des Gewissens" die gesamte Existenz des Militärs betraf und das herkömmliche Verständnis von Staat und Militär von Grund auf anrührte.
Der 20. Juli wurde von Baudissin nicht zufällig zum Erbe der Bundeswehr erklärt. Der Verweis auf den Widerstand vom 20. Juli sollte eine Tradition der Freiheit, der Moral, der Verantwortung, des Rechts stiften, die von einer militaristischen Vergangenheit des „Untertanen in Uniform" verdeckt waren. Dies bedeutete individuelles und kollektives Schicksal.

Hier ging es vielmehr um die Wiederherstellung bestimmter Grundlagen menschlichen Seins, die der NS-Staat mit grausiger Konsequenz zu vernichten strebte. Bedenkt man wie verschiedenartig die geistige, gesellschaftliche politische Herkunft, Erziehung, Beruf und Weltbild der einzelnen Widerstandskämpfer waren, wie unterschiedlich auch Anstoß, Weg und Ziel, so muß es fast überraschen, daß sie ... zusammenfanden. Was sie einte, war der unbeirrbare Wille, der Erniedrigung des Menschen zum willenlosen Werkzeug nicht tatenlos zuzusehen.[19]

Die Republik von Bonn hatte einen überragenden Reformer, dem es gegeben war, weitsichtig und epochenweisend das deutsche Militär der Nachkriegszeit zu reformieren: Wolf Graf von Baudissin. Die Bundeswehr tat sich nicht nur in den fünfziger Jahren mit der Realisierung des demokratischen Reformkonzepts schwer. Der erste Anlauf, auch das mühselige Nachklappen von Heusinger an der Wende zu den sechziger Jahren, erbrachte nicht den gewünschten Erfolg. Bundeswehr und oberste Generalität wollten nichts mit dem „inneren Gewürge" zu tun haben; sie demonstrierten stolz, sich hinter der „Maske" der Inneren Führung zu verstecken. Skandale und Affären brachten deshalb das Militär ins Gerede. Baudissin teilte im Jahr 1969 mit vielen anderen, auch mit einigen Generalen, die Auffassung, die Reform des Militärs der Bundesrepublik sei „gescheitert".

Der vierte Anfang einer bürgerlichen, liberalen Konstitution des Militärs in der neueren Geschichte ist das Ergebnis des Widerstreits von Norm und Realität der Interessen und Machtverhältnisse der frühen Bundesrepublik mit ihren Kompromissen und Halbherzigkeiten. Die Militärreform benötigte einen weiteren Anlauf, um Erfolg zu haben. Minister Helmut Schmidt konnte in der sozialliberalen Koalition den Umschwung herbeiführen. Auch wenn er zunächst ganz pragmatisch die Modernisierung des Militärs vorantreiben wollte, führte sein politisches Engagement zu dem historisch bedeutsamen Ergebnis, wesentliche Elemente der Pluralität und Zivilität in der Bundeswehr weiter durchgesetzt zu haben. Danach erhielt die Bundeswehr ihre 'normale', demokratieverträgliche und gesellschaftstaugliche, Gestalt.

Graf Baudissin hat der Militärreform der Bundesrepublik[20] einen historisch spezifischen, bundesdeutschen Stempel aufgedrückt, der ganz zeitgemäß war, indem er die Werte des Grundgesetzes für die Gestaltung des Militärs heranzog, und der ganz historisch war, indem er die dunklen Seiten der antidemokratischen, der militaristischen und der NS-Zeit mit den freiheitlichen Traditionslinien der deutschen Geschichte konfrontierte. Er fand eine Form, die Normen der 1819 steckengebliebenen Reform von Scharnhorst aufzugreifen, und seinem Konzept vom „Staatsbürger in Uniform" mit den Schlüsselbegriffen Freiheit und Recht, Frieden und Menschenwürde unverwechselbare Konturen zu geben. Deutschland verdankt Baudissin die weitestgehende Reform des Militärs der Neuzeit. Das ist sein historischer Akt.

Anmerkungen

1 Gespräch mit Wolf Graf von Baudissin, in: Axel Eggebrecht (Hg.): Die zornigen alten Männer. Gedanken über Deutschland seit 1945. Reinbek 1979. S. 208.
2 Dagmar Gräfin von Baudissin (Hg.): Wolf Graf von Baudissin. Major – P.O.W. 23 Zeilen-Briefe 1943-1946. Hamburg 1994. Einleitung (Privatdruck).
3 Vgl. den Überblick bei Detlef Bald: Militär und Gesellschaft 1945-1990. Die Bundeswehr der Bonner Republik. Baden-Baden 1994. S. 18 ff., S. 53 ff.
4 Vgl. Axel Schildt, Arnold Sywottek (Hg.): Modernisierung im Wiederaufbau. Die westdeutsche Gesellschaft der 50er Jahre. Bonn ²1998; Klaus von Schubert: Die Sicherheitspolitik der Bundesrepublik. Eine Dokumentation, 2 Teile. Bonn 1977/78.

5   Hans Jürgen Rautenberg, Norbert Wiggershaus: Die 'Himmeroder Denkschrift' vom Oktober 1950. Karlsruhe 1977.

6   Gespräch, in: Eggebrecht, Männer (Anm. 1), S. 206.

7   Wolf Graf von Baudissin: Diskussionsbeitrag, in: Ders.: Soldat für den Frieden. Entwürfe für eine zeitgemäße Bundeswehr. Hg. v. Peter von Schubert. München 1969. S. 24.

8   Zitat aus einer Schrift von 1946 bei Claus von Rosen: Ost oder West – Gedanken zur deutsch-europäischen Schicksalsfrage. Studie von 1946 aus dem Nachlaß von Wolf Graf von Baudissin, in: Hilmar Linnenkamp/Dieter S. Lutz (Hg.): Innere Führung. Zum Gedenken an Wolf Graf von Baudissin. Baden-Baden 1995. S. 117.

9   Wolf Graf von Baudissin: Innere Führung, in: Soldat für den Frieden (Anm. 7), S. 119.

10 Wolf Graf von Baudissin: Beitrag der Soldaten zum Dienst am Frieden, in: Soldat für den Frieden (Anm. 7), S. 31.

11 Vgl. Dietrich Genschel: Wehrreform und Reaktion. Die Vorbereitung der Inneren Führung 1951-1956. Hamburg 1972; zu dem wichtigen Mitarbeiter Oberst G. Will vgl. Detlef Bald: Wegbereiter der Militärreform in den fünfziger Jahren: Wolf Graf von Baudissin und Günter Will, in: Detlef Bald, Andreas Prüfer (Hg.): Vom Krieg zur Militärreform. Baden-Baden 1997. S. 57 ff.

12 Baudissin, Diskussionsbeitrag (Anm. 7), S. 24.

13 Wolf Graf von Baudissin: Staatsbürgerliche Bildung und Erziehung zur politischen Verantwortung, in: Soldat für den Frieden (Anm. 7), S. 258.

14 Wolf Graf von Baudissin: Das Leitbild des zukünftigen Soldaten, in: Soldat für den Frieden (Anm.7), S. 213.

15 Vgl. die reformorientierte Präsentation dieses Konzepts bei Detlef Bald/Uwe Hartmann/ Claus von Rosen (Hg.): Klassiker der Pädagogik im deutschen Militär. Baden-Baden 1999.

16 Wolf Graf von Baudissin: Nie wieder Sieg! Programmatische Schriften 1951-1981. Hrsg. von Cornelia Bührle/ Claus von Rosen. München 1982. S.14.

17 Wolf Graf von Baudissin: Beitrag des Soldaten zum Dienst am Frieden, in: Soldat für den Frieden (Anm. 7), S. 28.

18 Vgl. Wolfram Wette: Bilder der Wehrmacht in der Bundeswehr. Blätter für deutsche und internationale Politik, H. 2, 1998. S. 186 ff.; Detlef Bald: Zwischen Gründungskompromiß und Neotraditionalismus. Militär und Gesellschaft in der Bonner Republik. Blätter für deutsche und internationale Politik. H. 1, 1999. S. 99 ff.

19 Wolf Graf von Baudissin: Zum 20. Juli 1960, in: Soldat für den Frieden (Anm. 7), S. 100, 80.

20 Das Werk von Baudissin hat vor allem in den siebziger Jahren noch den Schwerpunkt der Politikberatung (Abrüstungsfragen) und der Forschung (Gründung des Instituts für Sicherheitspolitik und Friedensforschung an der Universität Hamburg) geprägt; vgl. für den Überblick und für Literatur zum Lebenswerk: Linnenkamp/ Lutz (Hg.), Innere Führung (Anm. 8); Dieter S. Lutz (Hg.): Im Dienst für Frieden und Sicherheit. Festschrift für Wolf Graf von Baudissin. Baden-Baden 1985.

Andreas Nachama

Heinz Galinski – Wir wollten, daß die Geschichte des Judentums in Deutschland nicht zu Ende ist

Als ich vor über vierzig Jahren im zerstörten Berlin der ersten Nachkriegsjahre mein Amt als Vorsitzender der Jüdischen Gemeinde antrat, hätte ich niemals geglaubt, daß in dieser Stadt, in welcher der Mord an europäischen Juden geplant und verwaltet worden war, eine Ausstellung wie die 'Jüdischen Lebenswelten' jemals wieder präsentiert werden könnte. Und es berührt mich eigenartig, daß nun zahlreiche jüdische Kulturgüter und Kunstwerke, die damals aus Berlin verbracht wurden, um sie wichtigen Institutionen vor allem in den USA und Israel anzuvertrauen, nun umgekehrt ihren Weg zurück in die Stadt finden. Das Vernichtungswerk der Nationalsozialisten hat vor der Geschichte keinen Bestand.[1]

An der Wiege war es Heinz Galinski nicht gesungen, daß er einmal über vier Jahrzehnte lang Vorsitzender der größten jüdischen Gemeinde Deutschlands werden würde. Auch als er im Alter von 26 Jahren vor der brennenden Synagoge in der Berliner Fasanenstraße stand, wäre niemand auf die Idee gekommen, seine Zukunft mit diesem brennenden Gebäude oder mit der jüdischen Gemeinschaft in Deutschland zu verbinden.

Am späten Abend des 9. November 1938, als die jüdischen Gotteshäuser in Brand gesteckt wurden, stand ich vor der brennenden Synagoge Fasanenstraße. Ich hörte viele Menschen, die ihrem Erschrecken Ausdruck gaben, ich sah aber auch andere, die mit dem hochgeschlagenen Mantelkragen an der brennenden Synagoge vorbeigingen ohne ein Wort. Sie wollten nichts wahrnehmen, während andere wiederum ihrer Empörung Ausdruck gaben, daß man selbst vor Gotteshäusern nicht Halt mache.[2]

Als er Anfang März 1943 an der Rampe in Auschwitz angekommen war, statt seines Namens eine Nummer zur Identifikation trug, schien sein Leben beendet. Er überlebte die Hölle und ließ sich in seiner weiteren Lebensführung von diesen Erfahrungen leiten.

Als sich hinter mir die Lagertore schlossen, hatte ich mit meinem Leben abgeschlossen, weil ich mir darüber im klaren war, daß unter solchen Bedingungen ein Überleben unmöglich ist […].Wenn man in einer solchen Situation lebt und doch die vage Hoffnung hat, eines Tages herauszukommen, dann glaubt man, es wird sich eine Welt auftun, in der die Menschenliebe und das Verständnis unter den Menschen das erstrangige Gebot sein würden. Daß Verständnis unter den Völkern herrschen würde, daß die Welt einsehen würde, daß nach diesen Millionen von Opfern jetzt eine Zeit anbrechen würde, in der Krieg nicht das geeignete Mittel sei, um Differenzen aus der Welt zu schaffen.[3]

Die Eltern, Albert und Marie Galinski unterhielten ein kleines Textilgeschäft in Marienburg (Regierungsbezirk Westpreußen) und wohnten in der Schmiedegasse 5. Hier ist Heinz Galinski 1912 geboren und aufgewachsen. Sein Vater war Frontsoldat im Ersten Weltkrieg, der wie viele seiner Glaubensgenossen in der Verteidigung des Deutschen Kaiserreiches eine patriotische Pflicht sah. Er kehrte schwer verwundet zurück und blieb zeit seines Lebens zu 70% kriegsbeschädigt. Nach Angaben des *Führers durch die jüdische Gemeindeverwaltung und Wohlfahrtspflege* aus dem Jahr 1932 hatte die jüdische Gemeinde dieses rd. 24.300 Seelen zählenden Ortes 170 Mitglieder. Dies deckt sich mit den Schilderungen Heinz Galinskis, der das „jüdische" Leben in diesem Provinzstädtchen als bescheiden einstufte. Am jüdischen Religionsunterricht beim Lehrer und Kantor der Gemeinde nahmen nur 18 Kinder teil, eine jüdische Jugendgruppe gab es in Marienburg nicht. Am Freitagabend und am Sabbattag wurden Gottesdienste abgehalten. Die Galinskis zählten zum aktiven Kreis der Gemeindemitglieder, davon legt der „Jüdische Krankenpflege- und Beerdigungsverein Chewra" Zeugnis ab, der 42 Mitglieder hatte und deren Vorsitzender Albert Galinski war. Drei weitere Vereine belebten das jüdische Leben in Marienburg, darunter der „Reichsbund jüdischer Frontsoldaten". Mit Sicherheit dürfte der schwer kriegsversehrte Vater Heinz Galinskis hier Mitglied gewesen sein. Seinen Schilderungen zufolge dürfte seine Jugendzeit bis 1933 recht unbeschwert gewesen sein. Die jüdische Religionsschule hat er besucht und dort vom Vorbeter soviel Hebräisch gelernt, daß er am Sabbat seiner Barmizwa die Segenssprüche beim Vorlesen der Thora sowie den Text des Prophetenabschnitts vor der versammelten Gemeinde vortragen konnte. Im Dezember 1925 wurde er erstmals zur Thora aufgerufen. Heinz Galinski gehörte nach eigener Auskunft zu denjenigen in der kleinen jüdischen Gemeinde Marienburgs, die nahezu an jedem Sabbat zur Synagoge gingen, denn jüdisches Leben hatte dort keine Alternative zur Synagoge.

In Marienburg hatte die Revolution von 1918 und die durch die Weimarer Verfassung garantierte Demokratisierung kaum Auswirkungen. Die „Rittergutsbesitzer" beherrschten nach wie vor das politische Leben in der Provinz.

Insbesondere in Erinnerung ist mir in diesem Zusammenhang die Abdankung des Kaisers, denn meine Mutter weinte und sagte: 'Eine schlechte Zeit für uns Juden in Deutschland bricht nun an.' Viele jüdische Familien haben, so konnte ich Gesprächen entnehmen, die ich zu Hause gehört habe, im Kaiserreich eine sichere Bastion gesehen.[4]

Heinz Galinski schilderte oftmals die allmähliche Ausgrenzung, die in einem Ort, wo jeder jeden kannte, offenbar stärker spürbar war, als in einer Großstadt wie Berlin. Besonders markant war in der Kleinstadt Marienburg aber auch der Prozeß der Ausgrenzung von Juden aus dem allgemeinen gesell-

schaftlichen Leben nach dem 30. Januar 1933. Galinski schildert dies als ein deutliches Zeichen, räumt jedoch zugleich ein, daß die jüdischen Menschen in Marienburg „damals doch alle mehr oder weniger Optimisten [waren]. Keiner von uns wollte so direkt die Gefahr sehen."[5] Aus dieser Lektion hat er einen Teil seiner Handlungsphilosophie gewonnen: in seiner Zeit als Gemeindevorsitzender wehrte er den Anfängen.
Heinz Galinskis Berufsentscheidung war von antijüdischen Umständen geprägt. Er lernte den »praktischen« Beruf des Textilkaufmannes, weil er sich da im Gegensatz zu anderen Berufsrichtungen eine Zukunft versprach. Was am 1. April 1933 mit dem Boykott jüdischer Geschäfte und der Parole „Deutsche, kauft nicht bei Juden" begann, hatte seine Fortsetzung in der Bücherverbrennung und erreichte mit den „Nürnberger Gesetzen" einen vorläufigen Höhepunkt: der jüdischen Bevölkerung wurden nahezu alle staatsbürgerlichen Rechte aberkannt. Sein beruflicher Werdegang begann in Elbing, einer mit 70.000 Einwohnern – gemessen an Marienburg – wesentlich größeren Stadt mit einer jüdischen Gemeinde von immerhin 500 Mitgliedern. Bald wurde jedoch sein Lehrbetrieb, wie viele andere jüdische Unternehmen „arisiert". Eine Weiterbeschäftigung jüdischer Mitarbeiter kam unter diesen Umständen für die neuen Besitzer nicht in Frage. Heinz Galinski ging zunächst nach Marienburg zurück, 1937 siedelte er nach Rathenow über, wo er seine erste Ehefrau kennenlernte. Sie mußten jedoch feststellen, daß auch hier das Leben für Juden nicht länger erträglich war und zogen nach Berlin. Dort waren auch seine Eltern kurz zuvor eingetroffen, weil das Leben in der Provinzstadt auch für sie nahezu unmöglich geworden war. Sie hofften, in der Anonymität der Großstadt untertauchen zu können. Eine Auswanderung kam für Heinz Galinski nicht in Frage, weil er seine Eltern, insbesondere seinen schwerkranken Vater hätte im Stich lassen müssen, was für ihn undenkbar war. Während die Eltern Galinskis eine Vorderhauswohnung in der Schönhauser Allee 147a bewohnten, fanden er und seine Verlobte im Hinterhaus eine Bleibe. Das hatte den Vorteil, daß Heinz Galinski bei der Betreuung seines schwerkranken Vaters helfen konnte.Die antisemitischen Maßnahmen der NS-Regierung prägten das öffentliche Leben immer stärker. In der Nacht vom 9. zum 10. November stand Heinz Galinski fassungslos vor der brennenden Synagoge Fasanenstraße, die etwa 25 Jahre zuvor Wilhelm II. wegen der Pracht ihrer Innenausstattung besucht hatte. Heinz Galinski hielt im Rückblick fest: „ ... als ich mitansehen mußte, wie unsere Synagogen zerstört wurden, Menschen geschlagen, ermordet, verhaftet und deportiert wurden, brach zum ersten Mal eine Welt in mir zusammen."[6] Trotz der Ereignisse um

den 9. November 1938 oder gerade deshalb heiratete Galinski nur wenige Tage nach dem Novemberpogrom. Es war keine Rücksichtnahme des Standesbeamten, daß er die Ehe im Namen des Volkes und nicht im Namen des „Führers" schloß, sondern Teil der Ausgrenzungspolitik der Nazis. Recht wird es den Galinskis gewesen sein, die dann am gleichen Tag in der Privatwohnung von Rabbiner Grab getraut wurden. Schon bald mußten Heinz Galinski, seine Mutter und seine Frau in Berliner Rüstungsbetrieben Zwangsarbeit leisten. Lediglich dem schwerkranken Vater blieb diese täglich 12 Stunden währende Fronarbeit erspart. Es gab für Juden so gut wie keine öffentlichen Versammlungsmöglichkeiten mehr, trotzdem fanden Zusammenkünfte im Familienkreis statt. Die Nachrichten des Londoner Rundfunks und der Mundfunk ließen ein düsteres Bild entstehen. Die nun erwogenen Auswanderungspläne hatten überhaupt keine Aussicht mehr auf Erfolg. Seit dem 1. September 1941 mußten auch die Galinskis den gelben Stern tragen. Heinz Galinski hat immer wieder darauf hingewiesen, daß in diesen Zeiten der Traum aller jüdischer Menschen ein jüdischer Staat war – ein Staat ohne Einwanderungsquote und der in der Lage gewesen wäre, die hoffnungslose Situation der Juden in Deutschland durch seine Existenz entscheidend zu verändern. Heinz Galinski machte später in all seinen Reden immer wieder auf den Umstand aufmerksam, daß der aufrechte Gang jüdischer Menschen in der Diaspora untrennbar mit der Existenz Israels verknüpft ist. Diese Grundhaltung hat sicherlich in der Ausweglosigkeit dieser Zeit ihren Ursprung. Etwa ein Jahr nach der Wannseekonferenz, am 28. Februar 1943, wurden Heinz Galinski, seine Mutter und seine Frau deportiert. Durch die unter der Bettdecke gehörten Nachrichten des »Londoner Rundfunks« ahnten die Juden, was sie erwartete. Heinz Galinski berichtete, daß er selbst in dieser verzweifelten Situation versuchte, den Seinen Mut und Trost zuzusprechen. Seinen für eine „Umsiedlung" nicht mehr transportfähigen Vater sah Heinz Galinski an diesem Nachmittag zum letzten Mal. Nach der Fahrt, zusammengepfercht in Viehwaggons, kamen dann in Auschwitz die „üblichen Zäsuren: Frauen rechts, Männer links. Das war das Letzte, was ich von meiner Mutter und meiner Frau gesehen habe."[7] Der nun folgende Leidensweg Galinskis kann nur in den wenigen Ortsbezeichnungen wiedergegeben werden, die allesamt für die größte Katastrophe stehen, die über die Juden hereingebrochen ist: Buna – Monowitz – Auschwitz, Todesmarsch im Januar 1945 nach Dora-Mittelbau bei Nordhausen und schließlich Bergen-Belsen. Dort wurde er am 15. April von britischen Truppen befreit. Da er nicht abwarten wollte, bis ihn die britische Behörde mit den entsprechenden Papieren ausgestattet hatte, machte er sich ohne Identitätsausweis in der Meinung auf den Weg, jetzt, nach der Befreiung, könne ihm nichts passieren. Er hatte es eilig, schnell nach Berlin zu kommen, denn er hoffte, noch irgend jemanden aus seiner Familie wiederzusehen. Aber er wurde von einer sowjetischen Militärpatrouille aufgegriffen und in ein sowjetisches Lager zur Festsetzung von Nazis verbracht, da man es zunächst nicht für möglich hielt, daß Juden ein Konzentrationslager überlebt haben könnten.

Im August 1945 traf er dann endlich in Berlin ein und engagierte sich sofort in „der Arbeit für die Gesellschaft" nachdem er feststellen mußte, daß keiner seiner Familie überlebt hatte.[8] Er wurde stellvertretender Leiter des Hauptamtes für die Opfer des Faschismus, „Abteilung Nürnberger Gesetze" beim Berliner Magistrat. Daneben begann seine Arbeit beim Vorstand der Jüdischen Gemeinde. 1947 heiratete Heinz Galinski seine Frau Ruth, die ihm zuliebe Auswanderungspläne nach Südamerika fallen ließ. 1949 wurde ihre Tochter Ruth geboren. Im März 1949 emigrierte Dr. Erich Fabian, der damalige Vorsitzende der jüdischen Nachkriegsgemeinde, in die USA. Am 1. April 1949 wurde der damals 37jährige Galinski sein Nachfolger. Fabian und Galinski verkörperten zwei entgegengesetzte Pole des jüdischen Selbstverständnisses nach dem Holocaust. Fabian sah seine Tätigkeit und seinen Aufenthalt in Berlin als zeitlich begrenzt an, er wollte sein „geschenktes Leben" in einem anderen Land beginnen, während Heinz Galinski seine Tätigkeit in Berlin als den Beginn einer neuen Epoche ansah.

Wir waren damals der Meinung, daß jeder jüdische Mensch das Recht hat zu leben, wo er glaubt leben zu müssen oder zu wollen. So haben wir damals die ersten Voraussetzungen geschaffen für die Wiederbegründung einer Jüdischen Gemeinde, und dies wurde zunächst von der jüdischen Gemeinschaft in der Welt draußen nicht verstanden. [...] ich erinnere mich noch sehr wohl an ein Wort von General Clay bei einem Besuch hier im Jüdischen Gemeindehaus, er sagte: 'Die Existenz einer Jüdischen Gemeinde ist der Gradmesser für die Bewährung der neuen Demokratie in Deutschland.' An dieses Wort denke ich immer zurück.[9]

Die Lage der Berliner Juden nach dem Krieg war, trotz der Hilfe der internationalen Organisationen, ausgesprochen schlecht. Das beträchtliche Reichsmarkvermögen der „alten" Jüdischen Gemeinde war durch Alliiertenbeschluß vorläufig gesperrt. Die Finanzierung aller Ausgaben der Gemeinde konnte nur durch private Spenden erfolgen. Erst als sich die allgemeine politische Lage stabilisiert hatte, konnten beim Magistrat der Stadt Berlin Darlehen aufgenommen werden, um die wichtigsten Ausgaben der Gemeinde zu bestreiten.

Neben den finanziellen, persönlichen und räumlichen Nöten der Gemeinde mußten die führenden Persönlichkeiten der Berliner Gemeinde um Heinz Galinski und Jeanette Wolff erhebliche Anstrengungen aufwenden, um ihr Konzept einer neuen jüdischen „Aufbaugemeinde" in Berlin gegen die jüdischen Organisationen durchzusetzen, die die Berliner Gemeinde als „Liquidationsgemeinde" ansahen.1954 setzte sich die Konzeption einer Jüdischen Aufbaugemeinde in Berlin endgültig durch. Zwar trat noch im Frühjahr 1954 der „Council for the Protection of the Rights and Interests of Jews from Germany" aus der „Jewish Restitution Successor Organisation" (JRSO) aus, weil die JRSO weder den Juden in Deutschland noch den aus Deutschland emigrierten Juden mit deutscher Staatsangehörigkeit finanzielle Unterstützung gewährte, doch als im Mai 1953 der neu errichtete Sitzungssaal der Berliner Jüdischen Gemeinde in der Joachimsthalerstraße übergeben wurde, nahm der Präsident des Jüdischen Weltkongresses, Dr. Nahum Goldmann, an der feierlichen Übergabe teil und machte damit deutlich, daß er die Jüdische Gemeinde Berlin als Aufbaugemeinde ansah. Nur wenige Wochen nach diesem Ereignis wurde in der *Berliner Allgemeinen Wochenzeitung der Juden in Deutschland* diskutiert, ob die zerstörte Synagoge in der Fasanenstraße wieder aufgebaut oder an dieser Stelle ein Gemeindezentrum für die Berliner Juden errichtet werden sollte.

Namhafte Persönlichkeiten des öffentlichen Lebens, unter ihnen Otto Suhr, Willy Brandt, Franz Amrehn und Theodor Heuss, setzten sich für das geplante Gemeindezentrum ein. Am 10. November 1957, 19 Jahre nach der „Reichskristallnacht", fand die feierliche Grundsteinlegung statt. Ein Jahr später, ebenfalls am 10. November, wurde das Richtfest begangen, und am 27. September 1959 erfolgte die Einweihung des Hauses. Seit dem Bestehen des Gemeindehauses werden an der Gedenkstätte regelmäßig Gedenkfeiern abgehalten: So an den Jahrestagen des Novemberpogroms und zum Gedenken des Aufstands im Warschauer Ghetto (19. April 1943). Hier ergriff Heinz Galinski regelmäßig das Wort, um „ein politisches Wort zu aktuellen Vorkommnissen in der Bundesrepublik sagen zu können". Im Anschluß an derartige Gedenkfeiern fanden Kranzniederlegungen statt, an denen jeweils führende Vertreter des öffentlichen Lebens, der Parteien und des Senats teilnahmen. In aller Regel hielt der Regierende Bürgermeister eine Ansprache. Auch zu den Unabhängigkeitstagen Israels fanden entsprechende politische Veranstaltungen statt. „Ich erinnere mich sehr gut, daß ich damals mit dem Ersten Konsul, Karl Liebstein, im Jahre 1948 in Ost-Berlin in dem Zirkus Barlay im Zirkuszelt die erste Solidaritätskundgebung für Israel durchgeführt habe. Wir waren damals die beiden Sprecher, das war ein großartiges Gefühl [...]. Man kann sich heute nur schwer vorstellen, mit welcher Freude, mit welchem Enthusiasmus wir diesen jüdischen Staat begrüßt haben."[10] Das Gemeindehaus in der Fasanenstraße war aber nicht nur der Sitz des Vorsitzenden der Jüdischen Gemeinde. Heinz Galinski legte großen Wert darauf, daß das Haus in die jüdische Gemeinde und in die Stadt Berlin hineinwirkte. Der Konzeption Heinz Galinskis entsprechend, sind alle Abteilungen der Jüdischen Gemeinde und besonders das Vorstandsbüro der Öffentlichkeitsarbeit verpflichtet. Fragen und Probleme, die in einem Zusammenhang zum Judentum oder zum Staate Israel stehen, insbesondere aber antijüdische Tendenzen, wurden durch Heinz Galinskis Presseerklärungen kommentiert. Die Berliner Rundfunksender SFB und RIAS strahlten neben jüdischen Andachtsstunden auch regelmäßig Interviewsendungen mit Heinz Galinski aus. Überhaupt kann man feststellen, daß Galinski als Vorsitzender der größten Jüdischen Gemeinde im Nachkriegsdeutschland durch seine häufigen Kommentare zum politischen und kulturellen Geschehen zum nicht gewählten, aber allseits anerkannten Sprecher der Juden in Deutschland geworden ist, lange bevor er Zentralratsvorsitzender war. Breiten Raum in der Arbeit der jüdischen Gemeinde nahm der Dialog mit den beiden christlichen Kirchen ein. Ein weiterer wichtiger Schritt zur Integration der Jüdischen Gemeinde in das Leben der Stadt Berlin gelang Heinz Galinski mit der 1971 abgeschlossenen *Vereinbarung zwischen dem Vorstand der Jüdischen Gemeinde zu Berlin und dem Senat von Berlin*.[11] Dieser Vertrag war in seiner Form bis dahin einzigartig: Hier schließt eine Kultusgemeinde mit einer Landesregierung eine Vereinbarung über die weitere Existenz ihrer Organisation. In diesem Vertrag wird ausdrücklich von „einem öffentlichen Interesse" an der Existenz einer Jüdischen Gemeinde in Berlin gesprochen. Hierzu erwähnt Heinz Galinski:

Wir wissen, was das bedeutet; denn die letzten Vorgänge – wie die in der Sowjetunion – beweisen uns, daß es auch in der Welt von heute leider nicht überall als Selbstverständlichkeit gilt, allen Menschen das Recht auf Freiheit zuzubilligen. Die jüdische Gemeinschaft weiß nach den furchtbaren Erfahrungen den Wert echter Menschlichkeit besonders zu schätzen. Sie wird deshalb stets ihre Stimme gegen Unrecht erheben, wo immer und gleich unter welchen Vorzeichen dies geschieht.
Auf unserer Seite hat es nie an der Bereitschaft gefehlt, all die zu ermutigen und zu stärken, die bestrebt sind, dem Geist der Toleranz, der Humanität und der Demokratie Geltung zu verschaffen. Das bildete die Basis eines fruchtbaren und engen Zusammenwirkens, das mit der heute unterzeichneten Vereinbarung eine rechtlich verbindliche Form erhält und in Zukunft noch mehr vertieft und erweitert werden möge.[12]

Zu seinem 70. Geburtstag verlieh die Bar-Ilan Universität (Tel-Aviv) Heinz Galinski die Ehrendoktorwürde, zu seinem 75. Geburtstag wurde er Ehrenbürger der Stadt Berlin (West). „Es ist der gesellschaftliche Auftrag, den ich seit Jahren erfülle. Er besteht im Kern aus der Idee des Zusammenlebens gleichberechtigter und selbstbewußter Juden mit ihren nichtjüdischen Nachbarn, aus der Idee einer demokratischen Gesellschaft in Deutschland, die die Juden als einen selbstverständlichen Bestandteil ihrer selbst empfindet und von ihnen als eine Selbstverständlichkeit empfunden werden kann. Und vielleicht gilt ein Teil der Auszeichnung auch der Hartnäckigkeit, mit der ich die Verwirklichung dieser Idee verfolge."[13] Höchste Orden der Bundesrepublik waren ihm in den Jahrzehnten zuvor bereits verliehen worden. Galinski war auch in zahlreichen Beiräten Mitglied, so beispielsweise in dem vom damaligen Bundespräsidenten Karl Carstens geleiteten Gremium zur 750-Jahr-Feier Berlins; zudem führte er den Vorsitz im Selbsthilfebeirat des Senats, in dem Selbsthilfegruppen organisiert waren, um staatliche Zuschüsse und andere Belange in eigener Regie zu gestalten.

Seit 1988 war Heinz Galinski auch Zentralratsvorsitzender in der Nachfolge Werner Nachmanns. Allein der persönlichen Integrität Galinskis ist es zu verdanken, daß die hier zusammengeschlossenen jüdischen Gemeinden der Bundesrepublik weiter durch diese Institution das Ohr der Öffentlichkeit fanden. Galinski blieb es verwehrt, anläßlich des 50. Jahrestages der Novemberpogrome im Deutschen Bundestag zu sprechen. Er wurde aber persönlich Zeuge der Rede des Präsidenten des Bundestages, Philipp Jenninger. Als im Herbst 1989 die Berliner Mauer fiel, befand sich Heinz Galinski zusammen mit Bundeskanzler Helmut Kohl in Warschau, um den Bundeskanzler bei seinem Besuch in der Gedenkstätte Auschwitz zu begleiten. Galinski weinte dem antiisraelischen und in Teilen antisemitischen Regime in Ostberlin keine Träne nach und achtete bei der Vereinigung der beiden Berliner Gemeinden strikt darauf, daß kein mit den DDR-Behörden verbundener Amtsträger in die vereinigten Körperschaften der Gesamtberliner Gemeinde übernommen wurde. Für die ca. 200 Personen umfassende Ostberliner Gemeinde wurde ein zusätzlicher Repräsentant in die Gemeindevertretung aufgenommen. Erst bei der im März 1993 anstehenden Wahl wurde eine Vertretung eingerichtet, die tatsächlich von allen Gemeindemitgliedern gewählt wurde. Als Anfang Mai 1990 der Jüdische Weltkongreß in Berlin tagte, war dies für Heinz Galinski ein historisches Ereignis, denn er konnte bei seiner Ansprache feststellen, daß „seit 60 Jahren kein hohes internationales Gremium jüdischer Vertreter mehr in Berlin zusammengekommen war." Er stellte mit einigem Stolz fest, daß die „jüdische Gemeinschaft hierzulande durch ihre Arbeit überzeugte. Wir wandten uns immer gegen alle antidemokratischen Erscheinungen innerhalb des politischen Alltag, insbesondere jedoch gegen antisemitische und rechtsradikale Tendenzen. Wir wandten uns immer an alle Schichten der Gesellschaft, insbesondere jedoch an die junge Generation [...]. Wir erleben das Ende einer Epoche [...]. Was auch immer die neue Zukunft mit sich bringt, es wird nur Segen bringen, wenn die Lehren aus der finsteren Zeit der eben zur Neige gehenden Epoche Eingang finden in jedes Herz in Europa [...], daher erkläre ich bewußt und gerade in diesem Zusammenhang: Die Epoche ist zu Ende, aber nicht die Mahnung, nicht das Gebot, sich zu erinnern und niemals zu vergessen."[14] Damit hat Heinz Galinski dem vereinigten Deutschland einen moralischen Imperativ mit auf den Weg der Vereinigung gegeben und gleichzeitig noch erlebt, daß sein Wiederaufbauwerk, die Jüdische Gemeinde zu Berlin, nun nicht mehr nur von der Jüdischen Gemeinschaft in aller Welt geduldet, sondern wieder anerkannt wurde.

Als im Oktober 1991 das Generalkonsulat des Staates Israel in Berlin seine Pforten öffnete, erfüllte sich für Galinski ein langjähriger Traum, denn er hatte über viele Jahre hinweg nicht nur die Interessen der Jüdischen Gemeinschaften in Berlin und Deutschland vertreten, sondern in zahllosen Statements immer wieder darauf hingewiesen, daß die Existenz des Staates Israel Rückgrat der Existenz Jüdischer Gemeinden in aller Welt sei und immer dann seine Stimme mahnend erhoben, wenn Kritik am Staat Israel in antizionistische Kampagnen umschlug. So etwa nach dem Sechs-Tage-Krieg 1967, während der Studentenrevolte und ganz besonders im Zusammenhang mit dem Libanonfeldzug 1982.

Als Heinz Galinski am 19. Juli 1992 starb, war dies eine Meldung, die von allen deutschen Rundfunk- und Fernsehsendern, Zeitungen und Zeitschriften an hervorragender Stelle gemeldet und kommentiert wurde. Vergessen waren Animositäten und Streitpunkte, Heinz Galinski wurde nach über 43 Dienstjahren als Vorsitzender der jüdischen Gemeinde zu Berlin und als Vorsitzender des Zentralrats der Juden in Deutschland als historische Persönlichkeit im Nachkriegsdeutschland gewürdigt. Dies dokumentieren 750 Blatt Zeitungsausschnitte zu seinem Tod aus Deutschland und Meldungen seines Tods in allen führenden internationalen Blättern von der *New York Times* über die *Los Angeles Times*, die Galinski am 23. Juli mit seinem Hinweis zitierte, daß er nach der deutschen Vereinigung oft vor rechtsradikaler Gewalt warnte und dem hinzugefügt hat, Deutschland dürfe nicht vergessen, welche Verbrechen gegen die Menschlichkeit in deutschen Namen begangen wurden, bis hin zu den Tageszeitungen Israels. Drei Aktenordner mit ca. 2200 Blatt persönlicher Beileidsschreiben liegen, neben den im jüdischen Gemeindehaus und im Berliner Rathaus ausgelegten Kondolenzlisten, vor. Am 24. Juli 1992 fand im Jüdischen Gemeindehaus der Trauerakt für Heinz Galinski statt. Etwa 800 Trauergäste nahmen an der Totenfeier teil. Um auch denjenigen, die im überfüllten Gemeindesaal keinen Einlaß mehr fanden die Teilnahme an der Trauerfeier zu ermöglichen, wurde das Geschehen im Saal auf eine Videowand vor dem Gemeindehaus übertragen. Auch im Stadtfernsehen (SFB III) wurde die Trauerfeier live ausgestrahlt. Für den Ehrenbürger Berlins waren am Beerdigungstag die öffentlichen Gebäude halbmast geflaggt. Die Beisetzung selbst fand in einem kleineren Kreis, der noch immer mehrere hundert Personen umfaßte, auf dem Friedhof Scholzplatz statt. Der Freitagabendgottesdienst in der Synagoge Pestalozzistraße, geleitet von Rabbiner Stein und Oberkantor Nachama, wurde zum Trauergottesdienst, denn der linke Platz der ersten Reihe in 'seiner' Synagoge Pestalozzistraße wird nicht mehr von dem eingenommen, dessen Stimme über vier Jahrzehnte für die Juden in Deutschland sprach. Als am 27. November 1998, einen Tag vor seinem 86. Geburtstag, die Straße am Jüdischen Krankenhaus zu Berlin in Heinz-Galinski-Straße umbenannt wurde, würdigte Wolfgang Thierse, der Präsident des Deutschen Bundestages, Heinz Galinski als einen Eckpfeiler der bundesdeutschen Nachkriegsdemokratie und sprach damit das aus, was die eigentliche Bedeutung des Anteils jüdischer Holocaust Survivors am Wiederaufbau einer demokratischen Republik nach dem „Dritten Reich" gewesen war. Das Engagement und die Integrität Galinskis werden in der Rückschau auf seine Lebensleistung noch deutlicher als in den vielen Kontroversen , die er um den Aufbau der Demokratie und im Kampf gegen Neonazismus geführt hat und führen mußte. Denn seine Äußerungen waren in der Situation oftmals provokant – aber immer der Demokratie verpflichtet.

Anmerkungen

1 Heinz Galinski in seiner Rede zur Eröffnung der Ausstellung „Jüdische Lebenswelten" im Martin-Gropius-Bau, Berlin Januar bis April 1992.
2 „ ... um der Menschheit zu ersparen, was uns nicht erspart geblieben ist ...". Burkhard Asmuss und Andreas Nachama im Gespräch mit Heinz Galinski anläßlich seines 70. Geburtstags (1982). In: Andreas Nachama/ Julius Schoeps (Hg.): Aufbau nach dem Untergang. Deutsch-jüdische Geschichte nach 1945. In Memoriam Heinz Galinski. Berlin 1992, S. 57.

3   A.a.O., S. 62.
4   A.a.O., S. 54.
5   Ebd.
6   A.a.O., S. 57.
7   A.a.O., S. 60.
8   A.a.O., S. 62.
9   A.a.O., S. 63f.
10 A.a.O., S. 68.
11 Vgl. Georg Zivier/ Walther Huder (Hg.): 300 Jahre Jüdische Gemeinde zu Berlin. Mit der Vereinbarung zwischen dem Vorstand der Jüdischen Gemeinde zu Berlin und dem Senat von Berlin vom 8. Januar 1971. Berlin 1971.
12 Ebd.
13 „Die Ehrung bedeutet vor allem Verpflichtung". Rede Heinz Galinskis vor dem Berliner Abgeordnetenhaus am 26. November 1987. In: Nachama/Schoeps, Aufbau (Anm. 2), S. 79.
14 *Allgemeine Jüdische Wochenzeitung*, 45. Jg. 1990, Nr. 19.

Claudia Fröhlich

Fritz Bauer – Ungehorsam und Widerstand sind ein „wichtiger Teil unserer Neubesinnung auf die demokratischen Grundwerte"

Als der Hessische Generalstaatsanwalt Fritz Bauer Anfang Juli 1968 in Frankfurt starb, hieß es in einem Nachruf, „die Ewiggestrigen haben ihn nicht geliebt, ihnen ging sein Blick zu sehr in die Zukunft und zu sehr in die Vergangenheit."[1] Seine wenigen Freunde erinnerten an Bauer als den entschlossensten „Verfolger der NS-Verbrechen" in Deutschland, charakterisierten ihn als einen „Prophet der Aufklärung" und „glühenden Verfechter menschlicher Würde und Freiheit", als „Querdenker seiner Zunft" und „exzentrisch anmutenden Herrn, der mit Lust unabhängig denkt".[2] Doch für viele Deutsche war Generalstaatsanwalt Fritz Bauer auch der „Nestbeschmutzer". Seine Mitarbeiter berichteten später, daß er im Gericht und in seiner Frankfurter Wohnung beinahe täglich Drohanrufe und -briefe erhielt. Fritz Bauer spürte, daß er in der bundesrepublikanischen Gesellschaft der fünfziger und sechziger Jahre ein Außenseiter war. „Wenn ich mein Büro verlasse, befinde ich mich im feindlichen Ausland", so schätzte er gegenüber seinen Mitarbeitern das ihn umgebende Klima in der Bundesrepublik ein.[3] Seinen legendären Ruf erwarb sich Bauer als Hessischer Generalstaatsanwalt in Frankfurt (1956-1968).[4] In seiner Amtszeit stand das KZ-Personal von Auschwitz vor Gericht, er klagte die Oberlandesgerichtspräsidenten und Generalstaatsanwälte als Gehilfen der „Euthanasie" an und ermittelte gegen den „Euthanasie"-Arzt Werner Heyde.[5]

Ob er eigentlich der „Nazifresser Nummer Eins" in der Bundesrepublik sei, wollte ein Journalist Mitte der sechziger Jahre von Bauer wissen. Bauer war „verblüfft über dieses böse Wort", wie der Journalist bemerkte, und antwortete, daß er nur seine Pflicht als Staatsanwalt erfülle.[6] An anderer Stelle erklärte er etwas ausführlicher: „Worüber die (NS-)Prozesse aufklären, das ist das Recht, ja die Pflicht zum Nein gegenüber unmenschlichen Anordnungen. Das wird von den Angeklagten, von uns allen gefordert. (...) Das ist die Moral der Geschichte, das ist der Beitrag der Prozesse zum politischen Bewußtsein".[7] Wenn mit den „antinazistischen Prozessen in Deutschland eine Epoche ein für allemal abgeschlossen sein soll, muß das Widerstandsethos

... aus ihnen deutlich werden."[8] Die Begründung und Verteidigung des Widerstandsrechts als grundlegendes Element der demokratischen Bürgerkultur der Bundesrepublik war das zentrale Anliegen des politischen Juristen Fritz Bauer in den fünfziger und sechziger Jahren.

Fritz Bauer, 1903 in Stuttgart geboren, hatte in den zwanziger Jahren in Heidelberg, München und Tübingen Rechtswissenschaft studiert. 1930 war er als jüngster deutscher Amtsrichter in den württembergischen Justizdienst eingetreten. Als Vorsitzender der Ortsgruppe Stuttgart des „Reichsbanners Schwarz-Rot-Gold" und als Mitbegründer des „Republikanischen Richterbundes" in Württemberg war er unter den Juristen der Weimarer Republik ein Außenseiter. Der Jude und Sozialdemokrat wurde im Mai 1933 von der Gestapo verhaftet, entlassen und in einem Konzentrationslager inhaftiert. Bauer konnte später emigrieren. Im dänischen und schwedischen Exil galt der politische Jurist als Integrationsfigur für sozialdemokratische und kommunistische Flüchtlinge. Er schloß sich in Stockholm der „Sozialdemokratischen Partei Deutschlands im Exil" an und gründete gemeinsam mit Willy Brandt die Exil-Zeitung *Sozialistische Tribüne*.[9] Der Blick des Emigranten galt schon damals der bevorstehenden „Bewältigung" der deutschen Vergangenheit. Und wenn Bauer später von der „Bewältigung unserer Vergangenheit" sprach, meinte er die Aufgabe der Gestaltung der demokratischen Nachkriegsgesellschaft.[10] Im November 1948 schickte Bauer seine Bewerbung um Wiedereinstellung in den Justizdienst von Kopenhagen aus nach Deutschland; in Braunschweig war die Stelle des Generalstaatsanwaltes zu besetzen. Nach einem Vorstellungsgespräch hielt man in der Personalakte Bauers fest: „Dr. Bauer ... wurde darauf hingewiesen, dass einem Wiederbeginn seiner juristischen Tätigkeit in Deutschland in einer derart exponierten Spitzenstellung gewisse sachliche und persönliche Bedenken entgegenstehen, und dass es insoweit im allseitigen Interesse zweckmäßiger erscheinen könne, zunächst die Arbeitstätigkeit in einem Amt zu beginnen, das weniger Spezialkenntnisse und -erfahrungen voraussetze."[11] Bauer kehrte 1948 als Landgerichtsdirektor nach Deutschland, an das Braunschweiger Landgericht, zurück. Im Rückblick sagte er:

Ich bin zurückgekehrt, weil ich glaubte, etwas von dem Optimismus und der Gläubigkeit der jungen Demokraten in der Weimarer Republik, etwas vom Widerstandsgeist und Widerstandswillen der Emigration im Kampf gegen staatliches Unrecht mitbringen zu können. (...) Als das Grundgesetz geschaffen wurde, das den Rechtsstaat, die Freiheit und Gleichheit aller Menschen sanktionierte, fuhr ich nach Deutschland zurück. Schon einmal war die deutsche Demokratie zu Grunde gegangen, weil sie keine Demokraten besaß. Ich wollte einer sein."[12]

Drei Jahre nach seiner Rückkehr sorgte Bauer zum erstenmal bundesweit für Schlagzeilen. Er gewann, mittlerweile zum Generalstaatsanwalt befördert, den Remer-Prozeß, den „bedeutendsten Prozeß mit politischem Hintergrund seit den Nürnberger-Kriegsverbrecherprozessen und vor dem Frankfurter Auschwitzprozeß".[13] Am 15. März 1952 verurteilte das Braunschweiger Landgericht den Vorsitzenden der rechtsradikalen „Sozialistischen Reichspartei (SRP)", Otto Ernst Remer, „wegen übler Nachrede in Tateinheit mit Verunglimpfung des Andenkens Verstorbener" zu einer dreimonatigen Gefängnisstrafe. Remer hatte wenige Monate zuvor auf einer Wahlkampfveranstaltung seiner Partei in Braunschweig behauptet, die Widerstandskämpfer vom 20. Juli 1944 seien vom Ausland bezahlte „Landesverräter" gewesen und es werde einmal die Zeit kommen, in der man „schamhaft verschweige, daß man zum 20. Juli gehört habe".[14] Bundesinnenminister Robert Lehr fühlte sich als Angehöriger des Widerstandskampfes von Remer beleidigt und stellte beim zuständigen Braunschweiger Landgericht Strafantrag. Fritz Bauer vertrat vor Gericht die Anklage gegen Remer und verbuchte einen großen Erfolg: Mit der Verurteilung Remers gelang ihm die Rehabilitierung der Widerstandskämpfer vom 20. Juli 1944. Mehr als sieben Jahre nachdem die Männer um Stauffenberg in Berlin hingerichtet worden waren, wurde die Legitimität ihres Widerstandes anerkannt. Ein Journalist berichtete, daß im Braunschweiger Gerichtssaal, unter den Zuschauern und Prozeßbeobachtern der Presse, eine „kaum noch erträgliche Spannung vibriert"[15] als Generalstaatsanwalt Fritz Bauer sich am dritten Prozeßtag erhob und in seinem Plädoyer Remers Verleumdung der Widerstandskämpfer als „Sabotage"[16] der deutschen Demokratie geißelte. Später erklärte Bauer, daß er mit der Anklage Remers wegen Beleidigung der Widerstandskämpfer vom 20. Juli nicht nur eine einmalige Anerkennung der Widerstandskämpfer anstrebte. Vielmehr wollte er „das Widerstandsrecht, das in der deutschen Rechtslehre und Praxis völlig verkümmert und in das Raritätenkabinett der Rechtsgeschichte verbannt war" rehabilitieren.[17]

Bauers Argumentation läßt sich wie folgt zusammenfassen: Das Widerstandsrecht ist ein „ewig geltendes" Menschenrecht. Sobald in einem Staat Menschenrechte mißachtet oder verleugnet werden, hat jeder Bürger das Recht, seine eigene Menschlichkeit und die seiner Mitmenschen zu verteidigen – er hat ein aktives Widerstandsrecht. Und er hat zumindest die Pflicht, sich nicht an der Verletzung der Menschlichkeit zu beteiligen – er hat eine passive

Widerstandspflicht. Die Männer vom 20. Juli 1944 waren gegenüber dem NS-Unrechtsstaat berechtigt, von dieser Handlungskompetenz des Bürgers Gebrauch zu machen. Der antinationalsozialistische Widerstand war für Bauer der exemplarische Vollzug bürgerlicher Rechte und bürgerlicher Verantwortung und insofern war der Widerstand demokratisches Vorbild und der „Samen" der „freiheitlichen Demokratie" der jungen Bundesrepublik, wie Bauer in seinem Plädoyer gegen Remer ausführte.[18] Damit wendete er sich Anfang der fünfziger Jahre gegen die politische Indienstnahme des 20. Juli und des bürgerlichen Widerstandes als „nationale Freiheitsbewegung", mit der die westdeutschen Deutungseliten die Bundesrepublik als gleichberechtigte, selbstbewußte, europäische Nation legitimierten; der Rückgriff auf den 20. Juli und den bürgerlichen Widerstand stillte Anfang der fünfziger Jahre – angesichts der sich zuspitzenden Ost-West-Konfrontation – nationale Legitimationsbedürfnisse.[19] Bauers Widerstandsbegriff setzte einen anderen Akzent: der Widerstand verpflichtete die deutsche Gesellschaft nicht als Nation, sondern als zivile Bürgergesellschaft. Für die postdiktatorische Gesellschaft, die den Transformationsprozeß von der Diktatur zur Demokratie zu leisten hatte, sollte die Beschäftigung mit dem antinationalsozialistischen Widerstand ein historischer und gleichsam konstruktiver Bezugspunkt sein.

Die Aktualität eines individuellen Widerstandsrechts spiegelte während des Remer-Prozesses die Diskussion um die Bedeutung des Soldaten-Eids für den antinationalsozialistischen Widerstand. Fritz Bauer konstatierte in seinem Plädoyer, daß der Eid auf Hitler „unsittlich" gewesen sei.[20] Die zahlreichen Protestbriefe, die sich in den Tagen und Wochen nach dem Prozeß auf dem Schreibtisch des Generalstaatsanwaltes im Braunschweiger Landgericht stapelten, belegten die Brisanz dieses Themas. Durften die Männer des 20. Juli von ihrem Widerstandsrecht Gebrauch machen oder verlangte der auf Hitler geleistete Eid Gehorsam und verbot Widerstand? Nur mit wenigen Sätzen entlarvte Bauer den Eid auf Hitler, der die Soldaten zum „unbedingten Gehorsam nicht gegenüber ... Gesetz oder Recht oder Vaterland, sondern gegenüber einem Menschen" verpflichtet hatte, als leere Pflichtethik.[21] Remers Rechtsanwälte stützen ihre Verteidigungsstrategie auf eine damals gängigere Argumentation: Die Soldaten hätten einen Eid auf Hitler geleistet und diesen Eid zu brechen, sei Verrat. Doch Bauer wußte sich im Einklang mit dem Militärstrafgesetzbuch, aus dem er in seinem Plädoyer zitierte, daß eine strafbare Handlung auch dann strafbar bleibt, wenn sie auf Befehl ausgeführt wird. Nach Bauer kann allein ein Treueid, der sich auf das Recht der

Menschlichkeit bezieht, Maßstab jeden Handelns sein. Das handelnde Individuum müsse lernen, daß es die Entscheidung zu treffen habe, ob ein Befehl rechtmäßig oder strafbar ist. „Oft kann die Entscheidung für den einzelnen recht schwer sein" schrieb Bauer, „auf seinen Schultern ruht eine schwere Last", aber individuelle Verantwortung könne niemals an Autoritäten abgegeben werden.[22] Bauer stritt damit auch für die rechtliche Legitimierung des Soldaten als „Bürger in Uniform" – für ein Konzept das mit Blick auf die Neukonzeptionierung des Militärs in der Bundesrepublik auf der politischen Agenda stand und umstritten war.[23]

Auf einer zweiten Argumentationsebene erörterte Bauer in seinem Plädoyer, daß Menschenrechte nicht nur berechtigen, Widerstand zu leisten, wenn die eigenen Rechte verletzt oder suspendiert werden. Jeder Mensch ist gleichsam berechtigt, die Rechte seiner Mitmenschen einzuklagen und zu verteidigen. In seinem Plädoyer machte Bauer das Widerstandsrecht als Berechtigung zu Notwehr und Nothilfe, das für ihn der konsequenteste Ausdruck der demokratischen Gleichheit aller Menschen ist, ausführlich zum Thema und sehr schnell wurde deutlich, welchen heiklen Punkt er damit zur Entscheidung bringen wollte. Im Verlauf der Verhandlung hatten die Prozeßparteien leidenschaftlich diskutiert, wie der Widerstand des deutschen Abwehrchefs Hans Oster zu bewerten sei. Oster hatte 1939 und 1940 west- und nordeuropäischen Ländern geplante deutsche Angriffe mitgeteilt. Hat Oster, wie Remers Verteidiger schlußfolgerten, Verrat begangen, oder ist sein Widerstand Ausdruck seines Rechts zur Nothilfe, wie Bauer argumentierte? Das Braunschweiger Gericht scheute vor dieser Entscheidung zurück. Für die Verurteilung Remers und die Anerkennung des Widerstandskampfes vom 20. Juli 1944 sei die Beurteilung von Osters Widerstand ohne Bedeutung.

Dennoch: Am 15. März 1952 erkannte das Landgericht Braunschweig den Widerstand vom 20. Juli 1944 als rechtmäßigen Widerstand gegen den NS-Unrechtsstaat an. Fritz Bauer war, wie ein Kollege später berichtete, „hoch befriedigt ... über die Wirkungen des Urteils in der Öffentlichkeit".[24] Die vielen Briefe aus der ganzen Bundesrepublik müssen ihn überwältigt haben. Zwar griffen viele Bauers Argumentation an, kritisierten seine Position und beschimpften ihn, viele Menschen dankten Bauer aber auch, er habe von „hoher politischer Warte für Freiheit, Menschenwürde und staatsbürgerliche Rechte Stellung genommen" und viele hofften, „daß Männer ... (seiner) Gesinnung in Zukunft die staatsbürgerlichen Rechte in Deutschland schützen mögen." Diese Briefe beantwortete Bauer, und er nahm viele Einladungen an, über den Widerstand zu referieren. So diskutierte der Generalstaatsanwalt mit Schulklassen über den Widerstand – auch über den Osters.[25] Die deutsche Nachkriegsgesellschaft war Anfang der fünfziger Jahre in ihrem Urteil über den antinationalsozialistischen Widerstand gespalten. In Meinungsumfragen gab eine Mehrheit der Deutschen an, sich kein oder ein ablehnendes Urteil über den 20. Juli gebildet zu haben. Daß mit dem Remer-Prozeß das Widerstandsrechts in Deutschland wieder ein Thema der öffentlichen Diskussion war, war ein großer Erfolg für Fritz Bauer.

Erst allmählich kehrte in Braunschweig wieder Ruhe ein. Vier Jahre später, 1956, holte dann der damalige Hessische Ministerpräsident Georg August Zinn Fritz Bauer als Generalstaatsanwalt nach Frankfurt. Zinn begründete seine Wahl mit der Erwartung, daß Bauers Arbeit „auf das Günstigste im Sinne einer demokratischen Gestaltung der Rechtspflege im Lande Hessen" einwirken werde.[26] Noch 1952 hatte *Geist und Tat* das Plädoyer Bauers veröffentlicht, und in den folgenden Jahren hat Bauer in seinen Publikationen und Reden das Thema Widerstand immer wieder aufgegriffen. Ab 1961 publizierte Bauer dann Aufsätze, die sich ausschließlich und ausführlich mit dem Thema Widerstandsrecht beschäftigen, Anfang der sechziger Jahre prägte er die Formel vom „Widerstandsrecht des kleinen Mannes" und 1965 erschienen die von ihm zusammengestellten und kommentierten Dokumente *Widerstand gegen die Staatsgewalt*. Eine Meldung der *Frankfurter Rundschau* vom September 1962 läßt die Gründe dafür erahnen:

Scharfe Kritik an der höchstrichterlichen Rechtsprechung in der Bundesrepublik zur Frage des Rechts auf passiven Widerstand gegen staatliches Unrecht übte der hessische Generalstaatsanwalt Bauer (...). Auf einer Veranstaltung der SPD erklärte er, verschiedene Bundesgerichtssenate hätten mit Urteilen über die situationsbedingte Wehrdienstverweigerung und über Entschädigungsansprüche aus der Zeit des Nationalsozialismus das Recht auf passiven Widerstand unangemessen eingeschränkt. An der Berechtigung zu passivem Widerstand gegen Unrecht von staatlicher Seite gibt es heute nach Bauers Ansicht keinen Zweifel mehr. In Deutschland müsse man lernen, nein zu sagen, wenn Verbrechen befohlen würden (...).

Bauers Kritik richtete sich gegen ein Urteil, das der BGH im Juli 1961 nach dem Bundesentschädigungsgesetz (BEG) fällte. Der Kläger hatte 1939, wie das Gericht in der Urteilsbegründung sogar festhält, „aus Gründen politischer Gegnerschaft zum Nationalsozialismus" den Kriegsdienst verweigert und war wegen seines Widerstands mehrfach von einem Kriegsgericht verurteilt worden. Der BGH lehnte den Entschädigungsanspruch des Klägers wegen der in der Haft erlittenen Gesundheitsschäden ab. Seine Kriegsdienstverweigerung erkannte der BGH nicht als Widerstand im Sinne des BEG an. Von dem glaubte der BGH nur dann sprechen zu können, wenn die Widerstandshandlung „auf einer einigermaßen sinnvollen Planung beruhte und ... geeignet war, der NS-Gewaltherrschaft Abbruch zu tun". Demgegenüber erschien die Wehrdienstverweigerung des Klägers als eher unbedeutende „Einzelaktion". Widerstand, so der BGH, müsse schon „in bezug auf die Übel der bestehenden Unrechtsherrschaft eine wirkliche Wende zum besseren" herbeiführen. „Von dieser Art war der Widerstand der Männer vom 20. Juli 1944, den der Gesetzgeber in der Präambel zum BEG ersichtlich als den beispielhaften Fall eines rechtmäßigen Widerstandes angesehen hat".[27] Mit dem Hinweis auf den Widerstand der militärischen Elite der Männer um Stauffenberg erklärte der BGH den Widerstand eines Soldaten als nutzlos. Diese Position stand der Fritz Bauers im Remer-Prozeß diametral entgegen, und Bauer erkannte in Hermann Weinkauff, dem ersten Präsidenten des BGH, seinen Gegenspieler.[28] Auf seine Argumentation hatte sich der BGH ausdrücklich bezogen. Weinkauff vertrat die Position, daß zwar in einem „totalitären Staat" „grundsätzlich" jeder berechtigt sei, Widerstand zu leisten, in „erster Linie" stehe zunächst aber einmal jenen staatlichen Funktionsträgern Widerstand zu, die „unversehrt" geblieben sind und sich dem Recht noch verpflichtet fühlen. Der „einzelne Staatsbürger dürfte dem nicht vorgreifen". Voraussetzung für rechtmäßigen Widerstand sei ferner, daß sich der Widerstandskämpfer ein „klares und sicheres Urteil" über die Rechtsverletzung des Staates „zutrauen" können muß. Schließlich forderte Weinkauff, daß die „einigermaßen begründete Hoffnung" bestehen müsse, daß der Widerstand „Erfolg haben und die Sache zum besseren wenden werde". Schlußfolgerung seiner Argumentation war, daß „Desertation oder Gehorsamsverweigerung einzelner Heeresangehöriger ... nicht als rechtmäßige Widerstandsakte anerkannt werden" dürfen.[29] Fritz Bauer kritisierte diese „Einschränkung" und „Beseitigung" des Widerstandsrechts aufs schärfste. Er setzte der Weinkauffschen Argumentation das „Widerstandsrecht des kleinen Mannes" entgegen,[30] das er schon im Remer-Prozeß als Begründung des Widerstandsrechts der Männer vom 20. Juli zumindest benannt hatte. „Widerstandsprivilegien" lehnte Bauer ab, weil sie das Recht des Bürgers auf Selbstbestimmung leugneten und nicht mit der demokratischen Ordnung der Bundesrepublik zu vereinbaren seien.[31] Schließlich könne Demokratie nur heißen, „daß das ganze Volk für mündig gehalten wird und zur Mitarbeit aufgerufen ist"[32] – das müsse auch die Rechtsprechung des BGH anerkennen.

Mit den Widerstandsbegriffen von Bauer und Weinkauff standen sich in der Bundesrepublik zwei Rechtstraditionen gegenüber. Fritz Bauer hat in einem seiner wenigen persönlichen Aufsätze berichtet, wie er zu Beginn seines Studiums durch die Wälder rings um das Heidelberger Schloß gezogen war und Gustav Radbruchs *Einführung in die Rechtswissenschaft* gelesen hatte. Im Anschluß an Radbruch wollte er ein „Jurist aus Freiheitssinn" sein, ein, so zitierte er Radbruch, „Vorposten des Rechtsstaates", dem die „Wahrung der Freiheit gegen die Ordnung, des Lebens gegen den Verstand, des Zufalls gegen die Regel, der Fülle gegen das Schema" obliegt. „Diese Worte", so Bauer, „sind von mir dick unterstrichen worden; ich habe gewußt wohin ich gehören möchte."[33] Hermann Weinkauff verkörperte hingegen Radbruchs Typ des „Juristen aus Ordnungssinn". Sein reglementierender Widerstandsbegriff glaubt den Staat vor einem möglichen unangemessenen Zugriff des Volkes schützen zu müssen. Fritz Bauer kämpfte für die Stärkung der demokratischen Volkssouveränität, Weinkauff vertraute auf die „Richteraristokratie"[34] in einer hierarchisch strukturierten Gesellschaft, um die latente Gefahr menschenrechtsverachtender Herrschaft in Deutschland zukünftig abzuwehren.

Schon nach dem Remer-Prozeß war Anfang der fünfziger Jahre an das Bundespräsidialamt die Anregung herangetragen worden, Fritz Bauer „wegen seiner Verdienste um die Stärkung des demokratischen Gedankens auf rechtsstaatlicher Basis mit dem Verdienstorden der Bundesrepublik Deutschland auszuzeichnen". In der Staatskanzlei des niedersächsischen Ministerpräsidenten wie auch im dortigen Justizministerium vertrat man allerdings die Auffassung, daß „in vorliegendem Falle ... die Verleihungsbeschränkungen für Beamte Platz greifen".[35] 1960 zeichnete die Bundesrepublik Hermann Weinkauff mit dem Großen Bundesverdienstkreuz mit Stern und Schulterband aus.

„Rastlos", so berichtete ein Freund Bauers, „eilte er zu Vorträgen, Diskussionen und Tagungen, schrieb unzählige Aufsätze und empfing viele Gesprächspartner. (...) im Ausland, vor allem in Skandinavien und in den osteuropäischen Ländern, genoß Fritz Bauer hohes Ansehen".[36] Im Februar 1963 gab Bauer einem dänischen Boulevardblatt ein Interview. „Wenn ich vollkommen aufrichtig sein soll", sagte er, „ich glaube nicht, daß die junge deutsche Demokratie stark genug wäre, Hitler abzuweisen." Die Nachrichtenagentur United Press International verbreitete eine Meldung mit der Stellungnahme Bauers, und einen Tag später zitierten deutsche Zeitungen den Generalstaatsanwalt. Damit war eine Debatte entzündet, die zwei Monate lang Öffentlichkeit und Politik beschäftigte und die Bauers Bürger-Begriff abermals auf den Prüfstand stellte. Der Sprecher der Bundesregierung wies die Äußerungen Bauers noch am selben Tag entschieden zurück, man habe „eine wesentlich andere Auffassung von der politischen Reife des deutschen Volkes als der hessische Generalstaatsanwalt".[37] Auch die Bonner SPD distanzierte sich von Bauers „verzerrtem Bild der wirklichen Situation in der Bundesrepublik".[38] Associated Press meldete aus Bonn, die Bundesregierung halte Bauer für „untragbar, da er das Ansehen der Bundesrepublik sehr geschädigt habe",[39] und die hessische CDU verlangte sofort seine Suspendierung. Bauers Interview entzündete eine öffentliche Diskussion, die seinen Begriff vom Staatsbürger in Frage stellte: Bauer analysierte die Spaltung des menschlichen Lebensethos, eine „Trennung von Amt und Mensch" gemäß der plakativen Lebensweisheit „Dienst ist Dienst, und Schnaps ist Schnaps"[40], als eine wesentliche „Wurzel faschistischen und nationalsozialistischen Handelns".[41] Täglich erlebte Bauer, daß Angeklagte in NS-Prozessen auf die ihnen gegebenen Befehle verwiesen und sich so ihrer persönlichen Verantwortung entziehen wollten. Bauer ging davon aus, daß nur die Überwindung dieser Aufspaltung den Bürger zukünftig befähigt, Menschenrechte zu verteidigen und wenn nötig eben gegen einen Unrechtsstaat und gegen unrechtmäßige Befehle Widerstand zu leisten. Im Remer-Prozeß 1952 war das mit Blick auf die Gültigkeit des Eides Thema gewesen. Bauers politische Stellungnahme, die er als Generalstaatsanwalt, also als Staatsbediensteter, in dem Interview mit der dänischen Zeitung abgegeben hatte, lebte seine Forderung jetzt vor.

Ein Blick auf die damalige Berichterstattung spiegelt die Streitpunkte: Die *Frankfurter Rundschau* verurteilte den „Sturm der Entrüstung, des Protests und der Verdammnis", der sich gegen Bauer erhob: „Themen, deren Diskussion für den Aufbau einer lebensfähigen demokratischen Gesellschaft unerläßlich ist, unterliegen in der Bundesrepublik einem geheimnisvollen Tabu. Wer daran rüttelt, gefährdet seine gesamte gesellschaftliche Stellung. (...) Es handelt sich um die Gretchenfrage unserer politischen Existenz, die in der Verdrängung verschwunden ist."[42] Der *Rheinische Merkur* berichtete hingegen von Bauers „Panne" und forderte den Hessischen Justizminister auf, nach diesem „Debakel" gegenüber dem Generalstaatsanwalt klarzustellen, daß jeder, „der sich freiwillig in ein öffentliches Amt begibt, ... sich im klaren sein (muß), daß er damit Pflichten übernimmt, die ihn unter Umständen veranlassen, von dem Recht der freien Meinungsäußerung nur in gewis-

sem Umfang Gebrauch zu machen".⁴³ Am 4. April standen sich beide Positionen auch im hessischen Landtag gegenüber: Der FDP-Abgeordnete Kohl vertrat die Position, Bauer habe sich „nicht nur jetzt und einmalig in der Öffentlichkeit exponiert" und wertete die Stellungnahmen des Generalstaatsanwaltes zu gesellschaftspolitischen Themen als „extravagante Äußerungen", die seiner Verantwortung als unabhängigem Staatsbeamtem nicht gerecht werden. Der Abgeordnete zeigte sich besorgt, „daß die junge Generation durch das, was in dieser Weise abläuft, eher skeptisch wird, als daß ihr Vertrauen zur Demokratie wächst." Die Abgeordneten der CDU schlossen sich dieser Position an und forderten bezüglich des politischen Engagements „Beschränkungen, die sich ein Beamter auferlegen muß". Nur der hessische Justizminister Lauritz Lauritzen (SPD) ergriff das Wort für Bauer und wies die Forderung, ein Beamter habe sich politischer Äußerungen zu enthalten, zurück: „Wer diese Meinung vertritt, läßt leider außer acht, daß eine solche Abstinenz einer ganzen Beamtengeneration in der jüngeren deutsche Geschichte nicht ihrem Volk zum Heil gedient hat, sondern daß sie – so gut und staatstreu diese Zurückhaltung gemeint sein mag – zum Unheil ausgeschlagen ist." Und der Sozialdemokrat Adolf Arndt dankte Bauer dann sogar ausdrücklich, „daß er die Dinge anspricht und damit zu einer Diskussion in unserem Land auffordert. Ich glaube, genau das ist seine Pflicht als Beamter und Staatsbürger."⁴⁴
Bauer mußte sich Anfang der sechziger Jahre an einen alten Streit erinnert fühlen. In der Weimarer Republik hatte sich die Mehrheit der monarchischen Juristen „angewöhnt, zwischen dem Wesen des Staates an sich, dem ihre ganze Treue galt, und der 'zufällig' auswechselbar konkreten Staatsform zu unterscheiden. Konservative vaterländische Gesinnung war da wichtiger als Verfassungstreue."⁴⁵ Bauer hingegen hatte schon als junger Jurist in der Weimarer Republik und als Mitbegründer des „Republikanischen Richterbundes" eine politische, der Demokratie der Weimarer Verfassung treue, Juristenschaft gefordert. Sein „Optimismus", den er mitbrachte als er 1948 aus der Emigration nach Deutschland zurückkehrte, wurzelte in der Hoffnung, an die „Gläubigkeit der jungen Demokraten in der Weimarer Republik" anknüpfen zu können.

Sicher ist dem Juristen Rudolf Wassermann zuzustimmen, daß der Remer-Prozeß Anfang der fünfziger Jahre zur „Wende in der Bewertung des 20. Juli" beigetragen hat.⁴⁶ Doch Fritz Bauer wollte mehr erreichen – es soll noch einmal gesagt sein: es ging ihm um die Etablierung des Widerstandsrechts als Beispiel bürgerlicher Verantwortung. Warum konnte Bauer 1952 den Remer-Prozeß gewinnen, wo sich doch später nur allzu deutlich zeigte, daß seine Position nicht konsensfähig war? Die Konfrontation der Gedankenwelten in den fünfziger und sechziger Jahren, die sich exemplarisch an den beiden Personen Weinkauff und Bauer festmachen läßt, verweist auf die Problemlagen, die mit dem strukturellen Phänomen der personellen Kontinuitäten zwischen NS und Bundesrepublik zusammenhängen. Fritz Bauers Gegenspieler blickten fast ausnahmslos, wie beispielsweise auch Hermann Weinkauff, auf eine berufliche Laufbahn oder sogar Karriere im NS-Staat zurück.[47] Die Auseinandersetzung mit dem Widerstand stellte implizit auch immer ihr persönliches Verhalten im „Dritten Reich" auf den Prüfstand. Im Remer-Prozeß ergriff der Richter nach Bauers Plädoyer noch einmal das Wort und schilderte seinen „Gewissenskonflikt", in den ihn, den ehemaligen Stalingradkämpfer, die Ausführungen Bauers über den Landesverrat gestürzt haben. In der mündlichen Urteilsbegründung hob der Richter dann noch einmal hervor, wie „bitter und hart (es) für ein deutsches Gericht" war, sich einer Selbstreflexion schonungslos zu stellen.

Vor allem aber war 1952 die Zuspitzung des Prozesses auf den 20. Juli für Bauers Erfolg ausschlaggebend. Das „Widerstandsrecht des kleinen Mannes" stand im Remer-Prozeß nicht zur Diskussion. Die Anerkennung des Widerstandsrechts vom 20. Juli läßt sich – zugespitzt formuliert – partiell sogar mit dem Widerstandsbegriff der Weinkauffschen Argumentation in Deckung bringen. Bauer ging diesen Kompromiß 1952 bewußt ein und er nutzte das Anfang der fünfziger Jahre politisch positiv besetzte Bild des 20. Juli, um ein Urteil in Sachen Widerstandsrecht zu erwirken. So bat er eine Angehörige von Mildred und Arvid Harnack, beide hatten zum Widerstandskreis der „Roten Kapelle" gehört, ihren Strafantrag als Nebenklägerin zurückzuziehen, weil die „Strafsache gegen Remer ... auf die engsten Widerstandskämpfer vom 20. Juli 1944 beschränkt" sei und, so teilte Bauer Anna von Harnack mit, er „nicht zum Nachteil der Strafsache von dieser Linie ab(...)weichen" wollte.[48] Den 20. Juli vom „Stigma des Verrats" zu befreien, schien Bauer Anfang der fünfziger Jahre Aufgabe genug; der Widerstand der „Roten Kapelle", die in Westdeutschland als kommunistische Spionagegruppe des Ostens verrufen war, sollte nicht Gegenstand des Verfahrens sein. Zudem hatte das Braunschweiger Landgericht im Remer-Prozeß 1952 die Möglichkeit, den Widerstand vom 20. Juli 1944 anzuerkennen, ohne zu den NS-Tätern Stellung nehmen zu müssen. Die Integration der NS-Täter und Mitläufer war ein wesentlicher Teil der Vergangenheitspolitik Adenauers[49] –

und dieses Ziel stellte der Remer-Prozeß nicht in Frage. Mit dem SRP-Funktionär Remer verurteilte das Gericht einen Mann, der in aller Öffentlichkeit rechtsradikale Politik propagiert und damit gegen den Konsens der Abgrenzung vom Neonazismus verstoßen hatte. Daß Bauer mit dem Remer-Prozeß die offizielle Vergangenheitspolitik der Bundesrepublik nicht infragestellte, war ein heimlicher Garant für seinen Erfolg 1952.
Fritz Bauer mußte sich dessen damals sehr bewußt sein. Einer der Gutachter aus dem Remer-Prozeß war erschüttert angesichts der vielen Briefe, die bei Bauer eintrafen und die sich so vehement gegen das Urteil richteten. Er schlug deshalb vor, die Gunst der „Erfolgsstunde" zu nutzen und „das im Augenblick für diese Frage aufgeschlossene Volk – es ist tatsächlich durch den Prozeß wachgerüttelt worden – möglichst schnell durch wirklich authentische in großer Menge verteilte Darstellungen (zu) unterrichten". Tatsächlich bekundete der Zeit-Verlag noch im März 1952 „grosses Interesse" an einer Publikation. Der Journalist Walter Kleffel verhandelte mit dem Verlag und berichtete Bauer dann:

Allerdings behauptet Schmidt di Simoni (vom Zeit-Verlag), und ich muß ihm dabei Recht geben, dass die Sache wohl nur zu machen wäre, wenn das Bundesinnenministerium dahinter steht und auch das Risiko übernimmt. Das Interesse bei dem Publikum ist leider an dem Thema n i c h t sehr gross, zumal Widerstandskämpfer ... ohnehin nicht mehr gefragt sind. ... Also eine Broschüre wird nur tragbar sein, wenn sie so abgefasst ist, dass sie als Kampfschrift gegen die SRP und Remer gelesen wird, woran ja die Bundesregierung nur Interesse haben kann. Die Ehrenrettung der Widerstandskämpfer muss in dieser Broschüre geschickt, nicht allzu deutlich und deshalb um so wirkungsvoller eingeflochten werden.[50]

„Fritz Bauer war ein kämpferischer, leidenschaftlich engagierter Mann, kein Taktiker, kein Freund 'diplomatisch', ausweichender Formulierungen. (...) So blieb er sein Leben lang ein Verfolgter und zugleich letzte Hoffnung für viele".[51] Mitte der sechziger Jahre zog er eine „magere Zwischenbilanz".[52] Er kritisierte die offizielle Vergangenheitspolitik der Bundesregierung als „Sowohl-als-auch"-Taktik und hielt die „geistige und politische Koexistenz", die die deutsche Gesellschaft lebte, für nicht praktikabel. Ende der sechziger Jahre glaubte Fritz Bauer Anzeichen für eine Veränderung des Bürger-Begriffs zu erkennen, doch seine Hoffnung auf eine „geistige Revolution der Deutschen" betrachtete er als unerfüllt. In einem Bild schilderte Bauer seine – enttäuschten – Erwartungen:

Daß Deutschland in Trümmern liegt, hat auch sein Gutes dachten wir (Emigranten). Da kommt der Schutt weg, dann bauen wir neue Städte der Zukunft. Hell, weit und menschenfreundlich. (...) So dachten wir damals. Alles sollte ganz neu und großzügig werden. Dann kamen die anderen, die sagten: 'Aber die Kanalisationsanlagen unter den Trümmern sind doch noch ganz heil!' Na, und so wurden die Trümmer wieder aufgebaut, wie es die Kanalisation verlangte.[53]

Anmerkungen

1 *Frankfurter Rundschau* vom 2.7.1968.
2 Rudolf Wassermann: Ein Streiter ohne Furcht und Tadel. In: Recht und Politik, H. 2, 1968. S. 41; *Frankfurter Rundschau* vom 8.7.1968 u. vom 18.7.1993; Horst Krüger: Fremdling in der Stadt. *Die Zeit* vom 12.7.1968.
3 So berichtet Helga Einsele in: Hessisches Ministerium für Justiz (Hg.): Fritz Bauer. Eine Denkschrift. Frankfurt a.M. 1993. S. 21.
4 Vgl. Gerhard Werle/Thomas Wandres: Auschwitz vor Gericht. München 1995. S. 47.
5 Dazu Hanno Loewy/Bettina Winter (Hg.): NS-"Euthanasie" vor Gericht. Frankfurt, New York 1996; Werle/Wandres, Auschwitz, 1995.
6 Frankenpost (Hof) vom 24.12.1964.
7 Fritz Bauer: Antinazistische Prozesse und politisches Bewußtsein. In: Hermann Huss/Andreas Schröder (Hg.): Antisemitismus. Frankfurt a.M. 1965. S. 185.
8 Fritz Bauer: Widerstandsrecht und Widerstandspflicht des Staatsbürgers. In: Martin Niemöller u.a.: Tempelreinigung. Frankfurt a.M. 1962. S. 57.
9 Vgl. Rudolf Wassermann: Fritz Bauer. In: Peter Glotz/Wolfgang R. Langenbucher (Hg.): Vorbilder für Deutsche. München 1974. S. 296ff; Irmtrud Wojak/ Joachim Perels: Motive im Denken und Handeln Fritz Bauers. In: Dies. (Hg.): Fritz Bauer. Die Humanität der Rechtsordnung. Ausgewählte Schriften. Frankfurt a.M., New York 1998. S. 9ff.
10 Fritz Bauer: In unserem Namen. In: Helmut Hammerschmidt (Hg.): Zwanzig Jahre danach. München u.a. 1965. S. 301.
11 Personalakte Fritz Bauer im Hessischen Ministerium der Justiz und für Europaangelegenheiten (Wiesbaden).
12 Fritz Bauer in *Deutsche Post*, H. 24, 1963. S. 658.
13 Rudolf Wassermann: Zur juristischen Bewertung des 20. Juli 1944. In: Recht und Politik, H. 2, 1984. S. 77.
14 Vgl. das Urteil in: Herbert Kraus (Hg.): Die im Braunschweiger Remerprozeß erstatteten moraltheologischen und historischen Gutachten nebst Urteil. Hamburg 1953. S. 105 u. S. 107.
15 Gerhart H. Mostar in der *Stuttgarter Zeitung* vom 12.3.1952.
16 Fritz Bauer: Eine Grenze hat Tyrannenmacht. In: *Geist und Tat*, H. 7, 1952. S. 194.

17 Fritz Bauer: Im Kampf um des Menschen Rechte. In: *Vorgänge*, H. 6, 1969. S. 207.
18 Bauer, Grenze (Anm. 16), S. 197.
19 Martin Broszat: Der Bedeutungswandel eines Begriffs der Zeitgeschichte. *Süddeutsche Zeitung* vom 22.11.1986.
20 Bauer, Grenze (Anm. 16), S. 198.
21 Ebd.
22 Fritz Bauer: Diensteid und Grenzen der Dienstpflicht. In: Hildburg Bethke (Hg.): Eid, Gewissen, Treuepflicht. Frankfurt a.M. 1965. S. 134.
23 Dazu der Aufsatz von Detlef Bald in diesem Band.
24 Wassermann, Bewertung (Anm. 13), S. 79.
25 Niedersächsisches Staatsarchiv in Wolfenbüttel (NdsStA), 61 Nds. Fb. 1 Nr. 24 3.
26 Personalakte Fritz Bauer, (Anm. 11).
27 BGH, Urteil vom 14.7.1961 -IV ZR 71/61 -. In: *Neue Juristische Wochenschrift*, H. 5, 1962. S. 195ff.
28 Fritz Bauer: Das Widerstandsrecht des kleinen Mannes. In: *Geist und Tat*, H. 1, 1962.
29 Dazu Hermann Weinkauff: Über das Widerstandsrecht. Karlsruhe 1956; Ders.: Die Militäropposition gegen Hitler und das Widerstandsrecht. In: Europäische Publikation (Hg.): Vollmacht des Gewissens. Frankfurt a.M., Berlin 1960.
30 Bauer, Widerstandsrecht (Anm. 28), S. 81 u. 78ff.
31 Fritz Bauer: Widerstand gegen die Staatsgewalt. Frankfurt a.M., Hamburg 1965. S. 252.
32 Fritz Bauer: Wertordnung und pluralistische Gesellschaft. In: Leonhard Reinisch (Hg.): Die deutsche Strafrechtsreform. München 1967. S. 39.
33 Bauer, Kampf (Anm. 17), S. 207.
34 Hermann Weinkauff: Die deutsche Justiz und der Nationalsozialismus. In: Institut für Zeitgeschichte (Hg.): Die deutsche Justiz und der Nationalsozialismus. Stuttgart 1968. S. 188.
35 Personalakte Fritz Bauer, a.a.O.
36 Karl-Heinz Krumm: Um den Menschen verdient gemacht. *Frankfurter Rundschau* vom 3.7.1968.
37 *Der Spiegel* vom 13.3.1963. S. 30.
38 *Frankfurter Rundschau* vom 30.3.1963.
39 *Der Spiegel* vom 13.3.1963. S. 30.
40 Bauer, Antinazistische Prozesse (Anm. 7), S. 179.
41 Fritz Bauer: Die Wurzeln faschistischen und nationalsozialistischen Handelns. Frankfurt a.M. 1965.
42 *Frankfurter Rundschau* vom 2.3.1963.

43 *Rheinischer Merkur* vom 8.3.1963.
44 Verhandlungen des Hessischen Landtags. Stenographische Berichte, 5.WP, Bd. 1, Wiesbaden 1963. S. 272ff.
45 Theo Rasehorn: Rechtspolitik und Rechtsprechung. In: Karl-Dietrich Bracher u.a. (Hg.): Die Weimarer Republik. Bonn ²1988. S. 417.
46 Wassermann, Bewertung (Anm. 13), S. 70.
47 Vgl. Bernt Engelmann: Die unsichtbare Tradition. Bd. 2. Köln 1989. S. 259ff.
48 NdsStA (Anm. 25) 61 Nds. Fb. 1 Nr. 24/1.
49 Dazu Norbert Frei: Vergangenheitspolitik. Die Anfänge der Bundesrepublik und die NS-Vergangenheit. München 1996.
50 NdsStA (Anm. 25), 61 Nds. Fb. 1 Nr. 24/3.
51 Karl-Heinz Krumm: Um den Menschen verdient gemacht. *Frankfurter Rundschau* vom 3.7.1968.
52 Fritz Bauer: NS-Verbrechen vor deutschen Gerichten. In: *Diskussion*, H. 14, 1964. S. 5
53 Gespräche mit Fritz Bauer – aufgezeichnet von Gerhard Zwerenz. In: *Streit-Zeit-Schrift*, H. 6, 1968. S. 92.

Rolf Hanusch

Erich Müller-Gangloff – Ein Bürger auf der Grenze

„Die Schatten einer unbewältigten Vergangenheit zeigen sich mächtiger denn je."[1] Erich Müller-Gangloff, der Begründer der Evangelischen Akademie Berlin-Brandenburg, beginnt so den Einladungstext zur zweiten Tagung einer Reihe, die er von 1954 an jährlich zur Vergegenwärtigung des 20. Juli 1944 veranstaltete. Er fragt, ob es ein Bild der Geschichte nach 1945 gibt, das allgemeine Verbindlichkeit beanspruchen könnte und sieht für sich nur die Möglichkeit, Geschichte im Schatten der unbewältigten Vergangenheit zu bearbeiten. Dieser Tagung war 1954 eine erste Tagung zum 10. Jahrestag des 20. Juli 1944 vorausgegangen. In der Einleitung zu dieser Veranstaltung formulierte Müller-Gangloff: „Wir möchten den 20. Juli nicht als ein Ereignis der Geschichte im Sinne einer verjährten Vergangenheit betrachten, sondern vielmehr als eine Frage, die an die Gegenwart und in die Zukunft hinein zu richten ist."[2] Von nun an folgte jährlich eine Tagung zum 20. Juli, die von einer unermüdlichen, manchmal fast rastlos erscheinenden Beschäftigung mit der Vergangenheit des Nationalsozialismus und des Widerstandes gegen das NS-Regime zeugen. 1956 tauchte als Titel auf: „Hitler oder die unbewältigte Vergangenheit". Die Beschäftigung mit der Person Adolf Hitlers verbindet sich bei Müller-Gangloff mit der Beschäftigung mit dem Bösen überhaupt. Dies zeigt sich schon in frühen Tagebuchnotizen, auf die Waltraut Hopstock, seine langjährige Sekretärin, hinweist, dann insbesondere in seinem Buch *Dreifaltigkeit des Bösen*?[3] und führt bis zu dem letzten, nicht vollendeten Werk *Adolf Hitler oder Das Fürchterliche in Person*.[4]
1957 folgt eine Tagung mit dem Titel „Die zwölf Jahre nach zwölf Jahren". Hier kommt zu dem Begriff der unbewältigten Vergangenheit der Begriff der falsch bewältigten Gegenwart dazu. In den Beiträgen und Tagungsberichten spiegelt sich die Auseinandersetzung um die „Männer des 20. Juli". Die Forderung „In ihrem Geiste wollen wir uns bemühen, den Schutt unserer unverarbeiteten Vergangenheit beiseite zu räumen…" ist eine präzise Beschreibung der Arbeit von Müller-Gangloff. Die nächsten Tagungen erweitern die Perspektive im Blick auf den Wirkungsraum des Widerstands: „Deutscher Widerstand und europäische Résistance" (1959) wie die Begründungszusammenhänge des Phänomens der unbewältigten Vergangenheit: „Unbewältigte Vergangenheit seit 1890."

Im Januar 1962, zwanzig Jahre nach dem 20. Januar 1942, fand eine Tagung über die Wannseekonferenz mit dem Titel „Endlösung" statt. Sie führte zu der wichtigen Tagung im Juli 1963 „Die unbeglichene Schuld", bei der Fritz Bauer über die Frage nach dem Unrechtsbewußtsein referierte. Zu einer Zwischenbilanz geriet schließlich die Tagung im Juli 1964 „Der 20. Juli nach zwanzig Jahren". Hier erst werden die Folgen des 13. August 1961 aufgenommen. Daniil Melnikow referiert aus sowjetischer Sicht, Antony Sneidarek aus tschechischer Sicht. Die unbewältigte Vergangenheit verbindet sich hier mit dem zweiten großen Thema von Müller-Gangloff, dem Umgang mit der Teilung Deutschlands und Europas.

Der Eindruck der Unruhe und der Rastlosigkeit im Schatten der unbewältigten Vergangenheit wird noch deutlicher, wenn man sich vergegenwärtigt, daß Müller-Gangloff nach vielen Vorarbeiten zusammen mit Lothar Kreyssig 1958 die „Aktion Versöhnungszeichen", die spätere „Aktion Sühnezeichen" ins Leben ruft und im gleichen Jahr mit Willy Brandt den Berliner Zweig der Bewegung „Kampf dem Atomtod" gründet. Überdies entwickelt er Gedanken, die 1965 in seinem Buch *Mit der Teilung leben* zusammengefaßt sind:[5] Er nimmt die Tradition der Idee des Reiches aus dem Mittelalter auf und bezieht sie auf das gespaltene Deutschland und Europa. Dies führt zu einer Absage der politischen Zielsetzung einer deutschen Wiedervereinigung und zu der praktischen Forderung nach vielen kleinen Schritten des Aufeinander-Zugehens in Deutschland und Europa. Dabei ist ihm die Orientierung nach Osteuropa wichtiger als nach Westeuropa. Erich Müller-Gangloff wird somit zu einem Vordenker der späteren deutschen Ostpolitik. Das Buch erscheint fast gleichzeitig mit der Denkschrift des Rates der „Evangelischen Kirche in Deutschland (EKD)" *Die Lage der Vertriebenen und das Verhältnis des deutschen Volkes zu seinen östlichen Nachbarn* zum 1. Oktober 1965, der sogenannten Ostdenkschrift. In all diesen Engagements und Dokumenten spielt die Bearbeitung von Vergangenheit eine entscheidende Rolle. Immer wird sie verstanden als Hilfe für die Gegenwart und zur Bearbeitung von Herausforderungen für die Zukunft.

Müller-Gangloff selbst hat den Zusammenhang zwischen den drei Zeitdimensionen der Geschichte in einem Exposé für einen nordisch-deutschen Kirchenkonvent unter dem Datum des 30. Januar 1958 folgendermaßen formuliert:

Wir meinen, die Zukunft habe schon begonnen, dabei stehen wir noch nicht einmal in unserer eigenen Gegenwart, weil wir mit unserer Vergangenheit nicht fertig geworden sind, weil wir sie noch nicht bewältigt haben. Bewältigung der Vergangenheit ist für uns zuerst ein deutsches, es ist dann aber ebensosehr ein europäisches Problem, und es ist schließlich vor allem Weltproblem und Weltaufgabe gerade auch der Christen. (...) Das deutsche Volk ist heute mit seiner Vergangenheit am wenigsten fertig geworden. Es ist bei praller äußerer Gesundheit krank und morbid, weil es seine Hitlervergangenheit nicht bewältigt hat. Die zwölf Jahre der Hitlerherrschaft sind auf krampf- und krankhafte Weise aus dem Bewußtsein der Menschen verdrängt. Es gibt kaum ernsthafte Literatur über die nationalsozialistische Zeit, und die am meisten mit ihr zu schaffen hatten, wollen am wenigsten von ihr wissen. Es gilt als taktlos, von den Hekatomben ermordeter Juden und Russen zu sprechen. Die mangelnde Bewältigung von Vergangenheit und Gegenwart wird am deutlichsten in der normalen Weise der Begegnung mit dem Kommunismus. Der Antisemitismus (...) wurde abgelöst durch einen Antikommunismus, der bei vielen nur (...) eine bloße Anti-Ideologie ist. Dieses allzu simple Primitivverständnis des Kommunismus als bloße Abart eines ‚Totalitarismus' legt die Vermutung nahe, daß auch der Widerstand gegen den Nationalsozialismus bei vielen Zeitgenossen nur ein Akt bürgerlicher Selbstbestätigung war.[6]

Im zweiten Abschnitt des Exposés führt Müller-Gangloff unter der Überschrift „Aufgabe" u.a. aus:

Die deutsche Wiedervereinigung ist nicht so sehr ein politisches, als vielmehr ein ethisches Problem. Weil wir die Hitlervergangenheit noch nicht bewältigt haben, sind wir als Volk noch gar nicht reif, um die deutsche Zweiteilung, die das letzte Mahnmal unserer schon vergessenen Katastrophe ist, innerlich zu überwinden (...). Wir haben nicht mit Rechtsansprüchen aufzutrumpfen, sondern den schlichteren und demütigeren Weg des Zeugnisses zu gehen, wie er mit dem Stuttgarter Schuldbekenntnis beschritten wurde. Die von unserem Volk begangene Schuld schließt nicht zuletzt auch die östliche Welthälfte ein, und es ist uns hier sowenig wie anderwärts ein Aufrechnen erlaubt. Wir müssen deshalb einsehen, daß die deutsche Wiedervereinigung nicht als Anschluß oder Gleichschaltung des getrennten Teils erstrebt werden, sondern sich allenfalls aus der langsamen Annäherung tödlich verfeindeter Positionen ergeben kann. So gesehen, könnte sie ein Beitrag zur Entgiftung der heutigen Haßpropaganda sein, die zu einem wesentlichen Teil als Folge des Hitlerwahns auf der Welt von heute lastet.
Die so verstandene Wiedervereinigung Deutschlands könnte nicht nur ein echter Beitrag zum Frieden der Welt, sondern speziell auch zur Zusammenführung Europas sein. Denn Europa endet ja weder an der Oder-Neiße-Linie noch am Eisernen Vorhang. (...) Die Westeuropäer werden allerdings, damit es zu einer wirklichen Wiedervereinigung kommt, ihren allzu selbstverständlich zu Schau getragenen Kulturhochmut, den sie heute auf die kommunistisch beherrschten Nationen übertragen, zumindest zügeln müssen (...)."[7]

Woher kam bei Müller-Gangloff der Impuls, mit dieser Hartnäckigkeit an der Frage der Bewältigung der NS-Vergangenheit der Deutschen zu arbeiten? Die Frage läßt sich nur unter Einbeziehung seiner Biographie beantworten, die tiefer liegende Motive zeigt. Erich Müller-Gangloff hat keine Autobiographie hinterlassen. In seiner Schrift *Vom gespaltenen zum doppelten Euro-*

Rolf Hanusch

pa. Acht Thesen zur deutschen Ostpolitik zugleich eine Antwort auf die ‚deutsche Frage' gibt es eine von ihm selbst verfaßte biographische Notiz.[8] Sie beginnt mit dem Satz „Erich Müller-Gangloff, geboren 1907 in Roth am Roßberg, Kirchspiel Gangloff, einem Dorf in der damals bayrischen Pfalz". Die Jugend verbrachte er in Speyer und Zeitz und dann in Berlin-Spandau, wo er Abitur machte. Von 1926 an studierte er in Innsbruck und Marburg Germanistik und Geschichte. Sein Studium schloß er mit der Promotion zum Dr. phil. 1931 in Marburg ab. Danach begann er eine Ausbildung zum Bibliothekar, die er 1933 abbrechen mußte. Es gibt mehrere Hinweise, daß dieser Abbruch mit einer Großmutter zusammenhing, die nach den Bestimmungen der NS-Rassengesetze als jüdisch galt. Es folgte journalistische und publizistische Arbeit, die in der 1941 unter einem Pseudonym veröffentlichten Schrift *Die deutschen Stämme* kulminierte.[9] Das materialreiche Buch erfuhr bis 1943 mehrere Auflagen. Es versammelt umfangreiches Material zur Geschichte der deutschen Länder, vermeidet aber geschickt eine Orientierung an nationalsozialistischem Gedankengut. 1940 wurde Müller-Gangloff als Flaksoldat in die Wehrmacht eingezogen. 1945 geriet er in Frankreich in amerikanische Gefangenschaft, die über ein Jahr dauerte. Im Juni 1946 konnte er aus dem Lager fliehen und wohnte fünf Jahre im Kreis Nauen vor den Toren Berlins in der sowjetisch besetzten Zone bzw. in der DDR. 1951 übersiedelte er nach Westberlin. Im Zuge der Vor- und Nachbereitung des Berliner Kirchentages von 1951 unter der Losung „Wir sind doch Brüder" trieb er die Gründung der Evangelischen Akademie Berlin-Brandenburg voran. Die Idee der Akademiegründung wurde, ausgehend von der Gründung in Bad Boll, seit Ende 1945 auch in Berlin diskutiert.[10] Es gab eine ganze Reihe von Vortreffen und ersten Konzeptionspapieren dazu. Ein wesentliches Erschwernis waren die unterschiedlichen Bedingungen in den vier Besatzungssektoren in Berlin. Erich Müller-Gangloff bewies hier seine Durchsetzungskraft, die sich in den folgenden Jahren in vielen „Gründungen" zeigte. Angefangen von der Evangelischen Akademie nach dem Deutschen Kirchentag in Berlin 1951 über verschiedene Zeitschriften, darunter auch die *Kommunität* als Zeitschrift der Evangelischen Akademie Berlin, bis hin zur „Aktion Sühnezeichen", des Weltfriedensdienstes, der „Solidarischen Welt für die Hungernden", aus der dann die Aktion „Brot für die Welt" hervorging oder des „Comenius-Clubs", der sich der Verständigung mit Osteuropa verschrieb. Die Akademie leitete er bis zum Jahre 1970. Die letzten zehn Jahre seines Lebens sind immer stärker von Depressionen geprägt. Am 23. Februar 1980 stirbt er 73jährig.

Erich Müller-Gangloff – Ein Bürger auf der Grenze

Fragt man nach dem Impuls der konsequenten und rastlosen Bearbeitung der Vergangenheit, so sind in dieser Biographie die inhaltlichen Orientierungen von Erich Müller-Gangloff von großer Bedeutung. Er selbst sieht sich seit seiner Studentenzeit als politischen Aktivist und bezeichnet seinen damaligen Standort „rechts vom Nationalsozialismus in geistiger Zuordnung zu Ernst Jünger (Freischar Schill) und Ernst Niekisch (Widerstand)".[11] Waltraut Hopstock, seiner langjährigen Mitarbeiterin in der Akademie, vermachte er seine Tagebücher. Sie sind weitgehend die einzige Quelle, die über die Zeit vor 1945/46 Auskunft geben kann. Auf einer Tagung zum 90. Geburtstag von Erich Müller-Gangloff, die vom 4.-6. Juli 1997 in Imshausen stattfand, trug Waltraut Hopstock zum ersten Mal einige Abschnitte aus den Tagebüchern vor. Nach Auskunft von Frau Hopstock erwähnt er auch in den Tagebüchern nicht viel Biographisches. Sie sind vielmehr, wie auch die meisten seiner späteren Schriften, voll von historischen Details und dem Versuch, im besten Sinne bildungsbürgerlich durch das Studium der Geschichte die Gegenwart zu erklären. Frau Hopstock zitiert Tagebucheintragungen aus dem Sommer 1933, in dem er zu einem Angehörigen des Freundeskreises um Ernst Niekisch, dem baltischen Adeligen von Reck-Maleszewen auf dessen Gut Poing im Chiemgau reist. Beide vergleichen die Französische Revolution mit der gerade vollzogenen „Deutschen Revolution" der Nationalsozialisten, bis hin zum Vergleich der Freiheitsbäume mit den Hitler-Eichen und der Emigration der Aristokraten in Frankreich mit der der Juden 1933. Müller-Gangloff kommt zu einer Abwägung der Qualität der beiden Revolutionen und sagt Hitler aufgrund seiner Mittelmäßigkeit ein ähnliches Ende wie Robespierre voraus. Zugleich berichtet er im Rückblick, daß er im Chiemgau die Brüder Karamasow gelesen hat und in die Tiefe und Lebenskraft des östlichen Christentums eingedrungen wäre.

In diesen Tagebuchnotizen zeigt sich Erich Müller-Gangloff als ein bildungshungriger Historiker und Liebhaber der Sprache, der die ihm gesetzten Grenzen seiner Herkunft unbedingt überschreiten will. Der Begriff der Nation ist für ihn die Aufforderung, die Grenze in die Tiefe der eigenen Geschichte voranzutreiben. Dies realisiert er in seinem Buch über die deutschen Stämme geradezu extensiv. Das politische Engagement schließt für ihn die Frage nach der sozialen Gestaltung ein. Im Sinne von Ernst Niekisch ist für ihn Bolschewismus die Frage nach einer Bewegung möglichst aller hin zu einer neuen Gemeinschaft. Dabei wird für ihn immer deutlicher, daß er diese neue Form des Zusammenlebens ganz stark im Osten Europas sucht. Die westliche Demokratie, insbesondere das amerikanische Modell, bleiben für ihn zeitlebens zweitrangig. Es bleibt also in einer ersten Zwischenbilanz das Bild eines schwärmerischen, auf die Überschreitung der Grenzen hin orientierten Bildungsbürgers. Impulse aus der Jugendbewegung sind an vielen Stellen spürbar. Leider geben die mir zugänglichen Hinweise keine Belege für dieses Engagement in der Jugend oder auf dem Gymnasium. Der Beruf seines Vater, der Bergwerksingenieur war, führte zu häufigen Umzügen, die Erich Müller-Gangloff in einigen Äußerungen sehr bedauerte. Sehr früh heiratete er Hilde Neie, die er aus seiner Schulzeit in Spandau kannte. Beide verband zugleich die Ausbildung als Bibliothekarin bzw. Bibliothekar.

Nach seinen eigenen Aussagen, die durch das Tagebuch weitgehend bestätigt werden, tritt in der amerikanischen Kriegsgefangenschaft die entscheidende persönliche Veränderung in einer Hinwendung zum Christentum und zur Kirche ein. Er selbst nannte sich deshalb einen „Stacheldraht-Christen".[12] Hierüber gibt seine kleine Schrift von 1948 *Christen in Kriegsgefangenschaft* Auskunft.[13] Er schreibt:

Mit der deutschen Katastrophe brach für die große Mehrzahl der Gefangenen eine ganze Welt zusammen (...). Und plötzlich wuchs vor den aufs tiefste verwirrten Menschen riesengroß die Frage der Schuld empor und hinter ihr, noch größer, noch lastender und bannender die Sinnfrage schlechthin: die Frage nach der Wahrheit und nach den unvergänglichen, den über alle Zeitkatastrophen hinaus bleibenden ewigen Werten.[14]

Müller-Gangloff hält im Lager Vorträge, aber auch Bibelarbeiten und Predigten. Dabei taucht die Gefangenschaft auf als ein Sinnbild aller menschlichen Existenz in ihrer Verfallenheit in Schuld und Sünde. Hier wird für ihn die Erlösungstat Christi zur Erfahrung der eigenen Befreiung. „So wurde dem Gefangenen das Kreuz, das Mal demütigender Schande, zum Symbol seiner Freiheit, und er begriff, daß es das mächtige und überragende Pluszeichen aller irdischen Geschichte ist."[15] In Konsequenz dieser Hinwendung zum geglaubten Christentum tritt er in die Evangelische Michaelsbruderschaft ein, die aus der Berneuchener Bewegung gewachsen ist. Seit 1923 trafen sich im Gut Berneuchen in der Neumark von der Jugendbewegung inspirierte Christen zu alljährlichen Konferenzen. Wichtige Vorformen waren der Bund Deutscher Jugendvereine, den Wilhelm Stählin leitete, sowie der Neuwerk-Kreis um Hermann Schafft. Die Teilnehmer wollten eine Erneuerung der Kirche durch die Rückkehr auf spirituell gelebten Glauben, den sie vor allem in der Liturgie der Alten Kirche vorfanden. 1931 wurde aus diesem Kreis heraus in Marburg die Evangelische Michaelsbruderschaft gegründet. Die Bruderschaft ist für Theologen und Nichttheologen offen. Sie gibt Anleitung zur „geistlichen Zucht" und versucht, dem gemeinsamen Leben durch Wort,

Sakrament und Gebet eine Ordnung zu geben. Wichtig ist, daß diese Gottesdienst- und Gebetsordnungen nicht einem Restaurationswillen erwachsen sind, sondern dem Wunsch nach einer tiefen, aber durchaus gegenwartsgemäßen Gestaltung. Erich Müller-Gangloff wird sehr bald Redakteur der Jahresbriefe der Bruderschaft, die seit 1952 *Quatember* heißen. Er bleibt Schriftleiter bis 1959. Den Gedanken des gemeinsamen Lebens in einer Kommunität versucht er über viele Jahre in der Evangelischen Akademie Berlin-Brandenburg zu verwirklichen. Dies drückt sich im Namen *Kommunität* für die Zeitschrift der Akademie aus und in der Gründung eines Studentenwohnheims am Kleinen Wannsee, das zunächst als Kommunität geplant war. In der Zeitschrift *Kommunität* finden sich viele Berichte über das Scheitern dieses Projektes.[16] Schließlich benennt er das Studentenwohnheim nach dem Angehörigen des Kreisauer Kreises Adam von Trott, dem „Außenpolitiker des deutschen Widerstands" (Sigrid Wegner-Korfes). Dessen Versuche, in den USA Gehör zu finden, sind für Müller-Gangloff „das bleibende Dokument eines vorauslaufenden postnationalen Denkens mitten in einer Hochflut nationalistischer Hybris."[17]

So einschneidend die Veränderungen im Leben Erich Müller-Gangloffs durch die Kriegsgefangenschaft waren, so sehr zeigt sich bei allem Neuanfang doch auch viel Kontinuität. Es bleibt etwas Exklusives, Männerbündisches, das sich im christlichen Glauben einerseits weiter fortentwickelt, zum andern aber die Möglichkeit gibt, auch weitere gesellschaftliche Infragestellungen aufzunehmen. Entscheidend scheint dafür zu sein, daß Erich Müller-Gangloff 1950 die Gelegenheit hat, mit einer Gruppe in die Vereinigten Staaten zu reisen. Es geht um Rundfunkarbeit und verschiedene Zeitungsprojekte. In New York sucht Müller-Gangloff Verwandte auf. Er sucht die Nachfahren seiner Großmutter, die eine geborene Levy war. Einige von ihnen konnten emigrieren. Er schreibt am 13. August 1950: „Es ist immer wieder tief deprimierend, Einzelheiten über die Verluste zu hören, die diese oder jene jüdische Familie durch die Vernichtungsaktionen erfahren haben. Man kann es keinem Juden verübeln, wenn er grundsätzlich mit keinem Deutschen mehr etwas zu schaffen haben will (...)".[18] Hier beginnt offensichtlich eine Einsicht in das von Deutschen zugefügte Leid. Noch wichtiger aber erscheint mir in dieser Tagebuchnotiz, daß Müller-Gangloff die Deutschen als das von Hitler am meisten geschändete Volk erfährt. Er schließt hier die Opfer der Bombenkriege und der Vertreibung mit ein. Nach der Lektüre vieler Quellen scheint es mir, daß die Bearbeitung dieser Einsichten erst durch den christlichen Gedanken der Sühne für Müller-Gangloff zu einem politischen Konzept wurden.

Vom Versöhnungszeichen zum Sühnezeichen

Der Gründungsaufruf der späteren „Aktion Sühnezeichen" vom April 1958 spricht bekanntlich von „Versöhnungszeichen". Die Verantwortung für die Schuldgeschichte der einzelnen Deutschen wird mit der politischen Verantwortung für den Weg des deutschen Volkes und die Zukunft Europas verbunden. „Wir haben vornehmlich immer noch keinen Frieden, weil zu wenig Versöhnung geschieht."[19] Die Nachbarn, die unter der Nazipolitik gelitten haben, werden um Vergebung gebeten, das deutsche Volk wird aufgefordert, zu einer Politik der Gewaltlosigkeit und der Nachbarschaftlichkeit umzukehren. In einem zweiten „Anruf und Aufruf" vom Januar 1959, den neben Müller-Gangloff, Lothar Kreyssig und Kurt Scharf unterzeichnet haben, heißt es:

Wer erschrocken ist, was frevlerische, hemmungslose Selbstbehauptung eines Volkes, unseres Volkes, an grauenvoller, systematischer Unmenschlichkeit hat verüben und geschehen lassen –
wer verstanden hat, daß man sich selber Rechenschaft geben muß und sich davon auch durch Mitverschulden anderer und ihre etwaige Einsichtslosigkeit nicht abbringen lassen darf –
wer eingesehen hat, daß Vergeltung und Aufrechnung von Schuld gegen Schuld eine endlose Kette des Unheils in der Geschichte zur Folge hat, daß einzig Versöhnung, diese aber wirklich, die Kraft hat, den endlosen Reigen wechselseitiger Vernichtung zu unterbrechen, einen neuen Anfang verantwortlichen Leben zu setzen, einem leidlichen Frieden in annehmbarer Gerechtigkeit Raum zu schaffen –
der trete der Aktion ‚Sühnezeichen' bei. Er helfe, wie immer er es vermag, mit einem sichtbaren Zeichen der Tat heraustreten aus der Zone verstockten Schweigens oder unverbindlicher Diskussion.[20]

Als Mitbegründer neben Präses Lothar Kreyssig war es Müller-Gangloff, der darauf bestand, daß die Aktion nicht, wie ursprünglich vorgesehen, als Versöhnungszeichen unter die beleidigten und geschändeten Völker tritt, sondern als Sühnezeichen.[21] Immer wieder betonte er, daß das, was geschehen sei, der Sühne bedürfe und Sühne fordere. Allerdings ist das menschliche Vermögen zu sühnen begrenzt. Gerade deshalb verweist er immer wieder auf die Barmherzigkeit Gottes in Christus, dessen Kreuz das eigentliche Sühnezeichen inmitten menschlicher Geschichte sei. 1965 meint Müller-Gangloff als Vorsitzender des Leitungskreises West der „Aktion Sühnezeichen": „Viele Anzeichen deuten darauf hin, daß in der Tat die Stunde des Bekennens gekommen ist, die es uns nicht mehr erlaubt, uns als ein bloßer Bautrupp zu verstehen. Es ist der Aktion Sühnezeichen von der ersten Stunde an um die Umkehr unseres Volkes gegangen, die nicht zuletzt auch Umkehr im politischen Grundverständnis bedeutet."[22] Was dann an praktischen politischen

Erich Müller-Gangloff – Ein Bürger auf der Grenze

Vorschlägen folgt, ist ganz und gar „linke" Politik, gefährdet ist das Verhältnis zu Israel, insbesondere durch das Fehlen diplomatischer Beziehungen, eine vertrauensvolle Nachbarschaft zu Polen durch Fixierung auf das eigene Recht, die notwendige Verständigung zwischen Ost und West durch die atomare Aufrüstung und die nicht stattfindende Bestrafung der NS-Täter.

Müller-Gangloff hat dabei seine alten Impulse einer Ostorientierung der Deutschen nach den Erfahrungen der NS-Verbrechen an den Juden und den Völkern des Ostens in neuer Weise aufgenommen. Sie bilden die biographische Basis seiner Überlegungen zu einer auf Verständigung zielenden Realpolitik im Zeichen einer geschichtlich angemessenen Sühne. Seine Gedanken und Skizzen zu einer Deutschlandpolitik, die sich – wie Müller-Gangloff formulierte – von der „Lebenslüge" der Wiedervereinigung verabschiedet, standen quer zu den Sprachregelungen der offiziellen Bundesrepublik.[23] Forderungen wie die, Berlin zu „einer Frontstadt des Friedens" zu machen oder von einer „interessenbestimmten" zu einer „aufgabenbestimmten Politik" zu finden, haben ihm viele Gegnerschaften eingetragen. Die Deutschlandstiftung hat in den sechziger Jahren mit Blick auf Müller-Gangloff von den „Quislingen des Ostens" gesprochen und erst vor dem Landgericht Berlin eingeräumt, Müller-Gangloff damit keine Abhängigkeit von fremden nationalen Interessen unterstellt zu haben.[24] Derartige öffentliche Anfeindungen waren im „eiskalten Krieg" (Ingeborg Drewitz) keine Ausnahmen.

Das politische Wirken von Erich Müller-Gangloff in der Nachkriegszeit ist nur auf dem Hintergrund seiner biographischen Erfahrungen zu verstehen. Er erfuhr die Person Adolf Hitlers und die NS-Herrschaft als die Manifestation des schlechthin Bösen in seinem Leben: Der Nationalsozialismus ist „wie er von sich selber behauptete, die ‚modernste' Weltanschauung – die dem Ende nächste, die die Perfektion des Bösen in der Gestalt des Antichrist am deutlichsten vorwegnimmt."[25] Die Überwindung dieses Bösen erfuhr er im religiösen Erlebnis während der Kriegsgefangenschaft als „Erlösung" durch Jesus Christus. In der religiösen Sprache des Christentums ist der Tod Jesu für ihn das Sühnezeichen Gottes, um die gefallene Welt zu versöhnen. Erst auf dem Hintergrund dieser religiösen Erfahrung ist der rastlose, ja eifernde Einsatz zur „Bewältigung" der Vergangenheit zu verstehen. Der oft kritisierte Ausdruck der Vergangenheitsbewältigung bekommt hier seine Erklärung. Es geht für Erich Müller-Gangloff um die Bewältigung des Bösen in der Welt in dem genaueren Sinne, das Böse nicht Macht gewinnen zu lassen. Stimmt dieser Befund, so wird nicht nur der Eifer von Erich Müller-Gangloff in seinen vielen „Gründungen" begreiflich, die von hoher politischer Wirksamkeit waren und in den wichtigsten Impulsen bis heute weiterwirken. Zu dieser Bewunderung muß zugleich die notwendige Kritik treten. Entbehrt das Engagement z. B. von „Aktion Sühnezeichen" dieser ständigen Kritikbereitschaft, so führt dies zu Engführungen und Verkrampfungen. Im weiteren Sinne gilt dies für die Kultur des Gedenkens im ganzen und die praktische pädagogische Arbeit z. B. in Gedenkstätten und Schulen.[26] Die „Aktion Sühnezeichen" ist durch die Erweiterung ihrer Aufgaben und auch ihres Begriffes als Friedensdienst seit längerem dabei, den Gründungsimpuls so weiterzuentwickeln, daß er dem Anspruch einer ständigen Kritik entspricht. „Gründer", so pflegte Erich Müller-Gangloff mit einem Wort von Rosenstock-Huessy zu sagen, „müssen neu gründen oder abtreten."[27] Die Arbeit der Evangelischen Akademie, die sich der Aufarbeitung von Geschichte verpflichtet weiß, ist in der gleichen Weise weiterzuentwickeln. Dies gilt in der Zeit nach 1989 in besonderer Weise.

Erich Müller-Gangloff, der sein Wirken im Schatten der unbewältigten Vergangenheit verstand, bleibt ein überzeugendes Beispiel für die Verbindung von existentiellem, religiösem Engagement und nüchterner politischer und pädagogischer Arbeit.

Anmerkungen

1 Zitiert nach der Originaleinladung zu einer Tagung zum 20. Juli, die vom 15.-18. Juli 1955 im Tagungshaus Berlin-Wannsee stattgefunden hat. Vgl. Erich Müller-Gangloff: Unbewältigte Vergangenheit. In: *Kommunität* 1977, H. 1, S. 4; Vgl. Michael Kohlstruck: Zwischen Erinnerung und Geschichte. Der Nationalsozialismus und die jungen Deutschen. Berlin 1997, S. 13.
2 Dieses und die folgenden Zitate entstammen den Tagungseinladungen, die im Archiv der Evangelischen Akademie Berlin-Brandenburg vorliegen.
3 Erich Müller-Gangloff: Dreifaltigkeit des Bösen? Kassel 1953.
4 Das Manuskript dieser Arbeit wurde nach dem Tod von Müller-Gangloff von Waltraut Hopstock fertiggestellt. Es befindet sich heute im Archiv der Evangelischen Akademie Berlin-Brandenburg.
5 Erich Müller-Gangloff: Mit der Teilung leben. Eine gemeindeutsche Aufgabe. München 1965.
6 Zitiert nach Manfred Rexin: Ein deutscher Provokateur – Dr. Erich Müller-Gangloffs Gedanken zur Zukunft. In: „Vom harten Trost der Genauigkeit". Ingeborg Drewitz und Erich Müller-Gangloff in Berlin. *Kommunität* 1987, S. 16-29, hier S. 22f.
7 Ebd.

8   Stuttgart 1970, S. 125.
9   Christoph Obermüller: Die deutschen Stämme. Stammesgeschichte als Namensgeschichte und Reichsgeschichte. Bielefeld, Leipzig 1941.
10 Vgl. dazu Leonore Siegele-Wenschkewitz: „Hofprediger der Demokratie". Evangelische Akademien und politische Bildung in den Anfangsjahren der Bundesrepublik Deutschland. In: Zeitschrift für Kirchengeschichte 1997, H.1, S. 236-251.
11 Erich Müller-Gangloff, Europa, (Anm. 8), S. 125. Vgl. Erich Müller: Nationalbolschewismus. Hamburg 1933.
12 Gerhard Bassarak: Zur Aktualität politischer und theologischer Gedanken von Erich Müller-Gangloff. In: *Kommunität* 1980, S. 18.
13 Berlin 1948.
14 A.a.O., S. 27.
15 A.a.O., S. 30.
16 Vgl. etwa Erich Müller-Gangloff: Kommunität – nach drei Jahren. Rückschau und Ausblick im Zeichen Adams von Trott. In: *Kommunität* 1960, H. 1, S. 1-4.
17 Müller-Gangloff: Mit der Teilung leben, (Anm. 5), S. 54.
18 Tagebuchnotiz nach Waltraut Hopstock
19 Kirchenkanzlei im Auftrag des Rates der EKD (Hg.): Berlin 1958. Bericht über die dritte Tagung der zweiten Synode der Evangelischen Kirche in Deutschland vom 26. bis 30. April 1958. Berlin 1958, S. 279f; zitiert nach Konrad Weiß: Lothar Kreyssig. Prophet der Versöhnung. Gerlingen 1998, S. 455.
20 In: *Kommunität*. 1959, H. 1, S. 1f.
21 Vgl. dazu etwa Johanna Pütz: Die Möglichkeit erinnernden Handelns am Beispiel des Freiwilligen Sozialen Friedensdienstes der Aktion Sühnezeichen Friedensdienste (ASF). In: Klaus Himmelstein/ Wolfgang Keim (Hg.): Die Schärfung des Blicks. Pädagogik nach dem Holocaust. Frankfurt a.M. 1996, S. 193-208, insbes. S. 199f.
22 Zitiert nach Manfred Kanetzki: Die „Aktion Sühnezeichen" wird „Vierzig"! Überlegungen zum „Neunzigsten" von Erich Müller-Gangloff. Vortragsmanuskript zur Tagung vom 4.-6.7.1997 in Imshausen.
23 Müller-Gangloff, Mit der Teilung leben, (Anm. 5), S. 9.
24 Vgl. Rexin, Provokateur, (Anm. 6), S. 26.
25 Erich Müller-Gangloff: Vorläufer des Antichrist. Berlin 1948, S. 282.
26 Vgl. dazu etwa das Gespräch zwischen Heinz-Dieter Kittsteiner und Christian Staffa: Was geschieht mit den Taten im Gedenken? In: Christian Staffa/ Jochen Spielmann (Hg.): Nachträgliche Wirksamkeit. Vom Aufheben der Taten im Gedenken. Berlin 1998, S. 65-78.
27 Vgl. Hans Richard Nervermann: Ein Zeichen gesetzt. In: *Kommunität*, 1980, S. 7.

Gerhard Schoenberner

Joseph Wulf – Die Dokumentation des Verbrechens

I.

Von Joseph Wulf zu berichten, ist für den, der ihn gekannt hat, leicht und schwer zugleich. Leicht, weil zur Kenntnis seiner Bücher die der Person kommt. Und schwer aus eben demselben Grunde, da das Leben dieses Mannes für eine wichtige Wegstrecke mit dem eigenen verbunden war, weil dieselben politischen Zustände und Ereignisse, dieselben Sorgen und Kämpfe jene Tage bestimmten. Die frühen fünfziger Jahre waren die Zeit des Kalten Krieges und des Antikommunismus, in der jede Auseinandersetzung mit der NS-Vergangenheit nicht nur für überflüssig, sondern für politisch schädlich gehalten wurde.

Der Kurswechsel der amerikanischen Besatzungsmacht vom Programm der Re-education, das die Deutschen zu friedliebenden Demokraten umerziehen sollte, zur Eingliederung des westdeutschen Teilstaates in das westliche Militärpaktsystem hatte weitreichende Folgen. Der Abbruch der Nürnberger Nachfolgeprozesse und die Begnadigung bereits rechtskräftig verurteilter NS-Kriegsverbrecher, die dem Hohen Kommissar der USA von dem damaligen Bundeskanzler als Vorbedingung für einen westdeutschen Wehrbeitrag abgepreßt wurde, waren nur der Anfang.

Es folgte die Rückkehr der alten Machteliten in Verwaltung und Justiz, Armee, Wirtschaft, Wissenschaft und Kultur. Ministerialbürokraten und Wirtschaftsführer, Militärs, Richter, Mediziner, Hochschullehrer, die als willfährige Diener des „Dritten Reiches" gewirkt hatten, kehrten in leitende Positionen zurück. Soweit sie auf dem Territorium der Sowjetischen Besatzungszone, der späteren DDR ansässig gewesen waren, hatten sie in der Mehrzahl rechtzeitig bei Kriegsende ihren Wohnsitz nach Westen verlegt.

Hitlergeneräle bauten die Bundeswehr auf, Gestapobeamte die Kriminalpolizei der Länder, SD-Agenten den Bundesnachrichtendienst, Arisierungs- und Kriegsgewinnler die westdeutsche Wirtschaft. Die Hauptangeklagten im IG-Farben-Prozeß waren sehr bald wieder auf leitenden Posten der chemischen Industrie tätig. Einige Spitzenfunktionäre des „Dritten Reiches", die einer Verurteilung durch die ordentlichen Gerichte entgangen waren, nicht zuletzt weil dort dieselben Verhältnisse herrschten wie überall, konnten sogar Minister und Staatssekretäre werden. Mit Belastungsmaterial konfrontiert, leugneten sie frech, einer wie der andere, und wichen nur dem Druck des Skan-

dals. Ihr Rücktritt wurde von der Regierung regelmäßig als Opfer aus nationaler Verantwortung gelobt, die hohe Pension blieb ihnen immer. Die Wiedereinstellung ehemaliger Mitglieder der terroristischen Vereinigung NSDAP in den öffentlichen Dienst und ihre Entschädigung für etwa erlittenen Haft- oder Berufsschaden wurde vom Bundestag zum Gesetz erhoben. In dem einen oder anderen Ministerium, so fand ein mutiger CDU-Journalist damals durch sorgfältige Recherchen heraus, waren nunmehr mehr PGs beschäftigt als vor dem 8.Mai 1945. Nur wenige der belasteten Nazirichter kamen der in ein Angebot gekleideten Bitte nach, bei vollen Bezügen vorzeitig in Pension zu gehen. Die juristische Aufarbeitung der NS-Verbrechen stieß auf fast unüberwindliche Schwierigkeiten. Und das nicht nur wegen der unzureichenden Gesetzgebung, in der solche Massenmorde nicht vorgesehen waren. Akten, die in Archiven osteuropäischer Länder lagerten, galten ungeprüft als kommunistische Fälschungen. Offiziell angefordert durften sie lange Zeit nicht werden, später verschwanden manche auf dem Dienstweg. Die neu gegründete „Zentrale Stelle der Landesjustizverwaltungen" in Ludwigsburg konnte ihre Ermittlungen nur über Vertrauensleute durchführen, weil offizielle Anfragen bei den Behörden der Länder den belasteten Personen vorzeitig bekannt wurden, bevor Anklage erhoben werden konnte. Es ist ein Indiz für das damals herrschende Klima, daß selbst die Berliner SPD es für angebracht hielt, aus den Biographien ihrer Spitzenkandidaten im Wahlkampf jeden Hinweis auf Exil oder politische Haftstrafen während der NS-Zeit zu tilgen.
Auf dem Buchmarkt und in den Illustrierten erschienen die Rechtfertigungsmemoiren von Prominenten des „Dritten Reiches". In den Kinos dominierte amerikanische Militär- und Kriegspropaganda, gefolgt von westdeutschen Versuchen einer Entnazifizierung des Zweiten Weltkriegs. Unter diesen Umständen hatten Bücher, die über das Naziregime und seine Verbrechen aufklären wollten, wenig Chancen. Das Tagebuch der Anne Frank erwies sich damals als unverkäuflich. Alexander Mitscherlichs Dokumentation *Medizin ohne Menschlichkeit* wurde von interessierter Seite aufgekauft und verschwand für lange Zeit aus den Buchhandlungen. Wer von der NS-Vergangenheit sprechen wollte, die ihre Schatten täglich, unübersehbar auf die westdeutsche Gegenwart warf, wurde folgerichtig, wenn nicht als kommunistischer Agent, so doch als objektiver Helfershelfer östlicher Mächte und Interessen eingestuft. Die politischen Verhältnisse und der Zeitgeist, die damals herrschten, liegen heute schon so fern, daß man die Jüngeren daran erinnern muß, denn vergessen soll man es keineswegs. Das war der Zeithintergrund für die Arbeit, die Joseph Wulf sich vorgenommen hatte.

II.

Seine Bücher kannte ich lange, bevor ich ihn selbst kennenlernte. Als ich begann, über das Thema der NS-Judenverfolgung zu arbeiten, lagen – von ihm und Léon Poliakov herausgegeben – bereits drei gewichtige Dokumentationsbände der Reihe über *Das Dritte Reich* vor. Bald nach dem Erscheinen meines ersten Buches, *Der gelbe Stern*,[1] auf das er durch eine Besprechung in *Le Monde* aufmerksam geworden war, rief Wulf mich an und lud meine Frau und mich zu sich nach Hause ein. Er empfing uns Jüngere mit einer freundschaftlichen Kollegialität, die zeigte, daß er uns als Verbündete betrachtete. Wir verstanden und mochten uns auf Anhieb. Seitdem sahen wir uns öfter. Noch häufiger rief er mich an, meist voller Pläne, oft auch tief niedergedrückt. Mehr als einmal konnte ich ihm publizistische Rückendeckung geben, wenn er von denen attackiert wurde, die sich durch seine Dokumentationen bloßgestellt sahen.

Dieser zierlich wirkende kleine Mann, der trotz seiner labilen Gesundheit ein immenses Arbeitspensum bewältigte, wie sich an der langen Reihe seiner Bücher ablesen läßt, liebte das Leben und liebte das Gespräch. Es war ein Vergnügen, sich mit ihm zu unterhalten, auch wenn man nicht immer einer Meinung war. Das gemeinsame Thema und die aktuellen Auseinandersetzungen, die sich aus unserer Arbeit ergaben, standen im Vordergrund.

Wer war dieser Joseph Wulf? Wer den stets sorgfältig gekleideten älteren Herrn mit Spazierstock und Pfeife oder der etwas koketten Zigarettenspitze auf dem Kurfürstendamm traf, hätte ihn leicht für einen Boulevardier, einen Flaneur der Großstadt im Sinne von Franz Hessel, auf jeden Fall aber für einen gut situierten Bürger halten können. Und das zu sein, war auch sein heimlicher Traum: sich sicher zu fühlen. Aber wie man weiß, werden von Büchern die wenigsten Menschen reich, Autoren am seltensten. Wulfs Liebe zur Welt von gestern, sein betont bürgerlicher Lebensstil, die große Wohnung, die freizügige Gastfreundschaft, mit der er seine Freunde empfing, diese wiederhergestellte Erinnerung an das Elternhaus und dessen Atmosphäre von Wohlstand und Geborgenheit war keine Marotte, sondern für ihn existentielle Notwendigkeit. Es war der Versuch eines Verlorenen und tief Gefährdeten, sich des wiedergefundenen Lebens zu vergewissern und sich festzuhalten an dem, was einst die Insignien einer stabil gefügten Welt gewesen waren, die es nicht mehr gab, und Sicherheit zu spüren, die es nicht mehr gab, nicht für ihn, der aus dem Abgrund zurückgekehrt war und weiter am Rande des Abgrunds lebte.

Joseph Wulf – Die Dokumentation des Verbrechens

Joseph Wulf wurde 1912 in Chemnitz als Sohn eines wohlhabenden Kaufmanns geboren. Als er fünf Jahre alt war, zog die Familie nach Krakau. Hier wuchs er auf, hier begann er später sein Studium, das er in Nancy und Paris fortsetzte. Zurück in Polen, heiratete er seine Jenta, die einem berühmten Rabbinergeschlecht entstammte. Nach dem Wunsch des Vaters hätte auch Wulf Rabbiner werden sollen, aber er wurde Schriftsteller. Mit 27 Jahren veröffentlichte er sein erstes Buch, *Kritische Miniaturen*, geschrieben in jiddischer Sprache. Es war das Jahr 1939. Der Überfall Deutschlands auf Polen machte seiner weiteren Karriere abrupt ein Ende.

1941 fand Wulf für Frau und Sohn ein Versteck bei einem polnischen Bauern. Er selbst schloß sich einer jüdischen Kampforganisation an, die mit Flugblattaktionen, Gleissprengungen und Attentaten auf Kollaborateure und die Besatzungsmacht von sich reden machte. Zur Leitung gehörten Wulfs Freunde, das legendäre Paar Szymszon Draenger und seine Frau Gusta, deren im Gefängnis verfaßte Aufzeichnungen Wulf nach dem Kriege herausbrachte.[2]

Weihnachten 1942 wurden die ersten Mitglieder der Organisation verhaftet, Mitte März flog eine ganze Gruppe auf. Wulf überstand einen Monat Untersuchungshaft im Krakauer Gestapogefängnis, wo der schmächtige Mann mit Hilfe von Berufsboxern ergebnislos verhört wurde. Anschließend wurde er mit einem Transport von 30 Männern und sieben Frauen nach Auschwitz deportiert.[3] Nach einem Vierteljahr Sklavenarbeit in den Bunawerken der IG Farben kam er in den Krankenbau.[4] Gegen Ende des Jahres gelang es ihm, mit einem gefürchteten Kapo ein Geschäft abzuschließen, das ihm das Leben retten sollte. Ähnlich wie Marcel Reich-Ranicki, dessen täglich mit einer Geschichte aus der Weltliteratur bezahltes Leben im Versteck Günter Grass in der *Blechtrommel* beschrieben hat, konnte sich Wulf mit der Erzählung „schöner Geschichten" eine leichtere Arbeit und besseres Essen erkaufen und so ein zweites Jahr in Monowitz überstehen. Bei der Evakuierung des Lagers im Januar 1945 gelang es ihm, mit einigen Kameraden vor dem Todesmarsch zu entfliehen. Nach der Befreiung durch die Rote Armee fand er Frau und Sohn lebend wieder. Aber Vater, Mutter, Bruder, Schwägerin und Nichte waren ermordet.

Wulf gehörte zu den Gründern der „Zentralen Jüdischen Historischen Kommission" in Polen, die schon im Februar 1945 ihre Arbeit aufnahm und aus der später das „Jüdische Historische Institut" hervorging, dessen Mitglieder in der Folgezeit nach Paris, New York und Jerusalem emigrierten und überall ähnliche Institute aufbauten. Er selbst ging 1948 nach Paris und arbeitete dort eine Zeitlang in der Leitung des „Centre pour l'histoire des Juifs polonais". Anfang der fünfziger Jahren führte ihn die Archivarbeit nach Berlin, wo er 1955 auch seßhaft und heimisch wurde, ein hochgeschätzter Einzelgänger, der mit Geistern verschiedenster Couleur Umgang hatte, ohne sich irgendeiner Gruppe anzuschließen.

III.

Wulf zitierte gern Simon Dubnow, den Autor einer zehnbändigen Geschichte des jüdischen Volkes, der – als er von seinen Mördern abgeholt wird – den Umstehenden zuschreit: »Notiert alles!« Dieser Impuls – Haltet es fest für die Nachwelt – half vielen zu überleben, während des Krieges und danach. Man kann auch Wulfs Leben und Arbeit nicht anders verstehen. An der Wand über seinem Schreibtisch stand in hebräischer Schrift: »Erinnere Dich an die 6 Millionen!!!« Das war sein Motto, das war es, was ihn bewegte und in unermüdlicher Bewegung hielt durch dreißig Nachkriegsjahre, der Gedanke an die Ermordeten seines Volkes und die selbstauferlegte Pflicht, alles dafür zu tun, daß dieser Massenmord nie vergessen werde.
Diesem Ziel diente die von der „Jüdischen Historischen Kommission" unmittelbar nach Kriegsende begonnene und von dem aus ihr hervorgehenden Institut in Warschau später fortgeführte ausgezeichnete Dokumentationsreihe,[5] zu deren Redakteuren bis 1948 auch Joseph Wulf zählte. Diese Aufgabe hatten auch die Publikationen, die er selbst, anfangs noch gemeinsam mit Léon Poliakov, später allein, in deutscher Sprache veröffentlichte. In Arno Scholz, dem Chef des sozialdemokratischen arani-Verlags in Berlin, fand Wulf einen politisch engagierten Mentor, der das ökonomische und juristische Risiko nicht scheute, die ersten vier voluminösen Dokumentenbände auf den Markt zu bringen, damals von Herausgeber wie Verleger eine Pionierleistung ersten Ranges.
Die Buchreihe, begonnen mit *Das Dritte Reich und die Juden* und fortgesetzt mit weiteren Bänden über *Die Diener* (Auswärtiges Amt, Justiz, Wehrmacht), *Die Denker* (NS-Ideologie und Wissenschaften) und *Die Vollstrecker* (Die Liquidierung des Warschauer Ghettos 1943) glich einem Paukenschlag. Fortan war es nicht mehr möglich, so schamlos zu lügen und so hartnäckig zu leugnen oder zu schweigen wie bis dahin. Entsprechend widersprüchlich fielen die Reaktionen der Kritik und der Betroffenen aus.
Mitte der sechziger Jahre folgte bei Sigbert Mohn eine fünfbändige Serie über *Die Bildenden Künste, Musik, Literatur und Dichtung, Theater und Film*,

Presse und Rundfunk im Dritten Reich. Wieder hatte Wulf die Bestände der großen jüdischen Institute des Auslands, des Nürnberger Staatsarchivs, des Bundesarchivs, des Berlin Document Center und zahlreicher kleinerer Archive ausgewertet. Und wieder präsentierte er ausgewählte Dokumente, amtliche Verlautbarungen, interne Anweisungen und Berichte, Pressemeldungen und Aufsätze, amtliche Korrespondenzen sowie private Schreiben der „gleichgeschalteten" Eliten an die Partei- und Staatsorgane. Hier wie dort handelte es sich zum größten Teil um Erstveröffentlichungen von Dokumenten, die bis dahin unbekannt gewesen waren. Das gab ihnen nicht nur einen besonderen Wert für die politische Aufklärung über die menschenfeindliche Ideologie und kriminelle Praxis des NS-Regimes. Das machte auch ihre politische Brisanz aus, denn gleichzeitig wurde hier zum ersten Mal das ganze Ausmaß der geistigen und moralischen Korruption sichtbar, die Deutschland damals erfaßt hatte. Überall stieß der Leser auf bekannte Namen aus Politik und Verwaltung, Kunst und Wissenschaft der deutschen Nachkriegsgesellschaft. Nach wie vor stellen diese neun Bände, die später auch in Taschenbuch-Ausgaben erschienen und ein breites Publikum fanden, ein höchst lesenswertes Kompendium dar. Sie ermöglichen tiefe Einblicke und Einsichten in das Innenleben einer Diktatur, die Absurdität und Unmenschlichkeit einer politischen Doktrin und die tragischen wie die grotesken Folgen, die sie auslöste, aber auch menschliche Größe und Erbärmlichkeit unter dem Zwang des Terrors, der dieser Doktrin Geltung verschaffte.
Einige Fachhistoriker haben, zuerst versteckt und hinter vorgehaltener Hand, später auch offen, Wulfs Arbeitsweise, sein editorisches Prinzip als unwissenschaftlich kritisiert: die Auswahl charakteristischer Auszüge aus längeren Dokumenten, die pointierten Überschriften, die stets Zitate aus diesen Dokumenten waren, kurzum den Versuch, das Material vorzusichten, zu organisieren und für den politisch und historisch interessierten Zeitgenossen zugänglich und lesbar zu machen. Auf solche Einwände, die seinen Anspruch ebenso verkannten wie seine Absichten, antwortete Wulf mit Hans Rothfels:»Ich bin objektiv, aber nicht neutral.« Ich muß gestehen, daß ich dieses Credo und die aus ihm entwickelte publizistische Arbeitsmethode besonders schätzte.
Wulf hat das historische Verdienst, als erster mit der Publikation der NS-Dokumente begonnen und so die Erforschung dieses Zeitabschnitts in der Breite eingeleitet zu haben. Er wartete nicht auf die Fachhistoriker, von denen sich damals nur sehr wenige an dieses Thema wagten, aber er griff auch deren späteren Analysen nicht vor. Er brach nur ein Tabu, füllte eine Lücke und zwang die Historikerzunft, ihr wissenschaftliches Interesse diesem lange

vernachlässigten großen Themenfeld zuzuwenden. Das haben ihm die einen wie die anderen nie vergessen.
Neben den beiden Hauptwerken, neun Dokumentationsbänden von insgesamt über viereinhalbtausend Seiten, entstanden innerhalb eines Jahrzehnts noch Studien über die Nürnberger Gesetze, über die Geschichte der Ghettos von Lodz und Warschau, Biographien von Himmler, Bormann und Raoul Wallenberg, dem tapferen Gegenspieler der Mörder, eine Sammlung jiddischer Gedichte und Lieder aus den Ghettos und schließlich eine Geschichte der SS, die nur in französischer Sprache vorliegt.

IV.

Wulfs unermüdliche Auseinandersetzung mit der Vergangenheit schloß eine aktive Teilnahme an der Gegenwart der Bundesrepublik nicht aus, sondern ein. Wenn die Zeit für die Tagesschau gekommen war, brach er jede Unterhaltung ab. Ich erinnere mich an einen Abend, als wir gemeinsam im Fernsehen die Berichterstattung über die Wahl Heinemanns zum Bundespräsidenten verfolgten. Wulfs Aufregung und Freude zeigte mir, daß er nicht nur die politische Bedeutung der Stunde erkannte, sondern sich soweit als Bürger unseres Landes fühlte, daß er an seinen politischen Ereignissen teilnahm, nicht anders als wir. Deutscher werden, den westdeutschen Paß beantragen, das hätte er nie gewollt. Aber Berliner war er längst geworden und konnte es um so leichter, als dieser Status ihm erlaubte, »ein Jude aus Galizien« zu bleiben, wie er sich selbstironisch titulierte.
Obwohl seine Bücher nur aus seiner bewußt jüdischen Existenz und der fundamentalen Erfahrung der Verfolgungsperiode zu verstehen sind, bezeugte er im Laufe der Jahre doch zunehmend eine politisch breitere, kombattiv antifaschistische Position. Der Gedanke einer isolierten Behandlung des Genozids am jüdischen Volk, den man heute fälschlich »Holocaust« nennt, wäre ihm so wenig in den Sinn gekommen wie dessen Betrachtung als ein Kapitel abgeschlossener Geschichte. Es lag in der Konsequenz dieses Denkens, daß er im Laufe der Zeit frühere Standpunkte revidierte und sich in einigen Fragen politisch denen näherte, die er als einzig verläßliche Bündnispartner seiner Westberliner Jahre kennengelernt hatte. Charakteristisch dafür ist seine Äußerung in einem Interview mit der *Frankfurter Rundschau* im August 1974. Wären die Lehren des Tausendjährigen Reiches nicht vergessen worden, heißt es da, »hätte es kein Vietnam und Zypern gegeben, wo Kinder, Frauen und Greise ermordet wurden.«

An Ehrungen hat es Wulf im letzten Lebensjahrzehnt nicht gefehlt. Nacheinander wurden ihm der Leo Baeck-Preis, die Carl von Ossietzky-Medaille und der Heinrich Stahl-Preis zugesprochen. 1970 verlieh ihm die Freie Universität, an der er einen Lehrauftrag hatte, die Ehrendoktorwürde. »Mit dieser Auszeichnung«, schrieb der damalige Dekan der Philosophischen Fakultät, »ehrt die Universität sich selbst«.
Gleichzeitig erlebte er in diesen Jahren seine größten Niederlagen. Die Verlage zögerten, sich auf neue Buchprojekte einzulassen. Das Fernsehen kündigte einen Beratervertrag, eine feste Anstellung konnte er nicht finden. Er geriet zunehmend in finanzielle Schwierigkeiten. Vor allem aber scheiterte in diesen Jahren sein größtes Projekt, das er mit einem kleinen Kreis von Freunden und Kollegen 1965 entwickelte und in der Folgezeit durchzusetzen suchte: die Einrichtung eines *Internationalen Dokumentationszentrums zur Erforschung des Nationalsozialismus und seiner Folgeerscheinungen* im Haus der Endlösung. So nannte er das Gebäude, in dem im Jahr 1942 die berüchtigte Wannsee-Konferenz stattgefunden hatte. Wir dachten damals an ein Mikrofilmarchiv, in dem die weltweit verstreuten Aktenbestände gesammelt werden sollten, eine Fachbibliothek, Seminar- und Konferenzräume und später eine ständige Ausstellung.
Ein Jahr später wurde ein Verein ins Leben gerufen. Zu den Gründungsmitgliedern gehörten außer unserer Initiativgruppe u.a. Egon Bahr, Heinz Galinski, Dietrich Goldschmidt, Helmut Gollwitzer, Hans Werner Schwarze und Wilhelm Weischedel. Die rasch wachsende Mitgliederliste liest sich wie ein Auszug aus dem *Who is who*. Man findet hier nebeneinander Wolfgang Abendroth, Fritz Bauer, Karl Dietrich Bracher, Axel Eggebrecht, Max Horkheimer, Barbara Just-Dahlmann, Eugen Kogon, Hermann Langbein, Erich Lüth, Alexander Mitscherlich, Leon Poliakov, Simon Wiesenthal und viele mehr. Wulf wurde einstimmig zum Vorsitzenden gewählt. Im Kuratorium saßen Graf von Baudissin, Thomas Dehler, Bischof Kurt Scharf und Robert W. Kempner zusammen mit Alfred Grosser/Paris, Gideon Hausner/Jerusalem, Louis de Jong/Amsterdam und Golo Mann/Zürich. Den Ehrenvorsitz übernahm Karl Jaspers, den Vorsitz der Rektor der Freien Universität Berlin, Hans-Joachim Lieber. Die wichtigsten ausländischen Archive signalisierten Kooperationsbereitschaft und stellten die Überlassung von Materialien in Aussicht. Die großen jüdischen Organisationen der USA sagten Unterstützung zu. Nahum Goldmann als Präsident des Jüdischen Weltkongresses kam zweimal nach Berlin, um den Berliner Senat für eine positive Entscheidung zu gewinnen. Es war alles vergeblich.

Vordergründig ging es um das Haus, das zu diesem Zeitpunkt dem Berliner Bezirk Neukölln als Schullandheim diente. Die regierende SPD befürchtete, durch eine Ausquartierung der Kinder bei den Wahlen Stimmen zu verlieren. Daneben gab es unausgesprochen auch Vorbehalte gegen Joseph Wulf. Vor allem aber fehlte damals jedes Verständnis für die Notwendigkeit eines solchen Unternehmens. Der Kalte Krieg, der andere Prioritäten gesetzt hatte, war noch zu nahe, als daß die Aufarbeitung der NS-Vergangenheit als aktuelles Projekt begriffen worden wäre. So stellte sich denn im Laufe der Zeit heraus, daß weder das vom Senat gemachte Angebot einer Unterbringung des Instituts an anderem Ort noch sein Vorschlag einer Anbindung an die Freie Universität irgendeine reale Grundlage hatte.

Als Ende der achtziger Jahre die Stadt Berlin den alten Plan dann doch noch aufgriff, fanden sich in kürzester Zeit nicht nur die nötigen Finanzmittel, sondern auch ein neues Quartier für das Schullandheim am gegenüberliegenden Seeufer. Daß es ein von der CDU geführter Senat war, der die politische Fehlentscheidung eines früheren SPD-Senats korrigierte, zeigt nur, welcher Wandel in der Zwischenzeit im öffentlichen Bewußtsein eingetreten war.

Liest man die alten Unterlagen aus dem Abstand von mehr als einem Vierteljahrhundert noch einmal durch, erscheint einem das Ganze wie das Szenario für die erfolgreiche Zermürbung einer unerwünschten Bürgerinitiative durch Hinhaltetaktik. Nach zahllosen ergebnislosen Verhandlungen beschloß der Verein schließlich seine Auflösung. Im achten Jahr nach unserer ersten Sitzung wurde er aus dem Vereinsregister gelöscht.[6]

V.

Ein knappes halbes Jahr darauf, im August 1973, traf Wulf der schwerste Schlag, der Tod seiner Frau. Seitdem war er ein gebrochener Mann. Nach fast vierzig gemeinsamen Jahren – nur unterbrochen durch die Zeit der Illegalität und Gefangenschaft – plötzlich allein, fühlte er sich ganz verloren. Als er im Januar 1974 nach Tel Aviv kam, um die Überführung seiner Frau vorzubereiten, und uns besuchte, war eine Nähe zwischen uns wie nie zuvor. Aber seine Umarmung war die eines Ertrinkenden. Wieder in Berlin, brach er zusammen und kam in eine Klinik. Nach einer längeren Kur schien es jedoch, als habe er sich erneut gefangen. Seine letzten Briefe, die von neuen Arbeitsplänen berichteten, machten den Eindruck, als habe seine Lebenskraft gesiegt. Noch einmal versuchte er, an seinen Berliner Schreibtisch zurückzukehren und seine gewohnte Tätigkeit wieder aufzunehmen, aber er fiel in eine neue, diesmal tödliche Depression. Auch Ulla Böhme, die seine Arbeit über mehr als ein Jahrzehnt hinweg treu begleitet hatte und längst Kind im Haus und engste Vertraute der beiden Wulfs war, konnte das Unheil nicht aufhalten. An dem Morgen, als sie die Post mit der guten Nachricht heraufbrachte, daß ein großer Verlag seine *Tagebücher eines Ostjuden* publizieren wollte, fand sie nur noch seine Uhr auf dem Tisch und das Fenster offen. Es ist viel über die Gründe dieses Todes spekuliert worden. Aber die meisten Erklärungen gingen fehl, weil sie das Einfachste übersahen. Tatsächlich gab es keine Niederlage, keinen Schicksalsschlag, den Wulf nicht ertragen hätte, wäre Jenta noch an seiner Seite gewesen. Ohne den Halt dieser Frau, deren warmherzige Freundlichkeit und stille Klugheit niemand vergessen wird, der sie gekannt hat, schien ihm das Weiterleben unmöglich. Ohne sie wollte und konnte er nicht länger sein. So starb er wie seine beiden Schicksalsgefährten aus Auschwitz, wie Primo Levi, der sich aus dem Fenster warf und unser Freund Jean Amery, der sich auch selbst den Tod gab, über den er in klugen Essays so lange philosophisch reflektiert hatte. Wie sie, so hat auch Joseph Wulf angeschrieben gegen die Bedrohung durch die Vergangenheit, bis sie ihn am Ende doch noch einholte.

An einem heißen Oktobernachmittag haben wir ihn auf dem Friedhof in Holon bei Tel Aviv zu Grabe getragen, die nächsten Familienangehörigen, eine kleine Schar überlebender Partisanen und drei Freunde aus Deutschland. Joseph Wulf lebt fort in der Erinnerung der Freunde und in seinem Werk, das mit seinem Anstoß zur Aufarbeitung der jüngsten deutschen Geschichte längst selbst Geschichte gemacht hat.

Es gehört zur List der Vernunft, daß mit einem Vierteljahrhundert Verspätung sein Plan, das Haus der Wannseekonferenz in einen Ort des Gedenkens und Lernens zu verwandeln, wenn auch in veränderter, den heutigen Bedürfnissen entsprechender Form, doch noch Wirklichkeit geworden ist und mit der *Topographie des Terrors* auf dem Areal, wo einmal die Reichsführung SS und das Reichssicherheitshauptamt ihren Sitz hatten, seine logische Ergänzung gefunden hat. Auch hier bleibt die Erinnerung an Joseph Wulf lebendig. Sein aufmerksamer Blick wird unsere Arbeit auch weiterhin begleiten. Sein Beispiel spornt uns an, nicht nachzulassen in der immer von neuem nötigen Anstrengung, dem Vergessen zu wehren und das Gewissen zu schärfen, politische Aufklärung zu verbreiten und zur Humanität zu erziehen. Das ist Joseph Wulfs Auftrag an uns.

Anmerkungen

1 Gerhard Schoenberner: Der gelbe Stern. Die Judenverfolgung in Europa 1933-1945, Hamburg 1960, München 1978, Frankfurt/Main 1982, München 1998.

2 Gusta Draenger: Pamietnik Justyny (Tagebuch der Justyna), mit einem Vorwort versehen von Joseph Wulf, Krakau 1946; deutsch in: Im Feuer vergangen. Tagebücher aus dem Ghetto. Berlin (DDR) 1958, München 1963, S. 167-298.

3 Danuta Czech: Kalendarium der Ereignisse im Konzentrationslager Auschwitz-Birkenau 1939-1945, Reinbek 1989, S. 467.

4 Krankenbuch des Häftlingskrankenbaus Auschwitz-Monowitz (Staatliches Museum Auschwitz, Archiv), Blatt 42, Faksimile in: Sachor. Nicht vergessen. Erinnerung an Joseph Wulf, Aktion Sühnezeichen/Friedensdienste, Berlin 1989, S. 11.

5 Unter den zahlreichen Publikationen sei besonders hingewiesen auf die Bände I-IV der Reihe *Dokumenty i Materialy* und den Sammelband *Eksterminacja Zydow na ziemiach poskich w okresie okupacji hitlerowskiej*, in denen alle Dokumente im deutschen Original und in polnischer Übersetzung wiedergegeben sind.

6 Vgl. Gerhard Schoenberner: Der lange Weg nach Wannsee, Von der Gründerzeitvilla zur Gedenkstätte. In: *Dachauer Hefte* 8, 1996, S. 150-163.

Hans-Ernst Böttcher

Richard Schmid – ein Radikaler im öffentlichen Dienst

Bei der Befreiung eines kleinen Ortes bei Herrenberg in Württemberg im Frühjahr 1945 wird dem französischen Ortskommandanten ein landwirtschaftlicher Zwangsarbeiter vorgeführt. Der französische Offizier ist früher im Zivilberuf Rechtsanwalt in Berlin gewesen. Der Landarbeiter kann sich nur durch zwei Dokumente ausweisen: die Aberkennung des Doktorgrades durch die rechtswissenschaftliche Fakultät der Universität Tübingen und einen Bescheid, mit dem seine „Wehrunwürdigkeit" festgestellt wird. Er heißt Richard Schmid. Wenig später ist er Generalstaatsanwalt in Stuttgart (bis 1953), gleichzeitig Abteilungsleiter im Justizministerium und zeitweilig als Staatssekretär Stellvertreter des Justizministers. Danach (bis zu seiner Pensionierung 1964) ist er dort Oberlandesgerichtspräsident. Man sagt, es sei eine der letzten Amtshandlungen des Ministerpräsidenten Reinhold Maier (FDP) gewesen, Richard Schmid in diesem hohen Amt zum Richter zu ernennen. Damit ist er, im Gegensatz zu dem vorherigen Status als „politischer Beamter", unabsetzbar. „Wissen Sie, jetzt bin ich schon zu hoch oben",[1] wird er im Verlaufe einer scharfen politischen Auseinandersetzung, über die noch zu berichten sein wird, sagen.

Das ist sozusagen, bis zu seinem Tode nach einer mehr als zwanzig Jahre langen, aktiven Pensionärszeit am 01.01.1986 das Leben Richard Schmids *nachher*, nach dem Jahr 1945, das fast genau die Mitte seines Lebens bedeutet. Was war *vorher*?

Leben und Werk

Der am 31.03.1899 geborene Richard Schmid stammt aus einer begüterten Mühlenbesitzerfamilie in Sulz am Neckar. Sein Studium der Rechtswissenschaften schließt er zügig ab, 1923 wird er zum Dr. jur. promoviert, das Assessorexamen legt er 1924 ab und wird danach Richter. Den Dienst als Richter auf Probe gibt er auf, weil er gegen seinen Willen zeitweilig Staatsanwalt werden soll. Es ist eine Ironie der Geschichte, daß er dann 1945 in den Beruf des Staatsanwalts zurückkehrt, wenn auch „ganz oben". Bis 1930 führt er als Anwalt in einer vorwiegend zivil- und wirtschaftsrechtlich ausgerichteten Kanzlei eher ein unpolitisches Leben. Er ist ein Freund der Literatur, vor allem ein besonderer Kenner der Werke Karl Kraus'. Die vollständige Ausgabe der *Fackel* steht noch heute in der Bibliothek in seinem Haus in Stuttgart. Freilich hat er schon in dieser Zeit enge Freunde aus dem politischen Raum, etwa den jungen Richter Fritz Bauer und den Journalisten Kurt Schumacher. Nach dem 14. September 1930 erfährt er auf einer Reise nach Österreich vom Ergebnis der Reichstagswahlen: Die Nationalsozialisten verfügen plötzlich über 107 statt wie zuvor über 12 Mandate. Richard Schmid sieht diesen Tag als den eigentlichen Tag der Hitlerschen „Machtergreifung", den 30. Januar 1933 dann nur noch als einen weiteren, entscheidenden Schritt des Vollzuges.[2] Für Richard Schmid ist der Schock vom 14. September 1930 Anlaß, sich politisch umzusehen und zu wappnen. Er tut dies, indem er sich im Selbststudium die sozialistischen Klassiker aneignet, und damit seine politische Sozialisation nachholt. Ab 1934 verteidigt er als Anwalt Mitglieder der illegalen Stuttgarter Gruppe der Sozialistischen Arbeiterpartei (SAP). Er wird vom Verteidiger zum Genossen, wirkt in der illegalen Organisation mit und nutzt seine anwaltlichen Auslandsreisen (unter anderem nach Frankreich und Dänemark) zu Treffen mit im Exil Lebenden, so z. B. mit Fritz Bauer und August Thalheimer.[3] Dem Stuttgarter Freund Fritz Lamm, später geistiger Vater ganzer Gruppen im „Sozialistischen Deutschen Studentenbund" (SDS), hilft er, die Flucht über den Bodensee in die Schweiz zu bewerkstelligen.[4]

Die illegale SAP-Gruppe ist sinnigerweise als Esperanto-Kreis getarnt. 1938 werden zunächst die Freiburger, dann die Mannheimer, dann die Stuttgarter Gruppe der SAP denunziert. Richard Schmid wird mit Gesinnungsfreunden verhaftet, macht zwei Jahre Gestapo- und U-Haft durch. 1940 wird er vom Volksgerichtshof wegen Vorbereitung zum Hochverrat zu drei Jahren Zuchthaus – unter Anrechnung der U-Haft – verurteilt. Es beruht auf einer Kette von Glücksumständen und grenzt an ein Wunder, daß ihm bei seiner Entlassung 1941 KZ und Einberufung zu einer „Bewährungseinheit" erspart bleiben. Die alten Stuttgarter Gestapobeamten sind längst über ganz Europa verstreut, den neuen ist, zumal noch vor dem deutschen Angriff auf die Sowjetunion und unter der Geltung des Hitler-Stalin Paktes, die hartnäckige Verfolgung der Mitglieder linkssozialistischer Splittergruppen, die Verurteilung und Haft hinter sich haben, nicht mehr so wichtig wie zuvor. Die Vorschriften über die Einberufung der „bedingt Wehrwürdigen" gelten nur für die Angehörigen der Jahrgänge ab 1900. Richard Schmid ist aber 1899 geboren.

Nach 1945 ist er dann also Generalstaatsanwalt und Oberlandesgerichtspräsident, und die Jahre, die er als „Radikaler im öffentlichen Dienst", wie man sagen könnte, verbringt, tragen seine Handschrift: In Haft- und Vollzugsangelegenheiten läßt er sich nichts vormachen. Als ehemaliger Insasse des Zuchthauses Ludwigsburg und Leiter der Anstaltsbibliothek kennt er das Innenleben des Vollzuges. Die Entnazifizierung der Justiz betreibt er, wo er kann, ernsthaft und gründlich. Er sorgt im Wege der Dienstaufsicht dafür, daß Prozesse gegen Kriegsverbrecher mit Nachdruck vorbereitet und durchgeführt, die Staatsanwälte und Richter hierfür sorgfältig ausgewählt werden; die alte Schwurgerichtsverfassung gab ihm als dem Oberlandesgerichtspräsidenten dazu auch für die *Richter* die Möglichkeit. Auch im übrigen setzt er, wo er kann, in der Personalpolitik andere Akzente als nach den überkommenen, ungebrochen durch die NS-Zeit hindurch gepflogenen Standards der vermeintlich unpolitischen Justiz. Vor allem liegt ihm am Herzen, daß die Grundrechte Rechtswirklichkeit werden. Er sorgt dafür im wahrsten Sinne des Wortes dienstlich und außerdienstlich.

Als Autor geht er ebenso wie im Dienst andere Wege als die meisten schreibenden Juristen. Er publiziert zwar durchaus auch in juristischen Fachzeitschriften, insbesondere in der *Juristenzeitung* und später nach deren Gründung 1968 in der *Kritischen Justiz*. Seine Medien sind aber vor allem die allgemeinen und öffentlichen Blätter: die *Frankfurter Rundschau*, die *Zeit*, die *Frankfurter Hefte*, die *Neue Rundschau*, der *Merkur*, die *Stuttgarter Zeitung*, die *Gewerkschaftlichen Monatshefte*. Viele seiner gedruckten Arbeiten beruhen auf politischen Vorträgen, Akademiereferaten oder Rundfunkessays. Die Arbeiten lassen sich in drei Sammelbänden nachlesen, die Richard Schmid noch selbst zusammengestellt hat: *Justiz in der Bundesrepublik*,[5] *Das Unbehagen an der Justiz*[6] und *Letzter Unwille*.[7] Für einen weiteren Band, der voraussichtlich den Titel *Nachlaß* tragen soll, liegen genügend andere, bisher verstreut oder überhaupt nicht publizierte Arbeiten bereit. Publizistisches Neuland betreten hat Richard Schmid mit einer Art „Grundgesetzkommentar für jedermann" mit dem Titel *Unser aller Grundgesetz?*[8] Schließlich hat er 1967 den kleinen Band *Justiz in der Bundesrepublik* publiziert,[9] eine politische Soziologie der deutschen Justiz zum damaligen Zeitpunkt samt ihrer Vergangenheit.

Auf seine Weise hat Richard Schmid eine Theorie der Grundrechte in praktischer Absicht und aus praktischer Erfahrung formuliert. Diese zu systematisieren und auszudifferenzieren, wäre lohnende Aufgabe einer demokratischen Staatsrechtswissenschaft, Rechtsanwendungslehre und Justizforschung. Es ging ihm vor allem immer wieder darum, die Rechtsordnung in ihrer Unbedingtheit, aber auch in ihrer Geschichtlichkeit und ihrer Pluralität zu zeigen; immer wieder auf den Vorrang der Grundrechte zu dringen, wie es in Artikel

1 Absatz 3 des Grundgesetzes (GG) gesagt ist; zu zeigen, daß die Gleichheit zugleich Voraussetzung und Ziel der übrigen Grundrechte ist, daß jedenfalls *nicht* der Gleichheitssatz zu den übrigen Grundrechten in einem Gegensatz steht; die besondere Bedeutung der Versammlungsfreiheit (Artikel 8 GG) und der Vereinigungs- und Koalitionsfreiheit (Artikel 9, insbesondere dessen Absatz 3 GG) zu betonen.
Diese Grundrechte, die Ulrich K. Preuß „plebejische" genannt hat,[10] sind für die Vielen, die jeder für sich schwach und nur vereint stark sind, Form und Voraussetzung der Ausübung der Meinungsfreiheit (Artikel 5 GG), Voraussetzung also für den Abbau der realen Ungleichheit, ein Schritt auf dem Wege zur Gleichheit. Weil für Richard Schmid insbesondere die Koalitionsfreiheit (Artikel 9 Absatz 3 GG) so bedeutsam war, war auch seine Antwort auf die – mehrfach von ihm literarisch gestellte – Frage „Aussperrung – Recht oder Unrecht?" klar: Die Aussperrung *ist* Unrecht; Unrecht wiederum nicht in einem abstrakten Sinne, sondern konkret: nach positivem Recht unter dem Grundgesetz.[11]

Akteur in der Rechtsordnung des politischen Kampfes –[12] oder: Das Leben des Rechts ist Erfahrung[13]

Die Wirkungsgeschichte Richard Schmids als politischer Mensch, als Jurist und als politischer Publizist läßt sich wie in einem Focus an einer etwas längeren Episode erkennen, die in den fünfziger Jahren spielt und die den Vorteil hat, in der Entscheidungssammlung des Bundesverfassungsgerichts (BVerfGE) dokumentiert zu sein.[14]
Die Geschichte beginnt damit, daß Richard Schmid Ende 1953 in Stuttgart vor befreundeten Gewerkschaftern und Sozialdemokraten einen Vortrag „zum politischen Streik" hält, der später im Januarheft der *Gewerkschaftlichen Monatshefte* abgedruckt wird.[15] In der Tradition der arbeitsrechtlichen und verfassungsrechtlichen Doktrin aus der Zeit der Weimarer Republik, aber im Gegensatz zu der schon sich festigenden „herrschenden Meinung" in der jungen Bundesrepublik, vertritt und begründet Richard Schmid den Standpunkt, daß das Streikrecht sich nicht nur auf die Arbeitsbedingungen, sondern auch auf das, wie er es nennt, „eigentlich politische Feld" bezieht.[16]
Richard Schmid argumentiert stark historisch und entwickelt dabei für die gegenteilige Auffassung den Begriff „geschichtswidrig".[17] Er zieht hierbei den Generalstreik gegen den Kapp-Putsch 1920 und den Arbeiterprotest vom 17. Juni 1953 als historische Belege für „eine der Arbeiterschaft aufgrund

eigenen Rechts zustehende demokratische Legitimation" heran.[18] Daneben begründet er seine These mit der wirtschaftlichen Übermacht der Unternehmerseite im Verhältnis zur organisierten Arbeitnehmerschaft. Die von Richard Schmid beschriebenen Verhältnisse haben sich eher in die von ihm kritisierte Richtung fortentwickelt, unter Juristen hat sich seine Auffassung nicht durchsetzen können:

Die Demokratie lebt von der Öffentlichkeit und stirbt an der Heimlichkeit. Der Streik hat den Vorzug größter Öffentlichkeit. Besonders bedeutsam ist aber, daß die Presse, soweit sie Geschäftspresse ist, und das sind 95 v. H. der Zeitungen, aus ökonomischen und psychologischen Gründen der Unternehmerseite zuzurechnen und gewerkschaftsfeindlich ist. Die Gründe dafür liegen zwar nicht offen zutage, sie sind aber darum nicht weniger gewichtig. Erstens sind die Inhaber der Zeitungen selbst Unternehmer und Mitglieder von Unternehmerverbänden. Noch wirksamer ist aber der zweite Grund, nämlich ihre Abhängigkeit von den Inseraten, die sie ja fast nur von der Unternehmerseite zu erwarten haben. Und da die Presse von den Inseraten lebt, muß sie, ob sie will oder nicht, den Interessen der Inserenten dienstbar bleiben, darf ihnen mindestens nicht wehe tun. Wir haben kürzlich den Sturm erlebt, der sich erhoben hat, als eine große angeblich unabhängige Zeitung eine Gewerkschaftsmeinung abgedruckt hat, und das nicht einmal als eigene Meinung. Die sogenannte öffentliche Meinung wird also zwangsläufig von denjenigen gemacht, die geradezu naturgesetzlich auf Seiten der Unternehmer stehen. Diese Dienstbarkeit gegenüber den Interessen der Inserenten hat sich kürzlich an einem Sonderfall so deutlich erwiesen, daß dies auch für unser Problem lehrreich ist. Die Ermäßigung der Sektsteuer von 3,– DM auf 1,– DM war zweifellos von einer echten öffentlichen Meinung nicht verlangt worden und sowohl sozial wie finanziell verfehlt. Da aber die Sektindustrie ein höchst wertvoller Inserent ist, hat sich eine Reihe von Zeitungen nachhaltig und unermüdlich für diese Herabsetzung eingesetzt und dadurch so etwas wie eine öffentliche Meinung für die Ermäßigung der Steuer zustande gebracht, mit dem Erfolg, daß Regierung und Parlament dem Druck nachgegeben haben. Die Sektindustrie ist heute entsprechend erkenntlich.
Dies alles verschafft der Unternehmerschaft ein politisches Gewicht, das ihre Bedeutung im wirklich demokratischen Sinne weit übertrifft. Diese Umstände sind es, die eine rein formale Demokratie so problematisch machen. Die Staatsgewalt ist in einer formalen Demokratie in Gefahr, nicht vom Volke, sondern von den Inhabern des besseren, erfahreneren, also des teureren Werbeapparates auszugehen. Wenn das Grundgesetz in Artikel 20 sagt, daß die Bundesrepublik Deutschland ein demokratischer und *sozialer* Bundesstaat sei, so war es jener Zweifel an der formalen Demokratie, der mit Wort sozial zum Ausdruck gekommen ist. Das Mittel des Streiks vermag hier einen gewissen, wenn auch längst nicht ausreichenden Ausgleich zu schaffen, der die sozialen Schwierigkeiten zwar nicht lösen, aber doch akute Spannungen mildern und Anliegen der Arbeiterschaft fördern kann. Der Streik hat sich als Waffe der sozial Schwächeren gegen die sozial Übermächtigen herausgebildet. Ich glaube dargetan zu haben, daß diese Übermacht nicht nur auf dem Gebiet der Arbeitsbedingungen, sondern auch auf dem eigentlich politischen Felde besteht.[19]

Nach der Veröffentlichung des Artikels beginnt eine politische und publizistische Kampagne gegen den Autor. Der Stuttgarter Korrespondent des *Spiegel* bittet ihn um ein Interview. Danach wird Schmid im *Spiegel* in einer Weise dargestellt, die in und zwischen den Zeilen suggeriert, er stehe nicht auf dem Boden der freiheitlichen demokratischen Grundordnung, er sei Kryptokommunist. Die öffentliche Auseinandersetzung verschärft sich, mehr oder weniger offen wird Schmids „Rücktritt" gefordert, bei einem unabsetzbaren, auf Lebenszeit ernannten Richter bekanntermaßen schwierig. In dem *Spiegel*-Artikel hat es schon geheißen: „Trotzdem wird es ... schwerfallen, ihn ‚abzuschießen'."[20] Und Richard Schmid ist selbst zitiert worden: „Wissen Sie, jetzt bin ich schon zu hoch oben."[21] Wie auch in anderen politischen und Lebenslagen, greift Richard Schmid selbst für eine Entgegnung zur Feder. Er veröffentlicht sie in der *Stuttgarter Allgemeinen Zeitung*. Er schließt mit der Charakteristik von Stil und Inhalt des *Spiegel*-Artikels:

> Es ist eine Gattung von Publizistik, die auf dem Gebiet der Politik das ist, was die Pornographie auf dem Gebiet der Moral, nur mit dem Unterschied, daß man die erstere noch offen lesen kann. Es ist die sogenannte *Reizliteratur*, die im Haushalt der Zivilisation offenbar notwendig war. Dabei ist die Höhe des Absatzes der maßgebende Gesichtspunkt. Was dabei an Qualität herauskommt – man kann es nicht besser und einfacher ausdrücken als Karl Kraus: 'Je größer der Stiefel, desto größer der Absatz.'

Der verantwortliche Redakteur des *Spiegel* und dessen Herausgeber Augstein erheben Privatklage gegen Richard Schmid, und es folgt ein langes Strafverfahren, zunächst unter dem juristischen Gesichtspunkt der üblen Nachrede, später der Beleidigung. Am Ende wird Richard Schmid rechtskräftig verurteilt, er erhebt Verfassungsbeschwerde, und erst das Bundesverfassungsgericht spricht ihn – untechnisch gesprochen – vom strafrechtlichen Vorwurf einer Ehrverletzung „im Namen der Meinungsfreiheit" frei. Die Entscheidung, die zweite große Entscheidung des Bundesverfassungsgerichts zu Artikel 5 GG, spricht demjenigen, dem es nicht nur um die Verteidigung der persönlichen Ehre geht, sondern der in einer die Öffentlichkeit stark bewegenden Diskussion denjenigen, der ihn diffamiert hat, seinerseits mit harschen Worten bedenkt, ein „Recht auf Gegenschlag" zu. Gustav Heinemann hat zu Recht die Entscheidung in ihrer großen Bedeutung für die Herausbildung einer demokratie-adäquaten „Rechtsordnung des politischen Kampfes" gewürdigt.[22] Übrigens: Augstein hat 1976 seinen Frieden mit Richard Schmid geschlossen, als er ihn zu einem Aufsatz in seinem Blatt einlud, den dieser unter der Überschrift „Freiheit – für wen?" als Sympathie-Beitrag für die SPD im Bundestagswahlkampf 1976 dann tatsächlich schrieb. Aus der SPD war Schmid zwar 1968 unter Protest gegen die Billigung der Abhörgesetze und die Einschränkung des Artikels 10 GG ausgetreten, blieb ihr aber bis an sein Lebensende vor allem über einzelne sozialdemokratische Politiker verbunden.

Richard Schmids Agieren im Verlaufe der Auseinandersetzung, die schließlich zur Entscheidung des Bundesverfassungsgerichts führte, zeigt ihn prototypisch: Er *praktiziert* die Grundrechte, in diesem Fall die Meinungsfreiheit, er fordert sie für sich ein und macht von ihnen aktiven Gebrauch. Dadurch trägt er – im juristischen Streit – gleichzeitig zu ihrer Ausweitung und Konsolidierung bei. Er tut es freilich nie nur für sich, sondern immer auch für andere. Erinnern wir uns in dem Zusammenhang daran, daß der *Inhalt* der ursprünglichen Meinungsäußerung sein Eintreten für ein umfassendes Streikrecht war. Er hat selbst davon gesprochen, es sei also „dieser innere Zwang (gewesen), die Menschenrechte möglichst nicht nur denen zu verschaffen, die sie genossen, sondern auch denen, die sie wahrhaft entbehrten", was ihn umtreibe.[23] So ist er immer *durch aktives Handeln* für die Entwicklung der Rechtsordnung im Sinne der rechtsstaatlichen Demokratie eingetreten. Er sah es so, daß das Recht für die Menschen, nicht für den Staat da ist.[24] Er befand sich damit in guter Gesellschaft. Nichts anderes dokumentiert nämlich unser Grundgesetz, wenn es die Grundrechte in seiner Architektur als Artikel 1 bis 20 voranstellt. Bis zu seinem Lebensende war er aber in scharfer Opposition zu einer großen Zahl, wenn nicht der Mehrzahl deutscher Juristen, die, in autoritär-etatistischer Tradition sozialisiert, die Grundrechte vielfach unter einen informellen „Staatsvorbehalt" stellten und stellen. Wie bei der Schmid-*Spiegel*-Entscheidung bedurfte es in vielen Einzelfällen der Korrektur und Klarstellung durch das Bundesverfassungsgericht.

Nicht nur eine, die eben dargestellte Entscheidung des Bundesverfassungsgerichts, hat Richard Schmid bewirkt, sondern noch zwei weitere: die Entscheidung zum „Spanier-Fall" (*ordre publick* nach dem GG gegen klerikales spanisches Eherecht)[25] und die Entscheidung, mit der die immer wieder von Richard Schmid kritisierte Rechtsprechung des Bundesgerichtshofes zur Verurteilung von Mitgliedern der (verbotenen) KPD wegen Betätigung *vor* dem KPD-Verbot für verfassungswidrig erklärt wurde.[26]

Seine Arbeiten zum Asylrecht,[27] zur Kritik an der Verurteilung wegen strafbarer Nötigung bei Demonstrationen[28] und zur Aussperrung[29] sind noch heute bewegend. Durchgesetzt hat er sich hier nur zur Nötigung, aber Sätze wie etwa in einem grundlegenden Aufsatz zur Verschlechterung des Asylrechts schon im Jahre 1982 (!), „den Schwachen zu schützen" sei „der eigentliche und ethische Sinn jeder Gerichtsbarkeit" werden auch den negativen Ausgang der Auseinandersetzung in der Sachdiskussion um einen einzelnen Grundgesetzartikel überdauern.[30] Fragt man sich, worin der besondere Erfolg Richard Schmids besteht, so wird man ihn wohl darin sehen können, daß er als praktischer Jurist und „Verfassungspatriot" die Mittel der politischen Publizistik in allen Medien genutzt hat. Übrigens war Richard Schmid als Schriftsteller so anerkannt, daß er Mitglied des deutschen PEN-Zentrums wurde. Weiter liegt sein Erfolg darin begründet, daß er, der als Liberaler zum Sozialisten geworden war, publizistisch, insbesondere über die *Zeit*, das – im vielfachen Sinne des Wortes – liberale Publikum erreichte. In der *öffentlichen* Wirkung wird wohl auch Richard Schmids eigentlicher Erfolg zu sehen sein, übrigens insbesondere auch in die Gewerkschaften hinein und über diese wiederum in die breite Öffentlichkeit. Innerhalb der Justiz und im Richteramt hat er sicher seine Einwirkungs- und Umsetzungsmöglichkeiten konsequent genutzt; in der Justiz der Adenauer Zeit, umgeben im wesentlichen von den Richtern der NS-Generation und ihren und der NS-Professoren Schülern, ist der Wirkungsgrad sicher geringer gewesen. Hier hat sich erst etwas verändert, als die jüngere, „vaterlose" Generation ab etwa Mitte der siebziger Jahre in der Justiz angekommen war. Nun gibt es auch eine verstärkte „Schmid-Rezeption", mag er sich auch immer dagegen gesträubt haben, je „schulbildend" gewirkt zu haben. Wer Richard Schmid kannte, wer ihn liest, wer sich mit seiner Lebensgeschichte auseinandersetzt, wird sich fragen, woher er die Kraft zum Widerstehen und zum Durchstehen nahm. Er selbst hat einen Ursprung schon in seiner Herkunft gesehen. Er wußte, daß er notfalls immer noch in das elterliche Unternehmen zurückgehen konnte. Es ist ein Paradox: Der großbürgerliche Hintergrund hat es ihm ermöglicht, konsequent seinen Weg an der Seite der weniger Begüterten zu gehen. Seine Antriebskraft, wie gezeigt, gab ihm seit den frühen dreißiger Jahren die Vorstellung eines demokratischen Sozialismus und eines friedlichen Internationalismus. Seine starke Orientierung zur französischen ebenso wie zur anglo-amerikanischen Kultur, Geschichte und Literatur, insbesondere zum amerikanischen Verfassungsrecht, sind weitere Elemente einer über den engen nationalen Rahmen hinausgreifenden *Kultur*. Weiter ist seine Nähe zur deutsch-jüdischen Kultur zu nennen. Viele der Verfolgten waren seine Freunde, manche haben nur mit seiner Hilfe Verfolgung und Terror überstanden.[31] Richard Schmid war auch mit besonderem *persönlichem Mut* ausgezeichnet, den er vor allem brauchte, wenn er während der NS-Zeit als Kurier, getarnt durch seine anwaltlichen Auslandsreisen, die illegale Parteileitung der SAP und politische Freunde kontaktierte und Agitationsmaterial im „Aktenkoffer" nach Deutschland hineinschmuggelte. Und schließlich muß ihn frühzeitig *als Juristen* die elementare Kraft der *Idee des Rechts* und vor allem der *Menschenrechte beseelt haben* – anders kann man es nicht nennen. Das mögen die Quellen sein, aus denen sich die unverwechselbare Persönlichkeit dieses *handelnden und denkenden* Demokraten und Juristen speiste.

Fragen

Wenn Richard Schmid heute lebte, wenn er auch nur 1989 noch gelebt hätte, was hätte er wohl zur deutsch-deutschen Vereinigung gesagt, was zur Entwicklung bis heute? Wie hätte er die globalen Vorgänge beurteilt, den Zusammenbruch der poststalinistischen Systeme und insbesondere der Staatswirtschaft in Mittel- und Osteuropa, die mehr oder weniger gelingende Demokratisierung in diesen Ländern, die nunmehr nahezu vollständige Hegemonie der USA, die neue Konjunktur des Krieges als Mittel der Politik, den Rückbau des Sozialstaates?

Eines steht fest: dem Absterben des Staatskommunismus hätte er keine Träne nachgeweint.

Schon nach einer Reise in die Sowjetunion 1935, dann nach den ihm zugänglichen Berichten der freiheitlichen und demokratischen Sozialisten und Kommunisten aus dem spanischen Bürgerkrieg, schließlich nach den ihm schon früher auf englisch zugänglichen Schriften Arthur Koestlers bald nach 1945 war ihm klar, daß *dieser* Weg eine Verirrung darstellte. Das hat ihn freilich nie gehindert, immer zu versuchen, sich ein eigenes Bild von den Entwicklungen dort zu machen. In den fünfziger Jahren hatte er z. B. eine Reise mit seinem in die USA emigrierten Freund Otto Kirchheimer in die DDR geplant.[32] Beide hatten dabei vor allem vor, sich ein Bild von der Justiz zu machen. Sie gaben das Vorhaben auf, als sich abzeichnete, daß sie keinen wirklich freien Zugang zu Gerichtsverhandlungen haben oder daß ihnen „Schauverfahren" geboten würden – eine Erfahrung, die der Verfasser bei einer Begegnung mit DDR-Juristen 1987 dann tatsächlich gemacht hat. Richard Schmids klare Ablehnung des erstarrten Staatskommunismus, der zugleich Begriff und Inhalt des Sozialismus diskreditierte, hat ihn übrigens auch nie gehindert, für verfolgte Kommunisten einzutreten in der Adenauer-Zeit, ebenso wie zur Zeit der „Berufsverbote" der siebziger Jahre.[33]
Was würde Richard Schmid zur Quasi-Abschaffung des Asylrechts sagen?

Was zur Einschränkung der Unverletzlichkeit der Wohnung? Was würde er dazu sagen, daß die SPD, *die* Partei des demokratischen Sozialismus in Deutschland, ihre politischen Inhalte mehr und mehr aufgibt und sogar den Namen (Partei des demokratischen Sozialismus) kampflos der PDS, der Nachfolgerin der SED, überlassen hat; was würde er dazu *politisch und juristisch* sagen?

Einige Antworten liegen auf der Hand, einige sind sicher vollständig offen, vor allem, weil Richard Schmid – bei aller Prinzipientreue – immer bereit war, seine bisherige Einschätzung an der Elle einer neuen Wirklichkeit zu überprüfen. – „Das Leben des Rechts ist Erfahrung". Die Erfahrungen Richard Schmids könnten wir jetzt brauchen. Es ist tröstlich und hilfreich, daß jedenfalls ein großer Teil seines Werks publiziert und damit für die wissenschaftliche Diskussion, die Rechtspraxis und die Juristenausbildung zugänglich ist.

Anmerkungen

1 Zitiert nach der Entscheidungssammlung des Bundesverfassungsgerichts (BVerfGE) 12, S. 112 ff. (117).
2 Vgl. seinen Aufsatz „Der Beginn der Verhunzung". In: *Stuttgarter Zeitung* vom 29.1.1983, nachgedruckt in: Richard Schmid: Letzter Unwille, Stuttgart 1984.
3 Vgl. zu Fritz Bauer den Beitrag von Claudia Fröhlich in diesem Band; vgl. zu August Thalheimer Wolfgang Abendroth: Zum 100. Geburtstag von August Thalheimer. In: Hans-Ernst Böttcher (Hg.): Recht Justiz Kritik, Festschrift für Richard Schmid zum 85. Geburtstag, Baden-Baden 1985, S. 61ff.
4 Hiervon berichtet Richard Schmid in seinem einführenden Beitrag „Asylrecht und Vergangenheitsbewältigung" in: Herbert Spaich (Hg.): Asyl bei den Deutschen. Reinbek 1982, S. 8 ff.
5 Stuttgart 1965.
6 München 1975.
7 Stuttgart 1984.
8 Frankfurt a.M. 1971.
9 Pfullingen 1967.
10 Vgl. Ulrich K. Preuß: Nötigung durch Demonstration – Zur Dogmatik des Art. 8 GG. In: Recht Justiz Kritik (Anm. 3), S. 419 ff.
11 Vgl. seinen gleichnamigen Beitrag in: Letzter Unwille (Anm. 2), S. 166ff.
12 „Rechtsordnung des politischen Kampfes" ist eine Anspielung auf den Titel des Aufsatzes von Gustav Heinemann: Die Rechtsordnung des politischen Kampfes. In: *Neue Juristische Wochenschrift* (NJW) 1962, S. 889 ff.

13 „Das Leben des Rechts ist Erfahrung" spielt an auf den Untertitel des letzten Aufsatzes von Richard Schmid: Frei sollen nicht Verträge, sondern die Menschen sein. In: *Die Zeit* Nr. 12 vom 15.03.1985.
14 BVerfGE 12 (Anm. 1), S. 113 ff.
15 *Gewerkschaftliche Monatshefte* 1954, S. 3 ff.
16 A.a.O., S. 10.
17 A.a.O., S.3.
18 A.a.O., S. 8 f.
19 A.a.O., S. S. 9 f.
20 BVerfGE 12, S. 112 ff. (117).
21 Ebd.
22 Vgl. Die Rechtsordnung, (Anm. 12).
23 Richard Schmid: Am meisten Schweiß und Tinte habe ich für die Meinungsfreiheit vergossen. In: ders.: Letzter Unwille (Anm. 2), S. 1 ff., hier S. 11.
24 So *meine* Überschrift der Würdigung für Richard Schmid. In: Kritische Justiz (Hg.): Streitbare Juristen – Eine andere Tradition, Baden-Baden 1988, S. 487.
25 BVerfGE 31, S. 58 ff.
26 BVerfGE 12, S. 296 ff.
27 Vgl. Richard Schmid: Asylrecht und Vergangenheitsbewältigung, (Anm. 4).
28 Vgl. Richard Schmid: Frei sollen nicht Verträge sein, (Anm. 13).
29 Vgl. Richard Schmid: Aussperrung – Recht oder Unrecht? (Anm. 11).
30 Richard Schmid: Asylrecht und Vergangenheitsbewältigung (Anm. 4), S. 8.
31 A.a.O., S. 9.
32 Vgl. Joachim Perels: Otto Kirchheimer (1905-1965) – Demokratischer Marxist und Verfassungstheoretiker. In: Streitbare Juristen (Anm. 24).
33 Vgl. zum einen die oben (Anm. 26) genannte Entscheidung BVerfGE 12, S. 296 ff., zum anderen Richard Schmids Aufsatz in: Letzter Unwille (Anm. 2), S. 154 ff. Der letztgenannte Aufsatz ging übrigens 1975 ursprünglich auf einen persönlichen Hilferuf des Vaters des aus dem Baden-Württembergischen Schuldienst entlassenen Lehrers Fritz Güde, nämlich des ehemaligen Generalbundesanwalts und späteren CDU MdB Max Güde, zurück; Richard Schmid hatte mit Güde in den 50er Jahren scharfe Kontroversen wegen der strafrechtlichen Verfolgung von Kommunisten für vor dem KPD-Verbot begangene Handlungen gehabt.

Johannes Heesch

Hans Werner Richter und der Grünwalder Kreis – „Die Feuerwehr der Demokratie"

Was ich tun will, ist genau das, was Du jahrelang von mir erwartet hast – nämlich ich will versuchen, ob es nicht möglich ist, eine Art Ringverein zu schaffen, der sich mit Protesten, Resolutionen und, wie immer es möglich ist, gegen Übergriffe, die allmählich zu lästig werden, wehrt.[1]

Mit diesen Worten kündigt Hans Werner Richter, Schriftsteller und organisatorischer Kopf der deutschen Nachkriegsliteraten, im Januar 1956 die Umsetzung einer Idee an, die ungeahnte Folgen haben sollte. Adressat des Briefes: sein Freund und Schriftstellerkollege Alfred Andersch, mit dem ihn seit Ende des Zweiten Weltkriegs die Angst vor restaurativen Tendenzen in der jungen Bundesrepublik und die beständige Diskussion um ein geeignetes Konzept für die Verwirklichung des „Dritten Weges" verband. Häufig war dabei – neben politischen Entwürfen – auch die Idee eines übergreifenden, intellektuellen Netzwerkes aufgekommen, das der bundesrepublikanischen Nachkriegsgesellschaft als demokratisches Korrektiv dienen sollte.

Tatsächlich kam es nur wenige Wochen nach diesem Schreiben am ersten Februarwochenende 1956 zur konstituierenden Tagung des Grünwalder Kreises: einem locker vernetzten, überparteilichen Verbund ohne Statuten und Satzungen, dessen politische Stoßrichtung gegen neo-nationalsozialistische Tendenzen, auf die Stärkung demokratisch-emanzipatorischer Positionen und die differenzierte Auseinandersetzung mit der nationalsozialistischen Vergangenheit zielte.

Unter den rund 50 Teilnehmern der Gründungssitzung in der Sportschule München-Grünwald waren der junge Rechtsanwalt Hans-Jochen Vogel, der bayerische SPD-Landesvorsitzende Waldemar von Knoeringen, die Schriftsteller und Publizisten Heinrich Böll, Ruth Andreas-Friedrich, Paul Schallück und Martin Walser, die Redakteure Ulrich Lohmar und Herbert Hupka, die Verleger und Lektoren Günter Olzog und Hans Josef Mundt. Wohl keiner von ihnen konnte ahnen, welchen Umfang dieser Kreis in den folgenden beiden Jahren annehmen sollte: Aus Richters Initiative entwickelte sich 1956/57 eine der ersten großen westdeutschen Bürgerinitiativen[2] – ein Phänomen, das gewöhnlich eher mit den Protestbewegungen der siebziger und achtziger Jahre in Verbindung gebracht wird, kaum aber mit den fünfziger Jahren und der zweiten Hälfte der Ära Adenauer. Zu verdanken war diese Entwicklung nicht zuletzt dem unermüdlichen Engagement Hans Werner Richters, der schon mit der Gründung der Gruppe 47 den deutschen Schriftstellern ein literarisch-politisches Forum gegeben und auf der Suche nach Gleichgesinnten seine Fühler in zahlreiche andere Bereiche des gesellschaftlichen Lebens ausgestreckt hatte.

Die Teilnehmerzahl des Grünwalder Kreises wuchs bei den folgenden Tagungen in Hamburg und Köln rasch auf über zweihundert an. Seine Mitglieder rekrutierten sich fortan aus allen Teilen der Bundesrepublik und aus den verschiedensten Berufsfeldern. Diese Entwicklung vorwegnehmend schrieb Alfred Andersch schon eine Woche nach der konstituierenden Tagung in München-Grünwald an Hans Werner Richter: „ ... die Sache zieht Kreise, und ich möchte Dir doch sehr raten, Dir zu überlegen, ob Du nicht einen größeren Verein aufziehen willst. Der Gedanke hat in breitesten Kreisen eingeschlagen und erfreut sich der Zustimmung höchst prominenter Leute. Eine Beschränkung auf die Dichter wäre also einfach absurd."[3]

Tatsächlich war – neben dem bayerischen „Arbeitskreis der Sozialdemokratischen Akademiker" unter Führung Hans-Jochen Vogels – der Teilnehmerkreis bei der ersten Tagung noch vorwiegend auf die Intellektuellen und Literaten der Gruppe 47 beschränkt. Eine derartige Begrenzung lag jedoch keineswegs in Richters Absicht. Ihm kam es darauf an, zu Beginn des Unternehmens zunächst einmal die Gleichgesinnten der „heimatlosen Linken" zusammenzuführen,[4] um die Initiative auf den Weg zu bringen.[5] Doch die Idee fand erheblichen Anklang und der Kreis der Interessierten erweiterte sich: Journalisten, Lehrer, Hochschullehrer, Politiker und Bundeswehrsoldaten – zumeist Vertreter der jüngeren Generation – kamen hinzu und brachten ihrerseits spezifische Erfahrungen im Umgang mit der nationalsozialistischen Vergangenheit aus ihrem Arbeitsalltag ein. Was sie einte, war die Forderung nach einer verstärkten staatlichen und gesellschaftlichen Auseinandersetzung mit dem Nationalsozialismus und anti-demokratischen Tendenzen in der jungen Bundesrepublik.

Daß die Geburtsstunde des Grünwalder Kreises durch Richters eigene schriftstellerische Tätigkeit, seine Nähe zu zahlreichen Autoren und vor allem durch seine weit verzweigten Kontakte innerhalb des Literaturbetriebs geprägt war, charakterisierte den Grünwalder Kreis auch noch, als er sich längst auch auf andere Branchen verlagert hatte. Nicht zuletzt diejenigen Mitglieder, deren Berufung das geschriebene Wort war, verliehen den Zielen des Kreises durch ihre Schriften Gehör und Strahlkraft. Darüber hinaus nutzte Richter seine publizistischen Kontakte zu Verlegern. So avancierte etwa die im Verlag Kurt Desch erscheinende Zeitschrift *Die Kultur* – getreu der Devise der Grünwalder, als „demokratische Feuerwehr" präsent zu sein – zum öffentlichen Sprachrohr des Kreises.

Hans Werner Richters Gründungsmotive: Ein Bündnis gegen restaurative Tendenzen

Hans Werner Richter (1908-1993) war bei Kriegsende 1945 gut zehn Jahre älter als viele seiner Schriftstellerkollegen. Die junge Autorengeneration der sogenannten „Kahlschlagliteratur" hatte sich erstmals 1947 in Bannwaldsee/ Allgäu als Gruppe 47 zusammengefunden, um sich gegenseitig ihre literarischen und publizistischen Werke vorzustellen. Aufgrund seines Alters, aber auch wegen seiner organisatorischen Erfahrungen, die er als Buchhändler im Berlin der zwanziger und dreißiger Jahre gesammelt hatte, avancierte Richter zu einer Art Mentor der jungen Autoren. Richter war auch aufgrund seiner publizistischen Lehrjahre eine anerkannte Autorität – zwischen 1943 bis 1946 hatte er in Camp Ellis in amerikanischer Kriegsgefangenschaft an der Zeitung *Lagerstimme* mitgearbeitet und 1946/47 war er unter alliierter Besatzung in München Mitherausgeber des *Rufs* gewesen. Er leitete fortan die Treffen der Gruppe 47, die bis 1967 halbjährlich stattfinden sollten. Die „47er" dominierten den Literaturbetrieb der fünfziger Jahre: Sie vergaben wichtige Autorenpreise, stürmten die Bestsellerlisten, verdrängten allmählich die Exilliteraten ebenso wie die vormals einflußreiche intellektuelle Rechte der Weimarer Republik um Ernst Jünger und Gottfried Benn. Mit der Gruppe 47 schrieb Richter publizistisch und zunehmend auch ökonomisch eine beispiellose „Erfolgsstory". Als er 1956 von seiner Wirkungsstätte München aus den Grünwalder Kreis als politische Formation der westdeutschen Nachkriegsintellektuellen gegen restaurative Tendenzen ins Leben rief, war er also alles andere als ein „unbeschriebenes Blatt".
Inspiriert durch die republikanischen Clubs aus der Endphase der Weimarer Republik hatte Richter bereits 1952 über die Gründung einer „Republikanischen Liga" nachgedacht. Damit wollte er gegen restaurative Züge und gegen einen wieder erstarkenden Rechtsradikalismus in der jungen Bundesrepublik – insbesondere die Sozialistische Reichspartei (SRP) – einen der demokratischen Tradition Weimars verpflichteten „Ringverein" als Gegenpol installieren. Neben Literaten und Intellektuellen sollte dieser Verein auch Politikern und Journalisten offen stehen. Eine solche Initiative schien ihm

um so mehr geboten, als sich die Gruppe 47 seiner Auffassung nach allzu sehr in rein literarischer, ja sogar privater Atmosphäre bewegte und die geplante „Republikanische Liga" also eine wirklich politische Ergänzung darstellen konnte.[6] Da Richter zu diesem Zeitpunkt jedoch die Zeitschrift *Die Literatur* aufzog, was ihm neben der Organisation der Jahrestagungen der „Gruppe 47" nur noch wenig zeitlichen Spielraum ermöglichte, versickerte der Gedanke an eine Liga-Gründung im Laufe des Jahres 1952, obwohl für eine Münchener Regionalgruppe bereits eine erste Entschließung formuliert worden war.[7] Darüber hinaus erließ das Bundesverfassungsgericht ein Verbot der neo-nationalsozialistischen SRP, so daß kein unmittelbarer Handlungsbedarf zu bestehen schien.[8]

Doch der ursprüngliche Impuls Richters war noch älter: Seine von demokratisch-antifaschistischen Elementen durchdrungene eigenständige Konzeption legte er bereits in den ersten Nachkriegsjahren dar, und zwar in der von Alfred Andersch, Walter Kolbenhoff und ihm selbst herausgegebenen Zeitschrift *Der Ruf,* jener legendären *Nachkriegszeitschrift für den ehemaligen Frontsoldaten und die junge Generation.*[9] Wie viele seiner Altersgenossen hatte Richter als Heimkehrer von der Front Kriegserlebnisse zu verarbeiten, die in seinem literarischen Werk[10] wie in seinen politischen Entwürfen den zentralen Bezugspunkt darstellten.[11] Sein demokratisch-sozialistisches Konzept kann als originär betrachtet werden und unterscheidet sich durchaus von den – untereinander ebenfalls erheblich divergierenden – Konzeptionen Kurt Schumachers und Jakob Kaisers:[12] Richter nämlich propagierte für Nachkriegsdeutschland ein Brücke-Konzept zwischen Ost und West[13] und avancierte damit neben Jakob Kaiser zu einem bedeutenden Vertreter des „Dritten Weges".[14] Im Gegensatz zu Kaiser aber stammten Richters Überzeugungen nicht aus dem Umkreis des christlichen Sozialismus, sondern des sozialistischen Humanismus. Vor allem repräsentierte er mit seinen Vorstellungen die „45er-Generation", die jungen Frontsoldaten und Kriegsheimkehrer. Richter und die Autoren des *Rufes* entwarfen für die deutsche und europäische Nachkriegsordnung eine Synthese aus Humanismus und Sozialismus als positiven Gegenentwurf zu den negativen Erfahrungen mit dem Nationalsozialismus und dem Stalinismus.[15] Bis zum Verbot der Zeitschrift durch die amerikanische Besatzungsmacht wandelte sich dieser Entwurf nicht wesentlich; ohne als Manifest zu existieren, bildete er die politische Grundlage der Gruppe 47 und später auch des Grünwalder Kreises.[16]

Johannes Heesch

„Demokratische Feuerwehr": Positionen, Teilnehmer, Tagungen und Strukturen des Grünwalder Kreises

Die Gründung dieses neuartigen Kreises bedeutete in vielerlei Hinsicht ein geradezu enthusiastisches Wiederaufleben der politischen Aktivitäten jener Fünfundvierziger-Generation: Gleichwohl lag die Hauptstoßrichtung des Kreises erst in zweiter Linie in außenpolitischen – entspannungs-, ost- und versöhnungspolitischen – Überlegungen. Im Vordergrund standen die antifaschistischen Überzeugungen der Mitglieder und die Bekämpfung undemokratischer Tendenzen in der Innenpolitik. Vordringlich sollte der anschwellende Rechtsradikalismus bekämpft werden, der nicht nur von ehemaligen nationalsozialistischen Funktionsträgern vertreten wurde, sondern mehr und mehr auch das allgemeine NS-Geschichtsbild zu prägen schien.[17]

Verschiedene Ereignisse des Jahres 1955 motivierten Richter und seine Mitstreiter: Das Goslaer Stahlhelmtreffen, die Buchpräsentation von Alfred Rosenbergs *Letzte Aufzeichnungen. Ideale und Idole der nationalsozialistischen Revolution* durch den Plesseverlag auf der Frankfurter Buchmesse, das Bekenntnis des ersten Inspekteurs der Bundesmarine Karl Adolf Zenker zu Großadmiral Dönitz und die Rückkehr Otto Strassers aus dem amerikanischen Exil, die dieser umgehend zur Gründung der national-revolutionären Deutschen Sozialen Union (DSU) nutzte. „Die Nazis, die hier wieder auftreten, werden so unverschämt, daß mir einfach der Kragen geplatzt ist."[18] Darüber hinaus befürchtete er wie andere westdeutsche Intellektuelle, daß sich mit der Gründung der Bundeswehr vor allem im Offizierskorps starke personelle Kontinuitäten zu Wehrmacht und Waffen-SS zeigen könnten.

Die Gründungsveranstaltung in Grünwald stand also am Ende einer langen Entwicklung: Im Februar 1956 lud Richter zur ersten Wochenendtagung des Kreises ein und machte dort gemeinsam mit seinen Mitveranstaltern Gerhard Szczesny und Hans-Jochen Vogel den Vorschlag, die Gruppe solle zum Zweck der Beobachtung und Bekämpfung radikaler Erscheinungen in der Bundesrepublik von Fall zu Fall zusammenkommen. Im Eröffnungsreferat hob Richter die Verantwortung der künstlerischen Berufe für den Bestand der Demokratie hervor, zumal innerhalb eines innenpolitischen Klimas, das durch restaurative Tendenzen geprägt sei. Mit Verve forderte er die Anwesenden zu persönlichem und verantwortungsvollem Engagement auf:

Es geht um die sehr konkrete Frage, ob Sie in den kommenden Jahren bereit sind, sich mit Ihrer Person und in der Gemeinschaft eines solchen Kreises, wie er hier versammelt ist, gegen eine Entwicklung zu wehren, die alle Gefahren der Vergangenheit wiederum heraufbeschwören kann (...). Es ist die Sorge, daß sich mit der Wiederaufrüstung das gesamte geistige Klima in Deutschland wiederum voraussichtlich verändern wird, es ist eine tiefe Beunruhigung, daß mit den Kompanien, Regimenten und Divisionen auch der Geist der Reaktion wiederum sich erheben und lebendig werden kann, und wir alle wissen, wie dünn die Scheidewände zwischen einer solchen Reaktion und dem Faschismus von gestern oder einem neuen Faschismus sind.[19]

Zweifelsohne war Richter mit seiner mitreißenden Art der Dreh- und Angelpunkt dieser Gruppe, wie er dies früher bereits für die Gruppe 47 und später beim „Komitee gegen Atomrüstung" gewesen war. Sein organisatorisches Talent, seine Fähigkeit zur ständigen Koordination und Kontaktaufnahme mit potentiellen Mitgliedern führte zur schnellen Ausdehnung des Kreises in mehreren Großstädten und zu einem bundesweiten Bekanntheitsgrad der Grünwalder Initiative. Im Anschluß an die konstituierende Tagung des Kreises kam es in den folgenden beiden Jahren zu fünf weiteren Tagungen in Hamburg, Köln, München, Berlin und Frankfurt. Und obwohl Richter vor Ort auf verschiedene Koordinatoren angewiesen war, die die jeweiligen Tagungen vorbereiteten, luden die Regionalgruppen doch bei jeder Haupttagung mit der Formel „in Übereinkunft mit Hans Werner Richter" ein. Richter war und blieb die unangefochtene Führungsfigur der Initiative, und sein ebenso praktisches und persönliches wie simples Einladungsverfahren per „Postkärtchen-System" übertrug er von der Gruppe 47 – wenn auch in viel größerem Umfang – auf die Tagungen des Grünwalder Kreises.

Formierten sich Literaten und Intellektuelle, Politiker, Publizisten und Verleger auf der ersten Tagung noch mit dem Ziel, einen Apparat für die schnelle Bewältigung von Krisen in der Demokratie aufzubauen, um mit einer Stimme gegen Mißstände und Demokratiedefizite angehen zu können, so folgten mit der Hamburger Tagung im Mai 1956 (an der inzwischen gut hundert Mitglieder teilnahmen, unter ihnen Axel Eggebrecht, Ida Ehre, Siegfried Lenz, Karl Schiller und Paul Sethe) inhaltliche und strukturelle Akzente: So wurde etwa die Gründung berufsspezifischer „Clubs" angeregt, die in ihren jeweiligen Institutionen und durch öffentliche Außenwirkung gesamtgesellschaftlich für ein demokratisches politisches Bewußtsein eintreten sollten. Noch auf der Hamburger Tagung formierte sich der „Club republikanischer Publizisten". Seinen Vorsitz übernahm Erich Kuby, der „Bundes-Nonkonformist" (Friedrich Sieburg) und Starjournalist der *Süddeutschen Zeitung*. Seine umstrittene Person gab rechtsextremen Publikationen in der Folgezeit Anlaß zu allerlei Polemiken und Verleumdungen; selbst konservative Presseorgane betätigten sich vermutungs-antikommunistisch und erhoben den Vorwurf, mit

dem „Club republikanischer Publizisten" würden sich „Salonbolschewisten" und „Caféhauskommunisten", ja sogar die „Lyriker des Genickschusses" im Grünwalder Kreis betätigen.[20]
Noch weit bis in die sechziger Jahre ging es den Mitgliedern des Clubs neben der Herausgabe eines Kommunikationsdienstes für die Belange des Grünwalder Kreises vor allem um Informationen zur Geschichte des Nationalsozialismus und um die Erstellung von Rundfunksendungen über rechtsradikale Entwicklungen, die der Aufklärung der Öffentlichkeit dienen sollten. Redakteure aller großen Hörfunkanstalten wirkten in dieser Verbindung mit. Aus den Hauptabteilungen „Politik" und „Erziehung und Kultur" des an sich konservativ geprägten Bayerischen Rundfunks trat nahezu die gesamte Belegschaft dem „Club republikanischer Publizisten" bei und beteiligte sich rege an Tagungen und redaktionellen Aktivitäten.
Auf der Kölner Tagung, zu der Heinrich Böll, Walter Dirks und Paul Schallück im Herbst 1956 über zweihundert Teilnehmer geladen hatten, kam es zur Gründung einer Lehrergruppe im Grünwalder Kreis, die es sich zur Aufgabe machte, die Institution Schule und deren überkommene Schulbuchliteratur zu reformieren. Darüber hinaus hatten die stellvertretenden Vorsitzenden des „Clubs republikanischer Publizisten", Jesco von Puttkamer und Klaus Stephan, die journalistischen Clubmitglieder im Vorfeld der Kölner Tagung animiert, die Öffentlichkeit verstärkt über die personelle Lage innerhalb der westdeutschen Streitkräfte zu informieren. In diesem Zusammenhang war es den Initiatoren der Tagung gelungen, Bundestagspräsident Eugen Gerstenmaier für ein Grundsatzreferat zum Thema „Ehemalige Angehörige der Waffen-SS im Dienste der Bundeswehr" zu gewinnen. Gerstenmaiers Auffassung, nach der ehemalige SS-Soldaten „eine innere Wandlung" vollzogen haben könnten, führte zu einer heftigen Aussprache unter den zweihundert Versammelten, in deren Verlauf die überwältigende Mehrheit eine Resolution verabschiedete: Gut tausend ehemalige Soldaten der Waffen-SS (darunter dreißig Offiziere) hätten nicht in die Bundeswehr aufgenommen werden dürfen, heißt es in der Resolution, da „die SS die sichtbarste Verkörperung des nationalsozialistischen Unrechtsstaates darstellt".[21]
Zweifellos, der Grünwalder Kreis hatte seinen Zenit erreicht. Richter verwies bei der Kölner Tagung darauf, daß es sich bei der Auseinandersetzung der Grünwalder mit neo-nationalsozialistischen und faschistoiden Tendenzen nicht um ein naives Engagement handele, welches lediglich von der Annahme geprägt sei, die NS-Verbrechen könnten sich einfach wiederholen:

Keiner von uns hat behauptet, Hitler könne morgen aus dem Grabe auferstehen, niemand war der abstrusen Ansicht, dasselbe System mit all seinen Organisationen, seinen Rattenfängern, seinen Schrecken könne so wiederkommen, wie es war. Aber der Faschismus hat viele Spielarten (...). Uns genügt es schon, wenn eine dieser Spielarten, und sei es auch eine neue, mit anderen und wiederum interessanten Aspekten, morgen hier die Demokratie zerstören und eine neue Einschränkung der Person deklarieren könnte.[22]

Dabei genügten den Grünwaldern, so Richter, bereits die besorgniserregenden Versuche, „Hitler als großen Staatsmann zu rehabilitieren" und „die deutsche Jugend wiederum mit einer Weltanschauung zu vergiften, die Herr Rosenberg erfunden hat". Der Grünwalder Kreis wolle „den Weg einer Tradition" bekämpfen, der sich in Deutschland „als falsch und verhängnisvoll erwiesen habe" und von „offenen oder versteckten ... faschistischen Strömungen" beschritten werde und im Gegenzug dazu „den Prozeß der Demokratisierung ... mit allen Mitteln ... voran treiben". Dabei müsse die Gruppe vor allem an das Verantwortungsbewußtsein der kulturtragenden Schichten appellieren.[23]

Auf eine Schulungstagung zur politischen Bildung in München-Grünwald folgte im Frühjahr 1957 eine Haupttagung in Berlin. Noch ganz unter dem Eindruck der sowjetischen Intervention in Ungarn im November 1956 und der Enstalinisierungsrede Chruschtschows auf dem XX. Parteitag der KPdSU ging es den Grünwaldern hier vor allem um ost- und entspannungspolitische Entwürfe und um ihr Verhältnis zur totalitären Ideologie des Kommunismus. Gleichwohl wies Richter in seinem Grundsatzreferat auf die eigentlichen Aufgaben des Grünwalder Kreises hin und machte deutlich, daß es sich beim Kommunismus in viel höherem Maße um ein „weltpolitisches Problem als ein innenpolitisches" handle. Diese Dimension erlaube es erstens dem Grünwalder Kreis nicht, sich diesem Phänomen in dem Umfang anzunehmen wie dem Faschismus, da der Kreis sich nur innenpolitischen Problemen verschrieben habe, und bedürfe zweitens einer ganz speziellen, intellektuellen und langwierigen Auseinandersetzung.[24] Im Unterschied zum Faschismus, den man mit einer Attacke angreifen müsse, sei der Kommunismus vorsichtiger zu behandeln:

Ich glaube, daß das Schlagen nach beiden Seiten mit den gleichen Methoden und mit der gleichen Taktik falsch ist! Falsch nicht, weil dadurch eine Identität zwischen Faschismus und Kommunismus geschaffen wird, die den Gegebenheiten nicht entspricht, sondern auch, weil damit eine Abschwächung in der Auseinandersetzung mit dem Kommunismus für die demokratischen Kräfte entsteht. (...) dem Kommunismus (liegt) eine Weltanschauung zugrunde (...), die vom Rationalismus herkommt, und (...) der

Faschismus (wird) im wesentlichen ausschließlich von emotionellen und irrationalen Momenten bestimmt (...), aber dieser so grundsätzliche Unterschied bedingt schon eine ganz andere Art der Auseinandersetzung. Ich meine, mit dem Faschismus gibt es keine ideologische Auseinandersetzung, hier gibt es nur Ablehnung und Kampf, mit dem Kommunismus aber ist die ideologische Auseinandersetzung umso mehr notwendig, je differenzierter die Strömungen nicht nur theoretisch innerhalb des Marxismus, sondern auch real im sowjetischen Machtbereich werden.[25]

Richter proklamierte daher ein Unterlaufen des kommunistischen Systems, aus dem sich allmählich eine Zersetzung des Systems ergebe: „Im allgemeinen richtet sich der Grünwalder Kreis gegen die extreme Rechte und Linke, nur mit einer sehr unterschiedlichen Taktik. Während wir auf der Rechten, gegen den Faschismus, nur mit strikter Ablehnung kämpfen, glauben wir auf der Linken, gegen den Stalinismus, mit der Aufweichung sehr viel weiter zu kommen."[26] Mit diesen Worten bezieht Richter deutlich Stellung für eine Ostpolitik der Entspannung und gegen die von der Regierung Adenauer praktizierte Politik des intransigenten Antikommunismus. Bezeichnenderweise eröffnete mit dem damaligen Präsidenten des Berliner Abgeordnetenhauses, Willy Brandt, einer der späteren Architekten der sozialdemokratischen Entspannungspolitik diese Berliner Tagung. Er hob hervor, daß sich mit den politischen Ereignissen in Ungarn und Polen innerhalb der Jugend der DDR ein neuer Wille zur Freiheit rege.[27] Dieser Gedanke rief neue Ideen unter den Grünwaldern wach. Richter schlug die Einrichtung einer „Fliegenden Universität zu Ostfragen" vor, mit der entspannungspolitische Annäherung insbesondere unter jungen Menschen erzielt werden könne. Doch trotz eingehender Auseinandersetzung mit den totalitären Ideologien Nationalsozialismus und Kommunismus und vielfachen Anregungen zu entspannungspolitischen Schritten gegenüber Osteuropa konnte sich der Grünwalder Kreis auf dieser Tagung zu keiner ostpolitischen Entschließung durchringen. Von Ernst Nolte und Mitgliedern der Kölner Lehrergruppe war in den Wochen vor der Berliner Tagung zwar gefordert worden, die Oder-Neiße-Grenze als Zeichen realer Aussöhnung zu Polen anzuerkennen.[28] Diese Forderung drohte jedoch nicht nur die überparteiliche Plattform, sondern den Grünwalder Kreis insgesamt zu sprengen.

Hans-Jochen Vogel: „Kronjurist"[29] des Grünwalder Kreises

Der spätere Bundesjustizminister und SPD-Vorsitzende Hans-Jochen Vogel, im Gründungsjahr des Grünwalder Kreises Jurist an der Bayerischen Staatskanzlei und Referent des Ministerpräsidenten, zeichnete für die Satzungs-

Ausarbeitung des „Clubs republikanischer Publizisten" verantwortlich und beriet den Kreis in sämtlichen Rechtsfragen wie den Verleumdungskampagnen gegen Mitglieder des Kreises. Vogel war auch für die erste bedeutende Aktion verantwortlich, über die die Grünwalder im Frühjahr 1956 öffentlich auf sich aufmerksam machten: Mit einer Strafanzeige gegen den als rechtsradikal bekannten Druffel-Verlag stellten die Grünwalder die Bundesrepublik, ihr Gesetzgebungsverfahren und damit die politischen Institutionen und Gerichte auf den Prüfstand.[30] Der Druffel-Verlag, der von dem ehemaligen stellvertretenden Leiter des Reichspresseamtes der NSDAP, Helmut Sündermann, geleitet wurde, hatte sich der „Pflege völkischen Gedankengutes" verschrieben, die Verbrechen des Nationalsozialismus geleugnet, den deutschen Widerstand verunglimpft und ehemaligen führenden Nationalsozialisten eine publizistische Plattform geboten. In einer Resolution wurde diese Aktion begründet:

Diese Art von Publizistik ist nach Ansicht des Grünwalder Kreises nicht nur geschmacklos und ärgerniserregend, sondern auch gefährlich. Im Innern ist sie geeignet, den unbelehrbaren Nationalsozialisten neue Hoffnungen und neuen Auftrieb zu geben. Zugleich vermittelt sie der jungen Generation, die sich ein eigenes Anschauungsurteil nicht mehr hat bilden können, den Eindruck, der Nationalsozialismus sei, von einigen Auswüchsen abgesehen, im Grunde doch eine gute Sache gewesen (...). Die Publikationen liefern dem Osten willkommenes Beweismaterial für seine Propagandathese von der weit fortgeschrittenen Neonazifizierung der Bundesrepublik und außerdem einen billigen Vorwand für das Verbot aller westdeutschen Bücher und Zeitungen.[31]

Mit der von Vogel ausgearbeiteten Strafanzeige gegen den Druffel-Verlag sollte nun geprüft werden, ob die gesetzlichen Mittel in der Bundesrepublik ausreichten, „um eine versteckte oder offene neonazistische Propaganda zu unterbinden". Bliebe die Anzeige juristisch erfolglos, so erklärte Vogel, sei der Beweis erbracht, daß durch die derzeitigen Gesetze Demokratiedefizite dieser Art nicht ausgeräumt werden könnten.[32] Die Strafanzeige führte im November 1956 zur Beschlagnahmung von fünf Büchern des Druffel-Verlages durch das Landgericht München II,[33] die aber vom Oberlandesgericht im Frühjahr 1957 wieder aufgehoben wurde.

Die Aktion gegen den Druffel-Verlag blieb in ihren rechtlichen Auswirkungen relativ erfolglos, doch sorgte das juristische Einschreiten des Grünwalder Kreises während des gesamten Jahres 1956 für erhebliche Aufmerksamkeit in Öffentlichkeit. Der „Fall Sündermann" wurde mit stetiger Regelmäßigkeit aufgegriffen, die deutsche Gesetzeslage kritisiert und das Eingreifen des Grünwalder Kreises in seiner Funktion als „demokratische Feuerwehr" lobend hervorgehoben.³⁴ Nun befaßte sich auch der „Börsenverein des deutschen Buchhandels" mit dem Ausschluß rechtsradikaler Verlage von der Frankfurter Buchmesse; verschiedene Politiker wie Bundespräsident Theodor Heuss³⁵ oder der CDU-Bundestagsabgeordnete Franz Böhm forderten konsequentere Vorgehensweisen gegen rechtsextremes Gedankengut durch eine Verschärfung des § 93 im Strafgesetzbuch zur Verbreitung staatsgefährdender Schriften. Eine entsprechende Resolution hatten die Grünwalder auf Anregung Vogels bereits auf der Hamburger Tagung verabschiedet.

Auch dem Bundestagsausschuß zum Schutz der Verfassung lagen aufgrund mehrerer Eingaben Publikationen des Druffel-Verlages zur Beurteilung vor – der Grünwalder Kreis hatte auch dieses Gremium auf die mangelnden Rechtsmöglichkeiten gegenüber neo-nationalsozialistischen und völkischen Publikationen aufmerksam gemacht.³⁶ Auf den Tagungen des Grünwalder Kreises in Hamburg und Köln diskutierten die Teilnehmer mit dem Hamburger Oberstaatsanwalt Ernst Buchholz und Hans-Jochen Vogel mögliche Gesetze zum Verbot rechtsradikaler Verlage und Veröffentlichungen. Bereits auf der Hamburger Tagung wurde das wesentlich schärfere „österreichische Verbotsgesetz" zu „nationalsozialistischen und neo-nationalsozialistischen Druckwerken" und das ebenfalls härtere „italienische Gesetz über Sanktionen gegen den Faschismus und über die Presse" umfassend behandelt und als Vorlage dem Bundestagsausschuß zum Schutze der Verfassung zugesandt.

Ernst Nolte und die Lehrergruppe im Grünwalder Kreis

Auf Anregung des ehemaligen Hamburger Schulsenators Heinrich Landahl, DDP-Reichstagsabgeordneter der Weimarer Republik und 1933 von den Nazis entlassener Direktor der renommierten Lichtwarkschule, wurden zu der Kölner Tagung im Oktober 1956 Studienräte aus dem gesamten Bundesgebiet eingeladen. Richter und Landahl forderten die Pädagogen ausdrücklich zur Gründung eines Clubs ihrer Berufssparte auf, „weil gerade auf dem Gebiet der Pädagogik betreffs einer Demokratisierung noch sehr viel zu tun" sei.³⁷ Wichtig für die Gründung eines Clubs republikanischer Pädagogen, so Richter, sei nicht nur die Abwehr undemokratischer Einflüsse an den Schulen, sondern vor allem die Förderung des demokratischen Gedankenguts und der entsprechenden Schulbuchliteratur.³⁸

Resultat der Bemühungen um die Pädagogen war die Gründung einer Köln-Bonner Regionalgruppe, die von den Godesberger Studienräten Lebrecht Hoffmeyer und Ernst Nolte geleitet wurde. Nolte sollte nicht erst durch den

„Historikerstreit" Mitte der achtziger, sondern bereits Anfang der sechziger Jahre mit seinem geschichtsphilosophischen Standardwerk *Der Faschismus in seiner Epoche*, mit dem er 1964 habilitiert wurde, internationale Aufmerksamkeit erlangen. Diese Lehrergruppe im Grünwalder Kreis strebte zwar ebenso wie der „Club republikanischer Publizisten" eine bundesweite Vernetzung an, hatte – so Nolte – aber mit berufsspezifischen Problemen zu kämpfen:

> Die Pädagogen sämtlicher Sparten ... leben in einer fast totalen geistigen Isolierung voneinander. Diejenigen, die am meisten um Selbstverständigung (nicht psychologischer, sondern politischer und historischer Art) ringen, überhaupt miteinander in Kontakt zu bringen, wäre für uns ein großer positiver Schritt (...). Das Echo war recht kläglich, so daß Herr Hoffmeyer und ich zu der Überzeugung kamen, es sei erfolgversprechender, wenn wir uns mindestens vorläufig auf lokale Arbeit beschränkten.[39]

Gleichwohl darf die konzeptionelle Arbeit der Pädagogen keineswegs unterschätzt werden: Die Lehrergruppe arbeitete ausgesprochen effizient an der Frage, auf welche Weise demokratisch-politisches Bewußtsein und die Erinnerung an die NS-Vergangenheit innerhalb von Schule und Gesellschaft positiv befördert werden könne. Daß der Grünwalder Kreis ab Mitte 1957 mehr und mehr durch seine bloßen Antihaltungen auffiel, kritisierten gerade die inhaltlich so produktiven Kölner Pädagogen gegenüber Hans Werner Richter:

> Wir spüren immer mehr, wie schwer es ist, unsere Kollegen auch nur zusammenzuhalten mit der rein negativen und scheinbar hoffnungslos anachronistischen Parole vom 'Antifaschismus'. Nun will der Grünwalder Kreis ja zweifellos bedeutend mehr, Positives und Inhaltsvolleres, aber die Publizität, die er im allgemeinen hat, besteht in der Hauptsache darin, daß er im Zusammenhang mit Strafanzeigen genannt wird (...). Wo aber spricht der Kreis seine wirklichen Absichten aus, wo erarbeitet er sich, auch in innerer Auseinandersetzung, sein eigenes Bewußtsein? Vielleicht in der 'Kultur'![40]

Um in praxisrelevanter Form für die Überzeugungen des Kreises zu wirken, befaßte sich die Lehrergruppe nun intensiv mit der Frage nach der „Bewußtmachung verdrängter historischer Schuldkomplexe", mit der Ausarbeitung von Referaten und Broschüren zum „Gedanken der Demokratie" und zum deutschen Widerstand, mit der Untersuchung von Lehrmaterial auf NS-Gedankengut und mit der demokratischen Gestaltung von Schulfeiern und Informationsveranstaltungen zum Nationalsozialismus und seiner Geschichte.[41] Demokratische Traditionen in der deutschen Literaturgeschichte, so die Kölner Pädagogen, dürften in Schulbüchern künftig nicht mehr fehlen. Um dieses Postulat auch wirksam umzusetzen, befand sich die Gruppe im ständigen Austausch mit bildungspolitischen Institutionen wie dem Internationalen Schulbuchinstitut in Braunschweig und den Landeszentralen für Heimatdienst, den Vorläufern der Landeszentralen für politische Bildung, mit denen neue Publikationen zur jüngsten deutschen Geschichte vorbereitet wurden.

Der Grünwalder Kreis: Überparteiliches Netzwerk und politische Kontaktbörse in der jungen Bundesrepublik

Im Frühjahr des Jahres 1958 verlagerte Richter die Schwerpunkte seines politischen Engagements auf die Gründung des Münchener „Komitees gegen Atomrüstung". Damit endeten die Aktivitäten des Grünwalder Kreises allmählich. Einzelne regionale Gruppen trafen weiterhin zusammen, und der „Club republikanischer Publizisten" bestand noch bis Ende der sechziger Jahre. Richter beurteilte diese Entwicklung zunächst als ein Ruhen des Kreises zugunsten der internationalen Friedensdiskussion, die er – zumindest vorübergehend – für existentiell notwendiger hielt als den innenpolitischen Kampf gegen den Rechtsextremismus. Diese Einschätzung hatte jedoch zur Folge, daß dem Grünwalder Kreis der zentrale Führungskopf fehlte, der die regionalen und berufsspezifischen Gruppen auf Dauer zusammengehalten hätte. So zerfiel die Bürgerinitiative allmählich, obwohl sie nur wenige Monate zuvor noch beachtliche Außenwirkung erzielt hatte.

Doch hatte der Grünwalder Kreis in den knapp zwei Jahren seiner aktiven Zeit eine gewaltige Positivbilanz zu verbuchen, denn seine Mitglieder forcierten die Konfrontation der Gesellschaft mit der nationalsozialistischen Geschichte in den unterschiedlichsten Bereichen. Vehement bekämpfte der Kreis diejenigen Strömungen, die nationalsozialistisches und faschistoides Gedankengut öffentlich äußerten oder nationalistischen und völkischen Kontinuitäten anhingen. Seine Strafanzeigen, Petitionen und Eingaben forderten auch die demokratischen Institutionen – die Parlamente, Parlamentsausschüsse, Parteien und die Justiz – zu offiziellen Stellungnahmen auf. Über den jeweiligen Entwicklungsstand – etwa im Verfahren gegen den rechtsradikalen Druffel-Verlag – wurde vom Kreis selbst wie von den Medien während des ganzen Jahres 1956 öffentlich informiert. In der Folge sahen sich der Bundespräsident wie der Bundestagsausschuß zum Schutz der Verfassung, das Bundesjustizministerium und der „Börsenverein des Deutschen Buchhandels" genötigt, das Thema aufzugreifen und vor allem: Position zu beziehen. Damit trug der Grünwalder Kreis zu einer Entwicklung bei, die das Bewußtsein für die NS-Vergangenheit Ende der fünfziger Jahre nach und nach als festen Bestandteil sowohl in der Öffentlichkeit, den Medien und in den staatlichen Institutionen verankerte.

Innerhalb dieses Rahmens ging jede Gruppierung des Kreises ihren besonderen Zielsetzungen nach. Die berufsbezogenen Clubs machten es sich zur Aufgabe, direkt an das politische Bewußtsein der Gesellschaft zu appellieren und Demokratiedefizite abzubauen: Mitglieder des „Clubs republikanischer Publizisten" widmeten sich vermehrt der Berichterstattung und Information, die Lehrergruppe der demokratischen pädagogischen Erziehung unter inhaltlicher Berücksichtigung der jüngsten Vergangenheit.

Nicht zuletzt diente die Vernetzung im Grünwalder Kreis in den Anfangsjahren der Bundesrepublik der notwendigen Kontaktaufnahme und Verständigung unter Gleichgesinnten. Viele ehemalige Grünwalder setzten den eingeschlagenen Weg auch ohne die fehlende Dachorganisation dieses ersten Kreises in anderen Strukturen und Zusammenhängen entschlossen fort und verfestigten eine politische Kultur in der Bundesrepublik, die sich der nationalsozialistischen Vergangenheit mit größerer Aufmerksamkeit und gewachsenem demokratischen Selbstverständnis öffnete.

Anmerkungen

1 Hans Werner Richter an Alfred Andersch, 19.1.1956. Hans-Werner-Richter-Archiv: Sign. 72/86/509-Bl. 178.

2 Vgl. Hans-Jochen Vogel: Hans Werner Richter und der Grünwalder Kreis. In: Akademie der Künste (Hg.): Dichter und Richter. Die Gruppe 47 und die deutsche Nachkriegsliteratur. Berlin 1988, S. 39; vgl. Sabine Cofalla: Der „soziale Sinn" Hans Werner Richters. Zur Korrespondenz des Leiters der Gruppe 47. Berlin 1997, S. 97.

3 Alfred Andersch an Hans Werner Richter, 15.2.1956. Hans-Werner-Richter-Archiv: Sign. 72/86/509-Bl. 182.

4 Vgl. Hans Werner Richter: Die Aufgabe der künstlerischen Berufe im demokratischen Staat. Rede bei der Eröffnung der ersten Tagung des Grünwalder Kreises am 4.2.1956. In: Akademie der Künste (Hg.): Dichter und Richter (wie Anm. 2), S. 240.

5 Vgl. Hans Werner Richter an Ernst Kreuder, 19.1.1956. Hans-Werner-Richter-Archiv: Sign. 72/86/509-Bl. 591.

6 Vgl. Hans Werner Richter an Hans Schwab-Felisch, 15.1.1952. In: Sabine Cofalla (Hg.): Hans Werner Richter, Briefe. München, Wien 1997, S. 132 f; vgl. Sabine Cofalla: Der „soziale Sinn" (wie Anm. 2), S. 96.

7 Vgl. Entschließung Republikanische Liga Bayern. Depositum Gerhard Szczesny. Institut für Zeitgeschichte, München: Ed 386/24.

8 Vgl. Norbert Frei: Vergangenheitspolitik. Die Anfänge der Bundesrepublik und die NS-Vergangenheit, München 1996, S. 326 ff.

9 1946/47 war dies die einzige zonenübergreifende Publikation; sie erschien mit der sensationellen Auflage von über 100.000 Exemplaren.
10 Vgl. Hans Werner Richter: Die Geschlagenen. München 1949; ders.: Sie fielen aus Gottes Hand, München 1951; ders.: Du sollst nicht töten. München 1955.
11 Vgl. Hans Werner Richters Beiträge im *Ruf*. In: Hans Schwab-Felisch (Hg.): Der Ruf. Eine deutsche Nachkriegszeitschrift, München 1962. Vgl. Hans Werner Richter (Hg.): Der Skorpion. Heft 1/Januar 1948, Göttingen 1991. Vgl. Ders., Deutsche Opposition. In: *Neues Europa*, Heft 14, 14.7.1948.
12 Vgl. Hans-Peter Schwarz: Vom Reich zur Bundesrepublik. Deutschland im Widerstreit der außenpolitischen Konzeptionen in den Jahren der Besatzungsherrschaft 1945-1949. 2. Aufl., Stuttgart 1980, S. 297 ff., S. 345 ff., S. 350 ff.
13 Vgl. Hans Werner Richter: Deutschland – Brücke zwischen Ost und West (1.10.1946). In: Hans Schwab-Felisch (Hg.): Der Ruf (wie Anm. 11), S. 47.
14 Vgl. Ansgar Diller: Zwischen Kooperation und Konfrontation. Der Kalte Krieg und Deutschland. In: Jürgen Weber (Hg.): Das Entscheidungsjahr 1948. Geschichte der Bundesrepublik Deutschland. Bd. II, München 1986, S. 29.
15 Vgl. die Beiträge der Autoren im *Ruf*; in: Hans Schwab-Felisch, Der Ruf (wie Anm. 11), z.B. S. 16.
16 Vgl. Heinz Ludwig Arnold: Die Gruppe 47. Ein kritischer Grundriß. München 1980, S. 13, S. 37.
17 Vgl. Ernst Nolte: Deutschland und der Kalte Krieg. 2. Aufl. Stuttgart 1985, S. 388 f. Vgl. Anselm Doering-Manteuffel: Die Bundesrepublik Deutschland in der Ära Adenauer. Außenpolitik und innere Entwicklung 1949-1963. 2. Aufl., Darmstadt 1988, S. 220 f.
18 Hans Werner Richter an Willi Richter, 25.6.1956. Hans-Werner-Richter-Archiv: Sign. 72/86/509-Bl. 144.
19 Hans Werner Richter: Die Aufgabe der künstlerischen Berufe (wie Anm. 4), S. 239 f.
20 Vgl. *CSU-Korrespondenz* vom 23.11.1956: Wo marschiert eigentlich die Avantgarde? – Vgl. Hans Drachsler: Ungarn hat ihnen die Stimme verschlagen. In: *Bayern Kurier* vom 1.12.1956.
21 Entschließung zur Frage der SS. Depositum Hans-Jochen Vogel.
22 Hans Werner Richter: Bericht des Grünwalder Kreises, Kölner Tagung. Depositum Hans-Jochen Vogel, S. 3.
23 A.a.O., S. 3, S. 7ff.
24 Vgl. Hans Werner Richter: Vortrag auf der Berliner Tagung, März 1957. Hans-Werner-Richter-Archiv: Sign. 72/86/508, S. 2, S. 5.
25 A.a.O., S. 4.
26 Hans Werner Richter an Aloisio Rendi, 6.2.1957. Hans-Werner-Richter-Archiv, Sign. 72/86/507-Bl. 269.

27 Vgl. Willy Brandt. In: *Feuilleton des Sozialdemokratischen Pressedienstes* vom 4.4.1957, S. 1.
28 Vgl. Ernst Nolte: Deutschland und der Kalte Krieg (wie Anm. 17), S. 389.
29 Hans Werner Richter an Alfred Andersch, 2.5.1956. Hans-Werner-Richter-Archiv: Sign. 72/86/509-Bl. 183.
30 Vgl. Hans Werner Richter: Strafanzeige... Warum? In: *Die Kultur*, Mai 1956.
31 Resolution Hamburger Tagung, Mai 1956. Hans-Werner-Richter-Archiv, Sign. 72/86/507-Bl. 175-176.
32 Vgl. Manfred Kittel: Die Legende von der 'Zweiten Schuld'. Berlin/Frankfurt a. M. 1993, S. 274.
33 Vgl. Hans-Jochen Vogel: Hans Werner Richter und der Grünwalder Kreis (wie Anm. 2), S. 39.
34 Vgl. z.B.: Vergangenheiten und Vergangenheit. In: *Frankfurter Allgemeine Zeitung* vom 19.4.1956. Vgl.: Die Meinungsfreiheit gestattet es.... In: *Frankfurter Rundschau* vom 16.5.1956; vgl.: Herrn Sündermann kann man zur Zeit nicht belangen. In: *Neue Rhein-Zeitung* vom 30.5.1956.
35 Vgl. Manfred Kittel, Die Legende (wie Anm. 33), S. 275.
36 Vgl. Grünwalder Kreis gegen faschistisches Schrifttum, 31.5.1956. Depositum Hans-Jochen Vogel. Vgl. Der Bundesminister der Justiz – 4021 – 4 – 23 021/57 – an den Vorsitzenden des Ausschusses des Deutschen Bundestages Dr. Walter Menzel, 15.1.1957: Betr.: Verherrlichung des Nationalsozialismus, S. 2. Nachlaß Walter Menzel: Box R8. Archiv der sozialen Demokratie, Bonn.
37 Hans Werner Richter: Bericht des Grünwalder Kreises, Kölner Tagung (wie Anm. 22), S. 8.
38 Ebd.
39 Ernst Nolte an Klaus Stephan, 3.12.1956. Hans-Werner-Richter-Archiv: Sign. 72/86/507-Bl. 239-240.
40 Ernst Nolte an Hans Werner Richter, 12.5.1957. Hans-Werner-Richter-Archiv: Sign. 72/86/507-Bl. 249.
41 Vgl. Pädagogen im Grünwalder Kreis. Gruppe Köln-Bonn: Protokoll der zweiten Zusammenkunft in Köln am 14.2.1957. Hans-Werner-Richter-Archiv: Sign. 72/86/507-Bl. 242-243.

Thorsten Bonacker

Theodor W. Adorno – Die Zukunft des Erinnerns*

I.

Zwei Ereignisse, die später auf vielfältige Weise miteinander verknüpft waren, jähren sich 1999 zum fünfzigsten Mal: die Staatsgründung der Bundesrepublik und die Remigration Theodor W. Adornos aus den USA, wo er seit 1938 im Exil lebte. Dorthin war Adorno, 1903 in Frankfurt am Main geboren und in einem bildungsbürgerlichen Elternhaus aufgewachsen, über England gelangt, nachdem ihm die Nazis bereits 1933 die venia legendi entzogen hatten und sein Verbleib im nationalsozialistischen Deutschland zunehmend gefährlicher wurde. Seine intellektuelle Orientierung hin zur künstlerischen Avantgarde und zum Marxismus spielte dabei ebenso eine Rolle wie seine halbjüdische Herkunft. Adornos Vater, Oscar Wiesengrund, war zwar jüdischer Abstammung, ist aber dem Protestantismus beigetreten, so daß Adorno keinen Kontakt zum Judentum und zur jüdischen Lebensweise hatte.[1] Nach einem gescheiterten Versuch, nach Wien zu gehen, immatrikulierte sich Adorno u.a. mit der Hilfe von Ernst Cassirer 1934 als Advanced Student am Merton College in Oxford, um dort seine akademische Laufbahn fortsetzen zu können. Weil es ihm aber schwerfiel, seine „eigentlichen philosophischen Dinge den Engländern begreiflich zu machen"[2], nahm er schließlich die Einladung Max Horkheimers an, Mitarbeiter am Institute of Social Research zu werden, das mit der New Yorker Columbia University im engen Kontakt stand. In den Vereinigten Staaten machte Adorno Erfahrungen, die einerseits für sein späteres wissenschaftliches Arbeiten und politisches Engagement in Deutschland im positiven Sinne prägend waren, die ihm aber andererseits auch zeigten, daß er als Exilant ein Fremder blieb, auch wenn er zahlreiche Kontakte zu Amerikanern und anderen Exilanten – etwa Thomas Mann – pflegte. Adorno, der sich schon im Exil einer gesellschaftstheoretischen und empirischen Erklärung der Entstehung des Nationalsozialismus widmete, kehrte 1949 trotz aller Schwierigkeiten nach Deutschland zurück. Nach seinen Motiven für die schnelle Remigration gefragt, gab Adorno umstandslos an, daß er „eben nach Europa und nach Deutschland gehöre."[3] Darüber hinaus waren aber auch die Möglichkeit, am Wiederaufbau der Demokratie in Deutschland auf der Grundlage der wissenschaftlichen und politischen Erfahrungen in den USA mitzuwirken, und der Wunsch, eine Soziologie als Aufklärungswissenschaft in Deutschland zu institutionalisieren, entscheidend. Adorno kam also mit einem gewissen Enthusiasmus und der Hoffnung in der neugegründeten Bundesrepublik an, seine Erfahrungen könnten zu einem neuen antitotalitären Anfang, zu einem intellektuellen und politischen Neubeginn genutzt werden. Dieser Neubeginn, der ohne einen Vergangenheitsbezug nicht auskommen kann, weil er sonst kein Neubeginn wäre, war für Adorno von einem grundsätzlichen Paradox gekennzeichnet: „Auf die Frage, was man mit dem geschlagenen Deutschland anfangen soll, wüßte ich nur zweierlei zu antworten: Einmal: ich möchte um keinen Preis, unter gar keinen Bedingungen Henker sein oder Rechtstitel für Henker liefern. Dann: ich möchte keinem, und gar mit der Apparatur des Gesetzes, in den Arm fallen, der sich für Geschehenes rächt."[4] Bereits ein Jahr später konnte er eine erste positive Bilanz seiner akademischen Erfahrungen ziehen, die er als Vertreter auf dem Lehrstuhl Max Horkheimers an der Frankfurter Universität gemacht hatte:

Die Beziehung zu geistigen Dingen, im allerweitesten Sinn verstanden, ist stark. Mir will sie größer erscheinen als in den Jahren vor der nationalsozialistischen Machtergreifung. Damals verdrängten die machtpolitischen Kämpfe alles andere. Zugleich besetzte eine industriell hergestellte und gelieferte Massenkultur die Freizeit und enteignete das Bewußtsein des einzelnen. Heute ist das politische Interesse erschlafft, während der verwaltete Kulturbetrieb die Menschen noch nicht wieder ganz eingespannt hat. Sie sind auf sich selbst und die eigene Überlegung zurückgeworfen. Sie stehen gleichsam unter dem Zwang zur Verinnerlichung. Daher die intellektuelle Leidenschaft.[5]

Freilich sah Adorno schon das Problem aufziehen, das aus dieser Leidenschaft resultierte. Anstelle einer offenen Auseinandersetzung über das Geschehene und eines öffentlichen Reflexionsprozesses über die (Selbst-)Gefährdungen der Demokratie, statt einer politischen Verfassung, die ihren Ausgang vom neuen kategorischen Imperativ nimmt, nach dem alles so einzurichten sei, daß sich Auschwitz nicht wiederhole[6], etablierte sich in beiden deutschen Staaten eine Blockierung der Vergangenheitsthematisierung, die die ökonomischen Anstrengungen des Wiederaufbaus über die politischen und moralischen Verpflichtungen zur Erinnerung an die Opfer stellte.
Von dieser restaurativen Form der Vergangenheitsbewältigung, in der die Schuldfrage als Zumutung erschien und in der es ein eklatantes Mißverhältnis zwischen formal-juristischer Nachfolge und moralischer Verpflichtung gab, blieb auch Adorno nicht verschont. Zwei Ereignisse dokumentieren das: Bereits 1950 polemisierte Max Bense im *Merkur*, der damals auflagenstärksten Kulturzeitschrift, gegen einen kalifornischen Hegelianismus, womit Adorno und Horkheimer gemeint waren, die die letzten Jahre ihrer Exilzeit in

Kalifornien verbracht hatten. In einer Rezension der *Dialektik der Aufklärung* und der *Philosophie der neuen Musik* Adornos konstatierte Bense, dieser „Emigrationsmarxismus" sei ein Zeichen für die Selbstaufhebung der marxistischen Intelligenz und einer damit verbundenen „erstarrten Ideologie". Die Kritische Theorie sei ein hoffnungslos überholtes und zudem minoritäres intellektuelles Programm.[7] Adorno und Horkheimer sahen sich als Sympathisanten für die „als Volksdemokratien getarnten Militärdiktaturen"[8] angegriffen, obgleich beide von Beginn an scharf gegen den real existierenden Sozialismus polemisierten.[9]

Ein weiteres Beispiel für die Schwierigkeiten, mit denen Adorno bei der Etablierung einer kritischen Sozialwissenschaft zu kämpfen hatte, ist seine eigene akademische Laufbahn in den fünfziger Jahren: Nachdem das Institut für Sozialforschung im November 1951 wiedereröffnet worden war, erhielt Adorno nach einem letzten Aufenthalt in den USA, in die er wegen der Verlängerung seines amerikanischen Passes reisen mußte, 1953 schließlich einen sogenannten „Wiedergutmachungslehrstuhl". Seine damit verbundene Hoffnung, unabhängig von dieser von den westlichen Siegermächten geforderten Wiedergutmachung in der philosophischen Fakultät ordentlicher Professor zu werden, blieb zunächst unerfüllt. Im Februar 1956 wies er den Dekan der Fakultät auf seinen Rechtsanspruch auf eine ordentliche Professur hin. Der Orientalistik-Professor Hellmut Ritter widersprach dem Anliegen Adornos gänzlich ungeniert mit dem Hinweis, es reiche offenbar aus, Jude zu sein, um Karriere zu machen.[10]

Schließlich wurde Adorno 1957 ordentlicher Professor für Soziologie und Philosophie an der Frankfurter Universität und übernahm ein Jahr später die Direktion des Instituts für Sozialforschung von Horkheimer. Bis dahin war Adorno in der politischen Öffentlichkeit wenig in Erscheinung getreten. Seine Aktivitäten konzentrierten sich neben der Publikation seiner musikphilosophischen Arbeiten auf die am Institut durchgeführten empirischen Forschungsprojekte und auf seine Mitarbeit bei der Neustrukturierung der westdeutschen Soziologie. In seinen Bemühungen, eine Sozialwissenschaft als Aufklärungswissenschaft zu institutionalisieren, die gesellschaftliche Probleme erkennt und in beratender Funktion an deren Lösung mitarbeitet, stand Adorno keineswegs allein.[11] Die Soziologie sollte demnach Bestandteil eines gesellschaftlichen „Frühwarnsystems" sein, das einen Rückfall in autoritative politische Muster verhindern und über die selbstdestruktiven Tendenzen der jungen Demokratie aufklären sollte. Vor allem die Soziologie und empirische Sozialforschung sollten die selbsterzeugten Probleme der Gesell-

schaft kontrollieren. Mit diesem Verständnis von Soziologie stimmten später so unterschiedliche Sozialwissenschaftler wie Helmuth Plessner, Arnold Gehlen, René König, Friedrich Tenbruck oder Ralf Dahrendorf überein, die jeweils auf ihre Art in Verbindung zum Frankfurter Institut für Sozialforschung und zu Adorno standen. Gemeinsam war es ihnen ein Anliegen, die Soziologie als Deutungs- und Steuerungsmacht im Nachkriegsdeutschland der fünfziger Jahre ins Leben zu rufen. Die Idee dazu geht bis in den August 1942 zurück, als Adorno Mitverfasser eines Memorandums des Instituts für Sozialforschung war, in dem es um die „Elimination of German Chauvinism" ging und das zur Empfehlung an das State Department geschickt wurde. Es entstand aus einem Projektantrag über die kulturellen Grundlagen des Nationalsozialismus und diente dann dem Einstieg der Institutsmitarbeiter Franz Neumann, Herbert Marcuse und Otto Kirchheimer in die Geheimdienstabteilung des State Departments Anfang 1943. „Als zentrales Ziel wird in diesem Memorandum die umfassende Demokratisierung der Gesellschaft genannt, die in verschiedenen Kulturbereichen entweder durch politische Erziehung oder durch den gezielten Einsatz der Massenkultur bewerkstelligt" und die wissenschaftlich informiert sein sollte.[12]
So einig sich die Soziologen in den fünfziger Jahren beim Aufbau der westdeutschen Soziologie als Problemlösungswissenschaft mit aufklärerischem Anspruch wußten, so schnell zerbrach dieser Konsens, als weltanschauliche Differenzen in den Vordergrund traten. Ende der fünfziger Jahre hatte sich die Soziologie zwar weitgehend reorganisiert, aber nun galt es, Stellung zu beziehen und Profil zu zeigen. Adorno verfügte mittlerweile über eine prominente wissenschaftliche Stellung und hatte einige kulturkritische Analysen beispielsweise über die Wirkungsmechanismen der faschistischen Propaganda (1951), über den Zustand von Kultur und Bildung im Nachkriegsdeutschland (1950) oder über das Verhältnis von Individuum und moderner Organisation (1953) vorgelegt. Darüber hinaus waren 1951 seine *Minima Moralia* erschienen, die in aphoristischer Form eine Gesellschaftstheorie wie eine zeitdiagnostische Kulturkritik enthalten. All diese Arbeiten stammen noch aus der ersten Gründungsphase der Bundesrepublik. Eine stärkere öffentliche Wirkung entfaltete Adorno mit der sog. „zweiten Gründung" der Bundesrepublik, die sich im Medium der öffentlichen Debatten um die jüngste Vergangenheit vollzog. Äußerer Anlaß waren die Hakenkreuzschmierereien Ende 1959, die zu einer lebhaften öffentlichen Diskussion führten – weniger, weil es eine tiefe moralische Entrüstung über diese rückwärtsgewandten Taten gegeben hätte, sondern weil sie nicht mit dem Selbst- und Wirklichkeitsbild

der deutschen Öffentlichkeit überstimmten. Zwischen der Wirtschaftswunderwelt und diesen Ereignissen klaffte eine Lücke, die nicht mit gängigen Erklärungsmustern geschlossen werden konnte und die deshalb eine öffentliche Diskussion über die Aufarbeitung der Vergangenheit entstehen ließ.[13] Adornos Engagement in diesem vergangenheitspolitischen Diskurs, in dem sich das normative Selbstverständnis der westdeutschen Demokratie artikulierte und bildete, ist für die Entwicklung des intellektuellen Klimas der sechziger Jahre kaum zu unterschätzen. In zahlreichen Aufsätzen und Rundfunkgesprächen betonte er, daß die Demokratie nicht durch die „Zerstörung der Erinnerung"[14] und durch ein „machtpolitisches System des Vergessens"[15] im Zuge des wirtschaftlichen Aufschwungs stabil gehalten werden könne. Vielmehr müsse der normative Gehalt der deutschen Demokratie als eine Verpflichtung zur Erinnerung, als Dauerinstitutionalisierung des immer wieder neu herzustellenden Gedächtnisses verstanden werden. Statt dessen aber, so Adorno, würden die „Ermordeten (...) noch um das einzige betrogen (...), was unsere Ohnmacht ihnen schenken kann, das Gedächtnis".[16] Dieses publizistische Wirken Adornos ist keineswegs – wie oft behauptet – als Bruch mit seinen parallel geführten gesellschaftstheoretischen und empirischen Arbeiten zu verstehen. Im Gegenteil: Den engagierten Demokraten Adorno kann nur verstehen, wer die politische Publizistik vor dem Hintergrund der Gesellschaftstheorie und der empirischen Forschungsarbeiten Adornos liest.

II.

Die kritische Theorie Adornos, die ihren Anfang in den philosophischen Frühschriften Adornos zur *Aktualität der Philosophie* (1931) und zur *Idee der Naturgeschichte* (1932) nimmt, faßt das Verhältnis von Theorie und Praxis anders als in traditionelle Theorien[17]: Einerseits, so läßt sich Adorno verstehen, erschließt die Theorie mit Begriffen erst das, worauf sie zielt, und hat deshalb einen konstruktiven Charakter. Eine um Erkenntnis bemühte Theorie steht der Welt nicht gegenüber und versucht sie abzubilden, die Begriffe geben der Welt allererst eine Gestalt: „Abbildendes Denken wäre reflexionslos" und „ohne Reflexion keine Theorie"[18]. Zu reflektieren wäre, so Adorno, „über die in Rede stehenden Gegenstände derart, daß man die Unmöglichkeit, sie dingfest zu machen, ebenso wie die Nötigung, sie zu denken, in ihre eigene Bestimmung hineinnimmt."[19] Theorien sind also durch die Welt nicht in dem Sinn abgesichert, daß die Welt vorgibt, was der Fall ist. Vielmehr sind Theorien notwendigerweise „Überinterpretationen" – konstitutiv schießen sie über ihren immer ein Stück weit unbekannten Gegenstand hinaus. Andererseits erschließen Theorien nicht nur die Welt, sondern sie sind auch ein Teil der immer schon erschlossenen Welt. Als Reflexion von Praxis ist Erkenntnis Adorno zufolge auch „eine Gestalt von Praxis"[20]. Theorien als Reflexion von Praxis, die selbst Praxis ist, können ihren Gegenstand nie endgültig einholen, weil sie nämlich ihren Gegenstand gleichzeitig erschließen und dadurch auch immer schon verändern.

Diese Einsicht gibt die Möglichkeit frei, in die Praxis einzugreifen, ohne sich auf einen absoluten Wahrheitsanspruch stützen zu müssen. Vielmehr ist die Unmöglichkeit absoluter Erkenntnis Bedingung der Möglichkeit, in die Praxis zu intervenieren. Theorien können Praxis, können Erfahrungen nicht ersetzen, sondern nur zeigen, inwiefern die theoretisch nicht vollständig antizipierbare Erfahrung unabdingbar ist. Keine Theorie kann diese Intervention bzw. dieses Engagement in der Praxis und die „lebendige Erfahrung" ersetzen oder restlos begründen. Die erkenntniskritisch nachgewiesene Unbegründbarkeit von Praxis eröffnet im Rahmen der kritischen Theorie Adornos die Möglichkeit, überhaupt praktisch zu sein, also etwa politisch Stellung zu nehmen. Kritische Theorie läßt sich infolgedessen als „Wahrheitspolitik"[21] und in bezug auf die öffentliche Interpretation der deutschen Vergangenheit als kritische Vergangenheitspolitik verstehen.[22]

Für das politische und publizistische Engagement Adornos ist ein weiteres Motiv charakteristisch: die modernisierungstheoretische Fundierung der kritischen Theorie, die den Rahmen für eine kritische Kultur- und Zeitdiagnose bereitstellt.[23] Die spätkapitalistische Gesellschaft weist für Adorno im Verhältnis zur frühkapitalistischen eine tiefgreifende und strukturelle Veränderung im politischen und ökonomischen System auf. Aus dem bürgerlichen Staat, der zum Zweck der Selbsterhaltung durch die innere Befriedigung der Gesellschaft entstanden war, wird in der Diagnose Adornos ein administrativer Herrschaftsapparat. Demokratie als formales Prinzip politischer Selbstbestimmung wird von der Bürokratie als Herrschaftsform durchsetzt. Die Handlungs- und Erfahrungsräume der Individuen werden eingeschränkt und administrativen Imperativen unterworfen: „Die Signatur des Zeitalters ist es, daß kein Mensch, ohne alle Ausnahme, sein Leben in einem einigermaßen durchsichtigen Sinn, wie er früher in der Abschätzung der Marktverhältnisse gegeben war, mehr selbst bestimmen kann. Im Prinzip sind alle, noch die Mächtigsten, Objekte."[24] Parallel dazu entwickelt sich eine industrielle Produktion von Wirklichkeitskonstruktionen, die für die individuelle wie kollektive Wahrnehmung und (Selbst-)Beschreibung der Welt prägend ist. Adorno charakterisiert die Entwicklung der Kultur im Spätkapitalismus als eine Industrialisierung, die von der bürgerlichen Kultur hin zur „Kulturindustrie" führt. Kultur ist demnach nicht mehr die Sphäre des ästhetischen Ausdrucks individueller oder kollektiver Befindlichkeiten oder einer moralischen Selbstvergewisserung über kollektive Ziele, sondern sie wird rücksichtslos den Bedingungen der Ökonomie unterworfen.

Diese hier grob skizzierten gesellschaftlichen Entwicklungstrends kulminieren Adorno zufolge in einer „verwalteten Welt", die die Möglichkeit ihres Andersseins systematisch leugnen und ausblenden muß und die an die Stelle von kontingenten, also nicht vorgeformten Erfahrungen die Wiederholung des Immergleichen setzt. In dieser Funktion sieht Adorno auch den modernen Antisemitismus, der für ihn nicht zufällig im Nationalsozialismus Kernbestand des politischen Systems wurde. Der moderne Antisemitismus ist auf der psychosozialen Ebene der Individuen durch einen autoritären Charakter und eine Ich-Schwäche gekennzeichnet, aufgrund derer sich Individuen mit Kollektiven identifizieren und autoritätsgebundene Charakterdispositionen entwickeln. Ideologisch ist eine „Wiederkehr des Verdrängten" charakteristisch, die dazu führt, daß verleugnete Selbstanteile und soziale Ängste durch antisemitische Stereotype auf Juden projiziert werden. Dafür verantwortlich sind zum einen eine politische Kultur des Vorurteils, in dessen Rahmen partikulare – bspw. nationalistische – Solidaritäten und Identitäten entstehen, die mit dem Antisemitismus untrennbar verbunden sind, und zum anderen das gesellschaftliche Ende des Individuums.[25] Der moderne Antisemitismus dient infolgedessen dazu, den letzten Rest Kontingenz in der bürgerlichen Ordnung zu negieren und damit das System der Herrschaft zu schließen. Die Juden werden mit dem Nichtintegrierbaren identifiziert, das die Geltung jeder Ordnung notwendig begrenzt. Sie sind besonders für diese Stereotypisierung geeignet, da sie an die Möglichkeit erinnern, daß die Welt auch anders, d.h. besser sein könnte: „Das Hirngespinst von der Verschwörung lüsterner jüdischer Bankiers, die den Bolschewismus finanzieren", so Adorno und Horkheimer in der *Dialektik der Aufklärung*, „steht als Zeichen eingeborener Ohnmacht, das gute Leben als Zeichen von Glück. Dazu gesellt sich das Bild des Intellektuellen; er scheint zu denken, was die anderen sich nicht gönnen, und vergießt nicht den Schweiß von Mühsal und Körperkraft. Der Bankier wie der Intellektuelle, Geld und Geist, die Exponenten der Zirkulation, sind das verleugnete Wunschbild der durch Herrschaft Verstümmelten, dessen die Herrschaft sich zu ihrer eigenen Verewigung bedient."[26]

Dem Zusammenhang von autoritären Charakterstrukturen, gesellschaftlicher Entwicklung und Antisemitismus gehen Adorno und Horkheimer in empirischen Forschungsprojekten nach. Im amerikanischen Exil entstanden die berühmten *Studies in Prejudice*, die sich zwar als Operationalisierung der *Dialektik der Aufklärung* lesen lassen, von denen aber nicht gesagt werden kann, ob sie eher Voraussetzung oder Resultat der antisemitismustheoretischen Thesen in der *Dialektik der Aufklärung* waren. Im Zusammenhang dieser Studien entstand unter der Leitung von Adorno auch jene berühmte F-Skala, mit der auf indirektem Weg ein Zusammenhang zwischen autoritären Charakterdispositionen und faschistischen Einstellungen gemessen werden sollte.[27] Ziel der Studien war es, zu prüfen, wie stabil und krisenfest die demokratischen Einstellungen der amerikanischen Bevölkerung in der individuellen Persönlichkeitsstruktur verankert waren.

Nach der Remigration wurde diese Fragestellung im Rahmen einer kritischen empirischen Sozialforschung auf die Situation im Nachkriegsdeutschland übertragen, denn es galt nun herauszufinden, inwieweit die NS-Ideologie über den politischen Zusammenbruch hinaus in den Persönlichkeitsstrukturen der Individuen überlebt und damit zu einer Gefahr der Demokratie wird. Eine solche Gefahr des Nachlebens des Nationalsozialismus in der Demokratie hielt Adorno für „potentiell bedrohlicher denn das Nachleben faschistischer Tendenzen *gegen* die Demokratie."[28] Das daran ansetzende „Gruppenexperiment" sollte deshalb Aufschluß über das politische Bewußtsein der Nachkriegsdeutschen geben. Bei den Forschungen zur demokratischen Einstellung, zur Mitverantwortung am nationalsozialistischen Unrecht, zu den Einstellungen gegenüber den Juden, dem Ausland, dem Osten, der Wiederbewaffnung und der eigenen Situation in Westdeutschland konnten aufschlußreiche Beobachtungen gemacht werden.[29] Die Abwehr von Schuld diente einer Identifikation mit der Gemeinschaft und einer Distanzierung des Geschehenen. Sie ist der „Versuch, die eigene überwertige Identifikation mit dem Kollektiv, zu dem man gehört, in Übereinstimmung zu bringen mit dem Wissen vom Frevel: man leugnet oder verkleinert ihn, um nicht der Möglichkeit jener Identifikation verlustig zu gehen, welche es Unzähligen psychologisch allein erlaubt, über das unerträgliche Gefühl der eigenen Ohnmacht hinwegzukommen. Man darf daraus folgern, daß die in Abwehr Befindlichen, auch wo sie Rudimente der Naziideologie vertreten, nicht etwa mit einer Wiederholung dessen sympathisieren, was geschah. Die Abwehr ist selbst ein Zeichen des Schocks, den sie erfuhren, und damit eröffnet sich ein Aspekt der Hoffnung."[30] Die verschiedenen Abwehrstrategien zeigen auf der einen Seite, daß eine offene Auseinandersetzung mit der Vergangenheit nicht stattgefunden und daß statt dessen eine individuelle wie kollektive Verdrängungs- und Abwehrstrategie eingesetzt hat. Auf der anderen Seite verweist die Schuldabwehr auch darauf, daß es ein gebrochenes Verhältnis zu dieser Vergangenheit gibt, so daß eine kritische Thematisierung, ein Durcharbeiten des Vergangenen im Prinzip möglich wäre. Der erfahrene Schock, der aus dem Zusammenbruch der kollektiven Ordnung resultiert, könnte zum Anlaß genommen werden, das Erlebte nicht zu verdrängen, sondern im Sinn der Psychoanalyse zu verarbeiten.

Eine kritische Sozialforschung im Sinne Adornos konnte nicht bei der Erhebung und Deutung stehenbleiben. Die Ergebnisse mußten publik gemacht werden und sie mußten mit entsprechenden politischen Reformvorschlägen verknüpft werden, um Aufklärung über die demokratiefeindlichen Mechanismen der Schuldabwehr und der Stereotypisierung zu leisten. Diese gesellschaftstheoretisch untermauerte und sozialwissenschaftlich informierte öffentliche Aufklärung durch kritische Intellektuelle sollte die Demokratie stärken, indem sie vor ihren Selbstgefährdungen warnte. Der Hauptgrund dieser Selbstgefährdung lag für Adorno im Vergessen, was mit der deutschen Demokratie untrennbar verbunden war: die Erinnerung an den „Zivilisationsbruch" (Dan Diner).

Das publizistische und politische Engagement Adornos für die westdeutsche Demokratie wird verständlich, wenn neben dem biographischen auch sein gesellschaftstheoretischer und empirischer Hintergrund berücksichtigt wird. Nicht zuletzt aus den Exil-Erfahrungen mit den „substantiellen demokratischen Formen" in den Vereinigten Staaten hat Adorno nach eigener Einschätzung gelernt, daß das dort vorzufindende „Potential realer Humanität" eine „Resistenzkraft gegen faschistische Strömungen"[31] darstellt. In gewisser Weise hat das amerikanische Exil Adorno deshalb erst zum engagierten Demokraten gemacht. Denn auch wenn er sehr deutlich die Hindernisse einer demokratischen Gesellschaft in den USA kennengelernt hatte, so scheint ihn doch beeindruckt zu haben, daß entgegen einem weit verbreiteten Irrtum der europäischen und besonders der deutschen Tradition der Demokratie nicht damit geholfen sei, sie philosophisch zu begründen, sondern daß ihre Realisierung auch auf dem in Amerika anzutreffenden „energischen Wille(n)" beruht, „eine freie Gesellschaft einzurichten, anstatt Freiheit ängstlich nur zu denken"[32].

III.

Nach der Veröffentlichung der Ergebnisse des *Gruppenexperiments* dauerte es noch vier Jahre, bis – zehn Jahre nach der ersten Gründung der Bundesrepublik – eine öffentliche Debatte über den normativen Gehalt des bundesrepublikanischen Verfassung einsetzte. Diese politische und moralische Selbstverständigung über die eigene Vergangenheit wurde zum Anlaß genommen, die paradoxe Situation einer Staatsgründung ohne Gründung von 1949 zu bedenken: Die Bundesrepublik war als ein Staat gegründet worden, der einerseits die Rechtsnachfolge des NS-Staates antrat und der andererseits deshalb kein bloßer Nachfolgestaat sein konnte, weil er zugleich die Vergangenheit als *seine* Vergangenheit begriff, d.h. als etwas, was es zu erinnern, also, wenn auch je verschieden, dauerhaft präsent zu halten galt. Das war das Thema der sog. „zweiten Gründung" und das war auch das Thema der gesellschaftstheoretischen und empirischen Arbeiten Adornos, die dazu führten, daß Adorno bei dieser zweiten Gründung die Rolle eines engagierten kritischen Intellektuellen einnahm. Aufgrund seiner Biographie und seines Expertenstatus wurde ihm eine „besondere Kompetenz zur Deutung und Bewältigung der nationalsozialistischen Vergangenheit"[33] eingeräumt, andererseits versuchte er mit seinen publizistischen Arbeiten, Demokratie auch in der Form der Auseinandersetzung mit der undemokratischen Vergangenheit dieser Demokratie zu praktizieren.

IV.

Zwischen 1959 und seinem Tod 1969 führte Adorno neben der Fortsetzung seiner akademischen Arbeiten zahlreiche Rundfunkgespräche, schrieb Artikel und Essays, beteiligte sich an Diskussionen, am Protest gegen die Notstandsgesetzgebung als „Aushöhlung der Demokratie"[34], hielt Vorträge und arbeitete in Kommissionen mit, die die Reform der politischen Bildung und des Ausbildungssystems in Deutschland zum Ziel hatten. Und er griff selbst in die politischen Debatten ein – etwa als der CDU-Politiker Kai-Uwe von Hassel im Bundestagswahlkampf 1960 Willy Brandt wegen seiner Emigration kritisierte. Aufgrund der öffentlichen Kritik Adornos und Horkheimers nahm von Hassel seine Äußerungen zurück.[35]

Wegweisend für dieses Engagement und für die gesellschaftliche Wahrnehmung Adornos als eines Intellektuellen mit moralischer Autorität war der Vortrag, den Adorno im Herbst 1959 vor dem Koordinierungsrat für Christlich-Jüdische Zusammenarbeit gehalten hat und der im Februar des darauffolgenden Jahres im Hessischen Rundfunk gesendet wurde. Zusammen mit weiteren Vorträgen und Gesprächen stellte Adorno im Kontext seiner politischen Publizistik die Frage, wie Erziehung und wie das politisch-moralische Selbstverständnis der Deutschen nach Auschwitz aussehen sollte, damit sich die Katastrophe nicht wiederhole.

In dem Vortrag *Was bedeutet: Aufarbeitung der Vergangenheit* weist Adorno darauf hin, daß sich die Vergangenheit nicht aufarbeiten läßt, denn das impliziert ein mögliches Ende: „man will einen Schlußstrich darunter ziehen."[36] Die bisherige „Aufarbeitung" sei zudem eine „Zerstörung der Erinnerung", die eher dem kollektiven Narzißmus als einer Aufklärung über Vergangenes diene, aus der eine Identifikation mit der Demokratie erwachsen könne. Die Pointe seiner Argumentation liegt aber woanders, denn seiner Ansicht nach gibt es eine gesellschaftsstrukturelle Ursache für diese Zerstörung der Erinnerung, die im Tauschprinzip als einem Vergesellschaftungsmechanismus liegt, der die Zeit und mithin die Erinnerung an Vergangenes und die Möglichkeit des zukünftigen Andersseins ausschaltet: „Tausch ist dem eigenen Wesen nach etwas Zeitloses, so wie ratio selber, wie die Operatoren der Mathematik ihrer reinen Form nach das Moment von Zeit aus sich ausscheiden. (...) Das sagt nicht weniger, als daß Erinnerung, Zeit, Gedächtnis von der fortschreitenden bürgerlichen Gesellschaft selber als eine Art irrationaler Rest liquidiert werden."[37] Gegen dieses „Schreckbild einer Menschheit ohne Erinnerung"[38] gelte es, zur Mündigkeit zu erziehen, der Fähigkeit also, gegen gesellschaftlich Geltendes Einspruch zu erheben. Mit anderen Worten: Nur wenn das Geltende vor dem Hintergrund der barbarischen Vergangenheit und des Versprechens einer besseren Zukunft als kontingent und damit als jederzeit veränderbar erscheint, hat Demokratie eine Chance. Demokratie ist für Adorno letztlich nichts anderes als die institutionalisierte Möglichkeit, daß alles kritisiert werden und anders sein kann. Sie ist damit aber auf ein Kontingenz- und Freiheitsbewußtsein angewiesen, das um die Möglichkeit des Andersseins weiß und das insofern dem demokratiefeindlichen autoritären Charakter entgegensteht. Mündigkeit und Demokratie verweisen Adorno zufolge wechselseitig aufeinander und müssen als Prozesse, nicht als Zustände verstanden werden. Die kontinuierliche Demokratisierung und der „Prozeß der Mündigwerdung"[39] richten sich gerade gegen die Fixierung und Verewigung von gesellschaftlich Geltendem.

Adornos Vorschläge zu einer „Erziehung zur Mündigkeit" gehen von der schon 1942 im Memorandum festgehaltenen Idee einer kulturellen Re-education aus. Dazu gehört neben dem privaten Bereich elterlicher Erziehung, in dem Liebe und Geborgenheit helfen, ein stabiles Selbstbewußtsein statt manipulativer Charaktere auszubilden, vor allem die Reform der politischen Bildung und öffentliche Aufklärungsprozesse. Aufklärung sollte Adorno zufolge nicht darauf zielen, Stereotype mit der objektiven Realität zu konfrontieren. Statt dessen müsse es darum gehen, die Funktionsweise von Stereotypisierungen und Kollektivierungen aufzuzeigen, um so ihre Attraktionskraft zu schmälern. Allerdings war Adorno die Paradoxie einer „Erziehung zur Mündigkeit", die vor totalitärem Denken schützen soll, durchaus bewußt: „Eine Erziehung ohne Individuum ist unterdrückend, repressiv. Wenn man aber versucht, Individuen so heranzuziehen wie man Pflanzen züchtet, die man mit Wasser begießt, dann hat das etwas Schimärisches und Ideologisches. Die Möglichkeit ist allein, all das in der Erziehung bewußt zu machen (...)."[40]

Diese Fähigkeit zur reflexiven Distanz ist es, die Adorno mit dem mündigen Individuum und mit der demokratischen Gesellschaft verbindet und die er öffentlich eingefordert hat. Im Fall der deutschen Demokratie heißt das nichts anderes, als daß die Beschäftigung mit ihrer eigenen Vergangenheit nichts Akzidentelles ist. Die Vergangenheit ist die Bedingung der Möglichkeit der Demokratie, die sich erst durch die Erinnerung und im Medium der politischen Konflikte um die Erinnerung ihre Legitimation verschafft. Daran hat jüngst der israelische Philosoph Avishai Margalit mit den Worten erinnert, er wehre sich „gegen den Versuch, Demokratie ohne Erinnerung oder Vergangenheitsbezug zu verstehen"[41]. Das gilt erst recht für eine barbarische Vergangenheit – eine Vergangenheit, die für Adorno nie abgeschlossen ist und die deshalb immer neu erinnert werden muß. Die Vergangenheit bleibt so immer nur eine gegenwärtige Zukunft. Eine Zukunft des Erinnerns.

Anmerkungen

* Dieser Essay entstand im Kontext eines von der DFG geförderten Forschungsprojekts zur „Aktualität Theodor W. Adornos". Ich danke dem Leiter der Forschungsgruppe Prof. Dr. Stefan Müller-Doohm sowie Dirk Auer für eine außerordentlich gute und produktive Arbeitsatmosphäre und für wertvolle Ratschläge. Darüber hinaus danke ich Julia Schulze Wessel, André Brodocz und vor allem meiner Frau Kathrin Bonacker.

1 Vgl. zur Biographie die Arbeiten von Stefan Müller-Doohm: Die Soziologie Adornos. Eine Einführung. Frankfurt a.M., New York 1996, S. 23ff.; Denken im Niemandsland. Theodor W. Adornos bürgerliche Antibürgerlichkeit, in: *Levia-*

than 1997, H.3; Noch die biographische Einzelperson ist eine soziale Kategorie. Konturen einer intellektuellen Biographie, in: Dirk Auer/ Thorsten Bonacker/ Stefan Müller-Doohm (Hg.): Die Gesellschaftstheorie Adornos. Themen und Grundbegriffe. Darmstadt 1998; Theodor W. Adorno (1903-1969), in: Dirk Kaesler (Hg.): Klassiker der Soziologie. Band 2. München 1999.

2 Theodor W. Adorno/ Ernst Krenek (Briefwechsel 1929-1964), hg. von Wolfgang Rogge. Frankfurt a.M. 1974, S. 44.

3 Adorno: Auf die Frage: Warum sind Sie zurückgekehrt, in: Gesammelte Schriften, Band 20.1, hg. von Rolf Tiedemann (im folgenden zitiert GS), S. 394.

4 Das hat Adorno schon 1944 so gesehen: Minima Moralia. Frankfurt a.M. 1951, S. 65 (der Aphorismus 33 „Weit vom Schuß", aus dem diese Passage zitiert ist, fehlt in den GS, ist aber in der jüngst erschienenen Taschenbuchausgabe der GS eingefügt worden). Vgl. zum Motiv der Schuld im Denken Adornos auch im Zusammenhang mit einer kritischen Theorie nach Auschwitz: Alexander García Düttmann: Das Gedächtnis des Denkens: Versuch über Heidegger und Adorno. Frankfurt a.M. 1991.

5 Adorno: Auferstehung der Kultur in Deutschland? (1950), in: Kritik. Kleine Schriften zur Gesellschaft. Frankfurt a.M. 1971, S. 20.

6 So Adornos berühmtes Diktum eines neuen kategorischen Imperativs in der *Negativen Dialektik*, GS 6, S. 358.

7 Siehe Max Bense: Hegel und die kalifornische Emigration, in: *Merkur*, Heft 1, 1950, und die Darstellung von Alex Demirovic: Der nonkonformistische Intellektuelle. Die Entwicklung der Kritischen Theorie zur Frankfurter Schule. Frankfurt a.M. 1999, S. 154ff.

8 So Adorno im Entwurf für eine Erklärung zum Artikel Benses (in: Horkheimer: Gesammelte Schriften, hg. von Gunzelin Schmid Noerr, Band 17. Frankfurt a.M. 1996, S. 73).

9 Siehe beispielsweise die von beiden geschriebene Erklärung „Die UdSSR und der Frieden" von 1950, in: GS 20.1, S. 390ff.

10 Vgl. Rolf Wiggershaus: Die Frankfurter Schule. München 1988, S. 521. Ritter war, wie Wiggershaus festellt, keineswegs der einzige, der solche Bemerkungen machte.

11 Vgl. Rainer M. Lepsius: Die Entwicklung der Soziologie nach dem Zweiten Weltkrieg, in: Günther Lüschen (Hg.): Deutsche Soziologie seit 1945 (=KZfSS, Sonderheft 21). Opladen 1979. Zur Entstehung des Selbstverständnisses der Sozialwissenschaft als Steuerungsmacht siehe auch Peter Wagner: Sozialwissenschaft und Staat: Frankreich, Italien, Deutschland 1870-1980. Frankfurt a.M., New York 1990.

12 Clemens Albrecht: Frankfurter Schule und Bundesrepublik. Eine Wirkungsgeschichte, in: ders. u.a.: Textband zum Forschungsprojekt: Die Entstehungs- und Wirkungsgeschichte der 'Frankfurter Schule' im Umfeld der intellektuellen

Lagen und Lager in der Bundesrepublik Deutschland, Ms. (1998), S. 140 (Publizierte Fassung: Die intellektuelle Gründung der Bundesrepublik. Eine Wirkungsgeschichte der Frankfurter Schule. Frankfurt a.M., New York 1999). Vgl. Alfons Söllner (Hg.): Zur Archäologie der Demokratie in Deutschland, Bd. 1: Analysen von politischen Emigranten im amerikanischen Geheimdienst 1943-1945. Frankfurt a.M. 1986. Vgl. zur Diskussion im Institut für Sozialforschung um die Entstehungsgründe des Nationalsozialismus: Wirtschaft, Recht und Staat im Nationalsozialismus. Analysen des Instituts für Sozialforschung 1939-1942, hg. von Helmut Dubiel und Alfons Söllner. Frankfurt a.M. 1981.

13 Vgl. Ulrich Brochhagen: Nach Nürnberg. Vergangenheitsbewältigung und Westintegration in der Ära Adenauer. Hamburg 1994. Vgl. jetzt auch die Studie von Helmut Dubiel: Niemand ist frei von Geschichte. Die nationalsozialistische Herrschaft in den Debatten des Deutschen Bundestages. München 1999.

14 Adorno: Was bedeutet: Aufarbeitung der Vergangenheit (1959), in: Erziehung zur Mündigkeit. Frankfurt a.M. 1971, S. 12.

15 Joachim Perels: Die Zerstörung von Erinnerung als Herrschaftskritik. Adornos Analysen zur Blockierung der Aufarbeitung der NS-Vergangenheit, in: Helmut König/ Michael Kohlstruck/ Andreas Wöll (Hg.): Vergangenheitsbewältigung am Ende des 20. Jahrhunderts (= Leviathan, Sonderheft 18). Opladen 1998, S. 62.

16 Adorno: Was bedeutet: Aufarbeitung der Vergangenheit (Anm. 14), S. 12.

17 Vgl. für eine Interpretation der kritischen Theorie Adornos jetzt auch Thorsten Bonacker: Die normative Kraft der Kontingenz. Eine institutionentheoretische Perspektive nichtessentialistischer Gesellschaftskritik nach Weber und Adorno, Diss., Universität Oldenburg, 1999.

18 Adorno: Negative Dialektik, in: GS 6, S. 206f.

19 A.a.O., S. 212.

20 Adorno: Marginalien zu Theorie und Praxis, in: GS 10.2, S. 761.

21 Alex Demirovic: Wahrheitspolitik. Zum Problem der Geschichte der Philosophie, in: Sigrid Weigel (Hg.): Flaschenpost und Postkarte. Korrespondenzen zwischen Kritischer Theorie und Poststrukturalismus. Köln 1995.

22 Vgl. Norbert Frei: Vergangenheitspolitik: die Anfänge der Bundesrepublik und die NS-Vergangenheit. München 1996.

23 Vgl. dazu Thorsten Bonacker: Ohne Angst verschieden sein können. Individualität in der integralen Gesellschaft. In: Dirk Auer/ Thorsten Bonacker/ Stefan Müller-Doohm (Hg.): Die Gesellschaftstheorie Adornos. Themen und Grundbegriffe. Darmstadt 1998.

24 Adorno: Minima Moralia, in: GS 4, S. 41.

25 Vgl. dazu die Arbeit von Lars Rensmann: Kritische Theorie über den Antisemitismus. Studien zu Struktur, Erklärungspotential und Aktualität. Berlin 1998 (dazu auch: Dirk Auer/ Thorsten Bonacker/ Stefan Müller-Doohm: Entdeckun-

gen in der Tradition. Ein Literaturbericht über aktuelle Aspekte der kritischen Theorie. In: Zeitschrift für kritische Theorie 1999, H. 1); Detlev Claussen: Grenzen der Aufklärung. Die gesellschaftliche Genese der modernen Antisemitismus. Frankfurt a.M. 1994; Dan Diner (Hg.): Zivilisationsbruch. Denken nach Auschwitz. Frankfurt a.M. 1988.

26 Max Horkheimer/ Theodor W. Adorno: Dialektik der Aufklärung (1944). Frankfurt a.M. 1988, S. 181.

27 Theodor W. Adorno: Studien zum autoritären Charakter (Dt. 1950). Frankfurt a.M. 1973, S. 20. Vgl. auch Müller-Doohm: Die Soziologie Theodor W. Adornos (Anm. 1), S. 78ff. und Rolf Wiggershaus: Die Frankfurter Schule (Anm. 10), S. 390ff.

28 Adorno: Was bedeutet: Aufarbeitung der Vergangenheit (Anm. 14), S. 10.

29 Vgl. dazu Schuld und Abwehr, in: GS 9.2; Gruppenexperiment: Ein Studienbericht. Bearbeitet von Friedrich Pollock. Frankfurter Beiträge zur Soziologie. Frankfurt a.M. 1955; Müller-Doohm: Die Soziologie Adornos (Anm. 1), S. 116ff; Demirovic: Der nonkonformistische Intellektuelle (Anm. 7), S. 353ff.

30 Gruppenexperiment (Anm. 29), S. 135.

31 Adorno: Wissenschaftliche Erfahrungen in Amerika, in: Stichworte. Frankfurt a.M. 1969, S. 145. Siehe dazu auch: Martin Jay: Adorno in Amerika, in: Ludwig von Friedeburg/ Jürgen Habermas (Hg.): Adorno-Konferenz 1983, Frankfurt a.M.

32 Adorno: Auf die Frage: Was ist deutsch, in: Stichworte (Anm. 31), S. 108.

33 Clemens Albrecht: Frankfurter Schule und Bundesrepublik (Anm. 12), S. 251.

34 Adorno: Gegen die Notstandsgesetze, in: Kritik (Anm. 5), S. 144.

35 Siehe dazu Albrecht: Frankfurter Schule und Bundesrepublik (Anm. 12), S. 259.

36 Adorno: Was bedeutet: Aufarbeitung der Vergangenheit (Anm. 14), S. 10. Siehe auch Horkheimer: Gesammelte Schriften, hg. von Gunzelin Schmid Noerr, Band 7. Frankfurt a.M., S. 161ff.

37 Adorno: Was bedeutet: Aufarbeitung der Vergangenheit (Anm. 14), S. 13.

38 Ebd.

39 Adorno: Erziehung zur Mündigkeit. In: Erziehung zur Mündigkeit (Anm. 14), S. 140.

40 Adorno: Erziehung – wozu? In: Erziehung zur Mündigkeit (Anm. 14), S. 118.

41 So Margalit in einem Gespräch mit der *Frankfurter Rundschau* vom 26. Juni 1999.

Michael Kohlstruck

Reinhard Strecker – „Darf man seinen Kindern wieder ein Leben in Deutschland zumuten?"

Die Älteren von uns werden sich noch an die Jahre 1943, 1944, 1945 erinnern, während deren die Litfaßsäulen mit den kleinen roten Anschlägen der Staatsanwaltschaft bepflastert waren, in denen kurz mitgeteilt wurde, daß auf einen Schlag drei, vier, fünf und mehr Menschen 'durch das Fallbeil' hingerichtet worden wären. Und wegen welcher Taten? Etwa als Gewaltverbrecher, weil ein junger Mensch einer vorübergehenden Frau die Einkaufstasche entrissen hatte; oder als sogenannter 'Volksschädling', weil der Täter während der Verdunkelung Lebensmittel aus einem Keller gestohlen hatte, oder etwa gar deswegen, weil er mit der Frau eines Soldaten Ehebruch getrieben hatte. Unsere Blicke – angewidert, aber auch abgestumpft – glitten zum Schluß nur noch schnell über diese schicksalsschweren Ankündigungen hinweg, um desto intensiver an der Bekanntgabe der nächsten Eierzuteilung zu haften.[1]

Zwischen 1959 und Mitte der sechziger Jahre waren diese Aushänge wieder zu sehen. Sie kündigten die „Aktion Ungesühnte Nazijustiz" an und damit die erste Ausstellung in der Bundesrepublik, die geschichtliche Aufklärung über den Nationalsozialismus mit politischen Forderungen verbunden hat. Die Ausstellung bestand nur aus Fotos und Kopien: Die Todesurteile von nationalsozialistischen Sondergerichten ließen mit ihrer Unverhältnismäßigkeit von Vergehen und Strafe keinen Zweifel daran, daß es sich hier um rechtsförmige Verbrechen gehandelt hatte. Andere Dokumente belegten, daß etliche der an diesen Todesurteilen beteiligten Richter und Staatsanwälte in der Bundesrepublik wieder Ämter in der Justiz innehatten. Auch die Ziele der Ausstellung waren auf großen Bögen zu lesen. Gefordert wurde eine generelle Überprüfung von amtierenden Juristen und Medizinern, von Angehörigen der Ministerialbürokratie, der Universitäten und der Polizei. Wer in der NS-Zeit an Verbrechen beteiligt gewesen war, sollte vor Gericht gestellt und entlassen werden.

Dokumentiert wurde beispielsweise der Fall Werner Rhode.[2] Der 1913 geborene Jurist, Mitglied der NSDAP seit Mai 1937, war zwischen 1940 und 1945 Staatsanwalt am Sondergericht in Prag gewesen. Er hatte bei weit über 50 Todesurteilen mitgewirkt. Unter den vollstreckten Urteilen sind die folgenden Fälle: Am 19.05.1944 wurde gegen einen Vater und seinen Sohn ein Todesurteil verhängt, da sich der Sohn auf Rat seines Vaters ein Fingerglied abgehackt hatte, um der Zwangsarbeit in Deutschland zu entgehen. Am 26.09.1944 wurden zwölf tschechische Polizeibeamte zum Tode verurteilt, da sie ausländische Rundfunknachrichten abgehört und unter sich verbreitet hatten. Zwei Tage später wurden ein Hilfsmechaniker und ein Tischlergehilfe zum Tode verurteilt; sie hatten aus Rundfunkgeräten Einrichtungen entfernt, die das Abhören von Kurzwellensendungen verhinderten. Sie hörten sodann den ausländischen Rundfunk ab.

Am 08.03.1948 nahm Rhode seine Tätigkeit bei der Kieler Staatsanwaltschaft wieder auf. 1955 wechselte er als Erster Staatsanwalt in das Schleswig-Holsteinische Justizministerium über, wo er als Referent in der Abteilung 3 (Rechtswesen) tätig war. 1962 wurde Rhode zum Regierungsdirektor befördert. 1966 wurde er Ministerialrat. Gleichzeitig ernannte ihn Justizminister Leverenz (FDP) zum Leiter der Abteilung 1 (Allgemeine Abteilung). Rhode schied als Leitender Ministerialrat aus dem Dienst des Landes Schleswig-Holstein aus.

Dies war kein Einzelfall. Die Todesurteile waren auch nicht von Justizangehörigen gefällt worden, „die", wie es damals im Rechtsausschuß des Deutschen Bundestags hieß, „schicksalhaft in Gefahren verwickelt wurden, die ihre Kräfte überstiegen."[3] Der Presse war zu entnehmen, daß es auch in der Diktatur Handlungsspielräume gegeben hatte. Im Sommer 1959 etwa berichtete *Der Spiegel*: Der Oberkriegsgerichtsrat und spätere Oberfeldrichter Dr. Otto Wöhrmann hatte 1944 gegen zwei Soldaten in zwei selbständigen Verfahren wegen „Zersetzung der Wehrkraft" gemäß des § 5 der Kriegssonderstrafrechtsverordnung (KSSVO) Todesurteile verhängt. Beide Urteile waren nicht vollstreckt worden, da die Prozeßakten durch Luftangriffe vernichtet worden waren; die Angeklagten überlebten den Krieg. Aufschlußreich war in beiden Fällen die Tatsache, daß die Angeklagten jeweils in der gleichen Sache auch von einem anderen Richter, Kriegsgerichtsrat Klein, zu einem Jahr Gefängnis bzw. fünf Jahre Zuchthaus verurteilt worden waren.[4] Offensichtlich also hatte es Richter und Staatsanwälte gegeben, die der Parole von Roland Freisler folgten und als „Panzertruppe der Rechtspflege" die Zielsetzungen des nationalsozialistischen Rechts bereitwillig übernommen hatten.[5] Der Fall Wöhrmann/ Klein zeigte aber auch, daß es Richter gegeben hatte, die relativ gemäßigte Strafen verhängt hatten. Und schließlich hatte es auch Richter gegeben wie den brandenburgischen Vormundschaftsrichter Lothar Kreyssig, der im Reichsjustizministerium beim damaligen Staatssekretär Freisler und Minister Gürtner gegen die „Euthanasie" protestiert hatte. Auch der Senatspräsident am Reichsgericht, Vogt, hatte sich geweigert, bestimmte Wünsche des Reichsjustizministers zu erfüllen. Beide wurden entlassen. Sonst war ihnen nichts geschehen.[6]

Unmittelbares Ziel der „Aktion Ungesühnte Nazijustiz" war es, die Justiz von belasteten Richtern zu befreien und diese strafrechtlich zur Verantwortung zu ziehen. Außerdem sollte eine öffentliche Diskussion über die professionsbiographischen Verbindungen zwischen Diktatur und Demokratie erzwungen werden. Damit hatten die Ausstellungsmacher, unter ihnen der Initiator und spiritus rector Reinhard Strecker, nichts weniger im Sinn, als das politische Ethos der fünfziger Jahre zu verändern. Kritische Beobachter konstatierten damals ein „eigentümliches Verstummen des deutschen Volkes", das zu einem Volk ohne Vergangenheit geworden war.[7] Gleichzeitig aber kehrten die Funktionsträger dieser Vergangenheit zurück. Im Justizdienst der Westzonen waren schon 1947/48 zu 90% wieder Richter und Staatsanwälte im Dienst, die auch schon vor 1945 amtiert hatten. Unter ihnen waren viele, die während des Nationalsozialismus an den über 27.000 Todesurteilen des Volksgerichtshofes und anderen Strafgerichten sowie der Militärgerichtsbarkeit mitgewirkt hatten.[8] Während die früheren Amtsträger die Nutznießer dieser Rückkehr waren und sich das Gros der Bevölkerung darum überhaupt wenig kümmerte, war es naheliegend, daß die überlebenden Opfer des NS-Regimes diese Entwicklung besonders aufmerksam registrierten. Doch mußte man die Entrechtung und die Berufsverbote, die Plünderungen und Verfolgung, Mißhandlungen, Deportationen und Lagerhaft nicht am eigenen Leib erfahren haben, um gegen die Entwicklung in der jungen Bundesrepublik zu protestieren.

Als der 24-jährige Reinhard Strecker nach mehrjährigem Auslandsaufenthalt im Spätherbst 1954 nach Westberlin zurückgekehrt war, um zunächst das deutsche Abitur abzulegen und dann an der Freien Universität Berlin (FU) ein Studium der indogermanistischen Sprachwissenschaften aufzunehmen, machte er überraschende Erfahrungen. Er bekam Namen zu hören, die ihm aus Paris, vom „Centre de documentation juive contemporain de Paris (CDJC)" oder der Zeitung *Combat*, bekannt waren: Werner Ventzki, NSDAP-Mitglied seit 1931, ein Freund von Theodor Oberländer und seit 1953 Berliner Repräsentant des Bundesministeriums für Vertriebene, Flüchtlinge und Kriegsgeschädigte, war zwischen 1941 und 1944 Oberbürgermeister von Lodz gewesen.[9] Unter der deutschen Besatzung war die Stadt in Litzmannstadt umbenannt und ein Ghetto für die jüdische Bevölkerung eingerichtet worden. Unter der auch Ventzki unterstehenden Verwaltung herrschten im Ghetto Hunger und Elend.[10] Von den ca. 204.800 Personen, die das Ghetto durchlaufen mußten, haben höchstens 7.000 Personen die Lebens- und Arbeitsbedingungen, die Deportationen und die Auflösung des Ghettos überlebt.[11]

Ein weiterer Fall: Am Landgericht Berlin waren seit Anfang der fünfziger Jahre mit dem Oberstaatsanwalt Herbert Hennig und dem Ersten Staatsanwalt Karl Heinz Domann zwei Staatsanwälte tätig, die an Todesurteilen des Volksgerichtshofes beteiligt gewesen waren.[12]
Strecker war empört, in Politik und Justiz auf Personen zu treffen, die an NS-Verbrechen bis hin zum Mord beteiligt gewesen waren.
Um einer zunehmenden Politikverdrossenheit entgegenzusteuern, hatte der Deutsche Bundestag 1958 die Bundesbürger aufgerufen, wichtige, aber ihrer Meinung nach im Bundestag ungenügend behandelte Fragen über Eingaben dem Petitionsausschuß vorzulegen.
Strecker nahm dies zum Anlaß, einige Karrieren genauer zu recherchieren. Über eine Petition wollte er eine Überprüfung der Personalpolitik des Öffentlichen Dienstes und die Entlassung von belasteten Juristen sowie früherer NS-Mediziner erreichen.[13] In diesem Vorhaben wurde er schon bald von der Berliner Gruppe des „Sozialistischen Deutschen Studentenbundes (SDS)" unterstützt. Der – seinerzeit stark vom „Ring Christlich Demokratischer Studenten (RCDS)" dominierte – Konvent der FU begrüßte am 12.2.1959 die Sammlung von Unterschriften für diese Petition. Die Mehrheitsverhältnisse im Konvent machten es allerdings erforderlich, für belastete Mediziner und Juristen jeweils eine eigene Petition aufzusetzen.[14] Trotz eines Verbots durch den Rektor waren bis September 1959 etwa 2.000 Unterschriften zusammengekommen.[15] Am 23./24.5.1959 fand in Frankfurt am Main zum 10. Jahrestag der Verkündung des Grundgesetzes der Kongreß „Für Demokratie – gegen Militarismus und Restauration" statt. Die Strecker-Gruppe nutzte diese Veranstaltung, um das Thema der NS-Juristen auf die Agenda der öffentlichen Auseinandersetzungen zu setzen. Der Frankfurter Kongreß unterstützte die Petition und damit die Bitte einer Überprüfung der Richter und Staatsanwälte:

Wir rufen alle Angehörigen der Hochschulen, die Jugendverbände und die Gewerkschaften auf, Unterschriftensammlungen zu folgenden zwei Petitionen an den Deutschen Bundestag durchzuführen: Während des nationalsozialistischen Regimes haben Staatsanwälte auf Grund der damaligen verbrecherischen Sondergesetzgebung die Todesstrafe gefordert und durchgesetzt, Richter haben die Todesstrafe verhängt über Menschen, die unschuldig waren. Diese Urteile widersprechen den Grundsätzen von Recht und Sitte, wie sie bis dahin auch in Deutschland allgemein anerkannt wurden. Einige diese Richter und Staatsanwälte amtieren noch heute und sind zum Teil sogar befördert worden. Es erscheint uns notwendig, das Vertrauen zur deutschen Justiz voll wiederherzustellen. Wir bitten daher den Deutschen Bundestag und die Länderparlamente, die Bundesregierung und die Länderregierung zu veranlassen, das Verbleiben dieser Richter und Staatsanwälte in ihren heutigen Ämtern zu überprüfen und sie gegebenenfalls daraus zu entfernen. (...) Wir protestieren auf das schärfste gegen alle Versuche, die Unterschriftensammlungen zu diesen zwei Petitionen zu behindern.[16]

Die Petition wurde eingereicht und der Deutsche Bundestag schickte den Absendern eine Eingangsbestätigung. Nun hatte es die Berliner SDS-Gruppe aber nicht bei dem Versuch belassen, dem Thema über das Parlament eine öffentlichen Aufmerksamkeit zu verschaffen. Sie hatte selbst Ermittlungen aufgenommen und sich Kopien von Akten über einzelnen Richter beschafft. Zusammen mit Kommilitonen arbeitete Strecker nach und nach die Justizhandbücher der vergangenen 20 Jahre durch. Den Grundstock der ersten Ausstellung bildeten Straf- und Personalakten zu 105 Juristen.[17] Auf der XIV. ordentlichen Delegiertenkonferenz des SDS vom 30.7. bis zum 1.8.1959 in Göttingen wurde beschlossen, die von Strecker vorbereitete „Aktion gegen nationalsozialistische Juristen, die heute in der Bundesrepublik Ämter bekleiden" zu unterstützen. Als Vertreter des Parteivorstands der SPD waren Waldemar von Knoeringen und Willi Eichler bei dieser Delegiertenkonferenz anwesend. Der SDS-Bundesvorstand gab der Aktion den Namen „Ungesühnte Nazijustiz" und forderte alle Hochschulgruppen auf, solche Aufklärungsaktionen zu unterstützen.[18]

Die erste größere Ausstellung dieser Aktion fand vom 27. bis 30.11.1959 in Karlsruhe statt. Ort und Zeitpunkt waren von der Sache her vorgegeben. Karlsruhe war der Sitz des Generalbundesanwaltes und im baden-württembergischen Landtag sollten überdies Anfang Dezember 1959 zum ersten Mal in einem deutschen Länderparlament Fragen zur NS-Justiz diskutiert werden. Wenige Tage darauf war in Bonn eine Anhörung vor dem Bundestags-Rechtsausschuß vorgesehen, bei der Bundesjustizminister Schäffer zu den personellen Kontinuitäten in der Justiz befragt werden sollte.[19]

Der seit 1956 amtierende Generalbundesanwalt Güde galt als Anwalt des liberalen Rechtsstaates und war für seine klaren Äußerungen in Fragen der personellen Vergangenheitsbewältigung bekannt.[20] In einem am 19.10.1958 in der Evangelischen Akademie Bad Boll gehaltenen und viel beachteten Vortrag heißt es:

Wir Juristen, wir Staatsanwälte und Richter vor allen anderen müssen jedenfalls unseren Teil an Schuld auf uns nehmen. Wir können nicht anders, als uns zu unserer besonderen Verantwortung für das Recht und zu unserem Versagen und zu unserer Schuld bekennen: zu unserer Verantwortung, weil uns mehr als irgendwem das Recht anvertraut war; zu unserem Versagen, weil wir nicht stark genug, vor allem aber auch nicht mutig genug waren, für das Recht zu kämpfen und für das Recht uns notfalls auch zu opfern; und zu unserer Schuld, weil das Recht zugrunde ging, wir aber überlebten. (...)

Michael Kohlstruck

Wir wagen heute zu sagen, daß der Maßstab des Rechtes die Gerechtigkeit ist, und glauben, das Gespenst der Rechtlosigkeit in der Maske der bloßen Legalität, der bürgerlichen oder sozialistischen Gesetzlichkeit zum mindesten erkannt und damit beschworen zu haben.[21]

Strecker war es auf eine öffentliche positive Stellungnahme Güdes zur Ausstellung angekommen. Auch eine nur partielle Unterstützung durch Güde würde die öffentliche Aufmerksamkeit für das Thema erheblich steigern. Mit der Wahl des Ausstellungsortes Karlsruhe sollte Güde zu einer Stellungnahme veranlaßt werden – einer Stellungnahme, auf die man wegen seiner früheren Äußerungen hoffen durfte und die er dann tatsächlich abgab. Zunächst aber verschlechterte sich die Lage. Nachdem sich die SPD von der SDS-Ausstellung distanziert hatte, wurde den Veranstaltern die Karlsruher Stadthalle gekündigt. Ausweichort war das Lokal „Krokodil", wo die Ausstellung täglich auf- und wieder abgebaut werden mußte. Trotz solch widriger Umstände gelang es, das Thema der NS-Juristen auf die Agenda der öffentlichen Angelegenheiten zu setzen. Zunächst berichtete die Presse ausführlich über die Ausstellung und die dokumentierten Fälle. Strecker wurde von Generalbundesanwalt Güde zu einem längeren persönlichen Termin eingeladen, bei dem ihm Güde die Echtheit der ausgestellten Dokumente bestätigte und weiteres mitteilte. Zugleich bat Güde Strecker, dies alles auch Adolf Arndt, dem Vorsitzenden des Rechtsausschusses des Bundestages zu übermitteln. Arndt stand der Ausstellung skeptisch gegenüber. Auf seine Intervention hin hatte sich das Parteipräsidium der SPD noch vor der Eröffnung von der Ausstellung distanziert.[22] Güde bestätigte die Echtheit der Kopien später in einem bundesweit ausgestrahlten Fernseh-Interview. *Der Spiegel* berichtete Anfang Januar 1960 über dieses Interview, in dem Güde keinen Zweifel daran läßt, daß „in einer Reihe von Gesetzen ... Milderungsmöglichkeiten (blieben), und man kann nicht verschweigen, wenn man ehrlich sein will: Viele der Todesurteile hätten nicht zu ergehen brauchen. Sie hätten nicht ergehen dürfen, selbst auf der Grundlage der Gesetze, nach denen sie gefällt wurden."[23] Er wies ausdrücklich darauf hin, daß milde Urteile für einen Richter durchaus keine Repressalien zur Folge hatten. Die von Güde anerkannten „100 Ordner" der Karlsruher Ausstellung werden später u.a. auch von der *Zeit* als gültige Zahl problematischer Justizfälle verbreitet, obwohl dies nur ein kleiner Teil des Gesamtproblems war: „Hundert Unrechtsrichter, eine Zahl, zu der sich auch Generalbundesanwalt Dr. Max Güde bekennt – das sind hundert zuviel. Sie kompromittieren die übrigen 11.900 Richter der Bundesrepublik Deutschland und den westdeutschen Rechtsstaat, und sie belasten die

Idee von Recht und Gerechtigkeit überhaupt."[24] An der Presse-Resonanz auf Güdes Stellungnahme läßt sich die kluge Bündnispolitik der Strecker-Gruppe ersehen. Nachdem man Güde zu einer öffentlichen Stellungnahme veranlaßt hatte, in der er seine früheren Überlegungen konkretisiert hatte, gilt die Ausstellung als seriös. Das Echo seines Urteils wird von den liberalen Kommentatoren vielfältig zurückgeworfen.[25]

Ernst Müller-Meiningen jr. etwa spricht – wie das Güde für die Dokumente getan hatte – in der *Süddeutschen Zeitung* den Initiator der Ausstellung vom naheliegendsten Verdacht frei: Bei Strecker handele es sich um einen „eindeutigen Antikommunisten". Er hebt dann hervor, daß Strecker die Ausstellung privat initiiert habe und mit seiner Entschlußkraft eine öffentliche Aufgabe wahrnehme. „Private also sind am Werk, wo die Offiziellen schweigen." Er schließt seinen Kommentar: „Das ganze Problem hängt zusammen mit der Tatsache, daß es, zu sehr beträchtlichem Teil aus eigenem Verschulden, nicht gelungen ist, uns vor der Welt unzweideutig zu machen. Weswegen wir dann bei Vorfällen wie den jüngsten antisemitischen Exzessen irgendwelcher obskurer antisemitischer Schmutzfinken sozusagen hilf- und schutzlos in der Landschaft stehen, amtlich dem Ausland unsere Unschuld ebenso krampfhaft wie aus eben den genannten Gründen nur mit verminderter Überzeugungskraft versichernd. Nach dem Rechten zu sehen, kann unmöglich allein Sache von Privaten sein."[26] Nach der Karlsruher Ausstellung stellten Strecker und Wolfgang Koppel, der Vorsitzende der SDS-Gruppe Karlsruhe, am 25. Januar 1960 im Auftrag des Bundesvorstandes des SDS Strafantrag gegen 43 schwer belastete Juristen bei der Karlsruher Staatsanwaltschaft.[27]

Während es in Karlsruhe im wesentlichen nur die SPD war, die die Ausstellung zu behindern versuchte, zeigte sich in Westberlin, wie stark die Blockkonfrontation die Freiheit der Meinungsäußerung beeinträchtigte. Hier war die SPD nicht nur die Mutterpartei eines sich von der Volkspartei emanzipierenden Studentenverbandes, sondern Regierungspartei „in der Verantwortung". Der Justizsenator und der Senator für Volksbildung verhinderten zunächst, daß die Ausstellung in einer der Hochschulen stattfinden konnte. Justizsenator Valentin Kielinger (CDU) meinte, es bestehe „genügend Anlaß eines hinreichenden Verdachts, daß Strecker zumindest vom Osten gelenkt und inspiriert werde." Die Situation in der „Frontstadt" war derart angespannt, daß die gezielten Rufmord-Kampagnen des Senats durch Einschüchterungen von Streckers Familie und einen Einbruch in seine Steglitzer Wohnung ergänzt wurden, bei der Dokumentenkopien gestohlen wurden. Anonyme Schmähungen kamen hinzu. Noch Jahre später torpedierte der Berliner Verfassungsschutz die Bemühungen dreier Bezirksämter, die Ausstellung zu zeigen. Für die Diskreditierung Streckers in den Bezirken genügte der Hinweis auf die Reisen Streckers „in den Osten". Die Einladungen Streckers nach Großbritannien und seine Unterstützung durch britische Parlamentarier oder seine Verbindungen nach Paris blieben unerwähnt. Strecker wurde als „Gefahr für die Sicherheit Berlins" bezeichnet, so daß bei den Bezirken der beabsichtigte Eindruck eines „vom Osten" gelenkten Unternehmens entstand.

Wie hat Strecker diesen Anfeindungen standgehalten, was hat ihn überhaupt veranlaßt, die „Aktion Ungesühnte Nazijustiz" zu beginnen und mit einer Hartnäckigkeit zu verfolgen, die manchem Außenstehenden als obsessiv erschienen sein mag?

Zu einem Teil läßt sich die Durchhaltekraft von Reinhard Strecker und seinen Leuten mit der Unterstützung prominenter Persönlichkeiten erklären. So gehörten dem Kuratorium der Berliner Ausstellung u.a. Prof. Helmut Gollwitzer, Prof. Wilhelm Weischedel, Prof. Ossip K. Flechtheim, Prof. Dietrich Goldschmidt, der Schriftsteller Wolfdietrich Schnurre und der Bezirksbürgermeister Kreßmann an.[28] Vermutlich war es auch eine Ermunterung, daß einige der beteiligten Studenten mit einem Schlag zu Personen der Zeitgeschichte geworden waren und damit aus dem Umfeld der „Deutsch-Israelischen Studiengruppen (DIS)", der Zeitschrift *Argument* oder der lokalen Gruppen des SDS herausragten.[29] Sicher hat auch die Erfahrung von Karlsruhe eine Rolle gespielt: Das Unwahrscheinliche kann gelingen, und selbst die geringen Ressourcen einer studentischen Gruppe können der offiziellen Vergangenheitspolitik der Adenauer-Ära trotzen. Trotzdem bleibt die Frage nach der Motivation offen – anders gefragt: Wer spricht und in wessen Namen?

Reinhard Strecker stammt aus einer Familie, in der Recht und Gerechtigkeit schon lange eine hohe Bedeutung hatten. Der funktionierende Rechtsstaat, nicht gute Gesinnung oder liberale Reden ist schließlich die Instanz, die die rechtliche Gleichstellung aller Staatsbürger garantiert und der auch Minderheiten wirksam schützen kann.[30] Für die Familie Strecker, zu deren Vorfahren die Kreise der Berliner Salons gehören, galt diese Überzeugung nicht zuletzt aus beruflichen Gründen. Otto Strecker, ein Großvater von Reinhard Strecker, war als Kommissionspräsident an der Erarbeitung des Bürgerlichen Gesetzbuches beteiligt und Mitherausgeber des ersten BGB-Kommentars.[31] Der Vater Reinhard Streckers war in den dreißiger und den vierziger Jahren

Kammergerichtsrat in Berlin. Nach 1945 galt er als unbelastet und wurde für den Aufbau einer rechtsstaatlichen Justiz herangezogen. In der britischen Zone bestand zwischen November 1945 und Mai 1946 die Vorschrift, daß kein Oberlandesgericht (OLG) wieder eröffnet werden durfte, ohne daß nicht mindestens die Hälfte der Stellen von Richtern ohne frühere NSDAP-Mitgliedschaft besetzt gewesen wäre. Solche Personen waren rar. Das OLG Celle wurde als letztes OLG der britischen Zone am 16.03.1946 wiedereröffnet, nachdem mit der Berufung von Walther Strecker am 13.02.1946 die 50%-Quote erreicht war und das sog. „Huckepack-Verfahren" funktionieren konnte: Jeder Unbelastete „trug" einen Belasteten ins Gericht.[32] Auf diese Weise konnten sich die Träger des Nationalsozialismus noch nach dem Ende des Regimes auf die Unbelasteten stützen.

Vielleicht hat die Familientradition eines Eintretens für Recht und Gerechtigkeit auch für das Engagement von Reinhard Strecker eine gewisse Rolle gespielt. Die Entscheidung aber, die sich ihm bei seiner Rückkehr nach Deutschland in den fünfziger Jahren stellte, hatte sehr viel mehr mit seinem eigenen Leben zu tun: „Ich wollte wissen, ob man wieder mit Anstand in Deutschland leben konnte und ob man den eigenen Kinder eine Zukunft in Deutschland zumuten durfte."

Als Deutscher wieder in Deutschland zu leben, war für ihn von zwei Bedingungen abhängig. Es mußten gesellschaftliche Zustände herrschen, die eine Bestrafung der NS-Verbrecher und ihre Entfernung aus öffentlichen Ämtern als ein Gebot der eigenen Selbstachtung verstanden. Erst eine solche Veränderung in der öffentlichen Meinung und der Vergangenheitspolitik der Bonner Regierung würde einen wirklichen Bruch mit der NS-Vergangenheit bedeuten. Sie würde es auch denjenigen erlauben, wieder in Deutschland zu leben, die – wie er – mehr konkretes Wissen über die NS-Verbrechen hatten als die Mehrheit der Westdeutschen. Für Strecker stellte sich die Forderung nach einer derartigen Veränderung auch als Verpflichtung, persönlich auf ein neues Verhältnis zur NS-Vergangenheit hinzuarbeiten. Sein Engagement bei der Entfernung von schwer belasteten Funktionsträgern aus öffentlichen Ämtern und bei der Ahndung der Verbrechen entstammte dem Wunsch, „nicht in einer Gesellschaft zu leben, deren Repräsentanten sich an Mordaktionen beteiligt hatten und dafür noch nachträglich mit Zustimmung der Bevölkerung monatlich honoriert wurden." Mit seiner langjährigen Arbeit prüfte er die Möglichkeiten einer wirklichen Veränderung und zugleich seine eigene Fähigkeit, aktiv auf die gesellschaftlichen Verhältnisse einzuwirken.

„Das Vaterland", so hat Dolf Sternberger seinerzeit einen ähnlichen Impuls beschrieben, „ist die ‚Republik', die wir uns schaffen. Das Vaterland ist die Freiheit, deren wir uns nur wahrhaft erfreuen, wenn wir sie selber fördern, nutzen und bewachen."[33]

Strecker hat sein staatsbürgerliches Engagement in zwei Richtungen verfolgt. Die nationalsozialistischen Verbrechen, so Strecker, wären ohne „Deutsche Ideologie" und ohne „Deutschen Idealismus", ohne die seit der Romantik von Politikern, Intellektuellen und Wissenschaftlern gegenüber den Juden und den slawischen Völkern in Umlauf gesetzten Überlegenheitsansprüche der Deutschen nicht möglich gewesen.[34] An dieser Vorgeschichte des „Dritten Reiches" ist zu ersehen, in welcher Weise politische Bewegungen und Interessen formuliert und etabliert werden, sie sind ein Exempel dafür, daß Geschichte nicht geschieht, sondern gemacht wird. Strecker hat seine profunden Kenntnisse dieser nationalen Ideologie genutzt, um auf ihre Kontinuität oder Renaissance in der Bundesrepublik aufmerksam zu machen und sie zu bekämpfen. In deutlicher Abgrenzung von einem nur historisch und damit vergangenheitsbezogenen Wissen, versteht sich Strecker geschichtlich: Sein gegenwarts- und zukunftsbezogenes Engagement ordnet sich bewußt in die Traditionslinie der Aufklärung ein. Kritik ist dabei weder Selbstzweck noch Ausweis der Zugehörigkeit zu einer vermeintlichen Avantgarde oder Bekenntnis einer Weltanschauung. Sie ist ein Element in der praktischen Mitarbeit am Aufbau einer demokratischen und rechtsstaatlichen Gesellschaft.[35]
Die zweite Linie folgt der mit der „Aktion Ungesühnte Nazijustiz" eingeschlagenen Richtung. Der Nachweis konkreter Verbrechen als Voraussetzung für eine rechtsstaatliche Ahndung und einen politisch verantwortlichen Umgang mit den Tätern setzt sorgfältig recherchierte Informationen voraus. Erst Dokumente und ihre quellenkritische Interpretation ermöglichen einen öffentlichen, juristischen und politischen Vorwurf und den Protest gegen eine ungenügende Vergangenheitsbewältigung.[36] Mit seiner Suche nach Dokumenten zur gewissenhaften Unterrichtung der Öffentlichkeit gleicht Strecker dem Untersuchungsrichter, mit dem der französische Historiker Marc Bloch den Historiker verglichen hat. Das Dokument hält für die Mitwelt und die Nachwelt das geschehene Unrecht und die Namen der Täter fest. Es erhebt Einspruch gegen die Illegitimität der nur legalen Ordnung und gegen die zu Unrecht amtierenden politischen Repräsentanten. Damit ist das Dokument auch Symbol der verletzten Gerechtigkeit, und die öffentliche Präsentation von Dokumenten die Voraussetzung einer historischen Gerechtigkeit.[37]

Neben der „Aktion Ungesühnte Nazijustiz" ist auf diese Weise auch die von Strecker herausgegebene Dokumentensammlung zu Hans Globke zustande gekommen. Sie zeigt, daß der damalige Staatssekretär im Bundeskanzleramt nicht nur an der Kommentierung der sog. „Nürnberger Gesetze" beteiligt war, mit denen das NS-Regime die als „Rasse" definierten Juden in Form positiven Rechts diskriminierte.[38] Ein Motto in diesem Buch verdeutlicht die geschichtsethische Bedeutung von Dokumenten: „Es genügt nicht, den Tyrannen zu beseitigen. Ein Sieg, der dem Besiegten die Möglichkeit vorenthält, die Handlanger der Mörder zu erkennen, ist unvollständig. Verschlossene Archive in West und Ost, vor allem die der USA und der Sowjetunion, decken noch immer Schuldige und bringen Unschuldige in Verdacht." Das Motto mündet in die Forderung: „Öffnet endlich die Archive!" – Nur am Rande sei erwähnt, daß sich Globke für 30.000 DM das Manuskript dieses Buches durch den Bundesnachrichtendienst vorzeitig beschaffen ließ.

Streckers Impulse konnten erst über eine politische Bündnispolitik wirksam werden. Ohne Erfolg hatte er bei der Vorbereitung der Justiz-Ausstellung versucht, Dokumente aus westdeutschen Archiven zu beschaffen, obwohl auch dort bei jedem OLG ein Sondergericht existiert hatte.[39] Daraufhin arbeiteten Strecker und seine Leute mit dem Ostberliner „Ausschuß für deutsche Einheit" unter der Leitung von Albert Norden zusammen, der in gewissem Umfang Dokumente zu einzelnen Juristen und zum Fall Globke zugänglich machte. Obwohl Strecker auch für Pressekonferenzen des „Ausschusses" eingeplant wurde und dort über die vielfältigen Behinderungen seiner Arbeit durch westdeutsche Institutionen berichten sollte, war man in Ostberlin gegenüber diesem eigenständigen und als eigensinnig wahrgenommenen Kombattanten mißtrauisch. Als Strecker im Spätjahr 1962 zur Beschaffung weiterer Dokumente nach Polen reiste, wurde von der Westkommission der SED eine aufschlußreiche Intervention bei der polnischen Vereinigten Arbeiterpartei vorbereitet. Im Entwurf eines Briefes „an die polnischen Genossen" heißt es: „Wir halten es in diesem Zusammenhang für notwendig, darauf hinzuweisen, daß Strecker zu den verschiedensten Organen in Westdeutschland Verbindung hält. Insbesondere haben wir Anlaß, anzunehmen, daß er sich für die Belastungen solcher Personen interessiert, die in hohen Funktionen beschäftigt sind oder mit noch höheren Funktionen betraut werden sollen (...). Es ist durchaus denkbar, daß Strecker auch Aufträge des Bonner Justizministers erfüllt."[40] Von seiten der Westkommission werden deshalb der polnischen Bruderpartei eine Reihe von Vorschlägen zur Beschränkung von

Streckers Recherchen unterbreitet. Sie laufen darauf hinaus, daß Strecker keine Aufstellung der tatsächlich noch existierenden Dokumente und vor allem keine Informationen erhält, über die Ostberlin nicht seinerseits verfügt. Albert Norden hat nicht zuletzt mit dem Verbot, Strecker in die DDR einreisen zu lassen dafür gesorgt, daß der „Kontroll-Mythos" (Wolfgang Frindte) des administrativen Sozialismus sich auch in diesem Fall gegenüber Eigeninitiativen behauptete.

Aber auch im Westen wußten viele nicht, was sie von einem Mann halten sollten, der mit Dokumenten aus der DDR, Polen und der CSSR auftrat, sich aber vom Staatssozialismus distanzierte; der vom Generalbundesanwalt Güde eingeladen wurde und dessen Dokumentationsmaterial von Adolf Arndt so lange einbehalten wurde, daß daran fast eine Ausstellungseröffnung gescheitert wäre.[41] Wie wenige andere war Strecker nach Ost und West glaubwürdig und damit auch allen ein bißchen verdächtig. Der „Volksbund für Frieden und Freiheit" – eine Gründung aus dem Geist und dem Personal von Goebbels' Propagandaministerium[42] – berichtete im Dezember 1959 vertraulich an das Bundeskanzleramt. Die Verbindung zwischen Strecker, dem SDS und den Archiven hinter dem eisernen Vorhang kann sich der Gewährsmann nur so erklären, daß der Idealist Strecker „von scharf links gerichteten Gruppen des SDS" mißbraucht wird.[43] Die Herkunft der Dokumente „aus dem Osten" hat Strecker und seinen Leuten sehr viel Mißtrauen und Ärger eingetragen. Schließlich war man nicht nur in Bonn schon seit Jahren gewohnt, in einer Mischung aus Arroganz und schlechtem Gewissen auf die Dokumente zu reagieren, die aus Ostberlin zu belasteten Justizangehörigen vorgelegt wurden.[44] Mit dem Hinweis auf die Herkunft des Materials wurde häufig die Vermutung verbunden, bei Streckers Kopien handele es sich um Fälschungen. Da es jedoch keine Fälschungen waren, konnte in keinem Fall ein Beweis vorgelegt werden. Heute kann man diese Anwürfe den sinistren Zwecken der psychologischen Kriegsführung im Kalten Krieg zurechnen. Manche scheinen freilich weiterhin assoziativen Diffamierungen den Vorrang vor Argumenten und Quellenbelegen zu geben.[45] Letztlich aber zeigt sich daran nur die Verkennung des Politischen und die Verwechslung eines politischen Bündnisses mit dem Pakt zwischen Faust und Mephisto.

Für die „Sattelzeit" (Reinhard Koselleck) der Politischen Kultur in der Bundesrepublik zwischen 1958 und 1965 hatte die „Aktion Ungesühnte Nazijustiz" einen hohen Anteil an der öffentlichen Wahrnehmung und Diskussion um die berufsbiographischen Kontinuitäten in der deutschen Justiz. Im Vergleich mit der offiziellen Vergangenheitspolitik, der es in erster Linie um die

Unterbindung von neonazistischen Betätigungen ging, hat die Gruppe um Reinhard Strecker weitergehende Maßstäbe geltend gemacht. Es genüge nicht, daß die Justiz rechtsstaatlich arbeite und die Juristen sich politisch neutral verhielten. Die Glaubwürdigkeit der jungen Demokratie sei in Gefahr, solange politische und gesellschaftliche Repräsentanten im Amt sind, die an NS-Verbrechen mitgewirkt haben. Die Legitimität der Demokratie sei an die persönliche Integrität ihrer Repräsentanten gebunden. Mit der ausführlichen und sorgfältigen Dokumentation einzelner Fälle ist es der „Aktion Ungesühnte Nazijustiz" gelungen, das Problem der belasteten Richter auf die Tagesordnung der politischen Öffentlichkeit zu setzen. Über die Berufsbiographien in der Justiz ist unter den Gesichtspunkten einer geschichtlichen Verantwortung und aktuellen Legitimitätsansprüchen breit diskutiert worden ist. Dies ist für die Belebung einer demokratischen Politischen Kultur nicht weniger wichtig gewesen als die Neufassung des Richtergesetzes durch den Deutschen Bundestag. Zu dem im Gesetz genannten Stichtag schieden 149 belastete Richter aus, denen weitere nach diesem Datum folgten.[46] „Wir haben Erfolg gehabt, insofern wir in einigen Fällen etwas bewegt haben und wir haben keinen Erfolg gehabt, insofern dies nur ein Minimum im Verhältnis zur Gesamtzahl der belasteten Fälle war. Die Mehrzahl blieb im Amt", meint Reinhard Strecker im Rückblick.

Anmerkungen

Ich danke Herrn Strecker sehr herzlich für viele Auskünfte und Hilfe bei der Materialbeschaffung.

1 Reinhart Maurach: Vom Wesen und Zweck der Strafe. In: Burghard Freudenfeld (Hg.): Schuld und Sühne. Dreizehn Vorträge über den deutschen Strafprozeß. München 1960, S. 26-36, hier S. 31f.

2 Vgl. zu Rhode Klaus-Detlev Godau-Schüttke: Ich habe nur dem Recht gedient. Die „Renazifizierung" der Schleswig-Holsteinischen Justiz nach 1945. Baden-Baden 1993, S. 192-194; vgl. Wolfgang Koppel (Hg.): Ungesühnte Nazijustiz. Hundert Urteile klagen ihre Richter an. Karlsruhe 1960; vgl. Verband der Antifaschistischen Widerstandskämpfer (Hg.): Verbrecher in Richterroben. Dokumente über die verbrecherische Tätigkeit von 230 nazistischen Richtern und Staatsanwälten auf dem okkupierten Gebiet der tschechoslowakischen Republik, die gegenwärtig in der westdeutschen Justiz dienen. Prag 1960.

3 Bundestags-Drucksache 3/2785.

4 Rückhaltlos im Einsatz. In: *Der Spiegel* vom 08.07.1959, S. 26-28.

5 Vgl. Hans Wüllenweber: Sondergerichte im Dritten Reich. Vergessene Verbrechen der Justiz. Frankfurt a.M. 1990, S. 17f.

6 Vgl. Bundesminister der Justiz (Hg.): Im Namen des Deutschen Volkes. Justiz und Nationalsozialismus. Köln 1989, S. 379.
7 Roman Guardini: Verantwortung. Gedanken zur jüdischen Frage. Eine Universitätsrede. München 1952, S. 31.
8 Max Güde: Die Rechtsprechung im Schatten von gestern. in: Bulletin des Presse- und Informationsamtes der Bundesregierung (1958), Nr. 230; vgl. Bernhard Diestelkamp: Die Justiz nach 1945 und ihr Umgang mit der eigenen Vergangenheit. In: Rechtshistorisches Journal 1986, S. 153-174.
9 Vgl. John P. Teschke: Hitler's Legacy. West Germany Confronts the Aftermath of the Third Reich. New York 1999, S. 125f., S. 145f., S. 397f.
10 Vgl. Florian Freund, Bertrand Perz, Karl Stuhlpfarrer: Das Getto Litzmannstadt (Lodz). In: Jüdisches Museum der Stadt Frankfurt a.M. (Red. Hanno Loewy und Gerhard Schoenberner): „Unser einziger Weg ist die Arbeit". Das Getto in Lodz, 1940-1944. Wien 1990, S. 17-31.
11 Vgl. Israel Gutman u.a. (Hrsg.): Enzyklopädie des Holocaust, Bd. II (1990). München 1995, S. 899.
12 Der Tagesspiegel Nr. 4165 vom 26.05.1959.
13 Vgl. Reinhard Strecker: „Ungesühnte Nazijustiz". Interview des Hessischen Rundfunks mit dem Studenten Strecker im Zeitfunk am 4. Oktober 1962. In: *Stimme der Gemeinde* 1962, H. 22, 15.11.1962, S. 702.
14 Vgl. Freie Universität Berlin Siegward Lönnendonker/Tilman Fichter/Claus Rietzschel: Hochschule im Umbruch, Teil III: Auf dem Weg in den Dissens (1957-1964). Berlin 1982, S. 17, 96.
15 Vgl. Reinhard Strecker: Zwischenbericht meiner Arbeit. (Hektograph. Ms.). Berlin 1966, S. 1.- *Der Spiegel* vom 22.07.1959, S. 62.
16 *Die Tat* vom 06.06.1959.
17 Vgl. Material aus Ost-Berlin. In: *Colloquium* 1960, H. 3, S. 4f.
18 Vgl. Tilman Fichter: SDS und SPD. Parteilichkeit jenseits der Partei. Opladen 1988, 306f. – Vgl. Jürgen Briem: Der SDS. Die Geschichte des bedeutendsten Studentenverbandes der BRD seit 1945. Frankfurt a.M. 1976, S. 367.
19 Strecker; Zwischenbericht, S. 2
20 Vgl. Max Güde: Gesetz und Richter im Rechtsstaat. In: Aus Politik und Zeitgeschichte, 1959, H. 47, S. 633-638. Max Güde (1902-1984), NSDAP-Parteimitglied, war 1933-1943 Leiter des Amtsgerichts in Mosbach, 1943-1945 Soldat. Nach 1945 im badischen Justizdienst und 1952 Leitung der politischen Abteilung der Bundesanwaltschaft. Im März 1955 Präsident des Vierten Strafsenats. Mit Wirkung vom 01.04.1956 Oberbundesanwalt, ab Aug. 1957 mit der neuen Amtsbezeichnung „Generalbundesanwalt beim Bundesgerichtshof". 1961 gab Güde sein Amt als Generalbundesanwalt auf und wurde für die CDU in den Deutschen Bundestag gewählt, dem er bis 1969 angehörte. 1963 bis 1969 war er

Vorsitzender des vom Bundestag eingesetzten Sonderausschusses für die Strafrechtsreform.

21 Max Güde: Die Rechtsprechung im Schatten von gestern. in: Bulletin des Presse- und Informationsamtes der Bundesregierung (1958), Nr. 230. S. 9f.

22 Vgl. Dieter Gosewinkel: Adolf Arndt. Die Wiederbegründung des Rechtsstaats aus dem Geist der Sozialdemokratie (1945 1961). Bonn 1991. S. 466f.

23 *Der Spiegel* vom 13.01.1960, S. 32.

24 Thilo Koch: Die Nazis in unserer Justiz. Pankows Listen und was daran wahr ist. In: *Die Zeit* vom 12.02.1960, S. 1.

25 Vgl. zur öffentlichen Resonanz auf die „Aktion Ungesühnte Nazijustiz": Michael Kohlstruck: Das zweite Ende der Nachkriegszeit. In: Gary S. Schaal/ Andreas Wöll (Hg.): Vergangenheitsbewältigung. Modelle der politischen und sozialen Integration in der bundesdeutschen Nachkriegsgeschichte. Baden-Baden 1997, S. 113-127.

26 *Süddeutsche Zeitung* vom 15.01.1960.

27 Vgl. Tilman Fichter/Siegward Lönnendonker: Kleine Geschichte des SDS. Der Sozialistische Deutsche Studentenbund von 1946 bis zur Selbstauflösung. Berlin 1977, S. 167f. – Ulrich Brochhagen: Nach Nürnberg. Vergangenheitsbewältigung und Westintegration in der Ära Adenauer. Hamburg 1994, S. 320; Wolfgang Koppel (Hg.): Justiz im Zwielicht. Dokumentation. NS-Urteile, Personalakten, Katalog beschuldigter Juristen. Karlsruhe 1963, S. 167f.

28 Vgl. Koppel, Ungesühnte Nazijustiz (Anm. 2), S. 76.

29 Vgl. DISkussion. Deutsch-Israelische Studiengruppe an der Freien Universität Berlin. 1960, Nr. 1, S. 4; Reinhard Strecker: Die Namen nennen. In: *Das Argument* 1961, Nr. 20, S. 34f.

30 Vgl. Martin Kriele: Staatsphilosophische Lehren aus dem Nationalsozialismus. In: Rottleuthner, Hubert (Hg.): Recht, Rechtsphilosophie und Nationalsozialismus. Wiesbaden 1983, S. 210-222.

31 A. Achilles/ M. Greiff u.a.: Bürgerliches Gesetzbuch nebst Einführungsgesetz. Mit Einleitung, Anmerkungen und Sachregister (4. Aufl.). Berlin 1903.

32 Vgl. dazu Otfried Albrecht: Verzeichnis der Richter: In: Der Präsident des Oberlandesgerichts Celle (Hg.): 275 Jahre Oberappellationsgericht – Oberlandesgericht Celle. Celle 1986, S. 437 ff; vgl. Hartmut Wick: Die Entwicklung des Oberlandesgerichts Celle nach dem Zweiten Weltkrieg, a.a.O., S. 233-295.

33 Dolf Sternberger: Das Vaterland. In: *Frankfurter Allgemeine Zeitung* vom 16.9.1959, zitiert nach: Günter C. Behrmann/Siegfried Schiele (Hg.): Verfassungspatriotismus als Ziel politischer Bildung? Schwalbach 1993. S. 2.

34 Vgl. Fritz Richard Stern: Kulturpessimismus als politische Gefahr. Eine Analyse nationaler Ideologie in Deutschland. Bern, Stuttgart, Wien 1963.

35 Vgl. Reinhard Strecker: Gehirnwäsche für Generationen. In: Günter Berndt/ Reinhard Strecker (Hg.:) Polen – ein Schauermärchen oder Gehirnwäsche für Generationen. Geschichtsschreibung und Schulbücher, Beiträge zum Polenbild der Deutschen. Reinbek 1971, S. 16-53.

36 Vgl. Reinhard Strecker: Der Nürnberger Kriegsverbrecherprozeß im Jahre 1945 und seine „Folgen". In: Jan Peters (Hg.): Nationaler „Sozialismus" von rechts. Berlin 1980, S. 69-87.

37 Vgl. Karl Siegfried Bader: Schuld – Verantwortung – Sühne als rechtshistorisches Problem. In: Erwin R. Frey (Hg.): Schuld, Verantwortung, Strafe im Lichte der Theologie, Jurisprudenz, Soziologie, Medizin und Philosophie. Zürich 1964, S. 61-79.

38 Reinhard-M. Strecker (Hg.): Dr. Hans Globke. Aktenauszüge, Dokumente, Hamburg 1961.

39 Vgl. Wüllenweber, Sondergerichte (Anm. 5).

40 Ich danke Marc von Miquel, Bochum, für den Hinweis auf dieses Dokument: Schreiben von Arne Rehaus (Westkommission) an Albert Norden vom 01.11.1962, Stiftung Archiv der Parteien und Massenorganisationen im Bundesarchiv Berlin-Lichterfelde (SAPMO), DY 30/IV 2/ 2028/ 21, Bl. 120.

41 Vgl. Dieter Gosewinkel: Adolf Arndt (Anm.22). S. 466f.

42 Vgl. Klaus Körner: Kalter Krieg und kleine Schriften. In: Aus dem Antiquariat 1991, H. 9, S. A 329-340.

43 Schreiben und Bericht des Volksbundes für Frieden und Freiheit e.V. an das Bundeskanzleramt vom 03.12.1959, Bundesarchiv Koblenz, B 136/ 1744, Bl. 534-541.

44 Vgl. Kurt P. Tauber: Beyond Eagle and Swastika. German Nationalism since 1945. Middletown 1967, S. 956-962.

45 Zuletzt etwa Wolfgang Kraushaar: Von der Totalitarismustheorie zur Faschismustheorie – Zu einem Paradigmenwechsel in der bundesdeutschen Studentenbewegung. in: Alfons Söllner/Ralf Walkenhaus/Karin Wieland (Hg.): Totalitarismus. Eine Ideengeschichte des 20. Jahrhunderts. Berlin 1997, S. 267-283, S. 275.

46 Vgl. Bundesminister der Justiz (Hg.): Im Namen (Anm. 6). S. 412; vgl. Joachim Perels: Amnestien für NS-Täter in der Bundesrepublik. In: Kritische Justiz 1995, H. 3, S. 382-389.

Helmut Kramer

Barbara Just-Dahlmann – „Ludwigsburg öffnete uns schockartig die Augen, Ohren und Herzen"

Auf den ersten Blick ist es ein Widerspruch: In einem Land, in dem das Verfassungsrecht die Meinungsfreiheit garantiert, gehören Mut und Übung dazu, Mißstände beim Namen zu nennen. Barbara Just-Dahlmann brachte diesen Mut auf.

Barbara Just-Dahlmann wurde 1922 in Oborniki bei Posen (heute Poznan) in Polen als Tochter eines Mühlen- und Gutsbesitzers geboren. Nach dem in den Kriegsjahren in Freiburg im Breisgau absolvierten Jurastudium (ab Ende 1941) und Referendarexamen (1943) sowie dem 1948 abgelegten Assessorexamen und der Referendarausbildung war sie bis 1979 als Staatsanwältin und Oberstaatsanwältin in Mannheim, dann bis zu ihrer Pensionierung im Jahre 1987 als Direktorin des Amtsgerichts Schwetzingen tätig.

Die Art ihres Jurastudiums hat Barbara Just-Dahlmann in einem Rundfunk-Gespräch[1] einmal als „ganz normal" bezeichnet und diese Beurteilung ausdrücklich auf das Studium im „Dritten Reich" bezogen – völlig zutreffend, denn das Jurastudium ist mit allen seinen Mängeln im Wandel der politischen Systeme der letzten hundert Jahre im Kern unverändert geblieben, im Sinn der Erziehung zu systemkonformen Rechtstechnokraten. So war es auch Barbara Just-Dahlmann von Ausbildung und vom beruflichen Werdegang her nicht vorbestimmt, zur grundsätzlichen Kritikerin ihrer Profession zu werden und Anstöße zum Umdenken zu geben. Wenn die unbekannte Staatsanwältin im Jahre 1960 aus den damals in der Justiz besonders verbreiteten Opportunismus ausbrach, war dabei auch etwas Zufall im Spiel.

Die Zentrale Stelle in Ludwigsburg

In der Frühzeit der Bundesrepublik kam es zu Prozessen wegen nationalsozialistischer Gewaltverbrechen (NSG) meist nur aufgrund privater Hinweise auf einzelne, vor Ort noch erinnerlicher Tötungsverbrechen. Die systematische Vernichtung der Juden im Osten wurde nach und nach erst ab Ende der fünfziger Jahre zu einem Thema für die Strafjustiz. Dabei spielte die „Zentrale Stelle der Landesjustizverwaltungen zur Aufklärung nationalsozialistischer Verbrechen" eine zentrale Rolle.

Eine verwaltungstechnisch herkömmlich organisierte Justiz war mit der systematischen Aufklärung von staatlich organisierten Verbrechen von vornherein überfordert. Die Verbrechen selbst waren in einer komplizierten Verwaltungsstruktur im arbeitsteiligen Zusammenwirken vieler staatlicher Institutionen geplant und durchgeführt worden. Einzelne konventionell ausgebildete Juristen konnten das komplizierte Geflecht bürokratischer Abläufe, Befehlswege und der verwendeten Tarnsprache unmöglich überschauen. Es bedurfte also zentral geführter Ermittlungen. Hinzu kam ein simples Zuständigkeitsproblem: Bei einem Verbrechen innerhalb der deutschen Grenzen steht die zuständige Staatsanwaltschaft fest, nämlich die Tatortbehörde. Bei sog. Auslandstaten gibt es zwar ersatzweise eine Wohnsitzzuständigkeit. Von vielen Tätern kannte man aber vorerst weder Namen noch Aufenthaltsort. Nach Ermittlung des Aufenthaltsortes waren bei der Beteiligung mehrerer Täter auch mehrere Staatsanwaltschaften zuständig, die sich mangels des vorherrschenden Desinteresses die Verfahren oft gegenseitig zuschoben.

Das Bedürfnis nach Koordination und der Mangel einer zentralen Strafverfolgungsbehörde für die NSG-Verbrechen wurde den Verantwortlichen erst während des ersten größeren deutschen NSG-Verfahrens, einem Einsatzgruppenprozeß in Ulm, im Jahre 1958 bewußt. Ende 1958 wurde die „Zentrale Stelle der Landesjustizverwaltungen zur Aufklärung nationalsozialistischer Verbrechen" in Ludwigsburg gegründet. Doch wurden der neuen Behörde sogleich die Flügel gestutzt. Ausgenommen von ihrer Zuständigkeit wurden nämlich die Angehörigen der „obersten Reichsbehörden" und damit ausgerechnet jene Behörden, von denen aus die Massenverbrechen geplant und angeordnet worden waren. Dazu gehörten u.a. sämtliche Reichsministerien und das Reichssicherheitshauptamt (RSHA). Freilich waren viele Beamte der NS-Ministerien nun in Bundesbehörden tätig. Zwar gab es für die obersten Reichsbehörden die klare Tatortzuständigkeit der Staatsanwaltschaft Berlin. Diese hatte das Erfordernis von Ermittlungen insbesondere auch in Sachen RSHA, wie der Berliner Generalstaatsanwalt später bekannte, aber achtzehn Jahre lang schlichtweg vergessen.[2] Erst Ende 1964 gestatteten die Bundesländer der Zentralen Stelle Ermittlungen auch gegen die obersten Reichsbehörden. Auch jetzt blieben „eigentliche Kriegsverbrechen" jedoch ausdrücklich von der Zuständigkeit der Zentralen Stelle ausgenommen. Dazu gehörten beispielsweise die brutale Ausrottung von ungefähr 200 griechischen Dörfern und die vielen „Oradours" in Frankreich. Wollte man die vielen Wehrmachtsoffiziere, die nun mit dem Aufbau der Bundeswehr beschäftigt waren, nicht verstimmen? Insoweit kam es jedenfalls nirgendwo zu einer Anklage.

Beschränkt waren auch die Exekutivbefugnisse der Zentralen Stelle. Sie konnte nicht selbst Anklage erheben und durfte nicht einmal bis zur Anklagereife ermitteln, mußte die Sachen also vor Ausschöpfung aller Ermittlungsmöglichkeiten aus der Hand geben. Für die notwendigen ergänzenden Ermittlungen mußten die Mitarbeiter der einzelnen Staatsanwaltschaften vor Ort sich erst in die oftmals völlig neuartige Materie einarbeiten. Vorschläge, künftig die Ermittlungen bezüglich aller NS-Verbrechen bis zur Anklagereife in Ludwigsburg zu führen, wurden abgelehnt.

Die personelle Ausstattung der Zentralen Stelle entsprach bei weitem nicht dem Umfang der Aufgabe. Im Vergleich zu der heutigen Gauck-Behörde handelte es sich bei der Zentralen Stelle um eine Zwergbehörde. Zwischen Frühjahr 1959 und Ende 1964 waren der Zentralen Stelle nur sieben bis zehn Richter und Staatsanwälte zugeteilt. Sie sollten millionenfachen Mord aufklären.

Nach dem Willen der Bundesregierung und der Länderjustizministerien sollte die Zentrale Stelle unbedeutend bleiben. Daß es dann doch etwas anders kam und viele Mordkomplexe aufgeklärt wurden, ist dem überobligatorischen Engagement vieler in Ludwigsburg arbeitenden Richter und Staatsanwälte zu verdanken. Viele Mitarbeiter haben über ihre Kräfte hinaus gearbeitet und dabei ihre Gesundheit verschlissen, so auch zwei ihrer sehr früh gestorbenen Leiter: Adalbert Rückerl (1986) und Alfred Streim, der 1996 im Amt verstarb. Wer sich heute für die strafrechtliche Aufarbeitung der in der Weltgeschichte einzigartigen Massenmorde interessiert, findet auf dem Buchmarkt kein einziges Buch, nicht einmal ein Taschenbuch mit wenigstens einem Überblick über das Thema. Das von Adalbert Rückerl – dem wohl bedeutendsten Leiter der Zentralen Stelle – verfaßte recht informative Buch *NS-Verbrechen vor Gericht* ist seit vielen Jahren vergriffen.[3] Seine beiden Nachfolger haben wohl keine Zeit für eine Neuauflage gefunden, obwohl es dazu im wesentlichen nur einer Ergänzung der statistischen Angaben bedurft hätte.

Die drohende Verjährung

Am 8. Mai 1960 – fünfzehn Jahre nach Kriegsende – drohte die Verjährung von Totschlag. Wegen der wesentlich höheren Beweisanforderungen für eine Verurteilung wegen Mord bedeutete diese Verjährung, daß von nun an der größte Teil der NS-Gewaltverbrechen nicht mehr geahndet werden konnte. Zwar hätte der Gesetzgeber die Verjährungsfrist ohne weiteres verlängern können. Diese Notwendigkeit, die den verantwortlichen Juristen und Politikern längst bekannt war, geriet aber erst im Frühjahr 1960 in das Blickfeld der Öffentlichkeit. Ein entsprechender, wenn auch halbherziger Antrag der SPD-Fraktion wurde indessen vom Bundestag abgelehnt. Dies geschah u.a. mit der Begründung, ein solches Gesetz würde gegen das Rückwirkungsverbot des Artikel 103 GG verstoßen.[4] Auch versuchte der Bundesjustizminister, gestützt auf ausgerechnet von dem damaligen Leiter der Zentralstelle präsentierte Fallzahlen,[5] die Öffentlichkeit glauben zu machen, daß „besonders in den letzten Jahren alles Menschenmögliche geschehen ist, um die Ermittlungen soweit voranzutreiben, daß die Strafverfahren unbehelligt von der Verjährung zu Ende geführt werden können" und daß man damit die strafrechtliche Aufarbeitung als erfolgreich abgeschlossen ansehen könne.[6] Die Stellungnahme erfolgte wider besseres Wissen, soweit nicht massive Verdrängung im Spiel war. Sowohl von den Konzentrationslagerverbrechen in Deutschland als auch von den Massentötungen in den Vernichtungslagern des Ostens, von den Einsatzgruppenmorden und von den im Rahmen des Vernichtungskrieges gegen die Sowjetunion begangenen Verbrechen war nur ein kleiner Bruchteil aufgeklärt. Vor allem war das in den Ostblockstaaten lagernde Dokumentenmaterial nahezu unausgeschöpft. Immerhin hatte im Jahre 1960 die Zentrale Stelle die Bundesregierung um die Erlaubnis bitten lassen, Verbindung mit östlichen Archiven aufzunehmen. Doch blieb den Staatsanwälten jede Kontaktaufnahme mit „dem Osten" weiterhin strikt untersagt. Der mangelnde Wille zur Aufklärung verband sich mit außenpolitischen Erwägungen. Nach der sog. Hallstein-Doktrin sollte die Aufnahme diplomatischer Beziehungen eines Staates zur DDR mit scharfen Sanktionen der Bundesrepublik beantwortet werden. Von einer Beendigung aller diplomatischen Kontakte waren auch die Staaten des Warschauer Paktes betroffen, die längst in diplomatischen Beziehungen zur DDR standen und stehen mußten.[7] Und in einer exzessiven Interpretation erstreckte man die Richtlinie auch auf die rechtsstaatlich unverzichtbaren Auslandskontakte untergeordneter Behörden, wie etwa der Zentralen Stelle oder einzelner Staatsanwaltschaften, um an Beweismaterial zu den NS-Gewaltverbrechen zu gelangen. Staatsanwälte durften keine Akten aus östlichen Quellen anfordern. Die an dem Voruntersuchungsverfahren des Auschwitz-Prozesses beteiligten Richter und Staatsanwälte durften zur Ortsbesichtigung des ehemaligen KZ-Komplexes nicht dienstlich, sondern nur unter Inanspruchnahme ihres Erholungsurlaubs nach Auschwitz reisen. Ein derartiger zwischenstaatlicher Rechtsverkehr sei „aus rechtsstaatlichen und politischen Gründen nicht möglich", betonte das Bundesjustizministerium per Rundschreiben vom 29. September 1960. Auch nach einer gewissen Lockerung ab Ende 1964 hinsichtlich anhängiger konkreter Verfahren kam es bis 1989 zu keiner systematischen Kooperation zwischen Ost und West zwecks umfassender Aufklärung des Gesamtkomplexes der NS-Massenvernichtungen. Man benutzte den „Eisernen Vorhang" als Mauer, in deren Schatten die deutschen Verbrechen weitgehend unsichtbar bleiben konnten.

Daß es bei alledem nicht nur um außenpolitische Zielsetzungen, sondern auch darum ging, einen Schlußstrich unter die gerichtliche Aufarbeitung der NS-Zeit zu ziehen, zeigte sich, wenn unter Überwindung bürokratischer Erschwernisse den deutschen Staatsanwaltschaften doch einmal östliches Beweismaterial präsentiert wurde. Pflichtgemäß mußten die Staatsanwälte den übergeordneten Ministerien darüber auf dem Dienstweg berichten – oft ohne jegliche Rückmeldung und ohne die Unterlagen zurückzuhalten.[8] Im Jahr 1963 war der Leningrader Professor Alexejew als Zeuge in einem NSG-Prozeß in Koblenz geladen worden. Als er für den übernächsten Tag ein Gespräch mit dem Ludwigsburger Behördenleiter über die Auswertung der russischen Archive verabredet hatte, zwang ihn das Bonner Außenministerium durch drastische Verkürzung der Aufenthaltsgenehmigung zur sofortigen Abreise.[9]

Für die Schlußstrich-Befürworter unverhofft, war Mitte April 1960, also noch vor der anstehenden Verjährung, in Ludwigsburg umfangreiches Dokumentenmaterial aus Polen eingetroffen. Zahlreiche neue Vorermittlungsverfahren mußten eingeleitet werden. Angesichts der bis zum 8. Mai verbleibenden kurzen Zeit gab es für eine Unterbrechung der Verjährung nur eine Chance, nämlich durch den Bundesgerichtshof einen Gerichtsstand, also ein zuständiges Gericht, in den vielen Fällen mit unbekanntem Aufenthalt eines Beschuldigten bestimmen zu lassen. Zuvor aber mußten die in polnischer Sprache abgefaßten Zeugenaussagen und andere Texte ausgewertet werden. Wegen ihrer perfekten Beherrschung der polnischen Sprache kam es Ende April 1960 innerhalb weniger Stunden zur Abordnung der damaligen Jugendstaatsanwältin Barbara Just-Dahlmann zur Zentralen Stelle für insgesamt fünf Tage, die sie und ihren Ehemann, den Richter Helmut Just aus einem bis dahin „unbeschwerten Alltag" herausrissen: „Ludwigsburg öffnete uns schockartig Augen, Ohren und Herzen. Das, was ich damals in diesen fünf Tagen aus den in Ludwigsburg vorhandenen Dokumenten an Schrecklichem erfuhr,[10] wurde zum Anlaß für jahrzehntelange Beschäftigung mit diesem Geschehen und hat mein und meines Mannes Leben total verändert."[11] Es war eine unplanmäßige „Juristenfortbildung" – ich selbst hatte wenige Jahre später ein ähnliches Erlebnis – wie sie manchen heute amtierenden Juristen fehlen mag. Einiges von dem Unfaßbaren, mit dem sie „mit der Wucht eines Paukenschlages" konfrontiert wurde, hat Barbara Just-Dahlmann in dem Kapitel „Der Blick in den Abgrund" in ihrem gemeinsam mit Helmut Just veröffentlichten Buch *Die Gehilfen. NS-Verbrechen und die Justiz nach 1945* wiedergegeben. Derartige Texte wertete sie damals in Tag- und Nachtschichten aus, um den Bundesgerichtshof täglich mit neuen Akten beliefern zu können. Es hätte nahegelegen, die engagierte Juristin in Ludwigsburg als dauernde Mitarbeiterin zu gewinnen. Ein entsprechendes Angebot hat sie nie erhalten. Statt dessen nutzte man ihre Bereitschaft zu privater Übersetzertätigkeit, die sie fünfeinhalb weitere Jahre bis Ende 1966, gelegentlich auch später ausübte, „Abend für Abend, Sonntag für Sonntag".

Zu der Erschütterung über das Leiden der Opfer trat alsbald ein zweiter Schock hinzu: das Entsetzen über die glimpfliche Behandlung der Täter. Die Strafakten und alle Berichte über die laufenden NSG-Prozesse lasen ihr Mann und sie mit anderen Augen:

> Wir wurden hellhörig: Die Strafen: zehn Jahre, acht Jahre, fünf Jahre für zigfache Mörder oder Totschläger! So viel verhängten unsere Richterkollegen doch für Raub, für Einbrecher in mehrfachem Rückfall, für Großbetrüger (...)? Und warum verurteilte man die Leiter von Exekutionen und andere führende Funktionäre nur als 'Gehilfen'? Waren denn nur Hitler, Himmler und Heydrich noch als 'Täter' verantwortlich? Alle anderen nur 'Gehilfen'? Das hatten wir aber in unserem Studium nicht gelernt, das widersprach der gesamten Strafrechtspraxis unseres Berufsalltags! Ehrlinger, Leiter des Einsatzkommandos 1 b der Einsatzgruppe A in Weiß-Ruthenien auch nur 'Gehilfe'? Das konnte doch nicht wahr sein! Was ging denn in unserer Rechtsprechung plötzlich vor? Damit mußten sich doch sofort unsere juristischen Fachzeitschriften, unsere Strafrechtslehrer an den Universitäten auseinandersetzen! Warum taten sie es nicht?[12]

Die Gehilfenrechtsprechung

Bei der „Gehilfenrechtsprechung" ging es um folgendes: Bei jeder Straftat, auch bei Mord, hängt die Strafzumessung davon ab, ob der Betreffende als Täter oder als Gehilfe gehandelt hat. Mit oftmals kaum nachvollziehbaren Begründungen ließen die Schwurgerichte nun NSG-Täter unter Einstufung als bloße Gehilfen mit überaus geringen Strafen davonkommen. Manche Urteile näherten sich der bei Kritikern umlaufenden Formel „Ein Toter gleich 10 Minuten Gefängnis". Immer wieder hieß es, daß die Angeklagten lediglich Beihilfe zu den von Hitler, Himmler und Heydrich verübten Taten geleistet hätten.

Das entscheidende juristische Instrument, mit dem solche Ergebnisse angesteuert wurden, war die sog. subjektive Abgrenzungslehre, mit ihrer Fragestellung: Wollte ein Tatbeteiligter die Tat als „eigene" begehen oder wollte er sie lediglich als „fremde" Tat fördern? Unter Zuspitzung dieser Formel und in einer ausufernden Tendenz zur Annahme von bloßer Beihilfe begnügten die Gerichte sich oftmals mit der Versicherung eines Angeklagten, er sei „innerlich" stets dagegen gewesen, ohne feindselige Einstellung zu den Juden, und habe nur aus Pflichtbewußtsein gehandelt. Das Fehlen eines eigenen Interesses hielt z.b. das Schwurgericht Gießen dem Angeklagten Theodor Pillich zugute. Als lediglich mit Angelegenheiten der Technischen Nothilfe befaßter Angestellter hatte er sich im November 1939 an einem Urlaubstag freiwillig zur Erschießung von mindestens 162 jüdischen Männern, Frauen und Kindern gemeldet und die der Mordaktion widerstrebenden Männer des Polizeibataillons mit Ratschlägen zur effektiveren Erledigung ihrer Aufgabe, mit aufmunternden Worten und Schulterklopfen zum Durchhalten veranlaßt. Pillich erhielt drei Jahre, drei Monate Zuchthaus.[13]

Besonders häufig kam die Gehilfenkonstruktion solchen Angeklagten zustatten, die sich leitend an Massentötungen beteiligt hatten, so auch im Fall des Einsatzgruppenleiters Dr. Otto Bradfisch, der – übrigens auch durch eigenhändige Tötungshandlungen – für den Mord an mindestens 15.000 Juden verantwortlich war. In einer schichtenspezifischen Privilegierung kamen auch sonst Beamte, darunter sehr viele Akademiker in NSG-Prozessen meist mit erheblich geringeren Strafen davon als Hilfsarbeiter und Angehörige handwerklicher Berufe. Im Unterschied zu den Vertretern einfacher Berufe sind Schreibtischtäter niemals als Täter, stets nur wegen Beihilfe verurteilt worden.[14] Das Verhältnis in der Annahme von Täterschaft und Teilnahme betrug bei Einsatzgruppenmord 1:10, bei Mord in Vernichtungslagern 1:3 und nur bei Einzeltaten innerhalb von KZ-Lagern 1:2. Was mit dem Anspruch auf logisch zwingende Rechtsanwendung auftrat, war in Wirklichkeit ein Mißbrauch des zu vielen Zwecken verwendbaren juristischen Methodeninstrumentariums mit vorgefaßtem Ergebnis. Tatsächlich hatten die Schwurgerichte und der solche Urteile meist billigende Bundesgerichtshof[15] sich nur die Exkulpationsstrategien der Täter zu eigen gemacht.

Hatte sich die merkwürdige Gehilfenkonstruktion zunächst nur mildernd auf das Strafmaß ausgewirkt, so verhalf sie ab 1968 den allermeisten Tätern zur gänzlichen Befreiung von Strafverfolgung. Dazu kam es im Gefolge einer Nichteingeweihten zunächst unbedeutend erscheinenden, unauffällig in ein kriminalpolitisches Nebengesetz verpackten Ergänzung des § 50 StGB (heute §28 StGB). Infolge einer „juristischen Kettenreaktion"[16] verjährten jetzt (1968) rückwirkend zum 8. Mai 1960 sämtliche nationalsozialistischen Gewaltverbrechen, mit Ausnahme der wenigen Taten, bei denen der Beteiligte nach der Gehilfenrechtsprechung nicht nur als Tatgehilfe, sondern als Täter anzusehen war. In der Folge wurden zahlreiche Verfahren eingestellt, auch gegen die Angehörigen des ehemaligen RSHA, gegen die damals (1968) ein umfangreiches Verfahren kurz vor Beginn der Hauptverhandlung stand. Unter Beibehaltung der Gehilfenrechtsprechung wurden fortan fast nur noch die unteren Chargen der NS-Verbrechen vor Gericht gestellt.

„Zeugnis geben"

Die kritiklose Hinnahme der skandalösen Rechtsprechung durch die Juristen, insbesondere auch durch die Hochschullehrer erschien Barbara Just-Dahlmann unbegreiflich. Gemeinsam mit Helmut Just verschrieb sie sich der Aufgabe „Zeugnis zu geben". Sie schlug Alarm. Ein Vortrag über die der Öffentlichkeit unbekannten Mißstände – siebzig weitere Referate folgten – vor der Evangelischen Akademie in Loccum machte die Staatsanwältin zum Gegenstand einer stundenlangen hochnotpeinlichen Befragung im Stuttgarter Justizministerium und von drei großen Debatten im Landtag von Baden-Württemberg.[17] Justizminister Dr. Wolfgang Hausmann persönlich kündigte dem Parlament eine Prüfung an, ob aus den Äußerungen der Staatsanwältin „dienstrechtliche Folgerungen zu ziehen sind". Für den Kenner des Disziplinarrechts mit seinem vielfältigen subtilen Instrumentarium lief das unverkennbar auf eine Zurechtweisung durch den obersten Dienstherrn hinaus. Verstärkend wirkte sich massiver Druck aus Polizeikreisen aus. Deshalb hatte auch der damalige baden-württembergische Innenminister Dr. Hans Filbinger interveniert. In Loccum hatte die unbequeme Juristin auf mitunter massive Störungen der Ermittlungen durch Gestapo-Beamte und andere in die NS-Verbrechen verwickelten Personen berichtet, die in der westdeutschen Polizei weiter tätig waren. Was damals von der Polizei und dem Ministerium vehement als üble Verleumdung bestritten wurde, traf zu. Die auch in der Justiz vorhandenen personellen Kontinuitäten bekam nun auch Barbara Just-Dahlmann selbst zu spüren. Ihr oberster Vorgesetzter in Mannheim war Dr. Albert Woll. Durch seine – erst Jahrzehnte später ans Tageslicht gekommene – Mitwirkung an Todesurteilen des Sondergerichts Mannheim war er selbst als Schreibtischtäter belastet. In NSG-Verfahren in Mannheim war er wiederholt durch seine Nachsichtigkeit aufgefallen. In einer dienstlichen Beurteilung vom 30. Juli 1964 widersetzte er sich energisch der Beförderung der Staatsanwältin zur Ersten Staatsanwältin. Indem er ihre Leistungen infam abqualifizierte und ein „tieferes Eingehen auf Probleme" vermißte, erklärte er die Voraussetzungen für irgendeine Beförderung der Staatsanwältin als „offensichtlich" nicht gegeben. Aber schon damals gab es etwas, was kritische Juristen in der Justiz häufig vermissen: Solidarität. Ein ihr bis dahin unbekannter, gleichfalls mit NSG-Verfahren befaßter Oberstaatsanwalt aus Hamburg sprang ihr in einer Eingabe an den Stuttgarter Petitionsausschuß bei. Diesem Protest schlossen sich siebzehn weitere Juristen aus Norddeutschland an. Auch Gustav Heinemann, Fritz Bauer, der nordrhein-westfälische Justizminister Josef Neuberger und viele andere verwandten sich für die Staatsanwältin. Sogar Dienstvorgesetzte stellten sich mit erstaunlicher Offenheit an ihre Seite, weit entfernt von der stromlinienförmigen Angepaßtheit manch heutiger Behördenleiter. Der Mannheimer Landgerichtspräsident Dr. Hans Anschütz wandte sich in einem Brief an Generalstaatsanwalt Woll, in dem er die hohe Qualifikation der Staatsanwältin darlegte und mit bewegten Worten nach den „wahren Gründen" für die ablehnende Haltung fragte. So kam es mit gewisser Verzögerung doch noch zu der verdienten Beförderung.

Die Einschaltung des deutschen Juristentages

Barbara Just-Dahlmann und Helmut Just gaben nicht auf. Schließlich gab es noch den „Deutschen Juristentag" (DJT). Er hatte sich nicht nur die Beschäftigung mit der Gesetzgebung, sondern auch einen „auf wissenschaftlicher Grundlage lebendigen Meinungsaustausch auf allen Gebieten des Rechts" zur Aufgabe gemacht. Warum sollte die strafrechtliche Auseinandersetzung mit den NS-Gewaltverbrechen nicht zum Hauptthema des DJT gemacht werden? Diese Notwendigkeit war bislang keinem Mitglieds des DJT eingefallen. Also wandten die Justs sich an den Präsidenten des Juristentages, den Bundesverfassungsrichter Dr. Ernst Friesenhahn. Dieser erzielte nach langen und erbitterten Auseinandersetzungen in der Ständigen Deputation des DJT einen Kompromiß, wonach – unter Vorschaltung einer Klausurtagung von achtzehn Rechtswissenschaftlern und Rechtspraktikern in Königstein/Taunus im März 1966 – an einem Nachmittag des 46. DJT in Essen eine Sonderveranstaltung zum Thema „Probleme der Verfolgung und Ahndung von nationalsozialistischen Gewaltverbrechen" stattfinden sollte. Diese fand auch, unter großem Publikumsinteresse, statt,[18] allerdings erst nach erneuten Debatten innerhalb der Ständigen Deputation und indirekten Versuchen einiger

Landesjustizverwaltungen, die Veranstaltung in letzter Minute zu verhindern.[19] Aus Protest gegen die Beschäftigung des DJT mit den NSG-Prozessen legte der Präsident des Bundesverwaltungsgerichts, Professor Dr. Fritz Werner, sein Amt als Präsidiumsmitglied des DJT nieder.

Die Aufgabe der Versöhnung

In ihren Erinnerungen meint Barbara Just-Dahlmann, wenig erreicht zu haben.[20] Daran ist richtig, daß sich die Rechtswissenschaft und viele Gerichte weithin schwerhörig gaben.[21] Gleichwohl hat Barbara Just-Dahlmann einiges bewegt. Ihr jahrelanger Einsatz hat die Verbrechen selbst und die Notwendigkeit einer intensiven Auseinandersetzung damit in das öffentliche Bewußtsein gehoben, vielleicht auch das Problembewußtsein einiger Juristen geschärft. Das Gedenken an die Opfer und das Bemühen um Solidarität mit den Überlebenden blieb ihr zentrales Thema. Den Schwerpunkt ihres ehrenamtlichen Engagements legte sie nun auf eine Verständigung zwischen Israel und Deutschen, als Mitglied der Arbeitsgruppe „Juden und Christen" beim Deutschen Evangelischen Kirchentag, als Bundesvorsitzende der Evangelischen Akademikerschaft und in vielfältigen anderen Funktionen.

In rund 30 von ihr organisierten Studienreisen führte sie an dem jüdischen Schicksal interessierte deutsche Bürger zu Begegnungen mit Israelis in Israel zusammen.[22]

Anmerkungen

1   Deutschlandfunk Köln, Sendung „Zwischentöne – Fragen zur Person" vom 19.2.1995.
2   Vgl. Adalbert Rückerl: NS-Verbrechen vor Gericht. Versuch einer Vergangenheitsbewältigung. Heidelberg 1982. S. 138.
3   Ebd.
4   Als in den Jahren 1969 die Verjährung für Mord erst verlängert und 1979 völlig aufgehoben wurde, freilich zu einem Zeitpunkt ohne große Auswirkungen auf die Verfolgung der NS-Verbrechen, waren diese Bedenken entfallen.
5   Der damalige Leiter der Zentralen Stelle, Oberstaatsanwalt Erwin Schüle, hatte auch 1965 seine Beamten angewiesen, die Eintragung neuer Verfahren bis zur Absendung des Berichts an das Bundesjustizministerium zurückzustellen. Schüle muß – bei allen seinen sonstigen Meriten – als Befürworter der 1965 ernstlich geplanten Verjährung auch der Mordtaten gelten. Vgl. dazu Günther Wieland: Die deutsch-deutschen Rechtsbeziehungen zur Ahndung von NS-Verbrechen

zwischen Mauerbau und Wiedervereinigung. In: Helge Grabitz/ Herbert Bästlein (Hg.): Die Normalität des Verbrechens. Bilanz und Perspektiven der Forschung zu den nationalsozialistischen Gewaltverbrechen. Festschrift für Wolfgang Scheffler zum 65. Geburtstag. Berlin 1994, S. 397f. – Alfred Streim: Die nationalsozialistischen Gewaltverbrechen und die strafrechtliche Auseinandersetzung (unveröffentl. Ms.) 1994, S. 61. – Ders.: NS-Verbrechen vor Gericht (Anm. 2), S. 167.

6 Adalbert Rückerl: NS-Verbrechen vor Gericht (Anm. 2), S. 154.

7 Vgl. Christoph Kleßmann: Zwei Staaten, eine Nation. Deutsche Geschichte 1955-1970. Bonn 1988. S. 83, 95.

8 Nach Auskünften von Oberstaatsanwalt Alfred Streim, Ludwigsburg; Rechtsanwalt Kügler über seine Erfahrungen als damaliger Staatsanwalt im Auschwitz-Prozeß; Reinhard Strecker, Berlin. Vgl. auch Gerhard Schoenberner: Was man so Zeitgeist nennt … . Schwierigkeiten mit einer Ausstellung, Probleme mit einem Buch. In: Memory. Zeitung zur Ausstellung „Deutschlandbilder", Berlin 1997, hg. vom Museumspädagogischen Dienst Berlin und der Berliner Festspiele GmbH. S. 22f.

9 Vgl. Adalbert Rückerl: NS-Verbrechen vor Gericht (Anm. 2), S. 158 f.

10 Immerhin hatte die damals Zwanzigjährige im Jahre 1942 die Schüsse gehört, mit denen im Wald bei Oborniki ein Teil der polnischen Intelligenz umgebracht wurde.

11 Barbara Just-Dahlmann/Helmut Just: Die Gehilfen. NS-Verbrechen und die Justiz nach 1945. Frankfurt 1988. S. 19.

12 A.a.O., S. 13f.

13 Vgl. Christiaan F. Rüter: Justiz und NS-Verbrechen, Bd. 19, Amsterdam 1978. S. 561 ff, 591.

14 Vgl. Stefan Wittke: Teilexkulpation von KZ-Verbrechen? In: Redaktion Kritische Justiz (Hg.): Die juristische Aufarbeitung des Unrechts-Staats. Baden-Baden 1998. S. 549f, 583 ff.

15 Das die Gehilfenrechtsprechung festschreibende Stachinsky-Urteil des BGH (NJW 1963, S. 561) hatte es nicht mit den NS-Morden, sondern mit einem vom sowjetischen Geheimdienst angeordneten Mord zu tun, wirkte aber wie maßgeschneidert für die NSG-Prozesse.

16 Näheres vgl. Rückerl: NS-Verbrechen vor Gericht (Anm. 2), S. 190 f; Ingo Müller: Furchtbare Juristen. Die unbewältigte Vergangenheit unserer Justiz. München 1987, S. 214, S. 247 f.

17 Vgl. Barbara Just-Dahlmann/Helmut Dahlmann: Die Gehilfen (Anm. 11), S. 69-103.

18 Abdruck der Referate in Verhandlungen des 46. DJT, Band II, München 1967, S. C12 ff. – Vgl. auch den Bericht im NJW 1966, S. 2049 f.

19 Vgl. Barbara Just-Dahlmann/Helmut Dahlmann: Die Gehilfen (Anm.11), S. 215ff, 244 ff.
20 Ebd.
21 Die aus Professorenmund an Barbara Just-Dahlmann zurückgegebene Kritik (Günther Spendel in Juristenzeitung 1988, S. 1117), sie hätte sich in einem wissenschaftlichen Aufsatz selbst mit den dogmatischen Feinheiten und Verästelungen der Teilnahmelehre auseinandersetzen müssen, verkennt, daß eine denkunwillige Fachwelt allenfalls durch öffentliche Anstöße aufgerüttelt werden kann.
22 Beschrieben hat sie diese Reisen in ihrem Buch *Der Kompaß meines Herzens. Begegnung mit Israel.* Freiburg 1984. Weitere Veröffentlichungen von Barbara Just-Dahlmann: *Tagebuch einer Staatsanwältin.* Stuttgart 1980; *Simon.* Stuttgart 1980; *Der Schöpfer der Welt wird es wohl erlauben müssen. Jüdische Dichtung nach Auschwitz.* Stuttgart 1980; *... und sprach zu den Richtern: Sehet zu, was ihr tut ...: menschliche Geschichten.* Freiburg 1983. *Von den Schwierigkeiten zwischen dem Gesetzgeber und den Richtern.* In: Rudolf Wassermann (Hg.): Justizreform, S. 151 ff.

Eckart Spoo
Otto Köhler – Der unnachgiebige Aufklärer

Man wünscht sich die Geschichte so: Ein Autor, der auf Leichen im Keller der Gesellschaft gestoßen ist, benachrichtigt die erschreckten Hausbewohner. Sie sträuben sich, die Wahrheit anzuerkennen. Aber er recherchiert und publiziert weiter, bis die Öffentlichkeit sich überzeugen läßt, die Toten ehrt, die Mörder zur Rechenschaft zieht und wirksame Vorkehrungen trifft, damit sich das Vergangene nicht wiederholt. Am Ende erhält er den verdienten Dank dafür, daß er durch beharrliche Aufklärungsarbeit zum gesellschaftlichen Fortschritt beigetragen hat. Otto Köhlers Geschichte verläuft anders. Unsere Geschichte verläuft überhaupt anders. Jedenfalls in Deutschland. An vielen hunderten Beispielen hat Otto Köhler gezeigt, daß es ehemals führenden Nazis in der Adenauer-Ära gelang, rasch wieder Führungspositionen in Staat und Gesellschaft einzunehmen und weiter Karriere zu machen. Er fand das bemerkenswert. Es widersprach den Vereinbarungen, die 1945 getroffen worden waren. Deutschlands Zukunft sollte laut Potsdamer Abkommen so aussehen:

Der deutsche Militarismus und Nazismus werden ausgerottet (...). Völlige Abrüstung und Entmilitarisierung Deutschlands (...). Zu diesem Zweck werden alle Land-, See- und Luftstreitkräfte ... völlig und endgültig aufgelöst, um damit für immer der Wiedergeburt oder Wiederaufrichtung des deutschen Militarismus und Nazismus vorzubeugen (...). Alle Mitglieder der nazistischen Partei, welche mehr als nominell an ihrer Tätigkeit teilgenommen haben ... sind aus den öffentlichen oder halb-öffentlichen Ämtern und von den verantwortlichen Posten in wichtigen Privatunternehmungen zu entfernen (...). In praktisch kürzester Frist ist das deutsche Wirtschaftsleben zu dezentralisieren mit dem Ziel der Vernichtung der bestehenden übermäßigen Konzentration der Wirtschaftskraft (...).[1]

Und so weiter. Die Zukunft Deutschlands sollte nicht von den Interessen der Großindustrie und Großfinanz bestimmt werden, die das Nazi-Regime gefördert und von ihm profitiert hatten. Eine demokratische Entwicklung des Landes, so hatte man gelernt (mit „man" meine ich z.B. Thomas Mann, den ehemals unpolitischen Großbürger, der viel gelernt hatte), setzte vielmehr voraus, daß diese Interessen zurückgedrängt wurden.
Doch Hermann Josef Abs, mit dem sich Köhler oft beschäftigte, blieb tonangebend bei der Deutschen Bank und gewann immer größeren Einfluß auf die Politik der Bundesrepublik Deutschland.[2] 1999, nach dem Erwerb von Bankers Trust, wurde die Deutsche Bank zum größten Geldinstitut der Welt.

Ähnlich entwickelte sich seit 1945 die Chemieindustrie, über die Köhler ein eigenes Buch schrieb.[3] Und inzwischen hat der von Köhler mit besonderer Aufmerksamkeit beobachtete Roman Herzog, Präsident des Bundesverfassungsgerichts und dann bis 1999 Bundespräsident, den Artikel 139 des Grundgesetzes, der die Fortgeltung der alliierten Vorschriften zur Befreiung des deutschen Volkes von Nazismus und Militarismus vorschreibt, für „obsolet" erklärt.[4] Kurz vor Ende des Jahrhunderts beteiligt sich das, wie viele Bonner Politiker gefordert haben, „wieder normal", „erwachsen", „selbstbewußt" gewordene Deutschland sogar an einem – vom Grundgesetz strikt verbotenen – Angriffskrieg gegen Jugoslawien, dem dritten in diesem Jahrhundert.

Daß alte Nazis an die Macht zurückkehrten und sie vergrößerten, während Antifaschisten weiterhin diskriminiert und vielfach sogar wieder politisch verfolgt wurden, war schon in den fünfziger und sechziger Jahren, als Köhlers politisch-publizistisches Engagement begann, Normalität geworden. Viele Führungspersonen mit brauner Vergangenheit hatten ihre Ämter bereits an Nachfolger übergeben, die sie für geeignet hielten und von denen sie keinen Bruch des Schweigens über die Vergangenheit zu fürchten brauchten. Gerade dieses Schweigen aber wurde Köhlers Hauptthema. Was ihn immer wieder herausforderte und bis heute herausfordert, ist die Selbstverleugnung von Personen und Institutionen. Die Heuchelei. Die dreisten Lügen von Männern – fast ausschließlich Männern, aber eine Elisabeth Noelle-Neumann gehört auch dazu –, die eben damit beweisen, daß sie sich im Grunde nicht geändert, ihre Schuld geistig nicht verarbeitet, kein neues Vertrauen verdient haben.[5] Köhler ist hellhörig. Er läßt sich von denen, die sich mit wohlfeilen Phrasen wie „freiheitlich-demokratisch" zeitgemäß drapieren, nicht täuschen. Ihre Ausflüchte, ihre Schuldzuweisungen an andere, vor allem an die Opfer, widern ihn an. Und das ist es, was er seinen Leserinnen und Lesern vermittelt: Er macht auch uns hellhörig. Er sensibilisiert uns gegenüber der Arroganz der mächtig Gebliebenen und immer noch mächtiger Gewordenen. Sein Witz und Sarkasmus stacheln uns an, solchen Autoritäten aufrecht und skeptisch zu begegnen, statt uns devot zu krümmen – falls wir uns gerade dann, wenn es darauf ankommt, seiner Informationen über sie entsinnen. Sein Beruf ist die Aufklärung.

In der Zeit der französischen und europäischen Aufklärung, vor mehr als 200 Jahren, entstanden vor allem im revolutionären Paris unzählige Zeitungen, deren Auftrag es wahr, die Ideen der Aufklärung zu verbreiten, die Lügen der feudalen und klerikalen Machthaber zu widerlegen, die Autoritäten zu delegitimieren. Aber schon bald kam der Kommerz und bemächtigte sich der Presse, das Anzeigengeschäft wurde ihre Haupteinnahmequelle, Werbung (ob für Konsumgüter oder einen Politiker oder eine Partei) ihr Hauptinhalt. In der Nazi-Zeit demonstrierte Goebbels, wie gleichgeschaltete Medien ein Volk verdummen und irreführen können. Später – und diese Erkenntnis verdanken wir vor allem Otto Köhler, der sie in seinem Band *Unheimliche Publizisten* publik machte[6] – rückten viele Spezialisten der Goebbels-Propaganda in Spitzenpositionen der bundesdeutschen Medien auf. Und die Kapitalkonzentration führte zu dem ebenso grotesken wie bezeichnenden Ergebnis, daß heute in weiten Teilen Deutschlands Monopolzeitungen die herrschende Ideologie der freien Konkurrenzwirtschaft verbreiten. Sechs große, vielfach miteinander verflochtene Konzerne, deren publizistische Interessen sich wenig voneinander unterscheiden, dominieren die Bewußtseinsindustrie. Köhler findet kaum noch Medien, die wenigstens gelegentlich bereit sind, an nicht zu auffälliger Stelle einen aufklärenden Text von ihm zu publizieren. Wie er nach und nach wichtige Publikationsmöglichkeiten verloren hat, will ich zum Schluß berichten. Zunächst sei einiges über seinen Werdegang erzählt – nicht viel anders, als er selber mir davon erzählt hat.

Köhlers wohnten etwas außerhalb von Schweinfurt in einem großen Gasthaus mit Tanzsaal. Über dem Saal lag die Wohnung. In dem Saal waren im Krieg zeitweilig Gefangene untergebracht. Ein kleines Lager für Kriegsgefangene aus der Sowjetunion. Die schnitzten für den kleinen Jungen aus dem Obergeschoß Vögel und anderes Holzspielzeug – „mehr weiß ich von ihnen nicht". Seine erste Erinnerung an die Nazis reicht weiter zurück: ins Jahr 1938. Da fuhr der Vater mit dem Dreijährigen in die Stadt, um an einem Kiosk auf dem Rathausplatz seine Zeitung zu holen, das *8-Uhr-Abendblatt*. Auf einmal sah der Junge, und andere sahen auch hin, wie fünf oder sechs Straßenzüge entfernt Rauch herauskam. Und er hörte: „Bei den Juden brennt's." Der Vater, Feuerwehrmann, schwieg – „mehr ist mir davon nicht in Erinnerung".

Zu diesem Kiosk durfte der Junge den Vater oft begleiten, und als er lesen lernte, bekam er hier die ersten kleinen bunten Hefte aus der Reihe *Kriegsbücherei für die deutsche Jugend*, die, in sehr großer Auflage erschienen, der „Wehrertüchtigung" dienen sollten. „Diese Hefte," sagt Otto Köhler bald sechs Jahrzehnte später, „haben mich begeistert und zum richtigen kleinen Nazi gemacht." Aber zur „Hitler-Jugend" wollte er nicht, obwohl er für Hitler schwärmte. Er hatte gehört: Da werden die Jungen geschlagen, der Fähnleinführer haut mit Boxhandschuhen auf sie ein. Davor hatte Otto Köhler Angst.

Von 1943 an war die Familie „evakuiert": Wegen der Luftangriffe auf Schweinfurt zog sie in ein Dorf, wo der Großmutter die Apotheke gehörte. Als hier 1945 die Amerikaner einzogen und er einen von ihnen vor sich sah, mit Gewehr im Anschlag, wäre er gern ein „Werwolf" gewesen: „Ich dachte, jetzt müßte man Handgranaten werfen." Der Zehnjährige war noch immer ein „kleiner Nazi". Empörung packte ihn, als ein aus dem Krieg heimgekehrter Nachbar, der ein Nazi-Funktionär gewesen war, seine kindliche Schwärmerei für Hitler barsch abtat: „Das war doch ein Verbrecher." Der Mann verriet den Führer! Treulos! Ehrlos!

In einem Schulheft hatte Otto Köhler einen ersten literarischen Versuch unternommen: ein Stück über einen deutschen Angriff auf eine Stadt in Feindesland, einen Luftangriff. „Stolz zeigte ich mein Werk herum, und wer es sah, war natürlich begeistert, wie man es gegenüber einem Kind sein muß." So begann seine Schriftstellerei, inspiriert von jenen kleinen bunten Heften. 1988 fiel ihm seine Begeisterung von einst wieder ein. Das war, als er sich mit Werner Höfer beschäftigte, dem WDR-Chefredakteur und allsonntäglichen jovialen Gastgeber des Fernseh-Frühschoppens. Im Nazi-Reich war Höfer ein publizistischer Mordhetzer gewesen. Otto Köhler besorgte sich aus Bibliotheken einzelne Hefte der *Kriegsbücherei der deutschen Jugend* und fand als deren Autoren viele alte Kollegen angegeben, die 1988 in hohem Ansehen standen: Henri Nannen, Chef des *Stern*, Walter Henkels, Bonner Korrespondent und Kolumnist etlicher Tageszeitungen, Jürgen Eick, Herausgeber der *F.A.Z.*, Josef Müller-Marein von der *Zeit*, etliche vom NDR, WDR usw. „Diese großen Kollegen", erkannte er, „waren es, die mich zum kleinen Nazi gemacht hatten." Als er dann 1989 sein Buch *Wir Schreibmaschinentäter* herausbrachte, stellte er ihm als Motto Thomas Manns Frage aus dem Jahre 1945 voran, was denn mit den Journalisten der Nazi-Presse sei, „die zwölf Jahre das Volk mit den verderblichen geistigen Drogen fütterten und verdarben – sind sie keine Kriegsverbrecher? Sind sie vielleicht nicht die strafbarsten?"[7]

Ende 1945 ließen die Eltern sich scheiden und gaben den Jungen ins Kloster, wo er – nach wie vor für Hitler schwärmend – widersprüchliche literarische Eindrücke erhielt: Beim Essen im Refektorium wurde mittags und abends vorgelesen. Mittags erfuhr er von den schrecklichen Erlebnissen eines Priesters in Dachau, abends von den bösen Kommunisten in Spanien und dem braven Franco – „aber irgendwie kriegte ich das doch zusammen". Als die Mönche merkten, daß der Junge nicht, wie seine Eltern behauptet hatten, Priester werden wollte, mußte er das Kloster verlassen. Er kam aufs Progymnasium in Hammelburg, und auch hier noch pflegte er seine Hitler-Verehrung. Aber ein Deutschlehrer reagierte klugerweise nicht heftig, sondern mit einem skeptisch-lächelnden Blick oder auch mal mit der einfachen Frage: „Ja? Ist das wirklich so?" Das erwies sich als die pädagogisch richtige, wirksame Methode, Otto Köhler von Hitler wegzuführen.

Dazu kam die Re-education. In Hammelburg gab es ein Amerikahaus. Da ging der Fahrschüler nach dem Unterricht hin, bevor er zum Zug mußte, fraß sich durch Zeitschriften und Bücher. Im Amerikahaus hörte er auch Vorträge, z. B. einen über Jean Paul Sartre, für den er sich dann als 15-, 16-, 17jähriger lebhaft interessierte. In einem anderen Saal erlebte er eine Versammlung des neu gegründeten „Bundes der Heimatvertriebenen und Entrechteten" (BHE), wo ein Mann mit Stiefeln zu Marschmusik in den Saal einzog und eine flammende Rede hielt, die den Jungen beeindruckte, weil sie sich gegen die Regierung richtete. An eine Versammlung der CSU erinnert er sich ebenfalls: Da war er 14 Jahre alt, und in Bayern tobte die „Abraxas"-Affäre. Kultusminister Aloys Hundhammer hatte Anstoß an Werner Egks Faust-Ballett „Abraxas" genommen und ließ es nach fünf Vorstellungen absetzen.[8] Otto Köhler meldete sich in der Versammlung zu Wort, woraufhin die Parteivorständler erst einmal beraten mußten, ob ein so junger Mensch schon mitreden dürfe. Es wurde genehmigt.

Vom 16. Lebensjahr an besuchte er das Gymnasium in Schweinfurt, hatte ein eigenes Zimmer hinter der Schule und fuhr nur zum Wochenende zur Mutter aufs Dorf. Mit 17 erlebte er, wie in der Stadthalle Gewerkschafter eine Rede des FDP-Politikers Thomas Dehler verhinderten, der kurz zuvor die Gewerkschaften scharf provoziert hatte. Sie pfiffen, johlten, buhten ihn aus. Ein solcher selbstbewußter Umgang mit einem Bundesminister gefiel dem Gymnasiasten, der daraufhin der SPD beitrat. Und als er mit 18 – im Jahre 1953 – in Würzburg zu studieren anfing, ging er sofort in den SDS, den Sozialistischen Deutschen Studentenbund. Aber dann mußte er auch bald lernen, daß die Gesellschaft, wie sie ist, dem Aufklären und Opponieren enge Grenzen zieht.

Er hörte, daß mit dem neuen bayerischen Kultusminister Theodor Maunz etwas nicht stimme. Genaues erfuhr er nicht. Deswegen ging der Student (Philosophie, Germanistik, Volkswirtschaft) ins juristische Seminar, schlug in einer Bibliographie nach und suchte all die Fachzeitschriften zusammen, in denen Maunz publiziert hatte. Beim Lesen dieser Aufsätze habe es ihn „umgehauen", berichtet er. Und dann brachte er in der Vollversammlung der Studentenschaft einen Mißtrauensantrag gegen den Minister ein.[9] Obwohl die Universität Würzburg von Korporierten beherrscht war, obwohl es da für die kleine, nie mehr als zehn Mitglieder zählende SDS-Gruppe nur eine Außenseiterposition gab und obwohl Otto Köhler bereits mit einer vorangegangenen Aktion wütende Aufmerksamkeit auf sich gezogen hatte (den Studentinnen war verboten worden, Hosen zu tragen, woraufhin er gemeinsam mit einigen behosten Kommilitoninnen sowie mehreren von ihm informierten Illustriertenreportern in die Aula einzog, wo gerade der Rektor eine Ansprache hielt), spürte er in der Vollversammlung, daß sein Antrag Chancen hatte. Die von ihm vorgetragenen Maunz-Zitate hatten Eindruck gemacht.[10] Aber da gab es eine Gruppe, die mit langen Reden die Abstimmung hinauszögerte. Die Absicht bestätigte sich, als dieser Gruppe in einem Auto aus München ein Stapel Papier mit Entlastungsmaterial gebracht wurde, auf das sie gewartet hatte: Maunz habe Juden geholfen. Und der Sozialdemokrat Adolf Arndt habe ihm zur Einsetzung ins Ministeramt gratuliert. Der Antrag wurde abgelehnt. Für Otto Köhler ist klar, wer das – genau besehen gar nicht entlastende – Material rasch zusammengestellt hatte: Maunz' damaliger Assistent Roman Herzog.

Die Universität leitete sogar ein Disziplinarverfahren gegen Köhler ein, das mit einem Tadel endete. Das war, nachdem anläßlich einer Außenministerkonferenz in Genf alle westdeutschen Studentenschaften aufgerufen worden waren, gegen das Unrechtsregime in der DDR, nein in der SBZ, wie man damals sagte, zu protestieren. Köhler und ein SDS-Genosse kamen mit dem vom AStA genehmigten Transparent: „Ein Deutschland ist wichtiger als zwei Armeen." Die Korporierten weigerten sich, mit einem solchen Transparent durch Würzburg zu ziehen, denn ihnen war die Wiederaufrüstung wichtiger als die Wiedervereinigung; ein entmilitarisiertes Gesamtdeutschland widersprach ihren Vorstellungen. SDS-Vorsitzender Köhler weigerte sich, das genehmigte Transparent zusammenzurollen. Daraufhin wurde der Marsch abgesagt – was die Universitätsleitung für eine Blamage hielt.

Und schließlich wurde Köhler aus dem SDS ausgeschlossen. Er hatte nämlich eine Einladung der FDJ zu einem gesamtdeutschen Studententreffen auf der Wartburg angenommen. Die SPD – immer darauf bedacht, es im Kalten Krieg nicht an strammer Haltung fehlen zu lassen – erlaubte keinerlei Kontakt ihres Studentenverbands zur Jugendorganisation der DDR. Der damalige

SDS-Bundesvorsitzende Ulrich Lohmar exekutierte das Verbot. Als die SPD nach einigen Jahren den ganzen SDS ächtete und namhafte Intellektuelle wie Wolfgang Abendroth wegen Förderung des SDS ausschloß, verabschiedete sich Köhler von der Partei.

Noch einmal zurück zum Tag der Immatrikulation 1953. Ihn hat Köhler wegen eines anderen Erlebnisses im Gedächtnis behalten. Viele Erlebnisse, von denen er berichtet, sind Leseerlebnisse (in der Schülerzeit nach Sartre vor allem Kurt Hiller, Tucholsky, Brecht). An jenem Tag las er – es war auf einer Bank in der kleinen Anlage zwischen Universität und Studentenhaus – den *Spiegel* und darin einen kräftig oppositionellen Artikel von Jens Daniel, wie sich Herausgeber Rudolf Augstein damals als Kolumnist nannte. „Solche Kolumnen wollte ich auch einmal schreiben." Zunächst schrieb er kleine Berichte für den *Fränkischen Volksfreund*, die von der Redaktion oft schrecklich verstümmelt, in trockenstes Funktionärsdeutsch übersetzt wurden. Der erste Artikel für *Die andere Zeitung*, das Wochenblatt der Remilitarisierungsgegner, handelte von einem Traditionstreffen der Fallschirmjäger, auf dem nicht nur die erste Strophe des „Deutschlandliedes", sondern auch „Die Fahne hoch" gesungen worden war. Der werdende Journalist flüchtete vor dem Gesang, wollte sich aus dem Saal entfernen, wurde aber festgehalten: Wenn er schon nicht mitsinge, habe er gefälligst stehenzubleiben und respektvoll zuzuhören. Im SDS-Schaukasten im Studentenhaus hängte er dann antimilitaristische Gedichte von Kästner und Tucholsky aus. Der Geschäftsführer des Studentenwerks ließ sie prompt entfernen.

Von 1958 an setzte Köhler sein Studium in Berlin fort und verstärkte seine journalistische Arbeit. Von hier aus lieferte er auch kurze Meldungen an den *Spiegel*, z. B. über Emil Dovifat, den Publizistik-Professor, der früher die Kriegsberichterstatter geschult hatte und jetzt die Studenten darüber belehrte, was sie vom *Spiegel* zu halten hätten: „Gosse", „nicht mehr vereinbar mit akademischer Würde und Ehre".[11] Gelegentlich schrieb er für den *Monat* und für *konkret* (ohne zu wissen, daß die eine Zeitschrift vom US-Geheimdienst CIA, die andere von der DDR finanziert wurde). Im Rias („Rundfunk im amerikanischen Sektor" Berlins) rezensierte er alle vier Wochen Taschenbücher. Das Feuilleton der *Zeit* druckte einen Köhler-Artikel über falsche Nachrichten des Senders Freies Berlin; er hatte beim Sender angerufen und sorgfältig die peinlichen Ausreden notiert, mit denen sich die Redaktion zu rechtfertigen versuchte. Diesem Artikel folgte bald eine regelmäßig erscheinende Hörfunk-Kolumne in der *Zeit* unter dem Namen „Rufus", während Walter Jens dort als „Momos" Betrachtungen über das Fernsehprogramm anstellte.

1963 heuerte ihn die neugegründete Satire-Zeitschrift *Pardon* in Frankfurt a. M. an. Allmonatlich präsentierte er dort den „Fall", trug Buchrezensionen („Sellerkiller") und Pressekritiken bei. Ein Artikel über die „Festungspresse" in Westberlin[12] hatte 1966 einen Anruf des *Spiegel* zur Folge: Ob er bereit sei, zu einem Gespräch nach Hamburg zu kommen, per Flugzeug selbstverständlich. Herausgeber Augstein, die Chefredakteure Jacoby und Engel und Verlagsdirektor Becker empfingen ihn und boten ihm an, sich allwöchentlich auf einer Seite des Magazins mit der übrigen bundesdeutschen Presse zu befassen. Dazu ein eigenes Arbeitszimmer und mehr als das Doppelte dessen, was *Pardon* zahlte. Es war die Erfüllung des Traumes von der Würzburger Parkbank. Köhler heute: „Ich ahnte nicht, daß ich das Feigenblatt war, das der *Spiegel* brauchte, nachdem er sich gerade zuvor mit Springer über die Herstellung des Blattes in dessen Ahrensburger Druckerei verständigt hatte. Ich wußte nicht, welche Leichen im Keller des *Spiegel* lagen, hatte keinerlei Hinweis darauf, daß ehemalige hohe Offiziere des Sicherheitsdienstes (SD) der SS dort Ressortleiter geworden waren. Und mir fehlten damals die notwendigen Kenntnisse, um durchschauen zu können, wie der *Spiegel* mit einigen seiner Serien die Nazi-Vergangenheit verfälscht hatte."

Nach landläufiger Vorstellung begann 1968/69 in der Bundesrepublik Deutschland nach einer langen Phase der Restauration die neue Epoche der Sozialliberalität. Wie so viele landläufige Vorstellungen bedarf auch diese der Überprüfung. Tausende junge Lehrer zum Beispiel, viele Briefträger und Eisenbahner bekamen jetzt den Knüppel der Berufsverbote zu spüren. In den Medien hatte die Anti-Springer-Kampagne von 1967/68 (wegen der Mordhetze in Springer-Blättern und wegen des Verdrängungs- und Vernichtungswettbewerbs, mit dem dieser Konzern den Pressemarkt eroberte) nicht etwa zur Folge, daß per Gesetz die journalistische Unabhängigkeit gesichert wurde, wie es Willy Brandt versprochen hatte, und es geschah auch nichts, um die Pressekonzentration zu bremsen. Vielmehr zeigte die vereinigte Verlegerschaft denjenigen Journalisten, die Mitbestimmungsforderungen erhoben und sich gewerkschaftlich organisierten, wer Herr im Hause war und zu bleiben gedachte. Ich selber, kurz vorher zum Bundesvorsitzenden der Deutschen Journalisten-Union in der IG Druck und Papier gewählt, wurde vom damaligen Verleger der *Frankfurter Rundschau* mit den Worten entlassen: „Ich mache die Rundschau, du machst die Gewerkschaft." Otto Köhler, der sich gleich in seiner Kolumne mit diesem Vorgang befassen wollte, mußte erleben, daß die Chefredaktion den Text unter anderem mit der Begründung verwarf, „das Selbstverständnis der *Spiegel*-Redaktion" sei „tangiert". Kurz darauf, Ende 1971, erhielt er selber die Kündigung. Eine „tragfähige Übereinstimmung über Thematik, Gestaltung und Kontinuität" der Kolumne, so erfuhr er aus dem Entlassungsschreiben, habe „zu keinem Zeitpunkt" seit 1966 bestanden. Augstein warf zugleich – auch zur Beschwichtigung großer Firmen, die sich unter Hinweis auf linke Tendenzen des Blattes an einem Anzeigenboykott beteiligt hatten – einige weitere *Spiegel*-Redakteure heraus, die sich gewerkschaftlich engagiert hatten. Ähnliches geschah in anderen Pressehäusern.

Der Traum von der Parkbank war ausgeträumt. Es begannen – auch finanziell – schwierige Zeiten. Zwar hatte Otto Köhler jetzt in der ganzen Branche den Ruf eines glänzenden Schreibers, und dieses Ansehen hatte drei gute Gründe: Er hielt sich an den Grundsatz, daß die Wahrheit konkret ist, er formulierte sie so deutlich wie möglich, und er ersparte den Tätern nie die Veröffentlichung ihrer erbärmlichen Selbstrechtfertigungen, womit er beachtliche Ideologiekritik leistete. Zwar gab es manches Blatt, das gern an seinem Ansehen partizipiert hätte. Aber ganz so konkret, ganz so deutlich, ganz so kritisch, wie er schrieb, mochten sie es doch lieber nicht veröffentlichen. Er arbeitete beispielsweise für den *Stern*. Eine Serie von Porträts war vereinbart. Er lieferte einen Artikel über den furchtbaren Juristen Willi Geiger, der in der Nazi-Zeit Berufsverbote für Journalisten („wenn ein Schriftleiter sich als Schädling an Staat und Volk erwiesen hat"[13]) begründet und auch an Todesurteilen eines Sondergerichts mitgewirkt hatte und nun als Bundesverfassungsrichter in gleichem Sinne die Berufsverbote für sogenannte Verfassungsfeinde absegnete. Köhlers Text wurde vom späteren Chefredakteur Heiner Bremer zwecks politischer Verharmlosung so umgeschrieben, daß der Autor ihn nicht wiedererkannte.

So erging es ihm auch bei der *Zeit*. Da war eine Geschichte über den *Spiegel* verabredet. Herausgeber Theo Sommer verhinderte ihr Erscheinen. Begründung: „Dasselbe kann man auch bei uns finden" – womit Sommer gewiß recht hatte. Wiederholt gab das Blatt dem Protest der von Köhler Kritisierten nach, zum Beispiel der um Oberstaatsanwalt Münzberg gescharten Hamburger Strafjustiz. Münzberg hatte das Verfahren gegen den SS-Obersturmführer Strippel, den Verantwortlichen für den Mord an 20 Kindern im Hamburger Schulhaus Bullenhuser Damm kurz vor Kriegsende, eingestellt und – nach Schema F – über die Opfer geschrieben: „Ihnen ist also über die Vernichtung ihres Lebens hinaus kein weiteres Übel zugefügt worden, sie hatten insbesondere nicht besonders lange seelisch und körperlich zu leiden."[14] Obwohl

Köhler nichts Falsches behauptet hatte, setzte Chefredakteur Robert Leicht eine „Richtigstellung" ins Blatt. Sie war falsch. Solche Erfahrungen veranlaßten Köhler 1998, jegliche Arbeit für die *Zeit* einzustellen, nachdem ihm das Blatt auch noch Rechtsschutz gegen Verleumder von rechts verweigert hatte.[15] Und sogar beim öffentlich-rechtlichen Norddeutschen Rundfunk waren die, die sich durch Köhlers Kritik bloßgestellt sahen, mit ihren Protesten erfolgreich, z. B. die Konrad-Adenauer-Stiftung, deren Reinwaschungspublikationen über Hans Globke und Hans Filbinger er sorgfältig analysiert hatte.[16] Der damalige NDR-Intendant Friedrich Wilhelm Räuker (CDU) erließ ein Beschäftigungsverbot, das er zwar nicht so genannt wissen wollte, aber so praktizierte. Und dabei blieb es.

Otto Köhler arbeitet regelmäßig für *konkret* und ist nunmehr auch Mitherausgeber der Zweiwochenschrift *Ossietzky*; bisweilen ist seine Stimme im „Kritischen Tagebuch" des WDR zu hören, manchmal steht etwas in der *Süddeutschen Zeitung*. Er arbeitet fleißig – in enger Arbeitsgemeinschaft mit seiner Frau Monika, die selber in ihren Romanen und Gedichten der Nazi-Vergangenheit nachgeht. Der Stoff geht ihm nicht aus, auch wenn der Titel eines seiner Bücher „Hitler ging – sie blieben" allmählich nur noch in übertragenem Sinne gilt.[17] Die alten Nazis sind zum großen Teil abgetreten. Die letzten überlebenden Opfer von Verfolgung, Zwangsarbeit und Folter werden bald auch gestorben sein – zumeist unentschädigt. Wenn jetzt jüngere Politiker mit dem Anspruch, unbelastet und unbefangen zu sein, solche zivilisatorischen Errungenschaften wie das Asylrecht, das Recht auf Unverletzlichkeit der Wohnung oder das Verbot des Angriffskriegs preisgeben, können sie bei Köhler nicht mit größerer Milde als ihre Vorgänger rechnen, auch und gerade wenn sie sich als „68er" empfehlen. Er macht Herrenmenschentum kenntlich, mag es noch so locker oder pragmatisch oder gar humanitär daherkommen. Als Mittel der Aufklärung genügt ihm meist das bloße Zitieren. Mit seinem warmen Herzen für Frieden, Menschenrecht und Menschenwürde, das auch und gerade in seinem Sarkasmus pulsiert, mit seinem kühlen, klaren Gedächtnis für die zynischen Äußerungen derer, die über Leichen gehen, ist Köhler ein Meister des aufklärenden, gesellschaftliche Widersprüche aufdeckenden, anmaßende Machtkaber und deren Büttel bloßstellenden Zitierens. Von ihm zitiert zu werden, könnte geradezu vernichtend wirken – wenn es, wie einst beim *Spiegel*, mehr Verbreitung fände. Wenn wir eine freiere, unabhängigere, weniger konformistische Presse hätten.

Anmerkungen

1 Zitiert nach Klaus-Jörg Rühl (Hg.): Neubeginn und Restauration. Dokumente zur Vorgeschichte der Bundesrepublik Deutschland 1945-1949. München 1982, S. 112-120.
2 Otto Köhler: Hitler ging – sie blieben. Der deutsche Nachkrieg in 25 Exempeln. Hamburg 1996, S. 43ff.
3 Otto Köhler: ... und heute die ganze Welt. Die Geschichte der IG Farben – Bayer, BASF, Hoechst. Hamburg 1986, Köln 1990.
4 Theodor Maunz/ Günter Dürig/ Roman Herzog: Kommentar zum Grundgesetz. München 1968ff.
5 Vgl. zu Elisabeth Noelle-Neumann: Otto Köhler: Unheimliche Publizisten. Die verdrängte Vergangenheit der Medienmacher. München 1995, S. 23-57.
6 *Unheimliche Publizisten* ist die vollständig überarbeitete, ergänzte und aktualisierte Neuauflage von *Wir Schreibmaschinentäter. Journalisten unter Hitler und danach*, der erstmals 1989 in Köln erschienen ist.
7 Thomas Mann: Tagebücher 1944-1946. Hg. von Inge Jens. Frankfurt a.M., 1988, S. 825f.
8 Vgl. Hermann Glaser: Deutsche Kultur. Ein historischer Überblick von 1945 bis zur Gegenwart. München, Wien 1997, S. 126.
9 Vgl. Otto Köhler: „Deutschland repräsentieren, wie es wirklich ist". Der Flagellat wird Bundespräsident. In: Hans-Martin Lohmann (Hg.): Extremismus der Mitte. Vom rechten Verständnis deutscher Nation. Frankfurt a.m. 1994. S. 180-189.
10 Vgl. zu Maunz: Ilse Staff (Hg.): Justiz im Dritten Reich. Eine Dokumentation. Frankfurt a.m. 1964, 1978; Michael Stolleis: Ein Staatsrechtslehrerleben. In: Kritische Justiz 1993, H. 4, S. 393-396.
11 Otto Köhler: Wir Schreibmaschinentäter (Anm. 6), S. 22.
12 Otto Köhler: Berlin – Hauptstadt ohne Presse. In: Pardon 1966, H. 4, S. 17-24
13 Willi Geiger: Die Rechtsstellung des Schriftleiters. Darmstadt 1941. S. 39.
14 Vgl. dazu Fritz Bringmann: Kindermord am Bullenhuserdamm. SS-Verbrechen in Hamburg 1945: Menschenversuche an Kindern. Frankfurt a.m. 1978
15 Vgl. Otto Köhler: Fälscher für Dönhoff. In: Konkret, 1998, H. 11, S. 32-35.
16 Klaus Gotto (Hg.): Der Staatssekretär Adenauers. Persönlichkeit und politisches Wirken Hans Globkes. Stuttgart 1980. – Bruno Heck (Hg.): Hans Filbinger, der „Fall" und die Fakten. Eine historische und politologische Analyse. Mainz 1980. Otto Köhler hatte sich im NDR mit diesen beiden Titel beschäftigt.
17 Otto Köhler: Hitler ging – sie blieben. Der deutsche Nachkrieg in 25 Exempeln. Hamburg 1996.

Erika Weinzierl

Hermann Langbein – Zeitzeuge in Wort und Schrift

Der Name Hermann Langbein ist vermutlich für die meisten Überlebenden nationalsozialistischer Lager und wohl für alle Zeithistoriker ein Begriff. Ein Medienstar war der stets ruhige gemäßigte Mann nicht, dessen Beruf es seit 1945 war, Zeitzeuge in Wort und Schrift zu sein.[1] Ich habe ihn vor etlichen Jahrzehnten kennen und schätzen gelernt. Meine Einladung, vor Salzburger Studenten über Auschwitz zu reden, nahm er bereitwillig an. Von da an standen wir bis zu seinem Tod in Kontakt. Wir gehörten beide zu jenem schwachen Dutzend Österreichern, die Bruno Kreisky 1983, im letzten Jahr seiner Kanzlerschaft, als überzeugte Demokraten zu sich in das Bundeskanzleramt lud. Er sagte uns, daß er der Zukunft – fünf Jahre vor dem Aufstieg Jörg Haiders in der „Freiheitlichen Partei Österreichs" (FPÖ) – mit Sorge entgegenblicke. Er äußerte die Bitte, uns persönlich besonders gegen Faschismus, Neonazismus und Antisemitismus zu engagieren. Seine Unterstützung wäre uns sicher. Die Angesprochenen, Prof. Anton Pelinka aus Innsbruck, der mittlerweile verstorbene Justizminister Dr. Christian Broda, der damalige Leiter des „Dokumentationsarchives des österreichischen Widerstandes" Herbert Steiner, Hermann Langbein und einige andere verstanden Kreiskys Auftrag und bildeten zunächst einen privaten Kreis. Daraus entstand die heutige „Gesellschaft für politische Aufklärung", deren informelle Leiter Langbein, Pelinka und ich wurden. Mittlerweile gibt es eine Wiener und eine Innsbrucker Koordinationsstelle. Wir geben regelmäßige die *Informationen zur politischen Aufklärung* heraus und beteiligen uns an einschlägigen Veranstaltungen. Langbein hat bei fast keiner Sitzung gefehlt und war immer ein kluger maßvoller Ratgeber.

Seine Mitarbeit in diesem Kreis war allerdings nur ein kleiner Teil der von ihm unermüdlich erbrachten Leistungen. Die siebziger Jahre waren die erste Periode der drei Alleinregierungen Kreiskys. Sie waren von einem Reformschwung getragen, der auch vor der Unterrichtsverwaltung nicht halt machte. Zuvor hatte es weder ein Unterrichts- noch ein Lehrfach „Zeitgeschichte" gegeben, so daß die meisten Schüler in ihrem Unterricht kaum über den Ersten Weltkrieg hinauskamen. Die Jahre vergingen, die Erinnerungen an die Schrecken des NS-Regimes verblaßten oder wurden verzerrt. Der damalige Unterrichtsminister und nachmalige Bundeskanzler Fred Sinowatz war selbst

Lehrer gewesen und an Geschichte sehr interessiert. Auf diese Weise kam es, daß zunächst der Zeitgeschichte mehr Unterrichtszeit eingeräumt wurde. Neue Unterrichtsmittel bis zu Ton- und Videobändern wurden angefertigt und 1978 wurde das Unterrichtsprinzip „Politische Bildung" für alle Fächer eingeführt. Seit 1995 ist Zeitgeschichte auch Pflichtfach für die Historikerausbildung. Schon einige Zeit früher hatte die Aktion „Zeitzeugen in die Schulen" begonnen. Auch diese Bemühungen unterstützte Langbein in seiner stillen beharrlichen Art. Rosa Jochmann und er waren auch die eindrucksvollsten und beliebtesten „Zeugen" in den Schulen. Heute werden die Vorträge dieser Zeitzeugen-Aktion von den Zeitgeschichte-Instituten an den Universitäten vermittelt.[2] Es wird allerdings immer schwerer, „Zeitzeugen" zu finden. Bücher, Tonbänder, Videos können sie nicht ersetzen.

Die historische Tat Langbeins nach 1945 war seine Initiative bei der Einleitung des größten deutschen NS-Prozesses, des Frankfurter Auschwitz-Prozesses, der 5 1/2 Jahre vorbereitet wurde und an 183 Verhandlungstagen zwischen dem 20.12.1963 und dem 30.8.1965 durchgeführt wurde. 159 Zeugen wurden gehört, aus 19 Ländern kamen Überlebende nach Frankfurt. Ausgelöst wurde dieser Prozeß durch eine private Initiative. Am 1. März 1958 teilte der Bruchsaler Sträfling A.R. der Staatsanwaltschaft in Stuttgart mit, daß der wegen seiner Verbrechen in Auschwitz berüchtigte ehemalige SS-Oberscharführer Wilhelm Boger 1946 bei einem Auslieferungstransport von Dachau nach Polen geflüchtet sei. Bis 1948 habe er sich in Unterach bei Schwäbisch-Hall versteckt gehalten. Dann habe er sein Versteck verlassen und arbeite seit 1956 bei der Firma Henkel, einer Automotorenfabrik in Zuffenhausen. Sofern dieser Boger tatsächlich der Auschwitz-Boger sei, stelle er, A.R., gegen ihn Strafantrag wegen Massenmord. Beweise und Zeugen könne er zur Verfügung stellen. Sicherlich habe auch das „Internationale Auschwitzkomitee" mit Sitz in Wien, dessen Geschäftsführer der ehemalige Lagerhäftling Hermann Langbein sei, reichlich Material. Die Staatsanwaltschaft leitete die Anzeige an die Kriminalpolizei weiter. Diese ermittelte und bestätigte am 10. April 1958 die Angaben der Anzeige. Ansonsten geschah zunächst nichts. A.R. verständigte jedoch auch Langbein, der die Angelegenheit in die Hand nahm. Bereits am 9. Mai 1958 wandte er sich an die Staatsanwaltschaft in Stuttgart: „Wir sind in der Lage und bereit, Ihnen Zeugen und Beweismaterial über den Umfang der Verbrechen Bogers zur Verfügung zu stellen".[3] Selbst nach einer persönlichen Vorsprache Langbeins bei der Stuttgarter Staatsanwaltschaft am 9. September 1958 geschah nichts. Langbein sah sich deshalb veranlaßt, am 21. September ein ausführliches Schreiben an den Oberstaatsanwalt zu richten. Er führte an, daß das Komitee bereits Beweise zur Verfügung gestellt hatte und daß die verzögerte Behandlung des Falles Boger durchaus die Möglichkeit zur Flucht geben könnte.[4] Das hätte in der Tat leicht geschehen können, da die Kriminalpolizei Boger wenige Tage vor seiner Verhaftung telefonisch gewarnt hatte. Erst am 8. Oktober 1958 wurde Boger in Untersuchungshaft genommen. Von nun an arbeiteten die deutschen und österreichischen Stellen besser zusammen – dennoch waren schließlich für die Vorbereitung des Prozesses mehr als 5 Jahre erforderlich. Mehrere kleinere Auschwitz-Prozesse wurden zum großen Frankfurter Auschwitz-Prozeß zusammengezogen.

Es zeigte sich bald, daß die überlebenden Opfer für die Beweisführung unentbehrlich waren. Hermann Langbein spielte beim Aufspüren und Finden von Opfern und Tätern, die oft unter falschem Namen in versteckten Dörfern lebten, eine zentrale Rolle. Viele Opfer hätten freilich das Schweigen vorgezogen. Mit Beginn des Prozesses übernahm er auch noch eine weitere, geradezu unglaubliche Rolle. Der Staatsanwalt ließ keine schriftlichen Protokolle anfertigen. Die Tonbandaufnahmen waren lange verschollen. Sie sind mittlerweile aufgefunden worden und werden derzeit im Fritz-Bauer-Institut in Frankfurt a.M. transkribiert. Langbein übernahm daher die Rolle eines inoffiziellen Protokollführers. Das Ergebnis sind zwei über 1000 Seiten starke Bände, 1965 und 1995 aufgelegt, die die wichtigsten Aussagen im Wortlaut enthalten. Langbein hat den Prozeßverlauf mit unglaublicher Genauigkeit zusammengefaßt und eine Dokumentation vorgelegt, die bis heute nicht nur für die Historiker die wichtigste „offizielle" Quelle für den Prozeßverlauf ist. Der bewußt sachliche Prozeßbeobachter Langbein spricht von sich nur in der dritten Person. Es war naheliegend, daß die Verteidiger der Angeklagten Langbein zu diskriminieren, ja aus dem Gerichtssaal zu drängen suchten. Man unterstellte ihm verbotene Kontakte und Beeinflussung von Zeugen. Langbein verfolgte den Prozeß als Beobachter des „Comité International des Camps" und wurde gelegentlich zur Präzisierung anderer Aussagen aufgerufen. Als in einem Disput der Vorsitzende Richter Langbein riet, Gespräche mit Zeugen vor Beendigung ihrer Vernehmung möglichst zu vermeiden, fragte Langbein, ob diese Mahnung für alle oder nur für ihn gelte. Die Antwort des Vorsitzenden Richters charakterisierte die Bedeutung Langbeins mit geradezu historischen Worten: „Herr Langbein, Sie wissen doch, daß Sie bei der Vorbereitung dieses Prozesses eine besondere Rolle gespielt und erheblich dazu beigetragen haben, daß dieser Prozeß überhaupt zustande kam."[5] Langbein kommt im Protokoll übrigens 30 Mal als Zeuge vor.

Für die Geschichtsschreibung ist nicht allein Langbeins Dokumentation bis heute von hohem Wert. Von den zahlreichen Auschwitz-Büchern, die ich gelesen habe, halte ich Langbeins *Menschen in Auschwitz* für das großartigste. 1972 erstmals erschienen, schildert es die Menschen, denen Langbein in den Jahren 1942-1944 in Auschwitz begegnet ist. Darüber hinaus ist es eine genaue Beschreibung der Hölle Auschwitz, in der Millionen Menschen lebten, litten und starben.[6] Das persönlichste Buch *Die Stärkeren* schildert die Geschichte seines Autors von seinem ersten Lageraufenthalt als besiegter Spanienkämpfer im französischen St. Cyprien im Frühjahr 1938 über Gurs, Vernet, Dachau, Auschwitz bis zu seiner Heimkehr 1945 nach Wien.[7] Langbein hat dieses Buch 1947/48 während einer ersten Auseinandersetzung mit der Kommunistischen Partei Österreichs (KPÖ) in einer Art „Trotzreaktion" geschrieben.[8] Trotz der Befürwortung von Hilde Koplenig, der Frau des Parteivorsitzenden, und anderer war es nicht leicht, eine Veröffentlichungsmöglichkeit zu finden.

Von großer Bedeutung ist der Sammelband, den Langbein zusammen mit Eugen Kogon und Adalbert Rückerl 1983 über *Nationalsozialistische Massentötungen durch Giftgas* herausgegeben hat, und an dem 24 internationale Autoren mitgewirkt haben.[9] Es war die erste umfassende wissenschaftliche Antwort auf die zunehmende Verbreitung der „Auschwitz-Lüge", die mittlerweile in Deutschland und in Österreich den Status eines Offizialdelikts hat. Daß Langbein bis zuletzt die Hoffnung nicht aufgegeben hat, es werde nie mehr zu Genoziden kommen, hat auch uns Jüngeren Hoffnung gegeben. Kennzeichnend für alle Publikationen Langbeins sind eine große Sachlichkeit und sein Differenzierungsvermögen. Er vermied einfache Dichotomien und wußte, wie wirklichkeitsfremd die Einteilung seiner Zeitgenossen in „Teufel" und „Engel" war. Zu Beginn des Auschwitz-Prozesses 1963, als er selbst noch Zeuge war, durfte er beim Prozeß nicht anwesend sein. Von 1964 bis zum Prozeßende 1965 war er dann – wie schon gesagt – offizieller Beobachter des „Comité International des Camps". Als er den verhaßten, sadistischen Oberdesinfektor Josef Klehr als Angeklagten erlebte, brach in ihm ein Damm. Er wußte, von nun an würde er Auschwitz nicht nur dokumentieren, sondern auch beschreiben können: Der Weg für *Menschen in Auschwitz*, an dem er fünf Jahre arbeitete, war frei. Er hat das Buch nicht, wie ursprünglich geplant *Teufel und Verdammte*, sondern *Menschen in Auschwitz* genannt. Es war ein Symbol für die „Entdämonisierung"[10] der Mörder von Auschwitz. Auch dieses Buch ist bewußt sachlich gehalten. Das hat Langbein von manchem ehemaligen Lagerinsassen Kritik eingetragen. Langbein hatte keine Zweifel, daß dieses großartige Buch keine breite Aufnahme finden würde. Sicher – es wurde kein Bestseller, aber doch mehrmals aufgelegt. Besonders auffallend ist Langbeins Sachlichkeit bei der Beschreibung des Lagerstandortarztes von Auschwitz, Dr. Eduard Wirths, dessen Schreiber er wurde. Langbein war sich, wie er berichtet, immer bewußt, daß der Erfolg aller größeren Bemühungen, die Situation in Auschwitz zu verbessern, von den Befehlen Wirths' abhing. Er schildert viele Beispiele, die zeigen, daß Wirths nicht nur ein guter Arzt, sondern eigentlich auch ein anständiger Mensch gewesen sein muß. Nach den ersten positiven Erfahrungen miteinander entstand ein solides Vertrauensverhältnis zwischen ihnen. Wirths rettete Langbein, Langbein machte ihm klar, daß das von der BBC auch für Wirths nach dem Sieg angekündigte Todesurteil von der Leitung der Widerstandsbewegung im Lager aufgehoben worden sei. Das hinderte Langbein nicht, enttäuscht und drohend einzugreifen, als auch Wirths in der letzten Kriegsphase mit kleineren, aber auch grausamen medizinischen Versuchen begonnen hatte und zuletzt noch gesunde Häftlinge mit Fleckfieber anstecken ließ. Zwei von ihnen sind gestorben. Langbein billigte es, daß Wirths im September 1945 in englischer Gefangenschaft Selbstmord beging. Wirths, so meint Langbein, war kein Nationalsozialist gewesen, kein brutaler Mensch und Sadist, aber ein überzeugter Antisemit, der die Niederlage des „Dritten Reiches" auch als solche persönlich schmerzlich empfand.[11]

Hermann Langbein ist am 18. Mai 1912 im 9. Wiener Bezirk (Alsergrund) als zweiter Sohn eines Beamten und einer Handarbeitslehrerin geboren.[12] Er selbst hat später darauf bestanden, aus kleinbürgerlichen, nicht aus bürgerlichen Verhältnissen zu stammen. Sein Bruder Otto war eineinhalb Jahre älter und hat für die Entwicklung seines jüngeren Bruders eine wichtige Rolle gespielt. Der Vater, der sich vor seiner Hochzeit evangelisch hatte taufen lassen, war deutschnational eingestellt, doch wurde in der Familie kaum über Politik gesprochen. Die Gymnasialausbildung der Kinder war der unbedingte Wunsch des Vaters, obwohl die Familie auf Schulgeldnachlaß angewiesen war. Das politische Interesse Hermanns wurde durch den älteren Bruder und seine eigene Lektüre geweckt. Hermann hat zeitgenössische und sozialkritische Bücher gelesen und darüber auch ein Buch mit Kurzkritiken geführt. In das Gymnasium sind die Buben nach Döbling im 19. Bezirk gegangen und zwar im wörtlichen Sinn, weil das Geld für die Straßenbahn nicht vorhanden war. Wer sich in Wien auskennt, weiß daß es vom 9. zum 19. Bezirk nicht allzu nahe ist. Den Nationalsozialismus lehnte Hermann bereits zu Beginn der dreißiger Jahre ab. Er weigerte sich etwa, in dem mit einem Hakenkreuz geschmückten Faltboot seines Freundes von Ulm die Donau hinunter zu fahren. Im Gymnasium gab es keine politische Organisation, aber Langbein fühlte sich doch „links". Nach der Matura sagte Hermann: „Ich habe jetzt nur die Wahl: entweder ich werde Kommunist oder ich gehe meinen Berufswünschen nach, dann kann ich nicht Kommunist sein." Zunächst glaubte er aber, beides verbinden zu können.[13] Entgegen dem Wunsch des Vaters, der für Hermann ein Medizinstudium vorgesehen hatte, wollte dieser nämlich Schauspieler werden. Er sprach deshalb noch vor der Matura beim damaligen Direktor des Volkstheaters Rudolf Beer vor. Am Tag der mündlichen Matura hatte er einen Elevenvertrag abschließen können, der ihn verpflichtete, Schauspielunterricht zu nehmen und kleine Rollen zu spielen. Er hat das dann auch einige Zeit erfolgreich gemacht. In *Weh dem, der lügt* hat er die erste größere Rolle gespielt.

Es hat sich dann aber gezeigt, daß die frühen dreißiger Jahre in vieler Hinsicht gerade für politisch aktive und interessierte jüngere Leute, wie es die Brüder Otto und Hermann Langbein waren, eine politische Herausforderung bedeuteten. Bruder Otto, der Geographie studiert hat, ist 1932 der KPÖ beigetreten. „... und dann hat mich irgendwie der Neid gepackt, da muß ich auch. Also bin ich beigetreten im Januar 1933. Ich erinnere mich genau, da war die KP noch legal."[14] Jede Woche gab es in der Badgasse einen Zellenabend in einem kleinen „Tschocherl". „Am zweiten Zellenabend war Hitlers Machtergreifung und da hat der Zellenobmann, Sedlacek hieß er, gesagt, das dauert nur ein paar Wochen." Nachdem die Mutter 1924 und der Vater 1934 gestorben war, machten die Brüder aus der Wohnung eine Wohngemeinschaft für Studenten, die alle Kommunisten waren. Das wurde polizeibekannt. Die erste Verhaftung erfolgte im Februar 1935. Da man Gedenkdemonstrationen an den Bürgerkrieg vom Februar 1934 erwartete, wurde um den 12. Februar die ganze Wohngemeinschaft „zur Sicherheit" für zwei oder drei Tage ohne Verurteilung eingesperrt.

Mit dem Weggang Beers nach Berlin endete das zweijährige Engagement von Hermann Langbein am Volkstheater. Danach war er nicht mehr fest engagiert und arbeitete als freier Schauspieler. Aber die nächste Verhaftung erfolgte ohnedies schon im Frühling 1935 wegen der Teilnahme an einer sogenannten „Blitzdemonstration" vor einem Kino im 9. Bezirk. Nach dem Ende der Vorstellung wurden kleine Zettel mit dem Symbol der KPÖ gestreut und die Demonstranten sangen die Internationale. Langbein bewegte zwar nur den Mund, da er nicht singen konnte. Doch wurde auch er niedergeschlagen und kam erst auf der Polizeiwache wieder zu sich. Er wurde zu drei Monaten Polizeistrafe verurteilt, rekurrierte aber dagegen, weil Polizei- und Gerichtsstrafen nicht parallel durchgeführt werden durften. Sein Einspruch hat nichts genützt. Langbein wurde tatsächlich drei Monate inhaftiert. 1936 kam er ein weiteres Mal in Haft, da ein Bürokollege seine damalige Freundin denunziert hatte: Sie hatte an ihrem Arbeitsplatz kommunistisches Propagandamaterial versteckt. Auch ein weiterer Bekannter, der dann in Auschwitz zugrundeging, wurde eingesperrt. Dann kam der Prozeß, in dem Hermann zu sechs Monaten, seine Freundin Gretel und Bruder Otto zu über sechs Monaten Polizeistrafe verurteilt wurden. Im Gefängnis erkrankte Langbein an Scharlach und Diphterie, ließ sich aber bewußt nicht vor Ablauf seiner Strafe entlassen.

Für Linke waren es auch damals schon keine schöne Zeiten. 1938 war die Ära des autoritären Ständestaates zu Ende. Kurz vorher war Langbein aus dem Gefängnis entlassen worden. Wegen der sozialen Ungerechtigkeit der Zeit – er war selbst arbeitslos gewesen – und wegen seines Hasses auf die Nazis war er nach wie vor überzeugter Kommunist. Die Sowjetunion war für ihn damals das Vorbild. „Und das ist überhaupt furchtbar zu erklären, mir selber schwer zu erklären. '37 waren die Prozesse. Ich hab' damals die Möglichkeit gehabt, auch bürgerliche Zeitungen zu lesen. Ich habe über die Prozesse gelesen und gedacht, das ist Feindpropaganda".[15] Auch die Trotzkisten hielt er für faschistische Agenten. Zweifel wurden durch Selbstkritik erstickt: „Dir fehlt das proletarische Bewußtsein: Und dann bin ich zusammengezuckt, das fehlt ja wirklich, ich bin ja kein Prolet."[16] Langbein hatte deshalb auch nie die Absicht, über Prag nach Moskau zu gehen. Er hatte sich zu wenig prominent gefühlt und wollte schon immer nach Spanien; allerdings ließ dies die Parteileitung zunächst nicht zu. Im März 1938 ist er zusammen mit seiner Freundin Gretel über die Berge in die Schweiz gegangen, um von dort aus nach Spanien zu kommen. Daß damals in Spanien die Entscheidung schon gefallen war, war ihm nicht klar. Hermann hatte sich am 9. April 1938 von seinen Pariser Verwandten und Freunden verabschiedet, um an der Seite der Republikaner im Spanischen Bürgerkrieg mitzukämpfen. In seinem Briefband *Pasaremos* finden sich auch persönliche Aussagen über seine eher tristen Erlebnisse in dieser Zeit.[17] In seinem ersten Brief an den in Paris lebenden Bruder Otto schrieb er, daß er es nicht erwarten könne, im Kampf eingesetzt zu werden. Er verwendete dabei das Wort „ungeduldig" und ich habe es in meinem Exemplar unterstrichen, denn jener Langbein, den ich schon so lange kannte, schien sich Ungeduld abgewöhnt zu haben. Zumindest nach außen wirkte er immer unglaublich geduldig und diszipliniert. Im Spanischen Bürgerkrieg war er aus Waffenmangel zunächst ohne Waffe und wurde als Funker eingesetzt. Nach Niederlage und Abrüstung haben die Franzosen die abgerüsteten internationalen Brigadisten im Februar 1939 in die Internierungslager St. Cyprien, Gurs und Vernet gebracht. Von den 600 österreichischen Interbrigadisten in Gurs war ein hoher Prozentsatz Kommunisten. Die Reaktion auf die Nachricht vom Hitler-Stalin-Pakt war, wie Langbein später schreibt, „… daß wir einfach das gefressen haben, was uns die kommunistische Parteiführung gesagt hat": Stalin mußte den Pakt schließen, um sich aus der Umklammerung der anderen Großmächte herauszuhalten – eine Art „Neutralitätserklärung". Den Interbrigadisten wurde vom Vichy-Regime angeboten, zur Fremdenlegion zu gehen oder in der Sahara eine Bahn zu bauen. Die Fremdenlegion wurde von den meisten abgelehnt, in die Sahara haben sich relativ viele gemeldet. Die KPÖ-Führung hat die Losung ausgegeben, nach Deutschland in ein „Umschulungslager" zurückzukehren, weil man dort noch gewisse Einflußmöglichkeiten haben werde, was auch Langbein glaubte. Doch ausnahmslos alle Rückkehrer sind im Konzentrationslager Dachau angekommen. In den ersten Wochen mußten die Häftlinge in Holzschuhen exerzieren und Rollwagen schieben. Dann wurde Langbein für den Dienst im Krankenbau eingeteilt. In Dachau lernte er den prominenten Sozialdemokraten Franz Olah kennen, einen entschlossenen Kommunistengegner, mit dem es auch zu einigen Konflikten kam.

1942 kam Langbein nach Auschwitz, das künftig sein ganzes Leben bestimmte. Dort waren die Differenzen zwischen Kommunisten und Sozialdemokraten nicht mehr so groß. Die Leitung der Auschwitzer Widerstandsgruppe hatte der polnische Sozialist Cyrankiewicz. Langbein hatte als sog. Funktionshäftling gewisse „Privilegien". Über die Kriegsereignisse war man relativ gut orientiert, da die Funktionshäftlinge Zeitungen kaufen durften. Außerdem fanden sie relativ oft eine Gelegenheit, BBC zu hören – was auch die SS eifrig tat. Langbein hatte meist ein eigenes kleines Zimmer, mußte nicht wirklich Hunger und Kälte leiden und blieb von einem Bunkeraufenthalt und etlichen Schlägen abgesehen von Quälereien verschont. Einige Verbesserungen konnte Langbein in Auschwitz erreichen: Häftlinge wurden weniger geschlagen, die willkürlichen Tötungen von Häftlingen durch Herzinjektionen wurde eingeschränkt, Hunderte wurden bei Selektionen gerettet. Er setzte sich überdies für die Aufnahme politischer Häftlinge in die Leitung der internationalen Widerstandsgruppe in Auschwitz ein, die sich allerdings weitgehend mit Hilfsleistungen bei Fluchtversuchen und mit Informationsweitergabe begnügen mußte. Der einzige Fluchtversuch, an dem sich Langbein selbst beteiligen wollte, wurde verraten, so daß er gar nicht mehr in die Fluchtsituation kam. Daß Langbein immer als politischer Häftling geführt worden war, hat ihm vermutlich das Leben gerettet. Nach der Überstellung aus Frankreich wurden die Häftlinge in Dachau mit Fragebogen aufgenommen. Der Aufnahmehäftling konnte nicht verstehen, warum Langbein angab, daß sein Vater ein Mischling gewesen war, doch hatte dies für Langbein keine nachteiligen Folgen. Dazu ist noch zu bemerken, daß die sog. „Mischlinge ersten Grades", wie Langbein, anfangs sogar noch zur Wehrmacht eingezogen wurden. Erst nach Auflösung der Lager im Frühjahr 1945 ist Langbein wenige Tage vor Kriegsende geflohen und von Hannover aus mit dem Rad in 14 Tagen nach Wien gefahren, wo er am 18. Mai 1945 ankam.

Der Weigandhof war bewohnbar geblieben; Langbein hat hier bis zu seinem Tod 1995 gewohnt. Sein Bruder Otto war schon vorher in Wien eingetroffen und war KP-Bezirksvorsteher von Favoriten. Schon am nächsten Tag ist Langbein in das ZK der KPÖ im 9. Bezirk in der Wasagasse gefahren. Dort hat er zum ersten Mal die ganze KPÖ-Führung kennengelernt. Langbein wurde sofort als Lehrer in den Parteischulen der KP eingesetzt. Die Wahlen vom November 1945, von denen Langbein ca. 20% der Stimmen für die KPÖ erhofft hatte – in Wirklichkeit zogen lediglich vier kommunistische Abgeordnete in das Parlament ein – haben ihn sehr enttäuscht. 1948 wurde Langbein Parteiinstruktor für die KP in den Bundesländern Oberösterreich und Kärnten. Dort ist er längere Zeit geblieben und hat in Klagenfurt Loisi, eine Kärntner Slowenin und kommunistische Journalistin kennengelernt. Zusammen sind sie nach Wien gezogen, wo sie geheiratet haben. In Salzburg und Vorarlberg war Langbein noch als Instruktor tätig, wobei der Vorarlberger Funktionär der erste war, der ihm beibrachte, daß man auch Bücher lesen durfte, die nicht von der KP empfohlen waren. Das erste Buch, das Langbein daraufhin gelesen hat, war Hemingways *Wem die Stunde schlägt*. Damit begann Langbeins Lektüre auch nicht „parteigenehmigter" Bücher. 1951 ist Langbein als Instruktor nach Niederösterreich gekommen. Dort kam es zu ernsten Differenzen mit Friedl Fürnberg, 1946-1947 Mitglied des Politbüros der KPÖ, in deren Folge Langbein beim Parteitag 1951 scharf kritisiert wurde. Er wurde nicht wieder zum ZK-Mitglied gewählt. 1953 ist Langbein dann sozusagen „strafversetzt" als Journalist nach Ungarn geschickt worden. Das ungarische Gehalt war so niedrig, daß Langbein hungerte, um für seine schwangere Frau das Allernotwendigste kaufen zu können. Es war die schlimmste Zeit in Langbeins freiem Leben.

Im März 1954 konnten die Langbeins wieder nach Wien zurückkehren; zum ersten Mal suchte er den Grund für seine Probleme mit der Partei nicht mehr im seinem „fehlenden proletarischen Bewußtsein". Die Partei stellte ihn, gut bezahlt, bei der *Österreichischen Zeitung* (ÖZ), der Zeitung der russischen Besatzungsmacht, an. Von freien Journalistik war keine Rede. Noch zur Zeit der Verhandlungen zum Staatsvertrag stritten hohe österreichische KP-Funktionäre jedoch jeden Wahrheitsgehalt dieser „Gerüchte" ab.

1954, also ein Jahr vor dem Staatsvertrag, ist Langbein über das Zureden eines Freundes auf internationalen Vorschlag Generalsekretär des neu gegründeten „Internationalen Auschwitz-Komitees (IAK)" mit Sitz in Wien geworden. Diese Funktion nützte Langbein zu einer Aktivität, die sein weiteres Leben bestimmen sollte.

Der Gynäkologe Clauberg hatte in Auschwitz Jüdinnen sterilisiert. Nach 1945 wurde er von den Russen zu 25 Jahren Kerker verurteilt, dann aber bald begnadigt. Nach seiner Rückkehr nach Deutschland setzte er unter eigenem Namen seine Tätigkeit fort und suchte über Zeitungsinserate nach „technischen Hilfskräften". Der „Zentralrat der Juden in Deutschland" zeigte ihn wegen Körperverletzung an, und Langbein erstattete im Namen des Komitees Anzeige wegen Mord. Damit begann jener Abschnitt im Leben Langbeins, der von der Suche nach Tätern und überlebenden Opfern, von eigenen Zeugenaussagen, ständiger Anwesenheit bei NS-Prozessen und ähnlichem geprägt wurde. Die KPÖ hatte ihn nach der Einstellung der ÖZ 1955 als Sekretär des „überparteilichen" österreichischen KZ-Verbandes eingesetzt. Für das Auschwitzkomitee suchte Langbein nun nach NS-Tätern, in erster Linie nach dem berüchtigten KZ-Arzt Mengele. Trotz einiger vielversprechender Spuren ist Langbein – ähnlich wie Wiesenthal – bei der Suche nach Mengele, der nach Argentinien und dann nach Paraguay flüchten konnte, erfolglos geblieben, da er aus Geldmangel viele Spuren nicht weiter verfolgen konnte. In seiner Funktion als Sekretär des IAK war Langbein öfter in Polen, wo er immer den nunmehrigen Ministerpräsident Jozef Cyrankiewicz anrief, den er aus Auschwitz gut kannte. Durch ihn erfuhr er, daß die KPÖ ihn in einem Rundbrief als Feind des Kommunismus bezeichnet hatte und davor warnte, Langbein zu unterstützen. Cyrankiewicz riet ihm, das Generalsekretariat aus Gesundheitsgründen aufzugeben. Er werde ihm eine Ehrenpension aussetzen. Langbein lehnte beides ab, bat hingegen um Geld für die Mengele-Suche. Cyrankiewicz versprach es ihm auch, doch das Geld traf nicht ein.

Nach dem Rücktritt als Generalsekretär wurde Langbein Redakteur des *Neuen Mahnrufes*, der Monatszeitung des österreichischen KZ-Verbandes. Otto Langbein ist sofort nach der Niederwerfung des Aufstandes in Ungarn 1956 aus der KPÖ ausgetreten. Hermann hat die Entscheidung hinausgezögert, hat sich aber geweigert, sich von seinem Bruder öffentlich zu distanzieren. In seinen Funktionen – gerade auch als Redakteur der KZ-Zeitung – hat er ganz massiv gegen den blutigen Kampf in Ungarn und dessen schreckliches Ende Stellung genommen. Auch kritische Diskussionen innerhalb der Parteigremien hat er zustandezubringen versucht. Die Partei schaute eine Weile zu: 1958 wurde Hermann Langbein ausgeschlossen. Er verlor seinen Arbeitsplatz und fand keinen neuen. Die kleine österreichische kommunistische Partei war durch einen besonderen Zusammenhalt gekennzeichnet. Alle Freunde kamen aus der Großfamilie der Partei, wer sie verließ oder gar ausgeschlossen wurde, galt als Verräter. Nun kannte man Langbein nicht mehr. Er hatte die alten Kameraden und Freunde verloren, die neuen begegneten ihm eher mit Mißtrauen. Ein KZ-Buch zweier Kameraden, für das er das Vorwort geschrieben hatte, mußte eingestampft werden – wenige halfen. Seine Familie war ihm in dieser schwierigen Situation eine große Stütze. Langbein hielt sich als freier Journalist und Schriftsteller über Wasser. Die Intervention des damaligen Justizministers Engelbert Broda ermöglichte ihm, für den damals noch großen Europa-Verlag zu arbeiten. Damit war die Tätigkeit als Zeitzeuge und als „Tatzeuge" nicht mehr nur Berufung, sondern zu seinem Beruf geworden. Es war die Zeit der Vorbereitung des Auschwitzprozesses, die ihn quer durch Europa führte.

Hinzu kam, daß dann auch das Komitee seine Zahlungen einstellte – als neuer Sekretär wurde ein Pole ernannt – und die österreichische Lagergemeinschaft Langbein den Austritt nahelegte, weil sie die Verbindungen mit Polen nicht gefährden wollte. Die Einreise nach Polen wurde generell gesperrt. Für jede Fahrt mußte er eine Sondergenehmigung einholen. Daß diese Schicksalsschläge den ruhigen Langbein psychisch krank machten, war nicht verwunderlich. Im Sommer 1961 bekam er schweres Asthma. Dennoch schrieb er weiter Bücher – er wollte zeigen, daß er jedenfalls ein guter Sachbuchautor war.

Schon während des Auschwitz-Prozesses in Frankfurt am Main hatte Langbein auf Nachfragen von Lehrern begonnen, Schülern von seinen Erfahrungen zu berichten. Als er merkte, wie stark die Resonanz auf solche Vorträge vor Schülern war, schlug er dem österreichischen Unterrichtsminister vor, Vorträge von Zeitzeugen an Schulen halten zu lassen. In der Endphase der ersten großen Koalition in Österreich (1945-1966) reagierte Minister Piffl-Percevic, ein aufrechter Patriot, nicht. Erst zehn Jahre später hatte Langbein mit dieser Initiative Erfolg. Andere, wie Rosa Jochmann, Ella Lingens oder Franz Danimann schlossen sich der Aktion an. Diese Zeitzeugen sind heute alte Menschen, die trotz großer körperlicher Anstrengungen die Aufgabe dieser Referate übernehmen. Wie belastend die Vorträge sein können, zeigt der Fall eines Psychiaters, der als Jude in Auschwitz war und eine Einladung Langbeins annahm. Nach wenigen Minuten mußte er seinen Vortrag abbrechen, da seine Stimme versagte. In Wien war es Unterrichtsminister Sinowatz, der die Aktion in Gang setzte. In der BRD scheiterte sie an elf Kultusministern!

In seinen letzten Lebensjahrzehnten erhielt Langbein eine Reihe von Auszeichnungen. Am meisten hat ihn die von Yad Vashem bereits 1968 verliehene Medaille „Gerechter der Völker" gefreut, die mit der Pflanzung eines Baumes in Yad Vashem in seinem Namen verbunden war. 1987 sollte er das Ehrenkreuz für Wissenschaft und Kunst 1. Klasse, eine österreichische Bundesauszeichnung, erhalten. Er lehnte die Annahme wegen der Haltung Waldheims im Wahlkampf um das Amt des Bundespräsidenten 1986 ab. 1988 erhielt er den Preis der Stadt Wien für Kulturpublizistik, 1993 die Goldene Ehrenmedaille der Bundeshauptstadt Wien und 1994, ein Jahr vor seinem Tod, den Berufstitel Professor.

Die von Pelinka am Schluß eines langen Gespräches gestellte Frage nach einer „Zwischenbilanz" seines Lebens beantwortete Langbein folgendermaßen:

Ich möchte nicht von Zwischenbilanz reden. Ich bin jetzt in einem Alter, wo ich Bilanz ziehe. So lange es noch geht, mache ich noch selbstverständlich weiter, das Schwergewicht lege ich auf die Diskussion mit jungen Menschen, ich glaube, daß meine Energie da am nützlichsten angewandt ist. Wenn ich eine Bilanz sage, ich glaube, es ist klar, daß mich das Erlebnis Auschwitz weitgehend geprägt hat. Jeden hat es geprägt, den einen in dieser Richtung, den anderen in jener, der eine ist psychisch kaputt, der andere hat Schlußfolgerungen für sich gezogen. Wenn ich zurückblicke, und ich habe ja manches davon erzählt, hatte ich jetzt, völlig abgesehen von Haftjahren, hatte ich schwere Zeiten. Insgesamt will ich sagen, daß ich nicht unzufrieden bin, ich glaube – und ich sage es jedem jungen Menschen, der mit mir ernsthaft ein Gespräch sucht – das Wichtigste scheint mir zu sein, seinem Leben einen Sinn zu geben und nicht nur zu rechnen, wo krieg' ich die beste Pension und wann. Und ich traue mich zu sagen, irgendwie einen gewissen Sinn habe ich meinem Leben gegeben. Das hätte besser oder das hätte anders sein sollen, natürlich, aber insgesamt traue ich mich zu sagen, ich brauche nichts ausstreichen aus meinem Leben. Abgesehen von Kleinigkeiten, das gibt es immer, daß ich sage, das war blöd und das war unangenehm usw. Aber insgesamt, die Linie in meinem Leben, wenn ich die Linie in meinem Leben betrachte, ich glaube, die kann ich verantworten.[18]

Anmerkungen

1 Vgl. die von Werner Renz zusammengestellte Auswahlbibliographie der Schriften von Hermann Langbein. In: Hermann Langbein: Das 51. Jahr .... Hg. vom Fritz Bauer Institut. Frankfurt a.M. 1996, S. 24-29.
2 Vgl. Monika Horsky (Hg.): Man muß darüber reden. Schüler fragen KZ-Häftlinge. Wien 1988.
3 Hermann Langbein: Der Auschwitz-Prozeß. Eine Dokumentation. Wien, Frankfurt, Zürich 1965, unveränderter Nachdruck 1995. 1. Bd., S. 22.
4 A.a.O., S. 25.
5 Langbein, Der Auschwitz-Prozeß (Anm. 3), Bd. 2., S. 858.
6 Hermann Langbein: Menschen in Auschwitz. Wien 1972, Neuauflage 1995.
7 Hermann Langbein, Die Stärkeren. Ein Bericht. Wien 1949.
8 Anton Pelinka/ Erika Weinzierl/ Gesellschaft für politische Aufklärung (Hg.): Hermann Langbein - Zum 80. Geburtstag. Wien 1993, S. 72.
9 Eugen Kogon/ Hermann Langbein/ Adalbert Rückerl (Hg.): Nationalsozialistische Massentötungen durch Giftgas. Eine Dokumentation. Frankfurt 1983.
10 A.a.O., S. 105.
11 Vgl. Langbein, Menschen (Anm. 6), S. 411ff.
12 Vgl. zum folgenden das Gespräch zwischen Anton Pelinka und Hermann Langbein, in: Pelinka/Weinzierl: Hermann Langbein (Anm. 8), S. 45-113.
13 A.a.O., S. 52.
14 Ebd.
15 A.a.O., S. 57.
16 Ebd.
17 Hermann Langbein: Pasaremos. Briefe aus dem Spanischen Bürgerkrieg. Köln 1982.
18 Pelinka/Weinzierl: Hermann Langbein (Anm. 8), S. 112f.

Hanno Beth

Rolf Hochhuth – Der Knecht als Feld-Herr

Für Klaus Lambrecht zur 55 – nachträglich!

„Der Mensch ist aber keine Sache, mithin nicht etwas, das bloß als ein Mittel gebraucht werden kann, sondern muß bei allen seinen Handlungen jederzeit als Zweck an sich selbst betrachtet werden."

Immanuel Kant[1]

„Es ist wohl überflüssig, hier zu erwähnen, doch kann es nicht zu oft gesagt werden, daß ... gute Schriftsteller stets eifrig bemüht sind, ihren Leser zu nöthigen, genau eben Das zu denken, was sie selbst gedacht haben: denn wer etwas Rechtes mitzutheilen hat, wird sehr darauf bedacht seyn, daß es nicht verloren gehe."

Arthur Schopenhauer[2]

Kaum glaubhaft, aber dennoch publizistisch verbürgt: nachdem Rolf Hochhuth 1998 die Absicht geäußert hatte, sein Stück *Der Stellvertreter* auf die Bühne des Berliner Ensembles bringen zu wollen, erhob Kardinal Georg Sterzinsky mahnend seine Stimme und bat im Interesse der Versachlichung einer „in der Vergangenheit oft emotional geführten" Diskussion über das Verhältnis der katholischen Kirche zum Nationalsozialismus darum, die Ergebnisse der historischen Forschung ebenso zur Kenntnis zu nehmen wie die Fortschritte im Prozeß der Aussöhnung zwischen Christen und Juden.[3] Mehr als 35 Jahre nach seiner Uraufführung – diese fand am 20.2.1963 in der Inszenierung von Erwin Piscator an der Berliner Freien Volksbühne statt – sorgt also erneut das Stück für Aufregung, das die Frage nach der Verantwortung der katholischen Kirche und des Papstes Pius XII. bei der Judenverfolgung durch das „Dritte Reich" gestellt hatte. Piscator zufolge ist es das Werk eines „Bekenners", dessen „Entdeckung ... wohltuend und tröstlich (ist) in einer Welt des Schweigens, eines Schweigens, das leer ist, inhaltslos, nutzlos".[4] Hochhuth, auf der Suche nach Antworten, die nicht mit dem Verweis auf einen politisch opportunen, weil strategisch vorgeblich klugen und somit historisch zwingend gebotenen Pflichtenkanon abzutun waren, brach das Schweigen.

Papst: „Was muß der Nuntius in Berlin mit ansehen/ oder der in Preßburg: er hörte schon im Juli/ vorigen Jahres, daß man die Juden aus der Slowakei/ vergast hat im Distrikt Lublin./ Läuft er deshalb aus Preßburg weg?/ Nein, er tut weiter seine Pflicht, und siehe da:/ er hat erreicht, daß keine Juden mehr/ auch nicht die ungetauften/ nach Polen abgeschoben werden./ Wer helfen will, darf Hitler/ nicht provozieren./ Heimlich wie unsere beiden Patres,/ verschwiegen, klug wie Schlangen:/ So muß man der SS begegnen.[5]

Sein Versuch korrespondierte mit jenem Hannah Arendts, die in ihrem 1964 auf deutsch erschienenen Buch *Eichmann in Jerusalem* die Frage nach der „Banalität der Bösen" aufwarf und damit ähnlich leidenschaftliche Diskussionen entfachte. In den Auseinandersetzungen um ihr Werk erkannte Hannah Arendt Parallelen zu dem „in vielem ähnlich gelagerten Streit um Hochhuths 'Stellvertreter'".[6] Ähnlich sah das auch Rolf Hochhuth, denn er betonte, er habe mit „Jaspers, aber auch mit Hannah Arendt ... keine andere Frage intensiver diskutiert als die nach der Mithaftung des einzelnen in unserem Zeitalter der Verantwortungsflucht ... die man 'Befehlsnotstand' taufte".[7]

Die 1906 in Hannover geborene und als Jüdin 1933 in die Emigration getriebene Hannah Arendt und der am 1. April 1931 in Eschwege geborene Rolf Hochhuth, Sitzenbleiber und Schulabbrecher („da ich Schriftsteller werde, brauche ich kein Abitur"[8]) – beide entsprechen in ihrem politischen Engagement so gar nicht einem Bild, das über Autoren aus deutschen Landen im Umlauf ist und das einst Germaine de Stael-Holstein so formuliert hat: „Die aufgeklärten Köpfe Deutschlands machen einander mit größtem Eifer die Domäne des Geistes streitig und dulden diesbezüglich keine Fessel; hingegen überlassen sie den irdischen Machthabern willfährig die ganze Wirklichkeit des Lebens (...). Der Geist der Deutschen und ihr Charakter scheinen verbindungslos zu sein: Der eine duldet keine Schranken, der andere fügt sich jedem Joch, der eine ist äußerst tatkräftig, der andere äußerst zurückhaltend; kurzum, die Aufklärung des einen verleiht dem anderen nur selten Kraft."[9] Ein Bekenner wie Hochhuth hätte ob seiner ständigen Einmischungen in politische und gesellschaftliche Vorgänge vermutlich die Bewunderung, mindestens aber den Respekt der Madame de Stael gefunden: „Und Geschichte, das ist mir fast der Teil des Lebens, der darstellenswert ist: unpolitisch sind fünf oder sieben Liebesgedichte, die ich veröffentlicht habe, sonst nichts. So wird es, fürchte ich, bleiben."[10]

*

Der Schriftsteller ist die Machtlosigkeit in Person: Nicht, was er schreibt, sondern wo er es unterbringt, entscheidet darüber, ob er gehört wird. Nachweislich – denn es wurde ja bei anderen Intendanten probiert – nachweislich verdanke ich dem Zufall, daß Piscator nicht mit 69, sondern mit 72 starb, daß der *'Stellvertreter'* inszeniert wurde.[11]

Hochhuth unterstreicht im selben Text diese Auffassung, wenn er Machtlosigkeit als die Funktion einer Abhängigkeit beschreibt, der jeder Autor Tribut zu entrichten hat:

Abhängig sein – *das* vielmehr ist problematisch: und welcher Schriftsteller wäre es nicht! In der Tat: es ist das Hauptproblem jedes Autors, wenn er absieht von der Problematik, die ihn überhaupt produktiv macht. Denn was ist das Stimmchen eines Schriftstellers, gemessen an der Stimme einer Zeitung, die schon deshalb das letzte Wort gegen ihn behält, weil sie auch morgen noch erscheint, dem Autor jedoch übermorgen die Fortsetzung der Diskussion nicht genehmigt?[12]

Unbeschadet dessen, daß beileibe nicht nur Autoren, sondern ausnahmslos alle Menschen in einem Geflecht von Abhängigkeiten leben – Rousseau hat das in seinem 1762 in Paris erschienenen *Contrat Social* mit dem Satz „Der Mensch wird frei geboren, und überall ist er in Ketten"[13] auf den Begriff gebracht –, machtlos ist ein Schriftsteller allemal, da Macht in der Regel von Gruppen ausgeübt wird.[14] Das scheint Hochhuth auch zu behagen, fungiert die Machtlosigkeit doch als das entscheidende Unterpfand eines kritischen Verstandes: „Parteimitglied zu sein ist mir schwer vorstellbar. Ich weiß nicht, wie man schreiben – und das heißt ja ... nun weitgehend: wie man kritisieren – und gleichzeitig mit der herrschenden, gar mit der uneingeschränkt herrschenden Macht und Meinung konform sein kann."[15] Als Autor hegt er keinen Zweifel, warum er der Macht und schon gar der Übermacht mißtraut: „Daß aber wie Mut zu Übermut die Macht zur Übermacht sich verhält, dessen bin ich gewiß, und ich denke, kein Schriftsteller dürfte jemals einem dazu verhelfen, übermächtig, übermütig zu werden, schon deshalb nicht, weil bekanntlich immer die Freiheit des Wortes, von der wir doch leben, dann zuerst verlorengeht."[16] Aus dieser Einsicht, die im übrigen sein großer Kollege Heinrich Böll nahezu wortgleich formulierte,[17] wächst im Umkehrschluß die Verpflichtung, bei gebotenem Anlaß in Belange von öffentlichem Interesse einzugreifen, weil, wie wiederum Heinrich Böll meinte, „Einmischung die einzige Möglichkeit ist, realistisch zu bleiben".[18] Es sei dahingestellt, ob „Autoren...geborene Einmischer (sind)",[19] Hochhuth jedenfalls hat solche Aktivitäten zumindest implizit für sich und seine Arbeit reklamiert.

Mag er als Autor auch machtlos sein – erfolglos sind seine Einmischungen ganz gewiß nicht gewesen. Der Kritiker Gert Ueding hob als Hochhuths „wirklich epochale Leistung" hervor, dieser habe „die dramatische Literatur wieder zu einer öffentlichen Angelegenheit gemacht, die sie bei den griechischen Tragikern ebenso wie bei den großen Aufklärern, bei Voltaire oder Lessing und Schiller, gewesen ist"[20]; Siegfried Lenz bescheinigte Hochhuth ohne Umschweife: „Ich weiß keinen anderen schreibenden Kollegen, der durch seine Arbeit so viel bewegt und im Bewußtsein so viel verändert hat wie Rolf Hochhuth. Als Störer des schlimmen Einvernehmens hat er, glaube ich, auch ganz konkret mehr bewirkt als die meisten von unserer Generation."[21] Bewirkt hat er in der Tat mehr, als es den meisten seiner Kolleginnen und Kollegen vergönnt war und ist: Wer kann sich schon rühmen, mit dem beim katholischen Klerus ja immer noch umstrittenen *Stellvertreter* seinerzeit die erste Auslandsreise von Papst Paul VI. in das „Heilige Land" veranlaßt zu haben, bei der sich der Pontifex Maximus offenbar gezwungen sah, sich explizit zu Rolf Hochhuth zu äußern?[22] Wer darf für sich in Anspruch nehmen, durch ein weiteres Stück, den Piscators Andenken gewidmeten *Soldaten*, für die Abschaffung einer alten, ehrwürdigen britischen Institution, nämlich der Theaterzensur, verantwortlich zu sein?[23] Wem ist es gelungen, durch ein weiteres Stück, nämlich *Die Hebamme*, in der sich Sophie, „eine heilige Johanna der Barackenslums",[24] unermüdlich für ihre Schutzbefohlenen einsetzt, unmittelbar zu kommunalpolitischen Aktivitäten für eine vergleichbare Klientel in Form von Neubauten in Kassel und Kiel animiert zu haben? Und schließlich: Wer darf es sich zugute halten, mit einem einzigen Satz – dem von dem „furchtbaren Juristen" Hans Filbinger[25] – Anlaß für den Rücktritt eines deutschen Ministerpräsidenten gegeben zu haben? Wie wenig andere hat sich Hochhuth bemüht, das Wirken deutscher Juristen im „Dritten Reich" in das Visier der Öffentlichkeit zu zerren – und das nicht nur durch seine Auseinandersetzung mit Filbinger, sondern auch durch sein Stück *Juristen*, das 1980 in Hamburg uraufgeführt worden ist;[26] daß er in einer ein Jahrzehnt später erschienenen Studie über die betroffene deutsche Richterschaft mit keinem Wort erwähnt wird, zeugt von einer beeindruckenden Ignoranz.[27]

Der Meinungskampf um Hochhuths erstes Stück machte für lange Zeit den Frontverlauf im Feld der politischen Kultur deutlich. Auf der einen Seite erhielt Hochhuth eine Vielzahl von Dankschreiben; Ulrich Sonnemann meinte, das Recht überhaupt noch Hoffnung in die deutsche Gesellschaft zu setzen, bemesse sich von nun an nach der Zahl der Aufführungen von *Der Stellvertreter*; „Geschichte", so Martin Walser, „sollte man von jetzt an füglich Hochhuth überlassen."[28] Auf der anderen Seite erklärt der Präsident des ZK der Deutschen Katholiken, Karl Fürst zu Löwenstein: „Die Deutschen Katholiken können nur traurig und beschämt davon Kenntnis nehmen, daß im freien Westberlin ein Theaterstück ‚Der Stellvertreter' aufgeführt wird, in dem das Andenken Papst Pius XII., dessen wir in größter Liebe und Verehrung gedenken, auf das häßlichste verunglimpft wird. Unter dem Vorwand historischer Untersuchung darüber, ob der päpstliche Stuhl während des Krieges noch mehr gegen die deutschen Greueltaten am europäischen Judentum hätte unternehmen können, ohne erst recht die radikalsten Maßnahmen auszulösen [sic!], wird mit allen Mitteln der Bühnentechnik die Person und der Charakter des Papstes verzerrt und verleumdet, bis aus schwarz weiß wird!"[29] Ähnlich äußerte sich für die Bundesregierung der Außenminister Gerhard Schröder in der Beantwortung einer Kleinen Anfrage im Mai 1963;[30] und noch 1988 verlor im bayerischen Ottobrunn der Kulturreferent seinen Posten, weil er es gewagt hatte, das Stück spielen lassen zu wollen.[31]

*

Die Geburt des Schriftstellers Rolf Hochhuth vollzog sich eigener Einlassung zufolge aus dem Geiste einer schrecklichen Katastrophe.

Vergessen Sie einen Namen nicht, der in *allem*, was ich schrieb (außer in der Lyrik) vorkam ... die schaudervollste Vaterfigur, die denkbar ist: Mein Vater heißt Hitler. Für mich, den ehemaligen Pimpf in Hitlers 'Jungvolk', den Schwiegersohn einer von Hitler Enthaupteten, den jugendlichen Augenzeugen vom Abtransport der Juden – für mich liegt die Auseinandersetzung mit Hitler allem zugrunde, was ich schrieb und schreibe.[32]

Hitler also, der „Installateur von Auschwitz",[33] war ursächlich für Hochhuths Geschichtsinteresse, denn: „Nichts anderes hat mich annähernd derart problematisiert, wie die Geschichte, die ich nicht verstehe. Verstehen Sie – wenn Sie etwa an die in Auschwitz und Dresden durch Verbrennungstod 'Gerichteten' denken – noch den Satz: „'Die Weltgeschichte ist das Weltgericht' aus Schillers 'Resignation'? Und dieses Gefühl hilfloser Unzulänglichkeit, meiner persönlichen und der meines Volkes, gegenüber der Geschichte, traf mich wie ein Erdbeben zuerst in jenen Jahren, in denen bei jedermann die Weichen überhaupt für das Leben gestellt werden – in meiner Pubertät, wo man noch ein ungeschriebenes Blatt ist, empfänglicher, prägsamer für große Eindrücke als früher und später."[34] Ergo liegt das entscheidende Kriterium für die Wahl eines Stoffes und seiner Aufbereitung darin begründet, ob „es mich selber problematisiert und verunsichert und aufregt. Ich könnte mich mit einem Thema, das ich nicht selber problematisch finde, wirklich nicht länger als acht Tage herumplagen".[35]
Die Empörung über vergangene wie gegenwärtige Zustände, die die Unantastbarkeit des menschlichen Lebens und der Menschenwürde ebenso wie den Respekt vor den Menschenrechten vermissen lassen, ist das entscheiden-

de Agens, das den Dramatiker, Essayisten und Lyriker zu seinen Produktionen drängt. Für Hochhuth ist es selbstverständlich, daß die „Darstellung geschichtlicher Ereignisse, wenn sie wahr, also tendenzfrei geschieht, (...) immer Aufklärung (ist)".[36] Der Anspruch, historische Geschehnisse sollten „sine ira et studio", also objektiv, wertfrei und wahr beschrieben werden, ist seit Tacitus, also seit dem 2. Jahrhundert nach Christus, e i n e Maxime der Geschichtswissenschaft. Doch Hochhuth mißtraut diesem hehren Ziel und sieht in Historikern „meist pathologische Besserwisser, die alles abstreiten, was nicht schriftlich überliefert ist".[37] Genüßlich zitiert er Schopenhauer,[38] demzufolge „die Geschichtsmuse Klio mit der Lüge so durch und durch inficiert ist, wie eine Gassenhure mit der Syphilis".[39] Man mag es in diesem Kontext als eine der bei Hochhuth nicht selten zu findenden Ungereimtheiten betrachten, wenn er Jacob Burckhardt, der als Klassiker wissenschaftlicher historischer Prosa gilt, als just jene Person bezeichnet, „der mich nachhaltiger programmiert hat als jeder – als jeder – andere Autor". Von ihm habe er den Gedanken übernommen, Geschichte handele stets „vom einzig bleibenden und für uns möglichem Zentrum, von duldenden, strebenden und handelnden Menschen, wie er ist und immer war und sein wird"[40] und kenne „im großen kein Gut und Böse, sondern nur ein So oder Anders".[41] Jedenfalls verwundert es deshalb kaum, wenn er seinem Verleger Heinrich Maria Ledig-Rowohlt, der ihn verdächtigt, noch ganz vormarxistisch an den einzelnen Mann, der Geschichte macht zu glauben, antwortet: „Glauben tue ich nicht an ihn, ich sehe nur, es gibt ihn wie eh und je."[42] So sieht er die „wesentliche Aufgabe des Dramas" darin, „darauf zu bestehen, daß der Mensch ein verantwortliches Wesen ist."[43] Gewiß hätte Eugen Kogon zugestimmt. „Befehl? Zwang? Terror? Nein! Die Gebote des höchsten sittlichen Kodex kann kein Himmler und kein Hitler über den Haufen kommandieren."[44]

Die Menschen dürfen also niemals zu einem bloßen Mittel vermeintlich höherer Zwecke degradiert werden; sie sind selbst – oder sollten doch sein – das Ziel aller humanen Handlungen: Kant läßt grüßen.

In seinem Aufsatz *Wellen: Ist Geschichte Naturgeschichte?*, dem Hochhuth ein für sein ganzes Werk geltendes Motto aus seinem Monolog *Effis Nacht* voranstellt,[45] notiert er:

Und da der Mensch das Maß aller Dinge ist (...) – so ist die menschlichste aller Willensäußerungen, eben der Akt, auch Maßstab seines Willens überhaupt, also auch dessen, der Geschichte macht – ein unbewußter, nämlich naturgebundener, leider viel öfter als ein rationaler ... Geschichte jedenfalls ist insofern identisch mit dem Akt, als sie

Aktion um ihrer selbst willen ist, nicht mit dem Ziel – sie hat keines –, doch mit dem Resultat des Potenzverschleißes, des Energie-Abbaus, wie ihn das Meer erst nach dem Sturm, wie unsre Weltkriege ihn erst mit dem Waffenstillstand 'erreichen' – deshalb 'erreichen' in Anführungsstrichen, weil *zumeist* ja nichts erreicht wurde; zuweilen – zugegeben – aber doch ein Ziel auf Zeit, zum Beispiel die Befreiung Europas von der braunen Pest, der deutschen Hitleritis, ein sehr großen Ziel, das *der* Generation, die dafür kämpfte und starb sogar eine – im historischen Sinne – unsterbliche Lebensaufgabe zugewiesen hatte.[46]

Ohne auf die in diesen Sätzen steckenden Widersprüche eingehen zu wollen – wenn es wie immer geartete temporäre Ziele in der Geschichte geben sollte, dann ließe diese sich ja durchaus als die Gesamtheit solcher gegebenenfalls konträren Ziele verstehen und hätte dann eben doch einen Sinn – Hochhuth insistiert: „Auf die Geschichte trifft erstens zu, daß bis heute niemand eine Standortbestimmung für ihre Transzendenz vorzunehmen vermochte; und daß – zweitens – ihr 'Stoffliches' auch ohne ideelle Transparenz niemals langweilig ist, denn ihr – in Anführungsstriche – 'Stoff' ist ... der duldende und handelnde Mensch."[47]

Hat Geschichte auch keinen erkennbaren Sinn, eine Obliegenheit hat sie doch: „ ... Potenzverschleiß (ist) einzige konstante Aufgabe der Geschichte (...). Was wechselt, und zwar mit jeder Generation wechselt, ist allein die jeweilige Zielsetzung, das, was jeweils eine Generation – meist im Widerspruch zu der vorangegangenen und zu der ihr folgenden – als *ihr* Ziel ernst nimmt. Sie benötigt es, um sich für seine 'Erreichung' zu verschleißen. Dieses sich Verschleißen ist ihre Lebensaufgabe." Und weiter: „Denn Beschäftigungstherapie, die zum Tode führt, ist Geschichte."[48] Und wie zur Bestätigung seines Satzes – „ ... ich muß aber gestehen, daß ich in den bald dreißig Jahren seitdem nur meine Kenntnisse erweitert – nicht aber meine Sicht verändert habe auf den 'Menschen inmitten der Geschichte'"[49], hat er 25 Jahre zuvor bereits geschrieben: „ ... Beschäftigungstherapie, die jeweils eine Generation, auch Staaten, auch Völker, zum Tode führt, *ist* der Zweck der Geschichte; daß sie über diesen Zweck hinaus auch einen *Sinn* habe, ist zwar oft behauptet, aber niemals belegt worden (...)."[50]

Mit Hochhuth läßt sich seine Geschichtsauffassung so wiedergeben, wie er es in seinem Gedicht *Geschichte ist Naturgeschichte* – man sieht, das in dem angeführten Aufsatz noch vorhandene Fragezeichen ist entfallen – getan hat und in dem es unter anderem heißt: „Organismen, so auch Menschen, leben nur/ um sich 'aus'-zuleben: Als Spiel der Natur!/ Leben dem Auf- und Abbau ihrer Energien./ Denn Beschäftigungstherapien/ Geschichte genannt –, sind das Wechselspiel,/ das zum Tode führt, doch zu keinem

Ziel./ Geschichte hat keins, hat nur ein Ende:/ wie Einzelne so auch Völker und Kontinente."[51]

*

In seiner Geschwister-Scholl-Rede vom 13. November 1980 unterstrich er: „Die Beispielhaftigkeit dieser einzelnen, gerade auch der Namenlosen ist es, die Geschichte überliefernswert macht. Denn Geschichte lebt nicht dank ihrer Auslegung durch Philosophen und Dichter und Theologen, sondern par existence. Denn nur einzelne in ihr sind sichtbar, auch wenn das Schicksal der vielen in ihr kein gnädigeres ist: Geschichte lebt durch das *Bild*, das Menschen in ihr hinterlassen haben."[52] Die Bilder aber, die Menschen hinterlassen, müssen immer neu restauriert, gemalt, gestaltet oder konfiguriert werden, um überhaupt ein Bild vom Menschen gewinnen zu können – eine Aufgabe, die laut Schopenhauer die Kunst am besten zu erfüllen vermag. „Wenn man betrachtet, wie ... die Poesie ... zu ihrem jedesmaligen Thema ein INDIVIDUUM (nimmt), um solches, mit allen Eigenthümlichkeiten seiner Einzelnheit, bis auf die geringfügigsten herab, mit sorgfältigster Genauigkeit, uns darzustellen; und wenn man dann zurücksieht auf die Wissenschaften, die mittels der BEGRIFFE arbeiten ..., so könnte, bei dieser Betrachtung, das Treiben der Kunst uns ... fast kindisch vorkommen. Allein das Wesen der Kunst bringt es mit sich, daß ihr Ein Fall für Tausende gilt, indem was sie durch jene sorgfältige und ins Einzelne gehende Darstellung des Individuums beabsichtigt, die Offenbarung der IDEE seiner Gattung ist; so daß z. B. ein Vorgang, eine Scene des Menschenlebens, richtig und vollständig, also mit genauer Darstellung der darin verwickelten Individuen, geschildert, die Idee der Menschheit selbst ... zur deutlichen und tiefen Erkenntniß bringt."[53]

Den Menschen als ein verantwortliches Wesen zu zeigen, „die einzelne Figur auf das hin zu erforschen, was typisch ist an ihr und worin sie sich nicht von ihrem Urgroßvater oder Enkel unterscheidet; im Politisch-Gegenwärtigen nur aufzugreifen, was früher schon sich ereignet hat, und im Historischen das zu suchen, was immer wiederkehrt, wenn auch in anderen Erscheinungen, Regionen, Gewändern, Größenordnungen"[54] – darin erkennt Hochhuth das zentrale Arbeitsgebiet des politischen Stückeschreibers, der zugleich zu berücksichtigen hat, daß „Geschichte ... dramatisch statt museal nur dort (ist), wo sie die Bedrohung des Menschen durch den Menschen *heute* demonstriert".[55]
Und Hochhuth weiter: „Daß politische Dramen verboten werden, seit es sie gibt, ist nicht nur ein Nachweis ihrer Unentbehrlichkeit, sondern das einzige

Kriterium für ihren Wahrheitsgehalt, ohne den sie nichts weiter wären als politische Propaganda."[56] Deshalb muß der politische Autor seinen Raum, die Bühne, gegen die Betätigungsfelder der Politiker abgrenzen – und das gelingt ihm nur dann, wenn „er moralisch, nicht politisch argumentiert".[57] Daraus leitet Hochhuth den Schluß ab: „Politisches Theater kann nicht die Aufgabe haben, die Wirklichkeit – die ja stets politisch ist – zu *reproduzieren*, sondern hat ihr entgegenzutreten durch die *Projektion* einer neuen."[58] Hochhuth präsentiert sich damit als ein Zoon politikon im Aristotelischen Sinne, also als ein sich in der Gesellschaft handelnd entfaltendes soziales Wesen, das, von (zeit)historischen Vorgängen gebeutelt und gekrümmt, zwar kein Ziel in der Geschichte zu erkennen vermag, das Graben in ihren Steinbrüchen und das Ackern auf ihren (Schlacht)Feldern aber für ebenso sinnvoll hält wie die Sichtung des in ihr agierenden Personals, um durch systematische und kritische Prüfung Themen und Sujets für seine moralisch ambitionierten, zumeist im dramatischen Gewand präsentierten politischen Projektionen zu gewinnen. Ist er damit auch der Souverän bei Stoffauswahl und ihrer Gestaltung, ist also, wie der von Hochhuth überaus geschätzte und mit zwei Arbeiten gewürdigte Gotthold Ephraim Lessing[59] es formuliert hat, der „Dichter ... Herr über die Geschichte", weil er „die Begebenheiten so nahe zusammenrücken (kann), als er will"?[60] Das verneint Hochhuth entschieden, denn er hat sich „immer als Knecht der Geschichte gefühlt" und sieht sich „auch als Autor wehrlos vor den geschichtlichen Ereignissen".[61] Eindringlich warnt er: „Willkür ist die Machtart der Dilettanten! Und wer die Geschichte aufschönt, den macht sie lächerlich (...). Der Autor soll Geschichte so weit wie unbedingt nötig vereinfachen (...). Aber nicht anders, als auch der Historiker kürzt, eine Auswahl zu treffen hat, als Erzähler gruppiert und komponiert!"[62] Mag das plötzliche Vertrauen in die ansonsten scharf kritisierte Zunft der Historiker auch ein wenig eigenartig anmuten – zu konstatieren bleibt: die Geschichte ist es, die ihrem Knecht Hochhuth gebietet, was er zu tun und was er zu lassen hat. Dem Status eines Subalternen zum Trotz und das geringe Sozialprestige nicht achtend, das Knechte allenthalben genossen – Schiller etwa fragte sich, wie man Knechte loben könne[63] und Heinrich Heine spottete in seinem Poem *An einen politischen Dichter*: „Der Knecht singt gern ein Freiheitslied/ Des Abends in der Schenke:/ Das fördert die Verdauungskraft,/ Und würzt die Getränke."[64] –: Hochhuth steht zu seiner Arbeit, zu der von ihm als Plackerei erfahrenen Tätigkeit, die Herbert Wehner, darin Hochhuth durchaus vergleichbar, so gern als Kärrnerdienst zu bezeichnen pflegte. Die Ackerei auf den (Geschichts)Feldern lohnt sich für ihn schon deshalb, weil sie ihm fundierte Kenntnisse vermittelt und ihn auf diese Weise in die Rolle eines Feld-Herrn schlüpfen läßt, vielleicht auch in die eines Feldschers, der möglicherweise das eine oder andere der von ihm diagnostizierten Wehwehchen zu kurieren vermag. Das meinte der Volksmund, als er die Weisheit „Welchen Knecht man ehret, der widerspricht oft seinem Herrn" kreierte und zugleich betonte: „Wer nie Knecht gewesen, kann auch kein guter Herr sein"[65]. Man kann es wenden, wie man will: als Dramatiker ist Hochhuth schon allein aufgrund der Tatsache, daß er es ist, der eine Auswahl aus den historischen Ereignissen trifft, denen er dann eine dramatische, essayistische oder sonstige Form verleiht, eben doch der Herr, zumindest der über s e i n Drama, denn eine nach welchen Kriterien auch immer gewonnene Auswahl bedeutet zwangsläufig Zuspitzung, Verknappung und Vernachlässigung – vermittelt wird mithin immer eine subjektive Sicht der Dinge, die nie objektiv sein kann und ergo immer debattenfähig ist. Auf diesen Sachverhalt hat Montaigne eindringlich hingewiesen: „Wenn das eigentliche Wesen der Dinge ... das Vermögen hätte, sich aus eigener Macht kundzutun. So würde sich alles gleich und auf einerlei Art bei allen kundtun (...). Aber die Vielfalt der Meinungen, die wir über die Dinge hegen, zeigt deutlich, daß sie nur bedingungsweise bei uns Aufnahme finden: der eine nimmt sie vielleicht in ihrer wahren inneren Bewandtnis in sich auf, aber tausend andere geben ihnen bei sich ein anderes und entgegengesetztes Wesen."[66]

*

Mögen Schriftsteller auch machtlos sein und nur über ihre jeweiligen Stimmchen verfügen, so hat Hochhuth ihnen doch eine hohe moralische Verantwortung zugewiesen, die da lautet: „Autoren müssen das schlechte Gewissen ihrer Nation artikulieren, weil die Politiker ein so gutes haben."[67] Ob den Schriftstellern tatsächlich eine solche Stellvertreter-Rolle zukommt, ist nicht nur unter den Berufskollegen höchst umstritten – zu notieren ist allemal, daß Hochhuth sie zumindest auf die Verteidigung der elementaren Menschenrechte festlegen möchte: „Ein Drama, das den Menschen als Individuum achtet, braucht über diese Achtung hinaus kein weiteres 'Engagement'."[68] Wenn er zudem schreibt, „nicht der Mensch, wohl aber die Menschheit" müsse „die einzige sinnvolle Aufgabe (...), für die sie lebt: das Ringen um die Verwirklichung der Freiheitsidee, ihr großartig tragisches Sisyphusspiel" wahrnehmen und daran die Forderung anschließt, „Wer schreibt, sollte mitwälzen an dem Stein",[69] dann vermittelt er seine Vorstellung vom Gewicht moralisch

definierter und politisch motivierter Eingriffe in die (Zeit)Geschichte – und übersieht geflissentlich, daß diese Ausführungen den Verdacht nahelegen, die Geschichte verfolge eben doch einen Zweck! Unbeschadet dieses Aporems legt Hochhuth nach: „Sisyphus ist keine mythische Figur, sondern die politisch vorbildlichste; schon das 'Verbrechen', das zu seiner Verurteilung führte, macht ihn unendlich sympathisch und gegenwärtig: die Lästerung des 'Herrn'! Politik fängst stets damit an, daß man gegen eine Autorität rebelliert; die Menschenwürde beginnt, wo man einem 'Herrn' sagt, daß man ihn nicht anerkennt."[70] Folgerichtig sieht Hochhuth „ein Kriterium, vielleicht das entscheidende für die Beurteilung von Machthabern" darin, „wie sie Minderheiten behandeln", wobei seiner Auffassung nach „Toleranz ... bei der Verteidigung von Gegnern, die zu schwach sind, es selber zu tun", beginnt.[71] Das Engagement eines Schriftstellers realisiert sich also in der Mitwirkung an der endlosen Steinwälzerei und es konkretisiert sich in dem ureigenen Metier des Autors, der Sprache. Das resultiert aus dem Wissen, „daß Politik mit Worten gemacht wird, daß es Worte sind, die den Menschen zum Gegenstand der Politik machen und ihn Geschichte erleiden lassen, Worte, die geredet, gedruckt werden, und es kommt aus dem Wissen, daß Meinungsbildung, Stimmungsmache sich immer des Wortes bedienen".[72] Diese von Heinrich Böll skizzierte Erfahrung teilt Hochhuth, auch ihm ist klar, „daß Wörter nicht nur benutzbar sind, nicht nur eine passive Rolle spielen – sondern daß sie Täter aktivieren können zum Bösen. Das Harmloseste, was man ihnen nachsagen muß: daß sie das bestgeeignete Vehikel sind, ein Problem erst zu verlagern, dann zu eskamotieren."[73] Hochhuth geht noch weiter: „Auf die Dauer werden Wörter mit allen Fakten fertig. Man darf nicht darauf hoffen (...), daß sie sehr besorgt sind um die Wahrheit und ihr zum Ausdruck verhelfen. Daß sie mächtiger als Fakten sind, ist logisch: sie können ohne Fakten bestehen, aber nicht umgekehrt. Kein Faktum kann überleben ohne das Wort, das es bewahrt. Meist hat das Faktum nicht einmal den Vorzug (...), daß überhaupt Wörter ihm Dauer geben."[74]
Wenn es die Wörter sind, mit denen Wirklichkeiten verschleiert, (Macht)Interessen versteckt, Absichten verborgen und Ziele verklausuliert werden, wenn also Weltanschauungen, religiöse Vorstellungen, Ideologien etc. darum ringen, die Menschen in ihren Bann und auf ihre Seite zu ziehen, um sie besser funktionalisieren und instrumentalisieren zu können – Hochhuth: „Sprache ist bekanntlich weniger 'Volksmund' als Herrschafts-Sprache"[75] –, so gilt es in erster Linie, sich mit den jeweiligen Sprachregelungen zu beschäftigen, denn: „Es gibt keinen Betrug, der nicht mit Sprachregelung

beginnt."[76] Der kritische Umgang mit Sprache ist also ebenso unabdingbar wie ein in jeder Hinsicht nonkonformistisches Verhalten – ein Grund, weshalb Hochhuth wie viele andere Autoren nicht als Parteigänger organisierter Interessen auftreten mag und kann; der andere leitet sich aus einem Sachverhalt ab, den Böll auf einen einfachen und schlichten Nenner gebracht hat: „Die einzige Pflicht eines Schriftstellers ist eine selbstgewählte, selbstauferlegte: zu schreiben. Und je engagierter er sich glaubt, fühlt, weiß, desto mehr sollte er nach Ausdruck suchen."[77] Das nicht nur, weil „Autor ... einer erst dann (ist), wenn er seinen unverwechselbaren Ton" gefunden hat,[78] sondern das vor allem deshalb, weil sich in der Sprache das Engagement eines Schriftstellers manifestiert, ein Engagement, das – wie Jean Améry zutreffend bemerkt hat – auf „das Engagement der anderen"[79], also der Hörer und Leser, abzielt. Das gilt für alle Formen der schriftstellerischen Produktion, mithin keineswegs nur für Werke, die einen belletristischen oder wie immer anderen artifiziellen Rang beanspruchen: „... an Aufsätzen und Pamphleten ist ja das Poetische gerade das Gefährliche, der sprachliche Ausdruck, der aus der politischen Routinesprache fällt."[80]

*

Rolf Hochhuth ist fraglos ein engagierter, aber eben auch ein enragierter Schriftsteller, der sehr darauf bedacht ist, das, was er mitzuteilen hat, nicht verlorengehen zu lassen; daß sein Vortragsprogramm mit Wiederholungen gespickt ist, scheint ihn wenig zu kümmern – er redet allemal Fraktur, er spricht weithin vernehmbar „aus vollem Herz mit lauter Stimme",[81] was ihm Häme zuhauf eingetragen hat: eine dieser Invektiven, immerhin von einem Sympathisanten überliefert, lautet „Schiller in kurzen Hosen".[82] Da Hochhuth es gewohnt ist, „Ohrfeigen und Fußtritte hinzunehmen oder auszuteilen",[83] dürften ihm solche Anwürfe wohl nur (noch) wenig ausmachen. Schmerzhafter könnte es da wohl sein, daß ausgerechnet er, der sich wegen seines Beitrags *Der Klassenkampf ist nicht zu Ende*[84] vom damaligen Bundeskanzler Ludwig Erhard als „der ganz kleine Pinscher (...), der in dümmster Weise kläfft"[85] beschimpfen lassen mußte und zudem zu den Autoren mit den politisch wirkungsvollsten Beiträgen gehört, in dem von Heinz Ludwig Arnold zum 50. Geburtstag der Bundesrepublik herausgegebenen Band nicht berücksichtigt worden ist.[86] Ein kaum nachzuvollziehender Widersinn, von dem man nur hoffen darf, daß er keine Methode hat. So oder so, Hochhuth gebührt Respekt!

Anmerkungen

1 Immanuel Kant, Grundlegung zur Metaphysik der Sitten, in: Ders.: Werke in zwölf Bänden, hrsg. von Wilhelm Weischedel, Bd. VII, Frankfurt 1968, S. 61.
2 Arthur Schopenhauer, „Über die Universitäts-Philosophie", in: Ders.: Werke in fünf Bänden. Nach den Ausgaben letzter Hand hrsg. von Ludger Lütkehaus, Band 4, Zürich 1988, S. 164
3 Vgl. dazu Sterzinsky contra 'Stellvertreter'. In: *Der Tagesspiegel* Nr. 16561 vom 30.12.1998, S. 21.
4 Erwin Piscator: Vorwort. In: Rolf Hochhuth, Der Stellvertreter. Ein christliches Trauerspiel. Reinbek 1997, S. 10. Dem Rowohlt Verlag bin ich zu herzlichem Dank verpflichtet, da er mir für diesen Beitrag alle erbetenen Werke von Rolf Hochhuth zur Verfügung gestellt hat.
5 Ebd., S. 160f.
6 Hannah Arendt: Eichmann in Jerusalem. Ein Bericht von der Banalität des Bösen. München 1964, S. 23.
7 Rolf Hochhuth: Tell 38. Dankrede für den Basler Kunstpreis 1976 am 2. Dezember in der Aula des Alten Museums. Anmerkungen und Dokumente. Reinbek 1979, S. 13.
8 Rolf Hochhuth: Ich: zwei autobiographische Skizzen. In: Ders.: Wellen. Artgenossen Zeitgenossen. Hausgenossen. Reinbek 1966, S. 237.
9 Madame de Stael: Über Deutschland. Hg. von Anna Mudry, Berlin 1989, S. 68f.
10 Rolf Hochhuth: Herr oder Knecht der Geschichte? Ein Interview. In: Ders.: Eingriff in die Zeitgeschichte. Essays zum Werk. Hg. von Walter Hinck, Reinbek 1981, S. 11f.
11 Rolf Hochhuth: Die Diskussion des Aufrufs zum Klassenkampf. In: Ders.: Krieg und Klassenkrieg. Reinbek 1971, S. 69.
12 Ebd., S. 65.
13 Jean-Jacques Rousseau: Der Gesellschaftsvertrag oder die Grundsätze des Staatsrechts. Hg. von Heinrich Weinstock, Stuttgart 1961, S. 30.
14 Vgl. Hannah Arendt: Macht und Gewalt. München 1970, S. 45.
15 Rolf Hochhuth: Brief an einen Kommunisten in der CSSR. In: Ders.: Krieg und Klassenkrieg (Anm. 11), S. 92.
16 Ebd.
17 Horst Bienek: Heinrich Böll. In: Ders.: Werkstattgespräche mit Schriftstellern. München 1965, S. 168ff., hier: S. 181; vgl. Hanno Beth: Trauer zu dritt und mehreren. Notizen zum politischen Publizisten Heinrich Böll. In: Ders. (Hg.): Heinrich Böll. Eine Einführung in das Gesamtwerk in Einzelinterpretationen, 2. Aufl., Königstein 1980, S. 187ff; Rolf Hochhuth: Vom Beruf des Schriftstellers. In: ders.: Spitze des Eisbergs. Notizen eines Zeitgenossen, hg. von Dietrich Simon, Reinbek 1994, S. 260.

18 Heinrich Böll: Einmischung erwünscht. In: Ders.: Einmischung erwünscht. Schriften zur Zeit. Köln 1977, S. 15.
19 Ebd.
20 Gert Ueding, zitiert nach der Rückseite des Bucheinbandes von Rolf Hochhuth: Inselkomödie, Reinbek 1993.
21 Siegfried Lenz, zitiert nach der Rückseite des Bucheinbandes von Rolf Hochhuth: Panik im Mai. Sämtliche Gedichte und Erzählungen. Reinbek 1991.
22 So jedenfalls Fritz J. Raddatz: Der utopische Pessimist. In: Rolf Hochhuth, Eingriff (Anm. 10), S. 33.
23 Vgl. dazu Rolf Hochhuth: Vom Beruf des Schriftstellers (Anm. 17), S. 280.
24 So Hans Schwab-Felisch: Hochhuths Ansturm gegen die Korruption. Uraufführung 'Die Hebamme' – Hochhuths erste Komödie in Essen und München. *Frankfurter Allgemeine Zeitung* vom 6.5.1972.
25 Rolf Hochhuth: Eine Liebe in Deutschland. Reinbek 1995, S. 62. Vgl. Hochhuth: 'Der Verurteilte erklärte nichts': Filbinger ermordet Gröger. In: Wellen (Anm. 8), S. 89ff. Dort heißt es: „Deutschen Soldaten gegenüber war Filbinger ein gefährlicherer Nazi als sogar Hitler!" (S. 97).
26 Rolf Hochhuth: Juristen. Drei Akte für sieben Spieler. Reinbek 1992.
27 Ralph Angermund: Deutsche Richterschaft 1919–1945. Krisenerfahrung, Illusion, politische Rechtsprechung. Frankfurt a.M. 1990.
28 Vgl. die Dokumentation von Fritz J. Raddatz (Hg.): Summa iniuria oder Durfte der Papst schweigen? Hochhuths „Stellvertreter" in der öffentlichen Kritik. Reinbek 1963.
29 Zitiert nach Wilfried F. Schoeller: Das Ärgernis des Schweigens. Der Meinungskampf um Hochhuths Papst-Stück „Der Stellvertreter". In: Georg M. Hafner/ Edmund Jacoby (Hg.): Die Skandale der Republik. Hamburg 1990, S. 86-93, hier S. 88f.
30 Bundestagsdrucksache IV/ 1221.
31 Vgl. Wilfried F. Schoeller: Das Ärgernis (Anm. 27), S. 92. – Vgl. Otto F. Riewoldt: 'Nimm ein Brechmittel, du, der du dies liesest.' Die katholische Reaktion auf Hochhuths 'Stellvertreter'. In: *Text + Kritik*. Heft 58, München 1978, S. 1ff.
32 Mein Vater heißt Hitler. Fritz J. Raddatz im Gespräch mit Rolf Hochhuth. In: *Die Zeit* Nr. 16 vom 9.4.1976, S. L 5.
33 Rolf Hochhuth: Vom Soldaten zum Berufsverbrecher. Brief an den Bundespräsidenten und Schirmherrn des Deutschen Roten Kreuzes. In: Ders.: Krieg und Klassenkrieg (Anm. 11), S. 113.
34 Rolf Hochhuth: Herr oder Knecht der Geschichte? (Anm. 10), S. 10
35 Ebd., S. 15.

36 Ebd., S. 10.
37 Rolf Hochhuth: Geschiedene. Lustspiel-Notizen. In: Ders.: Wellen (Anm. 8), S. 145.
38 Ebd. S. 59.
39 Arthur Schopenhauer: Vereinzelte, jedoch systematisch geordnete Gedanken über vielerlei Gegenstände. In: Ders.: Werke in fünf Bänden, hg. von Ludger Lütkehaus. Zürich 1988, Bd. 5, S. 393.
40 Rolf Hochhuth: Tell 38 (Anm. 7), S. 14.
41 Ebd., S. 16.
42 Rolf Hochhuth: Atlantik-Novelle. In: Ders.: Panik im Mai (Anm. 21), S. 229.
43 Rolf Hochhuth: Soll das Theater die heutige Welt darstellen? Antworten auf Fragen der Zeitschrift *Theater heute*. In: Ders.: Die Hebamme. Komödie. Erzählungen – Gedichte – Essays. Reinbek 1971, S. 319.
44 Eugen Kogon: Der SS-Staat. Das System der deutschen Konzentrationslager. München 1974, S. 400.
45 Rolf Hochhuth: Wellen (Anm. 8), S. 9; vgl. dazu Rolf Hochhuth: Effis Nacht. Monolog. Reinbek 1997, S. 82.
46 Rolf Hochhuth: Wellen (Anm. 8), S. 26f..
47 Ebd., S. 36.
48 Ebd., S. 20.
49 Rolf Hochhuth: Tell 38 (Anm. 5), S. 14.
50 Rolf Hochhuth: Der alte Mythos vom 'neuen' Menschen. Vorstudien zu einer Ethologie der Geschichte. In: Ders.: Die Hebamme (Anm. 43), S. 424.
51 Rolf Hochhuth: Wellen. Ist Geschichte Naturgeschichte? In: Wellen (Anm. 8), S. 187.
52 Rolf Hochhuth: Geschwister Scholl-Rede. In: Ders.: Räuber-Rede. Drei deutsche Entwürfe. Schiller/ Lessing/ Geschwister Scholl. Reinbek 1982, S. 214.
53 Schopenhauer, Gedanken (Anm. 39), S. 367f.
54 Rolf Hochhuth: An der Rampe. In: Ders.: Spitze des Eisbergs (Anm. 17), S. 235.
55 A.a.O., S. 235f.
56 A.a.O., S. 236.
57 Ebd.
58 Ebd..
59 Rolf Hochhuth: Aufblick zu Lessing. In: Ders.: Räuber-Rede. Drei deutsche Entwürfe (Anm. 52), S. 105ff. Vgl. Rolf Hochhuth: Lessing. In: Ders.: Täter und Denker. Profile und Probleme von Cäsar bis Jünger. Reinbek 1990, S. 224ff.
60 Gotthold Ephraim Lessing: Briefe, die neueste Literatur betreffend. Teil 4, 63. Brief. In: Ders.: Gesammelte Werke, hg. v. Wolfgang Stammler, Bd. 2, München 1985, S. 187.
61 Rolf Hochhuth: Herr oder Knecht der Geschichte? (Anm. 10), S. 12.

62 Ebd.
63 Vgl. Friedrich Schiller: Wallenstein (Wallensteins Lager). In: Ders.: Werke in drei Bänden, hg. von Herbert G. Göpfert, Band III, München 1966, S. 30.
64 Heinrich Heine: An einen politischen Dichter. In: Ders.: Sämtliche Schriften in zwölf Bänden, hg. von Klaus Briegleb, Band 7, Frankfurt a.M. 1981, S. 485.
65 Karl Friedrich Wilhelm Wander (Hg.): Deutsches Sprichwörter-Lexikon. Ein Hausschatz für das Deutsche Volk (1867), 2. Bd. Kettwig 1987, S. 1227, Nr. 126 und 139.
66 Michel de Montaigne: Essais. Auswahl und Übersetzung von Herbert Lüthy, Zürich o.J., S. 91.
67 Zitiert nach Dietrich Strothmann: Das schlechte Gewissen der Nation. Rolf Hochhuth benutzt das Theater als politische Anstalt. In: *Die Zeit* vom 20.10.1967.
68 Rolf Hochhuth: Soll das Theater die heutige Welt darstellen? (Anm. 43), S. 320.
69 Rolf Hochhuth: Brief an einen Kommunisten in der CSSR. In: Ders.: Krieg und Klassenkrieg (Anm. 11), S. 95.
70 Rolf Hochhuth: Der alte Mythos vom 'neuen' Menschen (Anm. 50), S. 400.
71 Rolf Hochhuth: Die Sprache der Sozialdemokraten, in: Ders.: Krieg und Klassenkrieg (Anm. 11), S. 135.
72 Heinrich Böll: „Die Sprache als Hort der Freiheit. Rede, gehalten anläßlich der Entgegennahme des Eduard-von-der Heydt-Preises der Stadt Wuppertal (1958). In: Ders.: „Erzählungen, Hörspiele, Aufsätze", Köln, Berlin 1961, S. 441.
73 Rolf Hochhuth: Als Nachwort ein Blick auf die Wörter. Zum Beispiel 'Endlösung' und 'wohnungsunwürdig'. In: Ders.: Die Hebamme (Anm. 43), S. 291.
74 Ebd., S. 292f.
75 Rolf Hochhuth: Ein Alphabet unseres Lebens. In: Ders.: Spitze des Eisbergs, (Anm. 17).
76 Ebd.
77 Heinrich Böll: Interview mit Marcel Reich-Ranicki. In: Ders.: Aufsätze, Kritiken, Reden. Köln, Berlin 1967, S. 502.
78 Rolf Hochhuth: An der Rampe. In: Ders.: Spitze des Eisbergs, (Anm. 17).
79 Jean Améry: Möglichkeiten des politischen Engagements für Nichtpolitiker. Über die Grenzen der formalen Demokratie. In: Hans Jürgen Schultz (Hg.): Politik für Nichtpolitiker. Ein ABC zur aktuellen Diskussion, Bd. 1, München 1972, S. 22.
80 Heinrich Böll: Ich han dem Mädche nix jedonn, ich han et bloß ens kräje. Dankrede zur Verleihung des Ehrenbürgerrechts der Stadt Köln am 29.4.83. In: Ders.: Ein- und Zusprüche. Schriften, Reden und Prosa 1981-1983. Köln 1984, S. 88.
81 Hanno Beth: Aus vollem Herz mit lauter Stimme. Über einige Motive der politischen Publizistik Rolf Hochhuths. In: *Text + Kritik* (Anm. 31), S. 51ff.
82 Fritz J. Raddatz: Der utopische Pessimist (Anm. 22), S. 35.

83 Rolf Hochhuth: Dankrede (Anm. 7), S. 7.
84 Rolf Hochhuth: Der Klassenkampf ist nicht zu Ende. In: Ders.: Krieg und Klassenkrieg. Reinbek 1971, S. 21ff.
85 Vaterland, Muttersprache. Deutsche Schriftsteller und ihr Staat seit 1945. Ein Nachlesebuch für die Oberstufe, zusammengestellt von Klaus Wagenbach, Winfried Stephan und Michael Krüger, Berlin 1979, S. 228.
86 Heinz Ludwig Arnold (Hg.): Einigkeit und aus Ruinen. Eine deutsche Anthologie. Frankfurt a.M. 1999.

Peter Jochen Winters

Bernd Naumann – Die Protokolle des Frankfurter Auschwitz-Prozesses

Der „Auschwitz-Prozeß", die Strafsache gegen Mulka und andere, vor dem Frankfurter Schwurgericht war nicht das erste und ist auch nicht das längste Strafverfahren vor deutschen Gerichten geblieben, das sich mit den von der nationalsozialistischen Führung des Deutschen Reiches geplanten, organisierten und „durchgeführten" Massenmorden nicht nur an den europäischen Juden zu befassen hatte. Dennoch nimmt dieser Prozeß, der am 20. Dezember 1963 mit 22 Angeklagten begann und nach 182 Verhandlungstagen am 19. August 1965 mit dem Urteil über die noch verbliebenen 20 Angeklagten endete, in der Aufarbeitung der nationalsozialistischen Vergangenheit in der Bundesrepublik Deutschland eine Sonderstellung ein. Es war „zweifellos der historisch-politisch bedeutsamste Versuch, dem verbrecherischen Geschehen im größten der nationalsozialistischen Konzentrations- und Vernichtungslager mit den Mitteln des Strafrechts beizukommen".[1] Die bundesdeutsche Justiz hat sich erst zwei Jahrzehnte nach Kriegsende mit Auschwitz beschäftigt, dieser nach den Worten des ersten Kommandanten von Auschwitz, Rudolf Höß, „größten Menschenvernichtungsanlage aller Zeiten". Das hat seinen Grund nicht zuletzt darin, daß die westalliierten Besatzungsmächte sich die Aburteilung nationalsozialistischer Gewaltverbrecher – vor allem solcher, die Verbrechen an Nichtdeutschen begangen hatten – zunächst selber vorbehielten. Deutsche Gerichte waren bis 1950 nur für solche Straftaten zuständig, die Deutsche an Deutschen auf dem Boden Deutschlands in den Grenzen von 1937 begangen hatten. Verbrechen in den Vernichtungslagern und durch die Einsatzgruppen im Osten waren für die deutsche Justiz tabu. Diese Regelung wurde erst – nach der Gründung der Bundesrepublik Deutschland – durch das Gesetz Nummer 13 der Alliierten Hohen Kommission vom 25. November 1949 beseitigt. Es übertrug den deutschen Gerichten die Zuständigkeit für alle Verfahren wegen nationalsozialistischer Tötungsverbrechen. Die deutsche Justiz hatte jedoch kaum Interesse, ihre neu gewonnene Zuständigkeit zur rechtsstaatlichen Aufarbeitung der nationalsozialistischen Vergangenheit einzusetzen. Zudem glaubte man damals, die Alliierten, die über die einschlägigen Dokumente verfügten, hätten die Sache bereits erledigt – und mehr als die Siegermächte brauche man auch nicht zu tun.

Daß der Frankfurter Auschwitz-Prozeß überhaupt und in dieser Form stattfinden konnte, ist mehreren Zufällen und nicht zuletzt dem damaligen hessischen Generalstaatsanwalt Fritz Bauer (1903-1968) zu danken. Einen wichtigen Beitrag zum Zustandekommen des Prozesses leistete auch die Ende 1958 ins Leben gerufene „Zentrale Stelle der Landesjustizverwaltungen zur Verfolgung nationalsozialistischer Gewaltverbrechen" in Ludwigsburg. Deren Auftrag ist die Aufklärung von NS-Verbrechen, für die im Bundesgebiet kein Gerichtsstand des Tatorts gegeben ist und die im Zusammenhang mit den Kriegsereignissen gegenüber Zivilpersonen außerhalb der eigentlichen Kriegshandlungen durch die „Einsatzkommandos", in Konzentrations- und Vernichtungslagern begangen wurden. In Ludwigsburg werden seitdem „Verbrechenskomplexe" bearbeitet, die zur Anklageerhebung an die zuständigen Staatsanwaltschaften abgegeben werden. Anstoß zur Gründung der Ludwigsburger Zentralstelle war einmal die Tatsache, daß 1960 der Eintritt der Verjährung für alle vor 1945 begangenen Verbrechen außer Mord und Beihilfe zum Mord – also auch für Totschlag – bevorstand. Zum anderen war in dem durch einen Zufall zustandegekommenen Einsatzgruppenprozeß vor dem Ulmer Schwurgericht im Frühjahr und Sommer 1958 ein seit den Nürnberger Kriegsverbrecherprozessen der Alliierten im öffentlichen Bewußtsein verdrängter Komplex nationalsozialistischer Massenverbrechen sichtbar geworden, der nach systematischer Aufklärung verlangte.

Generalstaatsanwalt Bauer und die Ludwigsburger Zentralstelle wirkten damals gegen den Geist der Zeit. Eine neue Welle von KZ- und SS-Prozessen werde dem Ansehen des deutschen Volkes im Ausland schaden, man solle die Vergangenheit endlich ruhen lassen, meinten viele, sprachen von „Nestbeschmutzung" und riefen nach Schlußstrich und Generalamnestie. Die damals junge Generation aber begann Fragen an die Väter zu stellen: Was habt ihr damals getan? Wie konnte so etwas geschehen? Wie konnten brave Bürger eines christlichen Landes dabei mitwirken, die Maschinerie des vom Staat befohlenen Massenmordens aufzubauen, in Gang zu setzen und am Laufen zu halten? Was brachte ihr Gewissen zum Schweigen, wenn Menschen wie Ungeziefer planmäßig vernichtet wurden? So gesehen kam der Frankfurter Auschwitz-Prozeß, der die Motivationen und die Schuld der Täter, die Leiden der Opfer und das Grauen der perfektesten Mordmaschinerie auf so beklemmende Weise deutlich machte, zur rechten Zeit. Der Frankfurter Auschwitz-Prozeß war kein politischer Prozeß und schon gar kein Schauprozeß, er war tatsächlich nur ein Strafverfahren, in dem die individuelle Schuld von „Mulka und anderen" festgestellt und nach den Vorschriften des Strafgesetzbuches beurteilt wurde. Dennoch hatte er weitgehende gesellschaftspolitische Folgen. Er verhinderte, daß Vergangenheit weiterhin verdrängt und dadurch die Zukunft belastet wurde. Vergangenheit vergeht nicht, sondern wird wieder lebendig, wenn man sie verdrängt, sich ihr nicht stellt, sie nicht aufarbeitet.

Das Strafverfahren gegen Mulka und andere konnte diese Wirkung haben, zur Änderung des gesellschaftlichen Bewußtseins entscheidend beitragen, weil es von einer breiten internationalen und auch nationalen Berichterstattung begleitet wurde. Unter den deutschen Medien sticht vor allem die *Frankfurter Allgemeine Zeitung (F.A.Z.)* hervor. Ihre Berichterstattung mache „fast die Hälfte des Umfangs der einschlägigen Artikel in den vier untersuchten deutschen Zeitungen", *Die Welt, F.A.Z., Süddeutsche Zeitung* und *Frankfurter Rundschau*, aus, heißt es in der Studie *Holocaust und NS-Prozesse*[2]. Die Berichterstattung der *F.A.Z.*, die dem Auschwitz-Prozeß vom ersten bis zum letzten Tag gleichbleibende Aufmerksamkeit widmete, ist fast ausschließlich das Werk eines Journalisten: Bernd Naumann. In seiner Dissertation *Die Ahndung von NS-Verbrechen vor westdeutschen Gerichten und ihre Rezeption in der deutschen Öffentlichkeit* unter besonderer Berücksichtigung von zehn deutschen Tages- und Wochenzeitungen kommt Ulrich Kröger zu dem Schluß: „Der journalistische Höhepunkt der F.A.Z. ist zweifelsohne die Auschwitz-Berichterstattung von Bernd Naumann".[3]

Wer war dieser Bernd Naumann? Geboren wurde er am 24. September 1922 in Frankfurt am Main. „Nach dem Abitur vierjährige Beschäftigung im Zweiten Weltkrieg: in Rußland, im Lazarett und in amerikanischer Gefangenschaft" schrieb Naumann im Herbst 1970 in der Verlagsbroschüre *Sie redigieren und schreiben die Frankfurter Allgemeine Zeitung*. Das klingt so leichthin; doch – so erzählte Naumann – von seiner Klasse seien nur drei aus dem Krieg zurückgekehrt. Der hochgewachsene Naumann war ein lebenslustiger und vor allem ein sportlicher Mensch: Er betrieb im Frankfurter Sport Club 1880 Leichtathletik, wurde 1946 Deutscher Meister im Hochsprung und nahm einige Male an Länderkämpfen der deutschen Leichtathletik-Nationalmannschaft teil. An der Universität Frankfurt (Main) studierte er neue Sprachen und Philosophie, mußte das Studium aber abbrechen, als der Vater starb. Es zog ihn zum Journalismus, und bereits 1948 hatte er erste Berührungen mit dem Rundfunk und verschiedenen Zeitungen, für die er Glossen schrieb. Von 1949 bis 1953 war Naumann Redaktionsmitglied der *Neuen*

Zeitung. In dieser Zeit schrieb er vor allem Reportagen, von denen 1953 *Ein Leben hinter Gittern* einen ersten Preis im Wettbewerb deutscher Journalisten gewann. Im selben Jahr trat Bernd Naumann in die Redaktion der *Frankfurter Allgemeinen Zeitung* ein, wo er zunächst im Sportteil und in der Lokalredaktion arbeitete sowie Glossen, Kommentare und Reportagen schrieb. Später wechselte er in die Nachrichtenredaktion der Zeitung. Am 1. Januar 1963 wurde Naumann verantwortlicher Redakteur für das Ressort „Deutschland und die Welt", dessen bis heute unverwechselbaren Charakter er prägte. Neben Glossen und Reportagen pflegte er hier besonders die Prozeßberichterstattung. Mitte 1970 ging Bernd Naumann als Korrespondent der *F.A.Z.* für Südafrika nach Kapstadt. Am 23. August 1971 ist er, der ein begeisterter Autofahrer war, bei einem Unfall in der Nähe von Kapstadt ums Leben gekommen. Sein Wagen wurde bei starkem Regen aus einer Kurve getragen; Naumann wurde aus dem Fahrzeug geschleudert und erlag noch am Unfallort inneren Verletzungen. „Er hat kein leichtes Leben gehabt, und er hat sich das Leben nicht leicht gemacht, wenn er auch von der Anstrengung des Selbstbeherrschens nicht gern etwas herzeigte, nach außen eher das Bild eines lässig sportlichen Gentleman zu bieten suchte", schrieb der damalige Mitherausgeber der *F.A.Z.* Bruno Dechamps in einem Nachruf. „Das trug ihm gelegentlich den Vorwurf der Arroganz ein. Er hatte indes auch zu sich selbst kritische Distanz. Seine Ziele steckte er freilich hoch, und er verfolgte sie beharrlich."[4]

Der Gerichtsberichterstattung galt das besondere Interesse des Journalisten Bernd Naumann, seit der „philosophische Sportler" für Zeitungen zu schreiben begonnen hatte. Zusammen mit Paul Noack legte er 1961 unter dem Titel *Wer waren sie wirklich? Ein Blick hinter die Kulissen der elf interessantesten Prozesse der Nachkriegszeit* ein Buch vor, in dem die in den elf Prozessen behandelten Straftaten auch als Symptome der Zeit, der Gesellschaftsordnung gesehen wurden.[5] Unter den behandelten Strafverfahren befindet sich auch ein NS-Prozeß, der Prozeß gegen den Generalleutnant der Waffen-SS Max Simon als ein Beispiel für die Problematik der „unbewältigten Vergangenheit". Im April 1945 waren drei Bürger von Brettheim, einem württembergischen Dorf in der Nähe von Rothenburg ob der Tauber, „in die selbstherrliche Kriegsjustiz eines der zahllosen fliegenden Standgerichte des Waffen-SS-Generals Max Simon geraten", heißt es dort. Der Bauer Hanselmann hatte am 7. April mit Hilfe des Amtsdieners und anderer Dorfbewohner vier Hitlerjungen entwaffnet und davongejagt, „die sich vor dem Dorf Brettheim in ihren Kinderkrieg stürzen wollten". Nachts besetzte Waffen-SS das Dorf und drohte mit der Erschießung von sechs Bürgern, falls der Täter die Tat nicht gestehe. Hanselmann stellte sich, der Amtsdiener floh. Drei Tage später wurde Hanselmann nach einem Standgerichtsurteil erhängt, mit ihm der Bürgermeister von Brettheim, Gackstatter, und der NSDAP-Ortsgruppenleiter und Hauptlehrer Wolfmeyer, weil sie sich geweigert hatten, das Todesurteil zu unterzeichnen. Das Schwurgericht Ansbach hat Simon achteinhalb Jahre nach dem Geschehen von der Anklage des Mordes und der Rechtsbeugung freigesprochen, denn die Hingerichteten hätten sich materiell-rechtlich schuldig gemacht. Der Bundesgerichtshof gibt der Revision des Staatsanwalts statt. Im März 1958 beginnt der zweite Simon-Prozeß in Nürnberg, der abermals mit Freispruch endet. Wieder kommt die Sache vor den Bundesgerichtshof, der das freisprechende Urteil aufhebt. Die Verhängung der Todesstrafe habe „außer jedem Verhältnis zu einer etwa noch zu bejahenden Schuld gestanden". Am 24. Juli 1960 wird im dritten Prozeß vor dem Landgericht der SS-General Simon abermals freigesprochen. Ehe sich der Bundesgerichtshof erneut mit der Revison der Staatsanwaltschaft befassen kann, stirbt Simon im Februar 1961. In dem Buch von Noack und Naumann heißt es dazu:

> Ohne Anerkennung der Gehorsamspflicht zerfällt eine Armee. Aber ein Offizier, der blindwütigen Gehorsam verlangt, ist ein schlechter Soldat, denn er macht das soldatische Gehorsamsprinzip unglaubwürdig. Um äußerste Entscheidung zu fällen, bedarf es sittlicher Kraft, denn sie allein verleiht die Souveränität im einzelnen Fall und für den einzelnen Menschen die Wahrheit, das Richtige auszumachen. Die militärische Notwendigkeit darf nicht um des Prinzips willen zur Richtschnur genommen werden, falls das Prinzip im konkreten Fall nicht nur der Vernunft, sondern dem natürlichsten Empfinden hohnlacht. Wer meint, es genüge 'konsequent' zu sein, entleert das militärische Prinzip seines Sinnes. Wir Deutsche haben uns durch eine Scheinkonsequenz verführen lassen, als wir in die nationalsozialistische Perfektion marschiert sind. Der General der Waffen-SS sieht das alles nicht ein. Hat er nie begriffen, warum man ihn anzuklagen wagte? Glaubt er nun, nach so fatalem Freispruch, weiter felsenfest er sei im Recht? Es bleibt nur der Wunsch übrig, nie wieder möge seiner Art Kommandogewalt anvertraut werden.[6]

Bernd Naumann hatte Erfahrungen in der Gerichtsberichterstattung, und er hatte erlebt, wie in den fünfziger und beginnenden sechziger Jahren die deutsche Justiz mit der nationalsozialistischen Vergangenheit umging. So nimmt es nicht wunder, daß es für ihn nur eines geben konnte, als der Auschwitz-Prozeß vor dem Frankfurter Schwurgericht begann: ausführlich und so sachlich wie möglich darüber zu berichten. Es ging ihm um Berichterstattung, nicht um Kommentierung. Er wollte darstellen, was gewesen ist und wie es dazu kam. Bruno Dechamps hat in seinem Nachruf für Naumann zu Recht vermerkt, daß mit dem Auschwitz-Prozeß für Bernd Naumann ein neuer Abschnitt seines Lebens begann. „Das waren harte, umformende Jahre. Nicht etwa deshalb, weil es natürlich auch Feindschaft gegen diese kontinuierlich-exakte, an keinerlei Schonung denkende, vielmehr literarisch eindringliche Berichterstattung gab, die sich in zuweilen unflätigen Briefen an Zeitung und Autor entlud. Es war der Stoff selbst, der mit all seinem Grauen unter die Haut ging und doch unablässige Durchdringung und immer neue Mühe um die kritische, aber nicht abwehrende Distanz verlangte." Bruno Dechamps, der dies schrieb, gehörte der Redaktion der *F.A.Z.* seit 1956 an und wurde im Januar 1966 deren Mitherausgeber, gehörte dem Herausgeberkreis zur Zeit des Auschwitz-Prozesses also noch nicht an. Die *Frankfurter Allgemeine Zeitung* ist unabhängig und gehört keinem Verleger, sondern sozusagen sich selbst. Die ausschlaggebende Mehrheit der Geschäftsanteile an der Frankfurter Allgemeine Zeitung GmbH hält die „FAZIT-Stiftung Gemeinnützige Verlagsgesellschaft mbH". Diese Stiftung fördert Wissenschaft, Erziehung und Volksbildung. Ihr gemeinnütziger Charakter ist unwiderruflich. Die jeweiligen Herausgeber der *F.A.Z.* halten ebenfalls Geschäftsanteile, nehmen aber an der Gewinnausschüttung nicht teil. Die *F.A.Z.* hat keinen Chefredakteur. Vielmehr bestimmen seit ihrer Gründung die Herausgeber die politischen, wirtschaftlichen und kulturellen Richtlinien für die Redaktion. Sie sind Journalisten, die vor allem kommentierend in der Zeitung schreiben. Zur Zeit des Auschwitz-Prozesses hatte die *F.A.Z.* sechs Herausgeber: Hans Baumgarten (1900-1968), Jürgen Eick (1920-1990), Karl Korn (1908-1991), Benno Reifenberg (1892-1970), Jürgen Tern (1909-1975) und Erich Welter (1900-1982). Merkwürdigerweise hat sich keiner von ihnen zum Auschwitz-Prozeß in der Zeitung geäußert.

Die beiden Leitartikel, die zu Beginn und zum Ende des Auschwitz-Prozesses erschienen, wurden von dem Juristen Johann Georg Reißmüller (geboren 1932) verfaßt, seit 1961 Redaktionsmitglied der *F.A.Z.* und von 1974 bis 1999 einer ihrer Herausgeber. Zum Sinn des Auschwitz-Prozesses schrieb er zu dessen Beginn, Aufgabe der Strafjustiz sei es hier, dafür zu sorgen, daß dem Strafgesetz mit den Mitteln der Strafprozeßordnung Genüge geschehe, die Verbrechen von Auschwitz im Tatsächlichen und im Rechtlichen aufzuklären, die Täter zu finden, den Urteilsspruch vorzubereiten, den das Schwurgericht nach eben jenem strikten Gesetz fällen werde. „Wir leben in einem Rechtsstaat, der die Strafe für Verbrechen, nicht für das Verletzen der Moral oder gar einer politischen Maxime auferlegt, sondern der allein die Verletzung des Gesetzes mit Strafe ahnden darf." Das bedeute aber nicht, „daß wir uns davor drücken, den Untaten Auge in Auge gegenüberzutreten, die Deutsche an Opfern aus ihrem Volk und aus vielen anderen Völkern in Auschwitz begangen haben". Die breite Öffentlichkeit des Prozesses mache auch deutlich, „daß die Verfolgung der nationalsozialistischen Verbrechen bei uns nicht versteckt erfolgt". Reißmüller äußert sich auch zur Frage der Kollektivschuld und meint, zwar gebe es keine Kollektivschuld, rechtlich nicht und ebensowenig moralisch. Aber mit der Ablehnung einer Kollektivschuld sei noch nichts darüber gesagt, „ob nicht viele einzelne, vielleicht die Mehrheit der einzelnen, zumindest mit ihrer Gleichgültigkeit, mit ihrem geflisssentlichen Wegsehen, durch ihr Mittun den Boden mitbereitet haben, auf dem die Morde von Auschwitz geschehen konnten".[7] Zum Ende des Auschwitz-Prozesses schrieb Reißmüller: „Aber was ist es eigentlich, das hier zu Ende ging? Eine Abrechnung der zivilisierten Welt mit Hitlers Mordsystem? Eine politisch-moralische Lektion, gedacht für die Zeitgenossen von Auschwitz, die es in der Kunst des Verdrängens aus dem Bewußtsein weit brachten, und als abschreckendes Zeichen für die nachgewachsene Generation? Eine historische Untersuchung, bei der von lebenden Menschen in einem Saal Strich um Strich eines eng umgrenzten Kapitels deutscher Geschichte aufgezeichnet wurde? Der Wunsch drängt sich auf, daß der Auschwitz-Prozeß all das hätte sein können." Indessen habe der Prozeß das alles nur in begrenztem Maße leisten können. Ein Strafgericht in unserem freiheitlichen Rechtsstaat könne nichts anderes tun als feststellen, ob ein Beschuldigter eine bestimmte Straftat begangen habe, und, wenn ja, eine angemessene Strafe dafür suchen. Zu allem, was darüber hinausreiche, fehlten ihm die zuverlässigen Mittel. „Das allgemeine Tribunal, das rächt, erzieht, Furcht, Reue und Begeisterung erzwingt, das Vergangenheit und Gegenwart ausbreitet, dem Volk seinen Weg in die Zukunft weist — es ist ein Geschöpf des totalitären Staates, ein Stück von ihm. Einer freiheitlichen Ordnung muß es fremd sein."[8]

Bernd Naumann war kein Jurist. Aber er hat Zuspruch, Rat, Hilfe und Unterstützung für seinen Plan, ausführlich über den Auschwitz-Prozeß zu berichten, von einem der Zeitung nahestehenden Juristen erhalten. Der damals in einer Frankfurter Anwaltskanzlei unter anderem als Rechtsvertreter der *F.A.Z.* tätige Rechtsanwalt Hans-Wolfgang Pfeifer (geboren 1931), der sich selbst als einen „ziemlich treuen Gefolgsmann Fritz Bauers" bezeichnet und der fasziniert war von Bauers Bemühungen zur Aufarbeitung der deutschen Geschichte, hat damals mit Naumann oft zusammengesessen.[9] Ihm verdankte der Redakteur Naumann auch die persönlichen Kontakte zum Generalstaatsanwalt Fritz Bauer und zum Schwurgerichtsvorsitzenden Hans Hofmeyer.

Es gibt keinen Hinweis auf größere Widerstände in der F.A.Z. gegen Naumanns ausführliche Berichterstattung über den Auschwitz-Prozeß. Offensichtlich hat niemand ernsthaft versucht, Naumanns Arbeit zu verkürzen, geschweige denn zu verhindern. Die Protokolle der wöchentlichen Herausgebersitzung jedenfalls enthalten keinerlei Hinweise, daß vor dem Prozeß in diesem Kreis über Art, Umfang und Tenor der Berichterstattung über den Auschwitz-Prozeß diskutiert worden wäre. Erst am 7. Oktober 1964 haben sich die Herausgeber mit dem Thema befaßt und beschlossen, daß Naumann das Angebot eines Verlages annehmen könne, seine Berichterstattung über den Auschwitz-Prozeß als Buch herauszubringen. Zwar solle zum Ausdruck kommen, daß die Prozeßberichterstattung der F.A.Z. zugrundeliege, aber „als unzweckmäßig wird die Verwendung des Zeitungsnamens auf der Vorder- oder Rückseite des Schutzumschlages angesehen". Nur noch einmal haben sich die Herausgeber mit Naumanns Auschwitz-Berichterstattung befaßt und dabei offenbar auch kontrovers diskutiert. Im Protokoll der Herausgebersitzung vom 16. Dezember 1964 heißt es:

Die Berichterstattung über den Auschwitz-Prozeß ist Gegenstand einer lebhaften Diskussion. Kritisch wird unter anderem zum Ausdruck gebracht, daß die Überschriften mehrfach tendenziös gewesen seien, der Berichterstatter verschiedentlich zu sehr in die Länge und Breite gegangen sei und daß eine sachlichere Diktion wünschenswert wäre. Demgegenüber wurde auch darauf hingewiesen, daß die Berichterstattung über den Prozeß, da damit so umstrittene Fragen angerührt würden, zwar einerseits Ablehnung, aber andererseits auch viel Zustimmung gefunden habe, daß es sich hier überhaupt nicht um einen 'normalen' Strafprozeß handle und daß damit fast unvermeidlicherweise ein Element von Engagement in die Berichterstattung hineingerate. Die in der Erörterung hervorgetretenen Gesichtspunkte wird Herr Tern demnächst mit Herrn Naumann besprechen. Zu einem Bruch in der Berichterstattung soll es nicht kommen.

Tatsächlich ist es nicht zu einem Bruch in der F.A.Z.-Berichterstattung über den Auschwitz-Prozeß gekommen, in der Naumann von seinen Mitarbeitern Kurt Ernenputsch, Günther von Lojewski und Herbert Neumann unterstützt wurde, wenn er an einem Prozeßtag nicht teilnehmen konnte oder die Verhandlung sich bis spät in den Nachmittag hineinzog und Naumann in der Redaktion bereits den Bericht von der Vormittagsverhandlung schreiben mußte. Bernd Naumanns Berichterstattung ist vom ersten bis zum letzten Tag des Prozesses getragen von dem Willen nach unbedingter Sachlichkeit, rückhaltloser Aufklärung und Nüchternheit in der Darstellung, soweit das bei diesem „Prozeßstoff" möglich war. Daß hie und da auch Emotionen deutlich werden – etwa in dem Bericht über die Reise einer Abordnung der Prozeßbeteiligten nach Auschwitz[10] – ist selbstverständlich. Weite Passagen der Verhandlung – Stellungnahmen der Angeklagten, Aussagen der Zeugen, Dialoge zwischen dem Vorsitzenden Landgerichtsdirektor Hofmeyer (der während des Prozesses zum Senatspräsidenten befördert wurde), den beisitzenden und Ergänzungs-Richtern, Staatsanwälten und Verteidigern mit den Angeklagten und Zeugen, Opfern, die überlebt hatten und ehemaligen SS-Größen, die den Gerichtssaal unbehelligt verlassen konnten, weil sie sich auf eine Entscheidung der Alliierten berufen konnten – hat Naumann offensichtlich mitstenographiert und wörtlich überliefert. An nicht wenigen Tagen sprengt die Prozeß-Berichterstattung – die mit Ausnahme des Prozeßbeginns und der Urteilsverkündung ausschließlich auf den Seiten des Ressorts „Deutschland und die Welt" erschien –, was Länge und Ausführlichkeit anlangt, den bei Tageszeitungen üblichen Rahmen. Das zeigt jedoch, daß Naumann als Ressortleiter sich für seine Berichterstattung jenen Platz in der Zeitung nehmen konnte, den er für angemessen und erforderlich hielt. Es kann auch keinen Zweifel darüber geben, daß Naumann selbst die Überschriften für die Prozeß-Berichte machte. Mag auch mancher der Meinung gewesen sein, die Berichte gingen „zu sehr in die Länge und Breite" und einige Überschriften seien „tendenziös" gewesen — ganz offenkundig hat niemand in der *F.A.Z.* den Ressortleiter Bernd Naumann in seiner Arbeit in irgendeiner Weise behindert. Auch unflätige Beschimpfungen und Drohungen gegen den Berichterstatter, Kübel von Schmutz, die in Briefen an die Herausgeber über Naumann ausgegossen wurden, haben seine Berichterstattung über den Auschwitz-Prozeß nicht beeinflussen können.

Unter dem Titel *Auschwitz. Bericht über die Strafsache gegen Mulka und andere vor dem Schwurgericht Frankfurt* hat Bernd Naumann die Berichterstattung über den Auschwitz-Prozeß in der *F.A.Z.* 1965 in einem 552 Seiten starken Buch vorgelegt. Im Vorwort schreibt er:

Zwanzig Monate lang wurde ... nach der Wahrheit gesucht. Sie blieb Richtern und Geschworenen verschlossen, jedenfalls die ganze Wahrheit. Wo aber der Vorhang sich hob, den Blick freigab auf die Tragödie des Menschen, auf seine äußerste, kaum begreifbare Erniedrigung, stieg die Ahnung auf, daß dieser Prozeß sich von anderen Strafprozessen unterscheide (...). Die Akten der Strafsache 4 Ks 2/63 sind geschlossen, die Urteile der 1. Instanz gesprochen. In den Berichten dieses Buches wird deutlich, daß die verbrecherische Wirklichkeit, die Schuld von Auschwitz, und der Versuch später

Sühne nicht kommensurabel sind. Weder die Planer, die Gehilfen, die Mörder noch die Ermordeten können in einem ordentlichen Gericht des Rechtsstaates das Tribunal letzter Gerechtigkeit finden.[11]

Noch bevor der Frankfurter Auschwitz-Prozeß im August 1965 zu Ende ging, hatte der Dramatiker Peter Weiss (1916-1982) ein Bühnenstück mit dem Titel *Die Ermittlung – Oratorium in 11 Gesängen* vorgelegt, das in dem 1986 in Ost-Berlin erschienenen zweibändigen Schauspielführer als „eine aus Auszügen des Auschwitz-Prozesses zusammengestellte Montage" bezeichnet wird.[12] Das Stück ist erstmals im August 1965 im Sonderheft *Theater 1965* der Zeitschrift *Theater heute* erschienen und im gleichen Jahr als Buchausgabe im Suhrkamp Verlag.[13] In der Zeitschrift *der arbeitgeber* bemerkt Jürgen Heinrichsbauer unter der Überschrift *In Sachen Weiss und andere. Oder: Mißbrauch mit den Opfern des Grauens* der Klappentext des Suhrkamp Verlages sei „eine Anmaßung, denn nicht Weiss hat 'ermittelt', sondern das Gericht hat, durch die Feder des Berichterstatters der Frankfurter Allgemeinen Zeitung, Bernd Naumann, Weiss das Ergebnis seiner monatelangen, mühsamen Ermittlungsarbeit jeden Morgen frei Haus geliefert. Womit sich – beiläufig – Fragen nach dem geistigen Eigentum, nach dem Urheberrecht und danach stellen, wer für was honoriert wird."[14] Günther Rühle bemerkt anläßlich der Erstaufführung der *Ermittlung* in 16 deutschen Theatern in West und Ost am 19. Oktober 1965, ohne die ausführliche Berichterstattung der *F.A.Z.* sei *Die Ermittlung* von Peter Weiss nicht zu denken. „Eine Synopse könnte dartun, wieviel von den nur in diesem Blatt zitierten Dialogen aus der Verhandlung und wieviel von den eigenen Formulierungen des Redakteurs Bernd Naumann in den Weiss'schen Text eingegangen ist."[15] Die juristische Auseinandersetzung zwischen Naumann und der *F.A.Z.* auf der einen und Peter Weiss auf der anderen Seite endete ohne ein Gerichtsverfahren mit der folgenden Erklärung von Peter Weiss:

Da vom Frankfurter Auschwitz-Prozeß keine eigentlichen Gerichtsprotokolle vorliegen, war ich bei meiner Arbeit an der 'Ermittlung' neben meinen eigenen Notizen auf das Studium der Zeitungsberichte angewiesen. Vorbildlich wurde der Prozeß von der F.A.Z. überwacht, wie Bernd Naumann und seine Mitarbeiter ausführlich über jeden der 182 Verhandlungstage, oft bis in die Einzelheiten des Dialogs, Rapport ablegten. Da das Buch von Bernd Naumann ... über den Prozeß in diesen Tagen erscheint, möchte ich an dieser Stelle noch einmal darauf hinweisen, welch großen Wert das dort gesammelte Material für meine Arbeit bedeutete. Ich spreche Bernd Naumann meinen Dank aus und mache das Leserpublikum auf dieses wichtige Zeitdokument aufmerksam, in dem der Prozeß, der in meinem Oratorium als Konzentrat aufklingt, in der Reichhaltigkeit und Verschlungenheit der alltäglichen Verhandlungen beschrieben ist.[16]

Anmerkungen

1 Norbert Frei: Der Frankfurter Auschwitz-Prozeß und die deutsche Zeitgeschichtsforschung. In: Fritz Bauer Institut (Hg.): Auschwitz: Geschichte, Rezeption und Wirkung. (Jahrbuch 1996 zur Geschichte und Wirkung des Holocaust) Köln ²1997. S. 123.

2 Jürgen Wilke u.a.: Holocaust und NS-Prozesse. Die Presseberichterstattung in Israel und Deutschland zwischen Aneignung und Abwehr. Köln 1995. S. 57.

3 Ulrich Kröger: Die Ahndung von NS-Verbrechen vor westdeutschen Gerichten und ihre Rezeption in der deutschen Öffentlichkeit 1958 bis 1965 unter besonderer Berücksichtigung von „Spiegel", „Stern", „Zeit", „SZ", „FAZ", „Welt", „Bild", „Hamburger Abendblatt", „NZ" und „Neues Deutschland". Diss. phil. Hamburg 1973. S. 180.

4 Bernd Naumann. Journalist in unserer Zeit. *F.A.Z.* vom 24.8.1971.

5 Paul Noack; Bernd Naumann: Wer waren sie wirklich? Ein Blick hinter die Kulissen der elf interessantesten Prozesse der Nachkriegszeit. Bad Homburg v.d.H. 1961.

6 A.a.O., S. 103.

7 Johann Georg Reißmüller: Der Sinn des Auschwitz-Prozesses. *F.A.Z.* vom 23.12.1963.

8 Johann Georg Reißmüller: Sühne für Auschwitz. *F.A.Z.* vom 20.8.1965.

9 Pfeifer wurde 1968 einer der Geschäftsführer der Frankfurter Allgemeine Zeitung GmbH und war von 1972 bis 1994 Vorsitzender der Geschäftsführung. Seitdem ist er Aufsichtsratsvorsitzender der F.A.Z. GmbH.

10 Bernd Naumann: Keine Spur mehr von Millionen Füßen. Reise nach Auschwitz – zwanzig Jahre danach. *F.A.Z.* vom 15.12.1964.

11 Bernd Naumann: Auschwitz. Bericht über die Strafsache gegen Mulka und andere vor dem Schwurgericht Frankfurt. Frankfurt am Main 1965. S. 7f. Eine vom Autor gekürzte und bearbeitete Ausgabe erschien 1968 in der Fischer Bücherei, Frankfurt am Main.

12 Schauspielführer A-Z in zwei Bänden. Berlin (Ost) 1986. Bd. 2, S. 1331.

13 Peter Weiss: Die Ermittlung, Oratorium in 11 Gesängen. Frankfurt am Main 1965. Peter Weiss: Stücke I. Frankfurt am Main 1976. S. 257 ff.

14 Jürgen Heinrichsbauer: In Sachen Weiss und andere. Oder: Mißbrauch mit den Opfern des Grauens. In: der arbeitgeber, Nr.23/24, 1965. S.738.

15 Günther Rühle: Der Auschwitz-Prozeß auf der Bühne. Peter Weiss' „Ermittlung" in 16 deutschen Theatern. *F.A.Z.* vom 21.10.1965.

16 Peter Weiss erklärt. Der Verfasser des Oratoriums „Die Ermittlung" schreibt. *F.A.Z.* vom 27.10.1965.

Alfons Söllner
Peter Weiss – Die Dramatisierung der Erinnerung und ihre Widersprüche

Die Prominenz des Malers und Schriftstellers Peter Weiss in der Öffentlichkeit der sechziger und siebziger Jahre ging mindestens ebenso sehr auf sein politisches Engagement wie auf sein künstlerisches Schaffen zurück. In den zahllosen Interviews, zu denen er in der politisierten Atmosphäre um 1968 aufgefordert wurde, wird man jedoch vergeblich nach der Frage suchen, ob er sich „als Demokrat" fühle oder was er unter Demokratie verstehe. Vielleicht kann man darüber nur froh sein; denn mit Sicherheit wäre die Antwort in etwa darauf hinausgelaufen, daß er nicht Demokrat, sondern Sozialist sei, und damit weit unterhalb des Differenzierungsniveaus geblieben, auf dem Motive wie künstlerisches Ausdrucksstreben, individuelle Emanzipation und soziale Gerechtigkeit in seinem Werk ineinanderreflektiert werden. Man hat sich also auf gewisse Umwege zu begeben, wenn man Peter Weiss im heute geläufigen Sinn als Mentor des Demokratiegedankens entdecken will.

Insgesamt muß man sich bei einem Künstler wie Peter Weiss davor hüten, das politische Bekenntnis unmittelbar mit der künstlerischen Aussage zu identifizieren. Dies gilt selbst für die am meisten „engagierten" Dramen aus der zweiten Hälfte der sechziger Jahre. Zwar besteht kein Zweifel, daß Peter Weiss sich seit den spektakulären *10 Arbeitspunkten eines Autors in der geteilten Welt* von 1965 demonstrativ zum Sozialismus bekannte,[1] doch findet sich noch 1968, in den programmatischen *Notizen zum dokumentarischen Theater* ein Satz wie der folgende: „Selbst wenn es (das dokumentarische Theater) versucht, sich von dem Rahmen zu befreien, der es als künstlerisches Medium festlegt, selbst wenn es sich lossagt von ästhetischen Kategorien, selbst wenn es nichts Fertiges sein will, sondern nur Stellungnahme und Kampfhandlung, wenn es sich den Anschein gibt, im Augenblick zu entstehen und unvorbereitet zu handeln, so wird es doch zu einem Kunstprodukt, und es muß Kunstprodukt werden, wenn es Berechtigung haben will."[2]
Damit ist keineswegs geleugnet, daß Peter Weiss eine wichtige Identifikationsfigur der Studentenbewegung und einer der beredtesten Fürsprecher des sozialistischen Internationalismus war – seine herausragende Bedeutung zeigt sich vor allem darin, daß er entscheidende Motive der politisch bewegten Jahre in den westlichen Gesellschaften sowohl zeitlich vorwegnahm als auch wortgewaltig zu artikulieren vermochte. Doch finden sich in vielen

seiner Werke auch gegenläufige Tendenzen, solche, die auf die kritische Brechung der politischen Identifikation, auf Zweifel und Selbstkritik, ja auf die Verzweiflung an einer Welt hinauslaufen, die durch politische Rückschläge, durch den Triumph der Unvernunft beinahe mehr charakterisiert ist als durch die glatte Realisierung der Ideen von Fortschritt und Gerechtigkeit. Für Peter Weiss eine solche „Dialektik" des künstlerischen Engagements anzunehmen und als das subkutane Motiv seines gesamten Schaffens zu behaupten, ist keineswegs nur einer desillusionierten Gegenwart geschuldet, sondern läßt sich auf eine Vielzahl von Gründen in Werk und Person selber zurückführen.

Die mögliche Einheit dieser Gründe kann vielleicht in einer Kunstfigur symbolisiert werden, die aus der deutschen Romantik stammt, aber im 20. Jahrhundert eine unerwartete Aktualisierung erfuhr. Gemeint ist das Bild vom „rückwärtsgewandten Propheten", das Walter Benjamin bekanntlich von Friedrich Schlegel entlieh, um es zur politischen Allegorie für die schreckliche Kehrseite des Fortschritts im 20. Jahrhunderts umzugestalten. Ausdrücklich sei hinzugefügt, daß dieser Figur in einer Epoche fortgeschrittener Säkularisierung nicht so der Gestus der beschwörenden Warnung anhaftet, die einem kommenden Unheil noch zuvorkommen könnte, sondern eher der der selbstquälerischen Vergeblichkeit, weil dem geschehenden Unheil nicht einmal nachträglich die versöhnende Gerechtigkeit widerfahren will – gerade so, wie es dem dünnen Zeichenmännlein von Paul Klee ins Gesicht geschrieben scheint, in dem Benjamin die Inkarnation seines „Engels der Geschichte" erblickte.

Schon in der Biographie von Peter Weiss finden sich die politischen Schrekkenskurven des Jahrhunderts schmerzhaft eingraviert: 1916 bei Berlin in einer Familie mit jüdischen Vorfahren geboren, wächst er in der krisengeschüttelten Weimarer Republik auf, behält aber die tschechische Staatsbürgerschaft seines Vaters. 1934 emigriert er mit der Familie nach England, kehrt 1936 in die Tschechoslowakei zurück und studiert Malerei an der Prager Kunstakademie. Zu Beginn des Zweiten Weltkriegs schließlich entkommt er mit der Familie nach Schweden, wo er 1946 die Staatsbürgerschaft erwirbt. Als moderner Maler erfolglos in einem traditionellen Land an der europäischen Peripherie, versucht er sich seit den späten vierziger Jahren als Schriftsteller. Aber er kann sich weder in der schwedischen noch in der deutschen Sprache etablieren, auch die dramatischen und filmischen Experimente der fünfziger Jahre bringen keinen Erfolg. Der Durchbruch erfolgt spät, erst Anfang der sechziger Jahre wird die westdeutsche Literaturszene auf den Außenseiter aufmerksam, dessen sprachskeptische und autobiographische Texte ihn als eher unpolitischen Vertreter der Moderne erscheinen lassen.

Peter Weiss – Die Dramatisierung der Erinnerung und ihre Widersprüche

Man muß diese Vorgeschichte genau zur Kenntnis nehmen – zum einen um die rapide Entwicklung von Peter Weiss in den sechziger Jahren zu verstehen, die aus dem künstlerischen „outsider" rasch einen politischen „insider" machte; zum andern aber um vom offenbaren Sinn des Politisierungsprozesses eine andere, teilweise gegenläufige Tendenz zu unterscheiden. Dieser zweite, subkutane Sinn hat Peter Weiss von seinen mitgebrachten, von genuin ästhetischen Mitteln her dazu befähigt, an einige der tiefsten und empfindlichsten Tabus in Politik und Gesellschaft nach dem Zweiten Weltkrieg zu rühren. Die schockartige Wirkung des von Weiss in Gang gesetzten politisch-literarischen Aufklärungsprozesses zeigte sich zumal in der Beziehung des Autors zu den Deutschen, also zu denen, deren Gemeinschaft er sprachlich und kulturell angehört hatte und die ihn politisch und physisch auszulöschen versucht hatten. Es ist klar, daß sich auf dieser Basis auf Seiten des Autors nur eine tief verstörte Beziehung entwickeln konnte, die dann in ein tief verstörendes Verhältnis gegenüber dem Publikum umschlagen mußte. Die Lektion, die Peter Weiss den Deutschen erteilte, war die ästhetische „Reflexion" dessen, was er erlebt und stellvertretend erlitten hatte.

Nimmt man diese Überlegung zum Ausgangspunkt, um sich Peter Weiss' Schaffen aus den ersten Nachkriegsjahren zu vergegenwärtigen, so muß man auf die doppelte „Übersetzung" achten, der das literarische Frühwerk unterworfen war: Zum einen handelt es sich um Schriften, die, soweit sie schwedisch geschrieben waren, tatsächlich erst nachträglich übersetzt werden mußten, und die, soweit sie deutsch geschrieben waren, ihr Publikum zuerst gar nicht und später gewissermaßen mit diachronischer Seitenverkehrung erreichten. Zum andern scheint die zeitgeschichtliche Deutung dieser Schriften in Konflikt mit der Selbstdeutung des politisierten Peter Weiss zu geraten, der seine Frühschriften als esoterisch und politisch unreif abgelehnt hat. Der Beweis des Gegenteils ist möglich und erlaubt es, nicht nur zu einem historischen Verständnis der ästhetischen Moderne im allgemeinen zu gelangen, sondern auf spezifische Weise zu demonstrieren, wie Peter Weiss deren Mittel zur Kritik der Nachkriegsverhältnisse umzuformen verstand. Das Bild vom „rückwärtsgewandten Propheten" erhält dadurch einen präzisen Sinn. Eine sorgfältige Lektüre der zwischen 1947 und 1952 geschriebenen Werke läßt nämlich zweifelsfrei erkennen, daß Weiss sich auf dem Niveau der literarischen Moderne, konkret des Surrealismus und des Nouveau Roman bewegte. Diese Schriften fügen sich zu einer Art von Versuchsreihe, in der durchexerziert wird, was an moralischen und intellektuellen Anstrengungen notwendig ist, um sich aus der Verstrickung in Völkermord und Krieg zu befreien – oder besser umgekehrt: was zu erwarten ist, wenn diese Anstrengungen unterbleiben bzw. in einer forcierten Rückkehr zur Normalität erstickt werden. Eine charakteristische Stelle aus dem Büchlein *Die Besiegten* von 1947 z.b. lautet: „Verstehst du, was geschehen ist? Wagst du den Gedanken zu denken, daß das Böse in dir ist? Daß die Zerstörung sich in dir entwickelte? Daß der ganze Verfall ringsum dein eigener Verfall ist?/ Was ist das Schicksal? Das Schicksal: das ist deine eigene Vergangenheit./ Begreifst du, daß die Zerstörung aus den Schlacken deiner eigenen Vergangenheit erschaffen wurde?/ Was ist das Gegenwärtige: das ist die Entfaltung der Vergangenheit. Es gibt keine Zukunft. Es gibt nur die Gestaltung des Gegenwärtigen."[3]

Zieht man das existentialistische Sprachpathos einmal ab und bedenkt, daß Peter Weiss diese moralische Reflexion in eine Vielzahl von Perspektiven zerlegt, wodurch er die Situation der Deutschen im Jahre 1947 realistisch und gleichzeitig kritisch zu schildern vermochte, so gerät der Sprung zu der erst später so genannten „Vergangenheitsbewältigung", in die spätere Bundesrepublik gar nicht so spekulativ: Wie die Gegenwart noch des wiedervereinigten Deutschland von nichts mehr geprägt scheint als von der „Vergangenheit, die nicht vergehen will" (Ernst Nolte), also die „Wiederkehr des Verdrängten" tatsächlich zum roten Faden des Geschichtsbewußtseins auch in der deutschen Stabilitätsentwicklung geworden ist, ebenso hat man hier den Katalysator zur Hand, der in der frühen Bundesrepublik einen abseitig scheinenden Schriftsteller zum enfant terrible der ausgehenden Adenauer-Epoche und zum Vorboten der Studentenrevolte prädestinierte. Was der esoterische Sprachkünstler in der Ausgeschlossenheit des „Exils nach dem Exil" erfühlt hatte, brachte der spätere Dramatiker politisch zur Explosion: den Skandal der politischen Verdrängung des Holocaust.

Die literarischen Versuche der Nachkriegszeit demonstrieren, ähnlich eindrucksvoll übrigens auch die weiter zurückreichenden Bilder des Malers, wie existentiell Peter Weiss den Kampf zwischen Vergangenheit und Gegenwart ausgetragen hat. Die verschiedenen Medien und Rollenspiele, derer er sich dabei bediente, sind gleichzeitig ein Beleg dafür, wie ernst und komplex sich für ihn das Problem der Freiheit und damit auch der Demokratie darstellte. Sie können hier nur aufgezählt werden: So läßt er in der existentialistischen Parabel *Der Turm* den Protagonisten, der von Beruf Entfesselungskünstler ist, um seine Selbstbefreiung kämpfen, der vor allem die „Mächte der Vergangenheit" entgegenstehen; und in der lyrischen Prosa *Das Duell*, die im übrigen eine bemerkenswerte Literarisierung der Freudschen Psychoanalyse versucht, treten Mann und Frau gegeneinander an und stellen sich den archaischen Gewalten von Sexualität und Elternautorität; im absurden Schwank *Die Versicherung* von 1952 wird schließlich eine Groteske auf die Wohlstandsgesellschaft inszeniert, die demonstriert, was die letzte Konsequenz der verweigerten Auseinandersetzung mit der terroristischen Vergangenheit sein könnte: nicht die Stabilisierung von Rechtsstaat und Demokratie, sondern die anarchistische Revolte mit der Aussicht auf eine Militärdiktatur.

Wie realistisch die Ahnungen des erfolglosen Künstlers waren, zeigt sich jedoch am besten im zweiten Text aus dem Jahre 1952: *Der Schatten des Körpers des Kutschers* scheint ein esoterisches Sprachexperiment und zeigt doch deutlicher als alles andere, worauf die Entwicklung vor allem in Deutschland hinauslief: auf das absolute Schweigen oder, wie Hermann Lübbe dies ungewollt-treffend genannt hat, auf das „Beschweigen" der Verbrechen der unmittelbaren Vergangenheit.[4] Da es eben dieser Text ist, mit dem Peter Weiss 1960 in Westdeutschland bekannt wurde, kann man hier die esoterische Vorgeschichte des Peter Weiss in seine exoterische, in die politische Wirkungsgeschichte einmünden lassen. Ein guter Indikator für die Veränderungen sowohl auf seiten des Autors wie auch des Publikums, das er jetzt endlich findet, sind die Bücher: *Abschied von den Eltern* und *Fluchtpunkt* vom Anfang der sechziger Jahre: sie boten offenbar den passenden Reflexionsraum, in dem Lebensgeschichte und politische Geschichte vorsichtig verwoben werden konnten – und plötzlich traten die „unauslöschlichen Bilder" von den NS-Vernichtungslagern hervor und wurden zum Zentrum quälender Selbstreflexion: „Ich hätte umkommen müssen, ich hätte mich opfern müssen, und wenn ich nicht gefangen und ermordet, oder auf dem Schlachtfeld erschossen worden war, so mußte ich wenigstens meine Schuld tragen, das war das letzte, was von mir verlangt wurde."[5]

In den autobiographischen Schriften war die Dialektik von Vergangenheit und Gegenwart zunehmend in den konkreteren Kontext der Zeitgeschichte übersetzt worden, der Kampf um die Selbstbefreiung wurde dadurch mehr und mehr zu einem politischen Projekt. Der große Erfolg aber wurde Peter Weiss erst zuteil, als er das Politische auch zum Kriterium der Stoffwahl erhob und sich gleichzeitig jenem Medium zuwandte, das historisch wie aktuell eine ausgesprochene Affinität zur öffentlichen Darstellung hatte: dem Drama. Es steckt immer noch ein gewisses Geheimnis darin, wie einem vergleichsweise unbekannten Außenseiter gegen Mitte der sechziger Jahre der plötzliche Sprung sowohl auf die deutschsprachigen wie auf die Bühnen der

Welt gelingen konnte. Eine Erklärung liegt vielleicht im „plot" des ersten Erfolgsstücks selber: Peter Weiss hatte mit dem *Marat/Sade* nicht nur einen historisch repräsentativen Stoff gefunden, sondern auch einen, dessen spektakuläre Wirkung in seiner Widersprüchlichkeit versteckt gelegen hatte. Diese Qualität jedenfalls erhielt die französische Revolution in der schillernden Dramatisierung durch Peter Weiss, die den gewaltsamen Beginn der modernen Demokratie aus einer ganz besonderen Perspektive darstellte. Im Zentrum des Stückes steht nämlich nicht nur der Konflikt zwischen dem revolutionären Aktivisten Marat und dem bürgerlichen Libertin de Sade, vielmehr ist die gesamte Konstellierung der Figuren auf die Reflexion angelegt, ob nicht im Fortschrittskonzept der bürgerlichen Demokratie gleichursprünglich schon das Potential der Regression angelegt ist. In der historischen Praxis der Emanzipation, im politischen Befreiungskampf des „Dritten Standes" tritt ein retardierendes, wenn nicht reaktionäres Motiv hervor – der Preis der äußeren Befreiung scheint die Eindämmung der inneren Freiheit zu sein, die befreiten Triebe werden zurückgesperrt in den Kult der bürgerlichen Leistungsmoral, die im Extremfall in einen Terror aus Tugend umschlägt. Der Ort aber, an dem sich diese *Dialektik der Aufklärung* (Horkheimer/Adorno) bühnenwirksam inszenieren läßt, ist das Irrenhaus von Charenton, sprechende Allegorie der Restauration, in der der revolutionäre Ausbruch historisch vorläufig mündete. Die sozial-psychologische Sentenz spricht de Sade aus, wenn er seinem double entgegenhält: „Marat/ diese Gefängnisse des Innern/ sind schlimmer als die tiefsten steinernen Verließe/ und solange sie nicht geöffnet werden/ bleibt all euer Aufruhr/ nur eine Gefängnisrevolte/ die niedergeschlagen wird/ von bestochenen Mitgefangenen."[6]

Natürlich wird man den Erfolg des *Marat/Sade*, wie auch der späteren politischen Dramen, auch auf die einmalige Kombination der dramatischen Mittel zurückführen, darauf, wie Peter Weiss und seine Regisseure – nicht zu vergessen: die Bühnenbildnerin Gunilla Palmestierna, seine Frau – die Errungenschaften des absurden und des grausamen, des epischen und des dokumentarischen Theaters zu kombinieren verstanden. Symptomatischer aber dürfte aus heutiger Sicht der zeitgeschichtliche Überraschungseffekt sein, der darin bestand, daß der Gedanke der Demokratie aus dem Standardrepertoire der bürgerlichen Tradition herausgelöst und ahnungsvoll mit den Schreckenserfahrungen des 20. Jahrhunderts konfrontiert wurde. Wichtig dürfte auch gewesen sein, daß dieser Theaterblitz die internationalen Leinwände zu beleuchten begann und ein seltsames Wetterleuchten im Welttheater des Kalten Krieges auslöste: Was in den westlichen Demokratien als Reminiszenz an ihren revolutionären Ursprung wahrgenommen wurde und in den östlichen Volksdemokratien den blutigen Schattenriß der Oktoberrevolution erkennen ließ, mußte in Adenauers „demo-autoritärem Regime" (Karl Loewenstein) als veritables politisches Schreckgespenst erlebt werden, das die beschönigende Verkleidung der „Re-education" abgeworfen hatte.

Der eigentliche Schock jedoch, den Peter Weiss der westdeutschen Öffentlichkeit versetzte und der aus heutiger Sicht eine wirkliche Zäsur in der kulturellen Zeitgeschichte markiert, ging 1965 vom Dokumentarstück *Die Ermittlung* aus. Mit der Dramatisierung des Frankfurter Auschwitz-Prozesses war der Emigrant und engagierte Schriftsteller in sein kulturrevolutionäres Element gekommen. Indem Peter Weiss eine bereits mehrmals durchgespielte Denkfigur auf die unmittelbare Gegenwart der Bundesrepublik zur Anwendung brachte: die Desavouierung einer befreiten Zukunft durch die unerledigten Mächte der Vergangenheit, löste er ein ernsthaftes Debakel der westdeutschen Demokratie aus, nicht zuletzt dadurch, daß er den antifaschistischen Ressentiments im „Konkurrenzunternehmen" der DDR neue Nahrung gab. Peter Weiss bezog den Stoff für sein dokumentarisches „Oratorium" direkt aus der teilnehmenden Beobachtung des Frankfurter Prozesses, aber er „konzentrierte", wie er es nannte, den ohnehin hochexplosiven Stoff noch einmal unter drei Gesichtspunkten:
Einmal führte er die unmenschliche Logik des Lagerlebens gleichsam in nackter Maschinenform vor und spannte sie gleichzeitig in die infernalische Alternative zwischen industrieller Tötung und Tötung durch Industrie ein. Zweitens preßte er die überbordenden Gerichtsmaterialen des aktuellen Gerichtsverfahrens in das dualistische Schema: Angeklagte versus Zeugen und übersetzte dieses noch einmal in die historische Konstellation: Täter versus Opfer, ohne dem Prozeßziel der juristischen Gerechtigkeit eine Chance zu geben – die Urteilsverkündigung wurde ausgespart. Drittens wurden auf diese Weise die ängstlich erinnerten Zeugenaussagen direkt mit ihrer hämischen Ableugnung durch die Angeklagten konfrontiert, die es in Deutschland wieder zu etwas gebracht hatten – gerade der so mögliche und auch intendierte Kontinuitätsnachweis war es, der *Die Ermittlung* zu einem erschütternden Lehrstück der westdeutschen Vergangenheitsverdrängung werden ließ. Plötzlich zeigte das Wirtschaftswunder eine brüchige Fassade, und die Demokratie erschien als ein moralisch fragwürdiges Provisorium, das sich mehr dem Diktat der Siegermächte verdankte als einer wirklichen Verwandlung der kollektiven Mentalität und der Gesellschaft.

Die Gegenreaktionen ließen nicht auf sich warten: Wie Peter Weiss von der Rechtspresse bis tief ins bürgerliche Feuilleton hinein der Handlangerschaft für den Kommunismus verdächtigt wurde, so wurde er umgekehrt von der Nomenklatura des Realsozialismus kulturpolitisch vereinnahmt. Und er ließ sich die Umarmung eine ganze Weile gefallen; schließlich hatte er sich mit seinen *10 Arbeitspunkten eines Autors in der geteilten Welt* vom „bequemen dritten Standpunkt" abgewandt und eindeutig für die sozialistische Seite Partei ergriffen. Wie immer man den damit betretenen Weg beurteilt: ob als politischen Lernprozeß, wie Peter Weiss selbst es tat, oder als internationalistischen Eskapismus, wie „Kollegen" aus der Gruppe 47, etwa Hans Magnus Enzensberger ihm vorwarfen – sicher ist, daß Peter Weiss mit seinen nachfolgenden Dramen, mit dem *Lusitanischen Popanz* (1967) und dem *Viet Nam Diskurs* (1968), nicht nur im Trend lag, sondern daß er den Zeitgeist der Studentenbewegung ein gutes Stück mitprägte.

Für eine solche Einschätzung ist von Bedeutung, daß diese Bewegung sich keineswegs in der deutschen Anklage der Söhne gegen die Väter erschöpfte, sondern daß sich die Ansprüche der jugendkulturellen und sexuellen Revolution mit den politischen Motiven vielfältig überlagerten und vor allem im internationalen Maßstab verstärkten. Nur so wird verständlich, weshalb die vielfachen Anti-Haltungen, wie sie auch in Weiss' Stücken artikuliert werden: der Antikapitalismus, der Antikolonialismus und schließlich, in Reaktion auf den neu aufflammenden Krieg in Vietnam, der Antiamerikanismus sich zu einer zeitweilig so „positiven", zur tragenden Weltanschauung einer weltweiten Jugendbewegung werden konnten. Die emotionale Solidarisierung mit den Befreiungsbewegungen der Dritten Welt, der Glaube an die Macht der (marxistischen) Theorie und der komplementäre Evidenzwert der „politischen Fakten" – diese sonst widersprüchlichen Elemente finden sich im weichen Fluidum einer kulturrevolutionären Aufbruchsstimmung vereint, für die „1968" steht.

Der Absturz kam rasch und gestaltete sich um so steiler, als „1968" für Peter Weiss kein Generationserlebnis, sondern eine riskante Gratwanderung gewesen war: Als er mit seinem *Trotzki im Exil* eine der empfindlichsten Wunden der „besseren", der kommunistischen Welt anfaßte, wurde er auf den „dritten Standpunkt" zurückgestoßen, den er 1965 glaubte überwunden zu haben, und saß plötzlich und buchstäblich „zwischen allen kulturpolitischen Stühlen": Fallengelassen von den gesteuerten Kulturfunktionären des Ostens, ausgebuht von den sich dogmatisierenden Fraktionen der APO und angefeindet von den westlichen Medien – so geriet er im Sommer 1970 in eine tiefe

Schaffenskrise, zu der sich ein Herzinfarkt gesellte – die daran geknüpften Tagebuchaufzeichnungen liegen heute unter dem Titel *Rekonvaleszenz* vor: Was als die verquälte Selbstreflexion eines Internationalisten erscheint, der nicht mehr weiß, wohin er gehört, kann man zeitgeschichtlich auch als ein hellsichtiges, weil frühzeitiges Exerzitium der antiautoritären Bewegung lesen, in dem viele Hoffnungen zu Illusionen heruntergedekliniert werden, durchlitten von einem Schriftsteller, der nun auch zwischen die Generationen gefallen schien. Der posthum publizierte Text ist aber noch aus einem andern Grund von Interesse: in ihm wird jene genuin ästhetische Tiefenschicht greifbar, die auf die künstlerische Artikulation einer vorpolitischen Identifikation mit den Opfern im allgemeinsten Sinne zielte.

Es ist ein Ergebnis der Weiss-Forschung, daß dieser Komplex im sog. Dante-Projekt kristallisiert ist und daß er von einer allgemein-ästhetischen Bedeutung ist, also über Peter Weiss weit hinausreicht. Abgekürzt gesagt, geht es um die konstitutive und unentbehrliche Rolle der Kunst für die historische Erforschung und die moralische Bewältigung des nationalsozialistischen Genozids an den Juden. Tatsächlich läßt sich zeigen, daß Peter Weiss für die Reflexion dieses Zusammenhangs und damit für einen zentralen Nervenpunkt des Geschichtsbewußtseins am Ende des Jahrhunderts nicht nur in der Bundesrepublik eine exemplarische Figur ist: Wie dieser Autor genau in dem Augenblick auf Dantes *Divina Commedia* stößt, da er 1964 mit der Sichtung des Auschwitz-Stoffes beginnt, so setzt sich seit der *Ermittlung*, deren 33 „Gesänge" analog zu Dantes *Paradiso* gebaut sind, die Auseinandersetzung mit diesem epischen Portalwerk zwischen Mittelalter und Neuzeit kontinuierlich fort. In der Rekonstruktion des Weiss-Nachlasses wird immer deutlicher, daß sämtliche der politischen Stücke als Teile eines großen „Welttheaters" konzipiert waren, das sich die eine Aufgabe stellte, die unterdrückten und vor allem die zum Schweigen verurteilten Opfer in Politik und Gesellschaft in ihrer Gesamtheit zum Sprechen zu bringen und damit jedwede Form von Gewaltherrschaft an den Pranger zu stellen. Das projektierte Gesamtkunstwerk war offenbar nicht durchführbar und mußte Torso bleiben, doch scheint sich nicht zuletzt aus dem unendlichen „Gespräch mit Dante", wie sich ein Titel von 1965 abwandeln ließe, die künstlerische Gewißheit herausgebildet zu haben, daß die Mimesis an die Opfer – und nicht nur die politische Anklage der Täter – ins Zentrum der ästhetischen Praxis zu treten hat. Dies ist, wenn man so will, zum kategorischen Imperativ auch der „ästhetischen Theorie" am Ende des 20. Jahrhunderts geworden.

Alfons Söllner

Nach der Überwindung der persönlichen Krise und zwei weiteren, wenig erfolgreichen Stücken (*Hölderlin* 1971; *Der Prozeß* 1975) blieb dem Autor noch ein knappes Jahrzehnt zu leben – und Peter Weiss nutzte es bekanntlich nicht nur, um erneut Prosa zu schreiben, sondern um die ihm verfügbaren Mittel – die surrealistischen wie die politisch-realistischen – auf einen zentralen Gegenstand des 20. Jahrhunderts zu versammeln, der in seiner Darstellung weltgeschichtliche Bedeutung erlangte. Die *Ästhetik des Widerstands*, die in drei grauen Bänden zwischen 1975 und 1981 erschien, ist offenbar weit mehr als eine persönliche summa des Peter Weiss, sie wurde von Feuilleton wie Literaturwissenschaft – nach einigen anfänglichen Windungen – rasch als eine geniale Synthese erkannt und anerkannt, die sich schlechterdings nicht mehr über einen politischen Leisten schlagen läßt. In diesem Roman-Essay, halb verfremdete Autobiographie und halb multiperspektivischer Geschichtsroman, werden die vielfältigsten und ansonsten widersprüchlichen Elemente teils erzählt, teils politisch referiert, teils sogar theoretisch ineinanderreflektiert: die Auseinandersetzung mit der ästhetischen Moderne ebenso wie Schilderung des kommunistischen Widerstands gegen Hitler; das soziale Milieu und die politische Geschichte der verschiedenen Arbeiterbewegungen ebenso wie die antike Mythologie und die Geschichte der bürgerlichen Kunst; der individuelle Kampf um die künstlerische wie politisch-moralische Selbstverwirklichung ebenso wie deren Unterdrückung durch kollektive Mächte und soziale Herrschaftsstrukturen – dies alles wird in eine Zwitterform aus vielgliedrigem Kunstessay und großer politischer Erzählung gegossen und fügt sich so zu einer Epopoe der politischen wie ästhetischen Moderne, das auch der Erzählkunst neue Maßstäbe gesetzt hat. Angesichts dessen ist jedes positive Stenogramm der *Ästhetik des Widerstands* zum Scheitern verurteilt. Leichter als werkdeutende Antworten sind Rezeptionsfragen, nicht zuletzt weil dieses Buch seit Mitte der siebziger Jahre eine wahre Flut von Publikationen, von Dissertationen und Habilitationen, von Monographien und Editionen auf sich gezogen hat. War diese auffällige und massive Akademisierung eines verrätselt engagierten Werkes etwa die Kompensation für frustrierte politische Hoffnungen? Hat sich da eine ganze Generation von enttäuschten Intellektuellen, nicht nur von Literaturwissenschaftlern die gesellschaftskritischen Zähne ausgebissen? In der Tat muß man „1968" in die größere Perspektive der achtziger und neunziger Jahre rücken, wenn man die *Ästhetik des Widerstands* in ihrer eigentümlichen Wirkungsmächtigkeit verstehen will. Wenn sich im Geschichtsbewußtsein der Bundesrepublik seit den siebziger Jahren offensichtliche Veränderungen ergeben haben, wie war die Rezeption der Weiss'schen Ästhetik daran beteiligt: nur als Indikator oder auch als mitgestaltende Kraft – dann aber wofür? Vielleicht ist dies die Stelle, an der die „demokratische Frage" an Peter Weiss gerichtet werden muß, wobei man riskiert, daß das Bild vom „rückwärtsgewandten Propheten" in eine bedenkliche Schieflage gerät, weil mit dem Untergang des kommunistischen Imperiums und der deutschen Wiedervereinigung das gesamte Szenario ins Rutschen gekommen ist.

Sicherlich hat Peter Weiss mit der *Ästhetik des Widerstands* und – das muß hinzugefügt werden – mit den begleitenden Notizbüchern ein exemplarisches Laboratorium der Erinnerungskultur eröffnet, in dem die Auseinandersetzung mit der nationalsozialistischen Gewaltherrschaft nicht mehr nur – wie in der frühen Bundesrepublik mit ihrer repressiven „Vergangenheitspolitik" (Norbert Frei) – eine moralisierende Phrase ist, sondern wirkliche Einfühlung in die Opfer und kritische Auseinandersetzung mit den historischen Umständen der Täter gleichzeitig erlaubt. Wenn es einen Ariadnefaden gibt, der durch die verwirrende Textur aus künstlerischer Reflexion und politischer Narration hindurchführt, dann ist es das Motiv der Mnemosyne, der Versöhnung durch Erinnerung, die im Falle des Holocaust an Selbstauflösung grenzt – im Romangeschehen ist diese mimetische Leistung symbolisiert in der Figur der Mutter, die im Dritten Band buchstäblich an der Identifikation mit den anonymen jüdischen Opfern stirbt. Gleichwohl ist die Frage zu stellen, ob dieser hochmoralische Handlungsstrang mit derselben Konsequenz auch aus dem politischen Labyrinth des antifaschistischen Kampfes herausführt: Ist Weiss tatsächlich daran interessiert, die Opfergeschichte des Kommunismus so detailliert aufzuarbeiten und mit derselben mimetischen „Akribie" zu vergegenwärtigen wie die des Faschismus?

„Immer aufs neue würde mir plötzlich die Gegenwart das Unwiderrufliche des Vergangenen vorhalten, mich vor die Frage stellen, ob das Durchlebte vom Nachvollzognen abgedeckt werden könne, ob der von späteren Erkenntnissen geprägte Rückblick den ursprünglichen Situationen überhaupt entspreche (...). Das Exil war zu Ende, und jetzt war es, als habe es uns doch einen Halt gegeben, und als ginge der Boden erst verloren, als es darauf ankam, irgendwo Fuß zu fassen", heißt am Ende des dritten Bandes.[7] Der Kontext sind die Bemühungen der nicht-orthodoxen Kommunisten, zu den Westmächten Kontakt aufzunehmen und sich die genuinen Traditionen der westlichen Demokratie anzueignen, die gegen die Stalinisierung des nationalen Wiederaufbaus nach 1945 ins Feld geführt werden könnten. Der Brückenschlag scheitert, ebenso wie vorher schon das Desiderat auf halbem Weg liegen geblieben ist, die Entheroisierung des kommunistischen Widerstands so weit zu treiben, daß die Brauchbarkeit des Antifaschismus als spätere Herrschaftsideologie erkennbar wird? Und vielleicht gibt es ja sogar einen Zusammenhang zwischen beiden Versäumnissen. Tatsächlich stellt sich, nimmt man die ganze Geschichte des Antifaschismus zur Kenntnis, die politische Demokratie westlichen Musters in einem anderen Licht dar, zu deren Tradition Peter Weiss, wie die Neue Linke insgesamt, keine rechte Beziehung entwickelt hat. Das historische Reservoir, aus dem diese „andere" Gedächtnisgeschichte zu schöpfen hätte, ist offenbar das amerikanische Exil: Es steht in genauer Parallele zum erzählten Geschehen der *Ästhetik des Widerstands*, insofern es für eine ganze Generation westlicher „Antifaschisten" zum Anhaltspunkt der politischen Zukunft wurde, und spielt dennoch in ihr keinerlei Rolle – mit guten Gründen, wenn es nach den Gesetzen des realistischen Erzählens geht, aber Realismus war bei Peter Weiss nicht das maßgebliche Erzählprinzip und ist auch heute nicht der einzige Ratgeber, wenn es um die Idee der Demokratie geht.

Anmerkungen

1 Peter Weiss: Rapporte 2. Frankfurt a.M. 1971. S. 14ff.
2 A.a.O., S. 96.
3 Peter Weiss: Die Besiegten. Frankfurt a.M. 1985. S. 38.
4 Hermann Lübbe: Der Nationalsozialismus im deutschen Nachkriegsbewußtsein. Historische Zeitschrift, Bd. 236, 1983. S. 579ff.
5 Peter Weiss: Fluchtpunkte. Frankfurt a.M. ^{8}1979. S. 137.
6 Peter Weiss: Stücke 1. Frankfurt a.M. ^{2}1980. S. 245.
7 Peter Weiss: Die Ästhetik des Widerstands. Bd. 3. Frankfurt a.M. 1981. S. 261.

Angelika Ebrecht

Alexander und Margarete Mitscherlich – Erinnerungsarbeit als politische Kritik

Alexander Mitscherlich (1908-1982) und Margarete Mitscherlich-Nielsen (geb. 1917) haben sich als Ärzte, Psychoanalytiker und Wissenschaftler zeitlebens mit der deutschen Vergangenheit auseinandergesetzt. Ganz entschieden haben beide in der bundesrepublikanischen Öffentlichkeit dem Vergessen und der vermeintlichen Bewältigung nationalsozialistischen Unrechts oder gar dem Wunsch nach einem Schlußstrich unter die Vergangenheit entgegengewirkt. In ihrer beider Lebensgeschichte und in ihrer „Lebensgemeinschaft", die, wie Jürgen Habermas schreibt, stets auch eine „Denkgemeinschaft" war, kämpften sie um die „erinnernde Vergegenwärtigung der Vergangenheit" sowie gegen eine das Erinnern verhindernde „Selbsttäuschung".[1] Und ihre Publikationen zeigen, wie sie immer wieder versuchten, Vergangenheit nicht nur in ihren faktischen, sondern auch in ihren gefühlsmäßigen, moralischen und konflikthaften Dimensionen nachhaltig zu vergegenwärtigen.[2] Ihr Bemühen dient indes erklärtermaßen nicht dazu, ehemals begangenem Unrecht in Form persekutorischer Schuldvorwürfe neue destruktive Macht zu verleihen, sondern es soll helfen, Vergangenheit als Teil der eigenen individuellen *wie* kollektiven Gegenwart psychisch wie politisch anzunehmen. Nur so läßt sich ihrer Überzeugung nach der unbewußte Wiederholungszwang durchbrechen, in dem sich die destruktiven Anteile der Geschichte die Gegenwart immer wieder neu zu unterwerfen drohen.

Gegen den totalitären Apparat: Kritische Individualität und Grenzgängertum

In seiner Autobiographie charakterisiert Alexander Mitscherlich sich mehrfach als „Einzelgänger"; als solcher hat er sich auch später oft kritisch zu Politik und Wissenschaft in Deutschland geäußert. Seine kritische politische Haltung dem nationalsozialistischen Unrechtsregime gegenüber hat er selbst u.a. aus der Beziehung zu seinem „deutsch-nationalen", reaktionären Vater erklärt, die sich von anfänglicher Identifikation, Bewunderung und Angst zu klarer „Gegnerschaft" entwickelt habe.[3] Seine Kritik an herrschaftsorientierter Wissenschaft begann bereits damit, daß er sein Geschichtsstudium in München 1932 aufgab, nachdem sein Doktorvater gestorben war und dessen

Nachfolger es ablehnte, die bei einem jüdischen Kollegen begonnene Promotion zu übernehmen. Mitscherlich eröffnete dann zunächst in Berlin eine Buchhandlung und begann kurze Zeit später ein vermeintlich weniger ideologieträchtiges Medizinstudium. Nach zwei Jahren im Schweizer Exil wurde er 1937 bei seiner Einreise nach Deutschland verhaftet und acht Monate in Untersuchungshaft gehalten. Anschließend konnte er in Heidelberg bei Viktor von Weizsäcker sein Medizinstudium beenden und dabei auch seine bereits in München begonnene Auseinandersetzung mit den Werken Freuds vertiefen.

Daß er trotz aller Opposition in den geistigen Zusammenhang seiner Zeit verstrickt war, wird an einer vorübergehenden Begeisterung für die autoritär strukturierten, neuromantischen Ideen Ernst Jüngers deutlich. Auch hat sein Einzelgängertum durchaus eine Entsprechung im lebensphilosophischen Individualismus, der seit der Jahrhundertwende in Deutschland eine geistige Grundströmung darstellte. Dennoch bleibt Mitscherlichs kritischer Individualismus abzugrenzen von einem heroischen Individualismus etwa im Sinne Friedrich Nietzsches, aber auch von jenem alles Besondere nivellierenden, gleichmachenden Individualismus moderner Gesellschaften. Nach dem Krieg wandte sich Mitscherlich explizit gegen den „autoritären Individualismus" der pflichtversessenen und eitlen Amtsträger der Hitler-Administration.[4] Er sah es als seine Aufgabe an, die „Ursache-Wirkungs-Zusammenhänge" des „Apparates" totalitärer Herrschaft,[5] als dessen Teil er sich selbst verstand, trotz des unausweichlichen Involviertseins zu begreifen und zu kritisieren.[6] Diese Haltung teilte er mit seiner späteren Frau Margarete Mitscherlich.

Als Tochter einer deutschen Mutter und eines dänischen Vaters hat Margarete Nielsen den inneren Zwiespalt zwischen Zugehörigkeit und Distanz zu den Deutschen ausbalancieren müssen. Nicht ohne Grund begreift sie sich lebensgeschichtlich wie auch in ihrer Geisteshaltung als „Grenzgängerin"[7]: In Dänemark geboren, besuchte sie ab 1932 in Flensburg das Oberlyzeum und studierte nach dem Abitur in München zunächst Germanistik, Anglistik, Geschichte und Kunstgeschichte. Wie Alexander Mitscherlich wechselte auch sie später zum ideologisch vermeintlich weniger belasteten Medizinstudium, das sie 1944 in Heidelberg abschloß. Während dieser Zeit mußte sie ihre „kindliche Überzeugung, daß die Deutschen die besseren Menschen seien", angesichts der Grauen des „Dritten Reiches" „schmerzlich und endgültig" verabschieden.[8] Vom Erbe der anfänglich starken Identifikation mit ihrer Mutter ist neben der kritischen Auseinandersetzung mit der deutschen Vergangenheit auch ihr Engagement für die Frauenbewegung geblieben, wenngleich sie die Vorliebe der Mutter für die „konservative" und „bürgerliche" Frauenrechtlerin Gertrud Bäumer aus heutiger Sicht nicht teilt.[9] Ihr Grenzgängertum ist somit nicht nur biographisch zu verstehen, sondern es meint auch Versuche, jene Grenzen zu überschreiten, die dem Verständnis der Geschlechter und dem historischen Bewußtsein durch überkommene Vorurteile und psychische Abwehrmechanismen gesetzt sind.

Psychoanalyse als Erkenntnisinstrument

Das Verhältnis zur deutschen Vergangenheit, das sich das Ehepaar Mitscherlich gemeinsam wissenschaftlich erarbeitet hat, ist wesentlich von der Psychoanalyse und von der durch sie bewirkten Erkenntnishaltung geprägt. Im Sinne Freuds, der die Psychoanalyse als Einheit von Forschen und Heilen, Theorie und Praxis konzipierte, haben sie die Psychoanalyse nie nur als therapeutische Technik und Individualpsychologie aufgefaßt, sondern sie zugleich als Sozialpsychologie verstanden. Es geht ihnen darum, individuell wie kollektiv in der Gegenwart unbewußte Abkömmlinge des Vergangenen, der nicht bewältigten Konflikte aufzuspüren und bewußt zu machen, um die Realität nicht nur besser verstehen sondern auch bestehen zu können.[10] Psychoanalyse wird so zu einem „Instrument" kritischer Reflexion und Selbstbesinnung,[11] die eine allgemeine politische und historische Erkenntnis ebenso einschließen wie eine Selbstveränderung des Erkenntnissubjekts.
Entsprechend darf sich auch die Geschichtswissenschaft nach Mitscherlichs Auffassung nicht auf das pure Sammeln von Daten und Fakten beschränken; sie soll vielmehr aus der psychischen Konfliktlage heraus zu erklären versuchen, wie und warum das von Menschen verursachte Unheil hat entstehen können und wie es in Zukunft verhindert werden könnte:

Lernen kann man aus der Geschichte nur, wenn man genaue Kenntnis von der menschlichen Gebärdung hat, durch welche sie befördert wird (...) Deshalb muß in der Geschichtserkenntnis die Menschenerkenntnis eine so zentrale Stellung erhalten.[12]

Doch nicht nur an der psychoanalytischen Reflexion der bundesdeutschen Gesellschaft und ihrer Geschichte, auch an der geistigen, institutionellen und politischen Wiederherstellung der Psychoanalyse hatten die Mitscherlichs, hatte vor allem Alexander Mitscherlich erheblichen Anteil. 1958 wurde er zum außerordentlichen Professor an die Universität Heidelberg berufen, wo er bereits seit einigen Jahren eine psychoanalytisch orientierte Abteilung für Psychosomatik aufbaute. 1960 gelang es ihm, das einzige deutsche Forschungsinstitut für Psychoanalyse, das Frankfurter Sigmund-Freud-Institut, zu gründen, dessen Direktor er bis 1976 blieb. 1967 erhielt er durch die Unterstützung von Max Horkheimer, Jürgen Habermas und Theodor W. Adorno einen Ruf an die philosophische Fakultät der Universität Frankfurt. Wenngleich das Ehepaar Mitscherlich der Frankfurter Schule nie direkt angehörte, pflegten sie zu ihr doch engen persönlichen wie wissenschaftlichen Kontakt.[13] Auch lassen sich ihre Arbeiten durchaus in den gedanklichen Horizont der Kritischen Theorie einordnen. In deren Tradition bemühten sich die Mitscherlichs schon früh darum, die systematischen Verbindungen der Psychoanalyse zur Kulturtheorie, zur politischen Theorie und Geschichtswissenschaft sowie zur politischen und historischen Praxis herauszuarbeiten. Und wie die nach dem Krieg verfaßten Arbeiten von Horkheimer und Adorno so sind auch die Schriften der Mitscherlichs nur auf dem Hintergrund ihrer Erfahrungen mit dem amoralischen, totalitären Staatsapparat des Nationalsozialismus zu verstehen. Schon ein Jahr bevor Horkheimer und Adorno die *Dialektik der Aufklärung* publizierten und damit ihrer *Kritik der instrumentellen Vernunft*[14] als Ursprung des Totalitarismus Nachdruck verliehen, und Jahrzehnte vor Zygmunt Baumans Behauptung, daß die moderne Zivilisation den Genozid prinzipiell ermögliche, da sie „Moral durch instrumentelles Handeln" ersetzt habe,[15] kritisiert Alexander Mitscherlich, daß die moderne Technik es ermöglicht habe, den „Prozeß der Unmenschlichkeit" nahezu vollständig zu mechanisieren und zu entmoralisieren.[16]

Selbst wenn man mit Helmut König einräumen muß, daß Alexander Mitscherlich einige seiner Argumentationsmuster, etwa die Technikkritik und die anthropologischen Grundüberzeugungen, durchaus mit eher konservativen Denkern wie etwa Arnold Gehlen teilt,[17] bleibt er im Grundsatz einer kritischen Gesellschaftstheorie verpflichtet. Freilich sind die politischen Utopien der Mitscherlichs stets darauf gerichtet, die Freiheit der Einzelnen gegen kollektiv herrschende Zwänge zu stärken. Bereits in einer seiner ersten Veröffentlichungen, der gemeinsam mit Alfred Weber verfaßten Schrift *Freier Sozialismus* (1946), entwirft Alexander Mitscherlich die Utopie eines Staates, der sich aus dem freien und verantwortungsvollen inneren Wollen der Einzelnen heraus aufbaut,[18] also aus einer besseren psychischen Verfaßtheit.

Von historischer Zeugenschaft zum psychoanalytischen Verstehen

Die gemeinsame, psychoanalytische Auseinandersetzung der Eheleute Mitscherlich mit dem Verhältnis der Deutschen zu ihrer Vergangenheit ist ohne Alexander Mitscherlichs früheres wissenschaftspolitisches Engagement während der Nachkriegszeit nicht zu verstehen. 1946 erklärte er sich bereit, gemeinsam mit Fred Mielke und drei weiteren Kollegen als Beauftragter der „Arbeitsgemeinschaft der Westdeutschen Ärztekammern" die Nürnberger Ärzteprozesse zu beobachten und zu dokumentieren. Dieses Engagement rief unter seinen Kollegen heftige Ablehnung hervor. Rückblickend schildert Alexander Mitscherlich die Reaktionen auf die erste, noch während des Prozesses 1947 erschienene Publikation *Das Diktat der Menschenverachtung* (mit Fred Mielke) als Beschimpfung und „Rufmord".[19] Nachdem Mitscherlich vergeblich versucht hatte, diese Dokumentation in einer medizinischen Wochenschrift der Ärzteschaft zur Kenntnis zu bringen, erschien sie im Verlag Lambert und Schneider. Das brachte ihm unter seinen Kollegen die Kritik ein, „interne Angelegenheiten des Ärztestandes in die Öffentlichkeit getragen zu haben".[20] Die erste Auflage von 25.000 Exemplaren war bereits im August 1947 vergriffen, da die Ärztekammern sie großenteils aufgekauft hatten, um sie an die Ärzte zu verteilen. Ebenfalls 1947 forderte der Weltärztebund von der deutschen Ärzteschaft ein kollektives Schuldbekenntnis zur Verletzung der ärztlichen Ethik. Die Ärztekammer war jedoch nicht bereit, ein solches Schuldeingeständnis zu erbringen. Stattdessen diente ihr *Das Diktat der Menschenverachtung* als Beleg für die Bereitschaft der deutschen Ärzteschaft, sich mit der Vergangenheit auseinanderzusetzen und als Mittel, ihre Rehabilitation in der internationalen Fachwelt zu erwirken.[21] In der *Deutschen Universitätszeitung* wurde um die Dokumentation eine Diskussion unter Fachkollegen ausgetragen, in der Mitscherlich die von Mielke und ihm selbst entwickelte Position vertrat, „daß die ‚Abstumpfung des ethischen und menschlichen Empfindens' bei den Tätern in Korrelation zur inneren Entwicklung der ‚naturforschenden Medizin' stehe."[22] Die „allgemeine Schuld" der Ärzteschaft sei auf die unmoralischen, technokratischen Strukturen der Wissenschaft zurückzuführen, die den Menschen lediglich als Objekt, als Forschungsgegenstand betrachte. Ferdinand Sauerbruch, Wolfgang Heubner und insbesondere Friedrich Hermann Rein vertraten die Gegenposition, daß die „Medizinverbrechen" von einer „Randgruppe" „Perverser, Psychopathen, Dekadenten und Sadisten" verübt worden seien.[23] Mitscherlich leitete daraus die These ab, „daß die vom naturwissenschaftlichen Erkenntnisideal geprägte Medizin auf dem falschen Weg sei."[24] Wissenschaft, so lautet seine Einsicht, kann niemals wertneutral sein, wenn sie nicht mit dem historischen Unrecht paktieren will. Aus dieser wissenschaftspolitisch zutiefst moralischen Haltung ergibt sich zugleich der von Hellmut Becker betonte „unmittelbare Zusammenhang" von Mitscherlichs psychoanalytischen und

„politischen Intentionen".[25] Es läßt sich vermuten, daß Alexander Mitscherlich durch seine Prozeßbeobachtung sowie durch die sich festigende inhaltliche Bindung an die Psychoanalyse – 1946 gründete er gemeinsam mit Hans Kunz und Felix Schottländer die psychoanalytische Zeitschrift *Psyche* – zu dem „Psycho-Historiker" wurde, als der er sich selbst später bezeichnete.[26] 1949 publizierten Mitscherlich und Mielke im Auftrag der Ärztekammer den Abschlußbericht über ihre Prozeßbeobachtung mit dem Titel *Wissenschaft ohne Menschlichkeit*. Er erhielt „kaum Rezensionen".[27] Die 10.000 von den Ärztekammern vorbestellten Exemplare konnten bei den Ärzten schlecht abgesetzt werden.[28] Von der Neuauflage, die 1960 unter dem Titel *Medizin ohne Menschlichkeit* erschien (und die inzwischen die 12. Auflage erreicht hat), wurden hingegen innerhalb eines Monats 29.000 Exemplare verkauft.[29] Dieses steigende Interesse mag auch damit zusammenhängen, daß sich die Adenauer-Ära langsam ihrem Ende zuneigte und sich in Deutschland ein kultureller Wandel anzudeuten begann. Vielleicht ist es psychisch leichter, sich noch einmal mit der Vergangenheit zu konfrontieren, wenn diese durch einen neuerlichen Wandel weiter entfernt scheint, gleichsam zur Vorvergangenheit geworden ist.

Trauer und symbolische Reparation

Der die fünfziger und frühen sechziger Jahre dominierende Prozeß der Restauration und des wirtschaftlichen Wiederaufbaus lenkte offenbar auch in psychischer Hinsicht die Aufmerksamkeit der Bundesdeutschen zunächst auf Gegenwart und Zukunft; damit wurde die während dieser Zeit herrschende ängstliche Vermeidungshaltung gegenüber der nationalsozialistischen Vergangenheit gestützt.[30] Die allgemeine psychische „Abwehr", sich mit dieser Vergangenheit „gefühlsmäßig" auseinanderzusetzen, veranlaßten Alexander und Margarete Mitscherlich in den sechziger Jahren, ihr Buch *Die Unfähigkeit zu trauern* (1967) zu erarbeiten. Hans-Martin Lohmann ist der Auffassung, diese Schrift, „die innerhalb kürzester Zeit zahlreiche Neuauflagen erlebte und in fast alle Weltsprachen übersetzt wurde", habe „eine verbreitete Stimmung der sechziger Jahre auf den sozialpsychologischen Begriff gebracht".[31] Zugleich kann das Buch aber auch als Vorbote jener intergenerativen Politisierung der Vergangenheit verstanden werden, die dann die 68er Generation vollzog.[32]

„Wir wollten", äußert Margarete Mitscherlich rückblickend, „mit Hilfe unserer psychoanalytischen Erkenntnisse die Nazi-Vergangenheit, die Katastrophe des Dritten Reiches besser verstehen, damit sich so etwas nie wiederholt."³³ Bei diesem Bemühen konnten sich die beiden Verfasser auf Vorarbeiten der Frankfurter Schule stützen. Schon 1959 erklärt Adorno das „Nachleben des Nationalsozialismus in der Demokratie" damit, „daß insgeheim, unbewußt schwelend und darum besonders mächtig" Identifikationen mit dem Ganzen (der Volksgemeinschaft etc.) aufrecht erhalten werden konnten und „daß der kollektive Narzißmus" nach dem Krieg nicht zerstört worden sei, sondern weiter fortbestehe.³⁴ Auch Alexander und Margarete Mitscherlich verstehen das Verhältnis der Deutschen zu Hitler als einen kollektiven pathologischen Narzißmus: Die Deutschen, so lautet ihre These, seien in ihrem Ich-Ideal weiterhin mit Hitler identifiziert. Psychische Abwehrmechanismen wie Verleugnung, Derealisierung, Isolierung sollten die durch den realen Sturz dieses Ideals drohende Melancholie, die unausweichlichen Gefühle des Selbsthasses und des „völligen Unwertes" abwehren.³⁵ Daraus folge auch eine unbewußte Abwehrhaltung gegen die mit der Erinnerung an vergangenes Unrecht verbundene Schuld. Aus Scham und Angst resultiere eine mangelnde Einfühlung in die Opfer sowie der Versuch, die innere Leere und den Mangel an Idealen durch Flucht in wirtschaftlichen Wiederaufbau und Konsum zu substituieren. Die narzißtische Identifikation mit einem destruktiven Größenideal könne jedoch nur durch einen Trauerprozeß überwunden werden, der die anderen, die Mitmenschen wirklich als gleichwertig anerkenne:

> Trauer kann nur dort entstehen, wo ein Individuum der Einfühlung in ein anderes Individuum fähig gewesen ist. Dieses andere Wesen bereichert mich durch sein Anderssein, wie etwa Mann und Frau sich durch ihre Verschiedenheit erlebend bereichern können.³⁶

Aus dieser Forderung nach Einfühlung leitet sich den Mitscherlichs zufolge eine neue, gesellschaftlich vorwärtsweisende Moral ab. 1963 hatte Alexander Mitscherlich in seinem Buch *Auf dem Weg zur vaterlosen Gesellschaft* den Rückgang der klassischen Über-Ich-Moral sozialpsychologisch auf den Machtverlust des ödipalen Vaters in der modernen, hochspezialisierten Gesellschaft zurückgeführt.³⁷ In *Die Unfähigkeit zu trauern* postulieren Alexander und Margarete Mitscherlich nunmehr einen neuen kategorischen Imperativ:

> Moralisch wäre dann nur jenes Handeln, das im vorhinein die Folgen des eigenen, auf eigene Befriedigung drängenden Handelns auf den Partner abzuschätzen vermag.³⁸

In dieser Hinsicht war die *Unfähigkeit zu trauern* auch der Auftakt zu dem viel größer angelegten Projekt, das man als psychoanalytische Aufklärung der Gesellschaft über sich selbst bezeichnen könnte. Zu ihm gehören spätere Arbeiten von Alexander Mitscherlich wie *Die Idee des Friedens und die menschliche Aggressivität. Vier Versuche* (1969) oder *Massenpsychologie ohne Ressentiment. Sozialpsychologische Betrachtungen* (1972) und *Toleranz – Überprüfung eines Begriffs. Ermittlungen* (1974). Und zu ihm gehören auch neuere Texte von Margarete Mitscherlich wie *Das Ende der Vorbilder. Vom Nutzen und Nachteil der Idealisierung* (1978), *Die friedfertige Frau. Eine psychoanalytische Untersuchung zur Aggression der Geschlechter* (1985) und *Erinnerungsarbeit. Zur Psychoanalyse der Unfähigkeit zu trauern* (1987).

Trotz aller utopischen Hoffnungen, die er in den Prozeß der Aufklärung und Selbstaufklärung setzte, blieb Alexander Mitscherlich davon überzeugt, daß die allen Menschen eigene Neigung zur Aggression sich zwar durch einen „kritischen Humanismus" zähmen lasse, daß dieser aber „ständig der Bedrohung durch menschliche Destruktivität ausgesetzt" bleibe.[39]

Auf dem Hintergrund einer solchen gedanklicher Entwicklung erscheint es nicht ganz abwegig, daß 1968 ein Rezensent der *Unfähigkeit zu trauern* im *Spiegel* behauptete, das Buch enthalte die bis dahin „schärfste Kritik an der Diktatur der Gesellschaftswissenschaften", da es die „Bedeutung vor- und außergesellschaftlicher" Prozesse für eine Lösung gesellschaftlicher Probleme behaupte.[40] Entsprechend wurden die Arbeiten Mitscherlichs in den späten 60er Jahren von linken Intellektuellen auch kritisch rezipiert. Seine Sozialpsychologie, so wurde ihm ebenfalls 1968 vorgeworfen, trage bei „zum Fortbestand der zwar realen, aber ungerechten wie überflüssigen Repression, zur Erhaltung der beschädigten Aggressivität" und somit auch zum Fortbestand des „als falsch erkannten, bestehenden sozialen Systems".[41] Aber auch gegen einen linken Kollektivismus blieben die Mitscherlichs in ihrem kritischen Individualismus immun.

Wenngleich man sie durchaus zu den kritischen, linken Intellektuellen zählen muß, haben sich beide von politisch naiven oder gar destruktiven Forderungen der 68er Generation distanziert. Margarete Mitscherlich kritisiert, daß bei dieser Generation eine projektive Verschiebung von Schuld und Aggression stattgefunden habe, nach der Maßgabe, die eigene, junge Generation sei „unschuldig und zu kritischem Denken fähig", die ältere hingegen „schuldig und unfähig, sich selber in Frage zu stellen."[42] Die Psychoanalyse zeige aber, daß jede Generation sich auf eine besondere Weise schuldig mache.[43] Insbesondere für Alexander Mitscherlich hatte diese neutral kritische Haltung zur Folge, daß er bei den einen als „Sympathisant und geistiger Wegbereiter des Terrorismus" galt und von die anderen als „Scheißliberaler" beschimpft wurde.[44] Immerhin wurde er 1969 für seinen Beitrag zur Aggressionsforschung mit dem Friedenspreis des Deutschen Buchhandels ausgezeichnet.

Die vaterlosen Söhne

Margarete Mitscherlich hat sich auch später immer wieder über die „Art der Deutschen mit ihrer Vergangenheit umzugehen" Gedanken gemacht. Denn seit 1968 hat sich ihrer Auffassung zufolge diese Art zwar verändert, es hätten sich aber „neue Abwehrformen gebildet, um der Konfrontation mit der Geschichte auszuweichen."[45] Die junge Generation, die sich für unschuldig halte, habe nicht wie erforderlich „die Bearbeitung unserer Vergangenheit angetreten, sondern deren Verleugnung und Verdrängung übernommen".[46] Erst nach dem Tod Alexander Mitscherlichs entbrannte die Auseinandersetzung um die Thesen der *Unfähigkeit zu trauern* richtig. Von einer wissenschaftspolitisch konservativen Position aus äußerte der Philosoph Hermann Lübbe 1983 die Auffassung, „daß die bekannte Verdrängungs-These falsch" sei, daß „die Intensität der Beschäftigung mit dem Nationalsozialismus" vielmehr „mit der Zahl der Jahre, die uns vom Zusammenbruch seiner Herrschaft trennen, gewachsen" sei, und daß die anfängliche „Zurückhaltung in der öffentlichen Thematisierung" der Vergangenheit lediglich „eine Funktion der Bemühung war, zwar nicht diese Vergangenheit, aber doch ihre Subjekte in den neuen demokratischen Staat zu integrieren".[47] Und noch 1992 bezeichnet Peter Dudek aus zeitgeschichtlicher Perspektive Mitscherlichs Thesen in ihrem „radikalen moralischen Gestus" als nicht gerade originelles, populäres „Pauschalurteil".[48]
Dann waren es aber auch die eigenen analytischen Söhne, die über die Thesen der Mitscherlichs stritten, um ihr Verhältnis zur Vergangenheitsbewältigung der Elterngeneration neu zu bestimmen. So warf Tilmann Moser den Verfassern der „Unfähigkeit zu trauern" eine „Vermischung von Psychoanalyse und vorwurfsvoller Moral" vor.[49] Angesichts ihrer „verfolgerischen Anklage gegen die Deutschen" könne man gar von einem „umgekehrten Antisemitismus" sprechen.[50] Gegen seine Forderung, Psychoanalyse und politische Moral zu trennen, plädiert Christian Schneider dafür, „Einfühlung zur Basis einer politischen Moral zu machen".[51] Indem Moser die Dimension realer Schuld ausklammere, betreibe er eine „Umkehr der Täter-Opfer-Perspektive".[52] Er tue dies letztlich mit dem Ziel, „die Anklägerposition seiner

Generation gegenüber den Vätern zu revidieren". Um „an die Stelle des ‚kollektiven Vatermords'" der 68er Generation „eine einfühlungsleitende Identifikation setzen" zu können, vollziehe Moser nun seinerseits den Vatermord an Mitscherlich.[53] In der Schrift *Auf dem Weg zur vaterlosen Gesellschaft* hatte Alexander Mitscherlich die Möglichkeit erwähnt, den Vater als Massenideal durch eine „Geschwisterordnung" zu ersetzen.[54] Daß er nach seinem Tod einerseits selbst von seinen geistigen Söhnen angegriffen wurde und daß diese sich andererseits untereinander bekämpften, kann als gleichsam tragischer Beleg gegen seine Diagnosen aus der *vaterlosen Gesellschaft* gewertet werden. Vielleicht liegt eine Ursache dieser Tragik darin, daß er selbst es seinen Söhnen verweigerte, die geistige Vaterschaft im vollen Sinn der damit verbundenen Autorität zu übernehmen. Das wiederum wäre ein Beleg für die Vermutung, daß es im Nachkriegsdeutschland in der Tat sehr schwer war, Vater im Sinne einer psychoanalytischen Sozialpsychologie zu sein, also die historische Elternschaft für neue kulturelle Werte und Normen zu übernehmen.

Anmerkungen

1 Jürgen Habermas: In memoriam Alexander Mitscherlich. In: Psyche 1982, S. 1060-1063, hier S. 1060.
2 Vgl. Margarete Mitscherlich: Erinnerungsarbeit. Zur Psychoanalyse der Unfähigkeit zu trauern (1987). Frankfurt a.M. 1993, S. 14.
3 Alexander Mitscherlich: Ein Leben für die Psychoanalyse. Anmerkungen zu meiner Zeit. Frankfurt a.M. 1980, S. 13f.
4 Alexander Mitscherlich: Von der Absicht dieser Chronik (1960). In: Medizin ohne Menschlichkeit. Dokumente des Nürnberger Ärzteprozesses. Herausgegeben und kommentiert von Alexander Mitscherlich und Fred Mielke, Frankfurt a.M. 1995, S. 9-22, hier S. 10f.
5 Alexander Mitscherlich: Von der Absicht dieser Chronik (Anm. 4). S. 18f.
6 Vgl. Alexander Mitscherlich: Ein Leben für die Psychoanalyse (Anm. 3). S. 20.
7 Felicitas von Schönborn: Margarete Mitscherlich. Zwischen Psychoanalyse und Frauenbewegung. Ein Portrait. Frankfurt a.M. 1997, S. 11.
8 A.a.O., S. 58.
9 Margarete Mitscherlich: Über die Mühsal der Emanzipation. Frankfurt a.M. 1990, S. 27.
10 Alexander Mitscherlich: Versuch, die Welt besser zu bestehen. Fünf Plädoyers in Sachen Psychoanalyse. Frankfurt a.M. 1970.
11 Alexander Mitscherlich: Ein Leben für die Psychoanalyse (Anm. 3). S. 113.

12 Alexander Mitscherlich: Geschichte und Psychoanalyse. Bemerkungen zum Nürnberger Prozeß (1945). In: Psyche 1984, S. 1082-1093, hier S. 1092.
13 Felicitas von Schönborn: Margarete Mitscherlich (Anm. 7). S. 129.
14 Jürgen Habermas: Alexander Mitscherlich. Arzt und Intellektueller (1978). In: ders.: Philosophisch-politische Profile. Erweiterte Ausgabe. 3. Aufl. Frankfurt a.M. 1984, S. 185-194, hier S. 192f.
15 Zygmunt Bauman: Moderne und Ambivalenz. Frankfurt a.M. 1995, S. 69.
16 Alexander Mitscherlich: Geschichte und Psychoanalyse (Anm. 12). S. 1082.
17 Vgl. Helmut König: Was leistet die Psychoanalyse für die Erklärung gesellschaftlicher Verhältnisse? Über Alexander Mitscherlich. In: Leviathan 1985, H. 2, S. 219-237, hier S. 233.
18 Vgl. Alexander Mitscherlich/ Alfred Weber: Freier Sozialismus. Heidelberg 1946.
19 Alexander Mitscherlich: Ein Leben für die Psychoanalyse (Anm. 3). S. 145f.
20 Thomas Gerst: „Nürnberger Ärzteprozeß" und ärztliche Standespolitik. Der Auftrag der Ärztekammern an Alexander Mitscherlich zur Beobachtung des Prozeßverlaufs. In: Deutsches Ärzteblatt 91, Heft 22/23, 1994, S. 1200-1210, hier S. 1204.
21 A.a.O., S. 1206.
22 Jürgen Peter: Der Nürnberger Ärzteprozeß im Spiegel seiner Aufarbeitung anhand der drei Dokumentensammlungen von Alexander Mitscherlich und Fred Mielke (Schriften aus dem Sigmund-Freud-Institut, 2) 2. Aufl.. Münster 1998, S. 224.
23 A.a.O., S. 210f.
24 Hans-Martin Lohmann: Alexander Mitscherlich. Reinbek bei Hamburg 1987, S. 73.
25 Hellmut Becker: Freiheit, Sozialismus, Psychoanalyse – Anmerkungen zu Begegnungen mit Alexander Mitscherlich von einem Nichtanalysierten. In: Merkur Nr. 364, 1978, S. 923-937, hier S. 925.
26 Alexander Mitscherlich: Ein Leben für die Psychoanalyse (Anm. 3). S. 236.
27 Jürgen Peter: Der Nürnberger Ärzteprozeß (Anm. 22). S. 127.
28 Vgl. Thomas Gerst: „Nürnberger Ärzteprozeß" (Anm. 20). S. 1208.
29 A.a.O., S. 1210.
30 Vgl. Ulrich Brochhagen: Nach Nürnberg. Vergangenheitsbewältigung und Westintegration in der Ära Adenauer. Hamburg 1994, S. 13f..
31 Hans-Martin Lohmann: Alexander Mitscherlich (Anm. 24). S. 98.
32 Vgl. Helmut König: Die deutsche Einheit im Schatten der NS-Vergangenheit. In: Leviathan, 1992. H. 3, S. 359-379, hier S. 364.
33 Felicitas von Schönborn: Margarete Mitscherlich (Anm. 7). S.138.
34 Theodor W. Adorno: Was bedeutet Aufarbeitung der Vergangenheit? (1959) In: Eingriffe. Neun kritische Modelle. Frankfurt a.M. 1963, S. 125-146, hier S. 126 und S. 135.

35 Alexander und Margarete Mitscherlich: Die Unfähigkeit zu trauern. Grundlagen kollektiven Verhaltens (1967). 13. Aufl., München 1991, S. 30ff.
36 Alexander und Margarete Mitscherlich: Die Unfähigkeit zu trauern (Anm. 35). S. 39.
37 Vgl. Alexander Mitscherlich: Auf dem Weg zur vaterlosen Gesellschaft. Ideen zur Sozialpsychologie (1963). 18. Aufl., München 1992, S. 337ff.
38 Alexander und Margarete Mitscherlich: Die Unfähigkeit zu trauern (Anm. 35). S. 168.
39 Alexander Mitscherlich: Ein Leben für die Psychoanalyse (Anm. 3). S. 297.
40 Gerhard Szesny: Über Mitscherlich: „Die Unfähigkeit zu trauern". Guter Rat für Dutschke? In: *Der Spiegel*, Heft 2, 8.1.1968, S. 76-77, hier S. 77.
41 Psychoanalyse. Zum 60. Geburtstag von Alexander Mitscherlich. Kritische Beiträge von Peter Brückner, Thomas Leithäuser, Werner Kriesel. Frankfurt a.M. 1968, S. 50.
42 Margarete Mitscherlich: Die friedfertige Frau. Eine psychoanalytische Untersuchung zur Aggression der Geschlechter (1985). Frankfurt a.M. 1990, S. 5.
43 Vgl. Felicitas von Schönborn: Margarete Mitscherlich (Anm. 7). S. 150.
44 A.a.O., S.148
45 A.a.O., S.155
46 Margarete Mitscherlich: Erinnerungsarbeit (Anm. 2). S. 14.
47 Hermann Lübbe: Der Nationalsozialismus im politischen Bewußtsein der Gegenwart. In: Martin Broszat u.a. (Hg.): Deutschlands Weg in die Diktatur. Berlin 1983, S. 329-345, hier S. 329 und S. 335.
48 Peter Dudek: „Vergangenheitsbewältigung"- Zur Problematik eines umstrittenen Begriffs. In: *Aus Politik und Zeitgeschichte.*, 1992, H. 1-2, S. 44-53, hier S. 48.
49 Tilmann Moser,: Die Unfähigkeit zu trauern: Hält die Diagnose einer Überprüfung stand? Zur psychischen Verarbeitung des Holocaust in der Bundesrepublik. In: Psyche 1992 S. 389-405, hier S. 390.
50 A.a.O., S. 397.
51 Christian Schneider: Jenseits der Schuld? Die Unfähigkeit zu trauern in der zweiten Generation. In: Psyche 1993 S. 754-774, hier S. 760.
52 A.a.O., S. 771.
53 A.a.O., S. 773.
54 Alexander Mitscherlich: Auf dem Weg zur vaterlosen Gesellschaft (Anm. 37). S. 364.

Rita Thalmann
Beate Klarsfeld – „Ich will, daß meine beiden Kinder darauf stolz sind, eine deutsche Mutter zu haben."

Von den Medien meistens als „Nazijägerin" bezeichnet, von manchen deutschen Politikern sogar als „Exhibitionistin" bezichtigt und als „Nestbeschmutzerin" beschimpft, ist Beate Klarsfeld von ihrem Naturell her eher eine zurückhaltende Frau.[1] Sie wurde am 13. Februar 1939 als einzige Tochter einer kleinbürgerlichen Berliner Familie geboren. Der Vater, ein Versicherungsangestellter, als Soldat der Wehrmacht an der Ostfront verletzt, gehörte wie die Mutter zu den Mitläufern des Nationalsozialismus, die durch den Krieg nichts gelernt, aber auch nichts vergessen hatten. Habitus und Herkunft zeichnen ihr späteres Engagement, die Inszenierung von Skandalen um alte und neue Nazis, nicht vor.

Beate Klarsfeld arbeitete nach Abschluß der Schule und Handelsschule als Sekretärin in einem Chemiekonzern. Mit einundzwanzig Jahren entschloß sie sich, als Au-pair-Mädchen nach Paris zu gehen. „Ich habe mein Milieu verlassen, bemerkt sie, weil ich wußte, daß mir etwas fehlte, daß ich dieses Milieu nicht ertragen kann."[2] In Paris hörte sie dann zum ersten Mal von den Verbrechen an den Juden im „Dritten Reich". Die Eltern in Deutschland hatten geschwiegen, in der Schule hatte sie nichts darüber erfahren. Erst in Frankreich wurde Beate zu dem politisch interessierten Menschen, der sie, ihrer Ansicht nach, in Deutschland wahrscheinlich nie geworden wäre.
Ihre Politisierung begann mit einem Zufall: 1960 lernte Beate in der Pariser Metro den französischen Jura-Studenten Serge Klarsfeld kennen. Sein Vater Arno, ein aus Rumänien emigrierter jüdischer Kaufmann war nach Auschwitz deportiert und dort ermordet worden; von Serges Mutter erfuhr Beate, wie diese mit ihren zwei Kindern, versteckt in einem Wandschrank, der Razzia der Sicherheitspolizei (Sipo) und des Sicherheitsdienstes (SD) in Nizza entkommen war, während ihr Mann entdeckt und festgenommen wurde. Die Schilderungen des durchlebten Leidens und Serges historische Erläuterungen des Geschehens machten Beate zum ersten Mal das Ausmaß des Unheils der deutschen Geschichte zwischen 1933 und 1945 bewußt. „Deutsch zu sein, erklärt sie, ist eine permanente Herausforderung. Wir sind nicht nur Söhne und Töchter eines humanistischen Deutschlands, das von Goethe, Schiller, Beethoven, sondern auch die eines monströsen Deutschlands, das von Hitler,

Himmler und Eichmann."³ Daß eine im protestantisch-lutherischen Glauben aufgewachsene Tochter eines Wehrmachtssoldaten den Sohn eines in Auschwitz umgekommenen französischen Juden heiratete, war im Paris der sechziger Jahre keine Seltenheit. Ihre 1963 geschlossene Ehe hat sich jedoch durch die Arbeit für eine „gemeinsame Sache" zur wahren Partnerschaft, zu einem im Denken und Handeln geeinten Wir, entwickelt.

Über ihre Erfahrungen als deutsches Au-pair-Mädchen in Paris schrieb Beate Klarsfeld ein Buch, das in französischer und deutscher Sprache erschien. Nach der Ausübung verschiedener Berufe fand sie 1964 eine feste Anstellung im deutsch-französischen Jugendwerk. Ein Jahr später kam ihr Sohn Arno zur Welt, der den Namen des deportierten und ermordeten Großvaters trägt. Als sie im Oktober 1966 an ihren Arbeitsplatz zurückkehren wollte, hatte man ihre Stelle gestrichen. Sie sollte nun nicht mehr am Aufbau des Archivs und der Bibliothek des Jugendwerks mitarbeiten, sondern wurde als Schreibkraft beschäftigt. Vermutlich wollte man sie dazu veranlassen, ihre Stelle zu kündigen. Doch da das nicht geschah, nutzte das Jugendwerk 1967 eine Gelegenheit, sie fristlos und ohne Abfindung zu entlassen. Beate Klarsfeld hatte in der liberal-demokratischen Zeitung *Combat* einen Artikel veröffentlicht, in dem sie gegen die Wahl von Kurt Georg Kiesinger zum deutschen Bundeskanzler protestierte.[4] Ihren Rauswurf begründete das Jugendwerk mit einer Bestimmung in ihrem Arbeitsvertrag, die ihr jede Handlung und insbesondere jede politische Erklärung oder Tätigkeit, sowie jede Veröffentlichung verbot, die geeignet waren, dem deutsch-französischen Jugendwerk einen ideellen oder materiellen Schaden zuzufügen. Warum aber sollte eine private Kritik gegen die Arbeitsbestimmungen verstoßen? Waren Meinungs- und Pressefreiheit in diesem Fall nicht zu berücksichtigen? Es stellte sich heraus, daß der deutsche Schiedsrichter, der gemeinsam mit einem französischen Kollegen über die Entlassung zu entscheiden hatte und der nach dem Krieg Präsident des Verwaltungsgerichtshofes von Baden-Württemberg geworden war, selbst seit 1933 Mitglied der NSDAP gewesen ist.

Spielten sich diese Ereignisse noch unbemerkt von der Öffentlichkeit hinter den Kulissen ab, so zog Beate Klarsfeld ein Jahr später die Aufmerksamkeit der Medien in aller Welt auf sich, als sie Bundeskanzler Kurt Georg Kiesinger öffentlich ohrfeigte. Vorangegangen war, wie allen späteren öffentlichkeitswirksamen Aktionen, eine intensive Aufarbeitung der Geschichte. Mit Hilfe des Historikers Joseph Billig, der zu dieser Zeit im Pariser jüdischen Dokumentationszentrum „Centre de documentation juive contemporaire de

Paris (CDJC)" arbeitete, hatte sie eine Archivdokumentation über Kiesingers Vergangenheit im „Dritten Reich" zusammengestellt.[5] Beate Klarsfeld hatte die Broschüre der Presse übergeben, doch trotz einer Pressekonferenz griffen die Medien das Thema nicht auf. Daraufhin nutzte Beate Klarsfeld eine Sitzung des Bundestages, um den Kanzler von der Besuchertribüne aus aufzufordern: „Nazi-Kiesinger, abtreten!" Doch wieder blieben Reaktionen aus. Jetzt entschloß sie sich zu einer spektakulären Aktion. Der Öffentlichkeit sollte der Skandal bewußt werde, daß die Bundesrepublik von einem Kanzler regiert wurde, dem als stellvertretender Abteilungsleiter für Rundfunkfragen im Auswärtigen Amt der Abhördienst und die Auslandssendungen unterstanden und der durch seine Kontakte zum Propagandaministerium, wie es Sitzungsprotokolle bestätigen, genau über die Judenverfolgung und -vernichtung informiert war. „Ich wollte der ganzen Welt beweisen" sagt Beate Klarsfeld, „daß ein Teil des deutschen Volkes, ganz besonders aber seine Jugend sich dagegen auflehnt, daß ein Nazi an der Spitze der Regierung steht."[6] So verschaffte sie sich mit dem Presseausweis ihres Mannes am 4. November 1968 zum Bundesparteitag der CDU in Berlin Zutritt. Als man im Pressebüro den Namen Klarsfeld las, hieß es, alle Plätze für Journalisten seien bereits besetzt. Erst drei Tage später konnte Beate Klarsfeld über die Pressetribüne den Vorstandstisch erreichen. Dem Ordner, der sie aufhalten wollte, sagte sie, sie möchte nur hinter dem Tisch zur anderen Seite des Saals durchgehen. Nun stand sie hinter Bundeskanzler Georg Kiesinger. Als er sich zu ihr umdrehte, versetzte sie ihm mit der Handfläche eine Ohrfeige und schrie laut: „Nazi! Nazi! Nazi!" Tags darauf wurde Beate Klarsfeld in einem Schnellverfahren zu einem Jahr Gefängnis verurteilt. Sechs Wochen vor den Bundestagswahlen, eine Woche vor ihrem Berufungsverfahren erschien *Die Geschichte des PG 2633 930 Kurt Georg Kiesinger* mit einem Vorwort des Nobelpreisträgers Heinrich Böll.[7] Serge Klarsfeld, der als zugelassener Beistand während des Berufungsprozesses mit einer Dolmetscherin am Verteidigertisch saß, gab eine Erklärung ab, in der er betonte, er habe bis zu seinem einundzwanzigsten Lebensjahr alle Deutschen gehaßt und das deutsche Volk mit den Nazis gleichgesetzt. Erst durch die zufällige Lektüre der *Weißen Rose*[8] habe er erfahren, daß auch junge Deutsche Widerstand geleistet und dafür mit ihrem Leben bezahlt hatten. Er habe verstanden, daß sein undifferenzierter Haß unberechtigt war, auch wenn die Scholls in Deutschland nur eine kleine, isolierte Minderheit gewesen sind. Es schockiere ihn aber, jetzt feststellen zu müssen, daß führende Positionen in der Bundesrepublik mit ehemaligen Nazis besetzt sind, mit denen der Ungeist der NS-Zeit in der

Bundsrepublik weiterlebe. Letztlich werde das Andenken an den Widerstand der Geschwister Scholl dazu benutzt, diese Tatsache zu verschleiern. Er habe nichts unternommen, um seine Frau von der Aktion gegen den ehemaligen Nationalsozialisten Kiesinger abzubringen, weil er wisse, daß die Versöhnung zwischen Deutschen und den Völkern, die unter dem Nationalsozialismus gelitten haben, nur durch den aktiven Kampf gegen die Kräfte und die Personen, die ihn getragen haben und bis heute legitimieren, erreicht werden kann. Der Antrag des Verteidigers von Beate Klarsfeld, Bundeskanzler Kiesinger als Zeugen zu vernehmen, wurde wegen „Terminschwierigkeiten" abgewiesen. Die Hauptverhandlung wurde zunächst ausgesetzt und schließlich wurde die Strafe von einem Jahr Haft auf vier Monate bedingt reduziert.

Beates Vater war 1966 gestorben. Ihre Mutter Helene aber schämte sich vor den Nachbarn. „Warum mußt ausgerechnet du die schmutzige Wäsche der Deutschen waschen?" Sie hat erst später ihre Meinung über ihre Tochter geändert.[9] Nach wie vor sträubt sich Beate Klarsfeld gegen ihre Stigmatisierung als „Nazijägerin" durch die Medien. „Wer auf die Jagd geht, meint sie, braucht eine Waffe. Ich habe keine." Ferner unterschlage diese Bezeichnung die äußerst mühsame, jahrelange Spurensuche, die sie seit dieser spektakulären Aktion gemeinsam mit ihrem Mann betreibe. Sie weiß, daß die Ohrfeige, die sie Bundeskanzler Kiesinger wegen seiner Nazi-Vergangenheit verabreichte, und Willy Brandts Kniefall am Mahnmal des Warschauer Ghettos bis heute in Deutschland umstrittene Gesten sind; sie weiß aber auch daß diese Gesten weit über ihre symbolische Bedeutung hinaus zu einer Differenzierung des Deutschlandbildes im Ausland beigetragen haben.[10] Selbst Günter Grass, der mit Karl Jaspers gegen Kiesingers Wahl protestiert hatte, griff Heinrich Böll an, weil dieser der „Hysterikerin" als Anerkennung fünfzig rote Rosen nach Paris schicken ließ.[11] Derartige Äußerungen verletzten Beate Klarsfeld, brachten sie aber nicht von ihren Engagement ab. Der Mut, meinte sie, bestehe darin, nicht aufzugeben. Schließlich habe ihre Aktion gegen Kiesinger dazu beigetragen, daß dessen Partei die Bundestagswahl im September 1969 verlor und die Koalition von SPD und FDP mit dem Widerstandskämpfer Willy Brandt als Bundeskanzler die Regierung stellte.

Bei allen Reisen, die Beate Klarsfeld dreißig Jahre lang nach Südamerika, in den Nahen Osten und in osteuropäische Länder führten, war ihr die Unterstützung ihres Mannes sicher. Serge Klarsfeld stellte ihr die notwendigen Reiseunterlagen zusammen, suchte Finanzierungsmöglichkeiten, veröffentlichte als Historiker Gedenkbücher mit genauen Angaben über die aus Frankreich, Rumänien und Belgien deportierten Juden und reichte als Rechtsanwalt bei den zuständigen Justizbehörden Strafanträge gegen NS-Täter ein. Er sorgte schließlich mit der Unterstützung seiner Mutter für den Sohn Arno und die 1973 geborene Tochter Lida, wenn Beate Klarsfeld nicht zu Hause war.

Serge Klarsfeld arbeitete gelegentlich auch mit der von ihm gegründeten „Vereinigung der Söhne und Töchter der jüdischen Deportierten Frankreichs" an Aktionen mit. So war er beispielsweise an der Aufdeckung der unbestraften Hauptverantwortlichen der Sipo und des SD für die Deportation der französischen Juden, Kurt Lischka, Herbert Hagen und Ernst Heinrichsohn beteiligt. An der Seite seiner Frau protestierte er 1970 gegen die Ernennung des FDP-Bundestagsabgeordneten Dr. Ernst Achenbach zum Kommissar der Europäischen Gemeinschaft,[12] weil Achenbach als Leiter der politischen Abteilung der deutschen Botschaft in Paris während der Okkupation für die Deportationen mitverantwortlich war. Lischka war zwar als ehemaliger Stellvertreter von Hagen, des Befehlshabers der Sipo und des SD in Frankreich, am 18. September 1950 und Hagen am 15. März 1955 von einem französischen Militärgericht in Abwesenheit zu lebenslänglichem Zuchthaus verurteilt worden. Da aber zwischen der Bundesrepublik und Frankreich kein Auslieferungsabkommen bestand, konnten beide unbehelligt in Deutschland leben.[13] Über Telefonbücher machten Beate und Serge Klarsfeld den Wohnort von Lischka, Hagen und Heinrichsohn ausfindig, suchten sie auf und stellten sie vor die Wahl, sich freiwillig zu stellen oder sich einer Pressekampagne auszusetzen. Beate und Serge Klarsfeld machten auch jetzt wieder die Erfahrung, daß es nicht möglich war, mit den Tätern über die Opfer zu sprechen und daß sie nur dann menschliche Regungen zeigten, wenn es um ihr eigenes Schicksal ging. Die Antworten der NS-Täter glichen sich immer wieder, von Reue war keine Spur. Lischka fragte sogar: „Schämt ihr euch nicht, daß ihr einem so alten Mann wie mir den Lebensabend verderbt?" Die geplante und am 22. März 1971 versuchte Entführung Lischkas scheiterte. Die Klarsfelds bezweckten in der Tat auch diesmal, die Aufmerksamkeit der Öffentlichkeit auf Lischka und seine Rolle als Gehilfe bei den Deportationen während der deutsche Okkupation in Frankreich zu lenken. Besonders dringend erschien ihnen dies, da das am 2. Februar 1971 nach zehn Jahren schwieriger Verhandlungen entstandene deutsch-französische Zusatzabkommen über die Strafverfolgung von NS-Verbrechern zu dieser Zeit von den Fraktionen der CDU/CSU und FDP im Bundestag blockiert wurde. Wegen versuchter Entführung wurde Beate Klarsfeld im April verhaftet, als sie im ehemaligen KZ Dachau an einer Gedenkfeier teilnahm. Enttäuscht über die Haltung deutscher Studenten, für die es einfacher war, gegen den „amerikanischen Faschismus" in Vietnam oder für die Rechte der Palästinenser zu demonstrieren als sich mit den eigenen Eltern auseinanderzusetzen, blieb Beate Klarsfeld wenigstens die Genugtuung festzustellen, daß ihre Verhaftung in Frankreich eine Welle des Protests auslöste. Unter dem Motto „Freiheit für Beate Klarsfeld am Tag der Erinnerung an den Sieg über das nationalsozialistische Deutschland" unterschrieben über hundert führende französische Persönlichkeiten aus Politik, Kultur, Wissenschaft, zwei Nobelpreisträger, Vertreter der christlichen Kirchen und des Judentums, des Widerstands sowie Rechtsanwälte und Journalisten einen Aufruf zur sofortigen Freilassung der Frau, mit deren mutiger Aktion sie sich solidarisch erklärten.[14] Eine Petition mit demselben Inhalt und 60.000 Unterschriften wurde dem Botschafter der Bundesrepublik in Israel überreicht.[15] Während junge französische Mitglieder der „Ligue Internationale contre le Racisme et l'Antisémitisme (LICRA)" aus Protest die Essener Anwaltskanzlei des ehemaligen NS-Diplomaten Achenbach vorübergehend besetzten – drei Teilnehmer wurden von einem Essener Gericht deswegen zu einer Geld- oder Gefängnisstrafe von zehn bis zwanzig Tagen verurteilt – demonstrierten über tausend Menschen vor der Pariser Botschaft der Bundesrepublik. Schließlich sah sich Präsident Giscard d'Estaing genötigt, bei seinem Freund Bundeskanzler Helmut Schmidt für die Freilassung von Beate Klarsfeld zu intervenieren – mit Erfolg. Klarsfelds Aktion konnte Achenbachs Ernennung in die EG-Kommission verhindern. Es dauerte aber noch fünf Jahre bis zur Ratifizierung des deutsch-französischen Zusatzvertrages, der die Auslieferung von NS-Verbrechern zwischen Frankreich und Deutschland regelte und deren Aburteilung ermöglichte. 1980 wurden Lischka, Heinrichsohn und Hagen, die weiterhin behaupteten, sie hätten nichts von der Ermordung der Juden gewußt, von einem Kölner Gericht verurteilt. Als ehemaliger Leiter des Judenamtes im SD wurde Hagen zu zwölf Jahren und Lischka zu zehn Jahren Gefängnis verurteilt; Heinrichsohn, der sein Bürgermeisteramt und seine Mitgliedschaft in der CDU aufgeben mußte, wurde zu sechs Jahren verurteilt.[16]

In der Bundesrepublik ist Beate Klarsfeld die Frau, die Bundeskanzler Kiesinger geohrfeigt hat. Vergessen oder übersehen wird, daß sie als Mitglied des Zentralkomitees der LICRA dreißig Jahre lang an der Auffindung von NS-Schergen wie Barbie, Mengele, Schwammberger, Rauff und Brunner arbeitete und meistens gegen starke Anfeindungen allein für die Verurteilung der NS-Täter eintrat. Sei es in südamerikanischen Diktaturen[17], im Nahen Osten[18] oder in kommunistischen, osteuropäischen Ländern, stets verwies Beate Klarsfeld auf den Zusammenhang der NS-Diktatur mit den gegenwärtigen Verletzungen der Menschenrechte. Daß der Weltfriedensrat ihr 1969 in Ostberlin den Lambrakis Preis verlieh, hinderte sie nicht daran, sich Anfang der siebziger Jahre in Warschau und Prag aus Protest gegen die Restalinisierung und gegen das Wiederaufkommen des Antisemitismus an Bäume anzuketten und Flugblätter in den jeweiligen Landessprachen zu verteilen. In südamerikanischen Ländern und im Nahen Osten bezichtigte sie die Diktatoren öffentlich, die ehemaligen Vollstrecker der mörderischen NS-Politik als Berater ihrer Unterdrückungspolitik aufgenommen zu haben und zu beschützen. Wo immer sie demonstrierte wurde sie verhaftet und ausgewiesen. Doch hatte Beate Klarsfeld mit der Zeit gelernt, die internationalen Medien in den „Dienst der Sache" zu stellen. Nur dadurch, erkennt sie, „blieb mir in manchen Ländern eine schlechte Behandlung erspart."[19] Drohbriefe und -anrufe und zwei Sprengstoffanschläge – der erste wurde von einer rechtsextremistischen Organisation auf ihren Wagen, der zweite mit einem als Pralinenschachtel getarntem Sprengsatz auf ihre Wohnung verübt – beweisen, daß dieses Engagement mit Risiken verbunden war. Auf die Frage, ob sie Angst empfinde, meinte Beate Klarsfeld, außer der Angst, das einmal gesteckte Ziel nicht zu erreichen, habe sie keine, sie konzentriere sich immer nur auf ihre Aktionen. Sie sei in Sorge, wenn ihre Tochter Lida spät von der Schule nach Hause kommt und fürchte sich in einem dunklen Keller und vor einer nassen Autobahn, aber nicht davor, möglicherweise von der syrischen Armee festgenommen zu werden. Wer Beate Klarsfeld kennt, weiß, daß ihre Antwort glaubwürdig ist. Auf die Frage, „Warum sind Sie eine so kompromißlose Kämpferin?" erwidert sie: „Als ich meinen Eltern die übliche Frage gestellt habe: 'Was habt ihr damals dagegen gemacht?', haben sie das übliche geantwortet: 'Was hätten wir schon tun können, alleine?' Und mir war klar, wenn mein Sohn mich einmal fragen würde: 'Was hast du eigentlich gemacht, als sie den Kiesinger zum Kanzler gewählt haben?' würde ich gerne sagen: 'Ich hab' etwas getan!'"

Beate und Serge Klarsfelds Sohn Arno vertritt heute als Rechtsanwalt vor Gericht die „Vereinigung der Söhne und Töchter der jüdischen Deportierten Frankreichs", wie 1997/98 in dem Verfahren gegen Maurice Papon, der wegen seiner Mitwirkung an den Deportationen von Juden von Bordeaux vor Gericht stand. Anläßlich der Präsidentschaftskandidatur Waldheims begleitete er 1986 seine Mutter zu Protestkundgebungen nach Österreich.[20] In Wien, wo sie Plakate mit der Aufschrift „Waldheim muß abtreten" am Amtssitz des Bundespräsidenten befestigten, wurden sie verhaftet und ausgewiesen. Auch zwei Jahre später wurden sie wieder verhaftet, als sie mit Mitgliedern der Vereinigung „Söhne und Töchter der jüdischen Deportierten Frankreichs" gegen Waldheims Begegnung mit dem Papst vor der Wiener Nuntiatur demonstrierten, während Johannes Paul II. Vertreter der Jüdischen Kultusgemeinde empfing. Arno und eine französische Journalistin wurden von der Polizei geschlagen, Beate wurde sofort ausgewiesen. Arno erhielt eine Verwaltungsstrafe wegen Tragens einer Wehrmachtsuniform und öffentlichen Lärmens mit den Worten „Waldheim, Waldheim, Kriegsverbrecher!" Daß es damals um mehr als das Tragen einer Wehrmachtsuniform ging, blieb öffentlich unausgesprochen. „Zahlen werde ich die Geldstrafe nicht, erklärte Arno, weil ich das Urteil nicht akzeptieren kann. Kurt Waldheim trug ja dieselbe Uniform und wurde Präsident. ich gehe für das Tragen dieser Uniform ins Gefängnis." Auf seine Weise folgt Arno Klarsfeld dem Beispiel seiner Eltern.

Das Engagement von Beate Klarsfeld, das sie immer mit ihrem Mann verbunden hat, wurde durch viele Auszeichnungen geehrt: Sie erhielt die Tapferkeitsmedaille der Warschauer Ghettokämpfer in Jerusalem, den Jabotinski Preis und die Freiheitsmedaille der „Hebrew Immigrant Aid Society" in New York, den Raoul-Wallenberg-Preis in Schweden und den Preis der Stiftung des französischen Judentums in Paris. 1977 wurde sie von Universitätsprofessoren und 57 Abgeordneten des israelischen Parlaments, der Knesset, für den Friedensnobelpreis vorgeschlagen. 1986 entstand eine britisch-amerikanisch-französische Koproduktion über „Die Geschichte der Beate Klarsfeld", in der Farah Fawcett ihre Rolle spielt.[21] Zwei Jahre zuvor hatte ihr der französische Außenminister Claude Cheysson das Ritterkreuz der Ehrenlegion, die von Napoleon 1802 begründete, höchste Auszeichnung Frankreichs, verliehen. In Anwesenheit zahlreicher zur Feier im Uhrsaal des Quai d'Orsay geladenen Gäste sprach der Außenminister Beate Klarsfeld die Anerkennung der französischen Regierung für ihre Aktionen aus. Er erwähnte auch, daß dank ihres Engagements die Ernennung eines ehemaligen NS-Diplomaten zum Mitglied der Europäischen Kommission verhindert wurde. Er erinnerte ferner an ihren Beitrag bei der Suche nach Barbie und dem früheren Stellvertreter der Sipo und des SD in Paris, Kurt Lischka. Ohne ihn namentlich zu nennen, erinnerte der französische Außenminister auch an den Bundeskanzler, den Beate Klarsfeld 1968 in Berlin geohrfeigt hatte. Zusammen mit ihrem Mann, der die Auszeichnung bereits erhalten hatte, habe sie weder Provokationen noch Verurteilungen und persönliche Gefährdungen gescheut. Sie habe dazu beigetragen, daß die Schrecken der NS-Zeit und der Verfolgung der jüdischen Gemeinschaft nicht vergessen werden. In ihrer Danksagung betonte Beate Klarsfeld, sie habe ihre Pflicht als Französin, die sie geworden ist, wie ihre Pflicht als Deutsche, die sie geblieben ist, ohne Widerspruch erfüllt.

Frankreich ehrte Beate Klarsfeld, während, wie eine deutsche Zeitung zu diesem Anlaß bemerkte, die Bundesrepublik durch Abwesenheit glänzte.[22] Zwar hatte bereits 1974 die Aachener Bürgerinitiative „Christen und Politik" Bundesinnenminister Genscher gebeten, Beate Klarsfeld dem Bundespräsidenten für die Verleihung des Bundesverdienstkreuzes vorzuschlagen. Beate Klarsfeld habe nicht nur dem deutschen Rechtswesen einen großen Dienst erwiesen, sondern auch einen wichtigen Beitrag zur Verbesserung des Ansehens der Bundesrepublik im Ausland, insbesondere in Frankreich und Israel, geleistet. Doch eine Auszeichnung durch die Bundesrepublik blieb aus. Als man sich zehn Jahre später über die Abwesenheit eines bundesdeutschen Vertreters bei der Pariser Ehrung wunderte, teilte die Presseabteilung der Botschaft mit, der Botschafter habe wegen eines anderen Termins die Leiterin des Pariser Generalkonsulats gebeten, ihn zu vertreten. Die Einladung sei auf dem Weg zwischen den beiden Amtssitzen verlorengegangen und erst am Tag nach der Ehrung wieder aufgefunden worden. Eine Panne, die sich ereignen kann. Wie aber erklärt es sich, daß die Bundesrepublik Beate Klarsfeld nicht einmal einen Glückwunsch oder ein anderes Zeichen der Anerkennung schickte?

Wenn Beate Klarsfeld auf ihr Geburtsland zu sprechen kommt, läßt ihre Beherrschung etwas nach. Warum dieses andauernde Unbehagen gegenüber ihrem Engagement, das mehr als manche hochtrabenden Reden von Politikern die Sühnebereitschaft einiger Deutscher geweckt und damit zur Festigung der Demokratie in der Bundesrepublik und ihres Ansehens im Ausland beigetragen hat? Ja, sagt sie mit einem wehmütigen Lächeln, von ihren beiden französischen Kindern habe sie die Anerkennung erhalten, die ihre Heimat ihr bis heute verweigert hat. „Sie sind stolz darauf, eine deutsche Mutter zu haben."[23]

Anmerkungen

1. Ich danke Beate und Serge Klarsfeld für ihre Hilfe bei der Materialrecherche.
2. Beate Klarsfeld: Als deutsches Au-pair Mädchen in Paris. Bonn 1965.
3. Isabelle Romary in *Die Weltwoche* vom 1.6.1989.
4. Beate Klarsfeld: Le sommeil trouble de l'Allemagne. *Combat* vom 21.7.1967.
5. Beate Klarsfeld: Partout où ils seront. Paris 1972. S.47-108.
6. Zit.n. Wolfgang Höllrigel: Porträt der Woche vom 30.7.1987: Beate Klarsfeld.
7. Beate Klarsfeld: Die Geschichte des PG 2633 930 Kurt Georg Kiesinger. Darmstadt 1969.
8. Inge Scholl: Die weiße Rose. Frankfurt am Main 1955.
9. Christine Hochstein: Zu Gästin in Hannover: Die Kämpferin. *Hannoversche Allgemeine Zeitung* vom 17.10.1991.
10. Barbara Ungeheuer: „Wir sehen uns nach Schönem." *Die Zeit* vom 10.7.1987.
11. Hella Kaiser: Rote Rosen von Heinrich Böll. *Der Tagesspiegel* vom 2.6.1991.
12. *Süddeutsche Zeitung* vom 30.3. und 9.4.1970; *Frankfurter Rundschau* vom 4.4.1970; *Le Monde* vom 7.4.1970; *Il Messagiero* vom 9.4.1970; *Le Soir* (Brüssel) vom 9.4.1970; *La libre Belgique* vom 14.4.1970.
13. Liste der 150 vom französischen Militärgericht in Abwesenheit verurteilten NS-Verbrecher in: Beate Klarsfeld: Partout où ils seront, a.a.O., S. 433-437.
14. Text und Unterschriften in *Le Monde* vom 8.5.1974.
15. *Jerusalem Post* vom 7.5.1974.
16. Gestapo Crimes and Punishment, *Newsweek* vom 25.2.1980.
17. *New York Times* vom 9.2.1972; *Jerusalem Post* vom 18.1.1985; *Buenos Aires Herald* vom 23.12.1987.
18. Beate Klarsfeld à Damas, *France-Soir* vom 18.1.1974; Beate Klarsfeld in Kairo, *Süddeutsche Zeitung* vom 16.1.1975; Auch der Libanon weist Beate Klarsfeld aus, *Süddeutsche Zeitung* vom 20.1.1975.
19. Zit.n. Kaiser, Rote Rosen (Anm. 11), *Tagesspiegel* vom 2.6.1991.
20. *International Herald Tribune* vom 16.5.1986; *Profil* (Wien) vom 25.7.1988.
21. Marc Hertling: Den Tätern auf der Spur. *Der Spiegel* vom 13.7.1986.
22. *Frankfurter Rundschau* vom 4.10.1984.
23. Barbara Ungeheuer: „Wir sehen uns nach Schönem." *Die Zeit* vom 10.7.1987.

Bernd Rother
Willy Brandt – Der Kniefall von Warschau

Ein engagierter Demokrat war Willy Brandt zweifelsohne. Aber war er auch engagiert, wenn es um die Auseinandersetzung mit dem Nationalsozialismus ging? Manchen mag diese Frage überraschen, ist doch heute Willy Brandt einer der bekanntesten Nazigegner, die ins Exil gezwungen wurden, und sein Kniefall am Warschauer Ghetto 1970 wird doch für immer in Erinnerung bleiben. Aber sonst? Es scheint, als sei die Geste vor dem Denkmal für die Aufständischen des Warschauer Ghettos am 7. Dezember 1970 ein Solitär im politischen Leben Willy Brandts. In der Gegenbewegung zur offiziellen Vergangenheitspolitik der Adenauer-Ära tauchte er jedenfalls nicht auf. Gehörte Willy Brandt also zu denjenigen Remigranten, die das Vergessenwollen der Nachkriegsgesellschaft teilten? So einfach liegen die Dinge denn doch nicht.

Emigration und Exil

Willy Brandt wurde 1913 in eine Lübecker Arbeiterfamilie hinein geboren. Der Großvater führte ihn zur sozialdemokratischen Bewegung. Am Gymnasium, das er dank eines Begabtenstipendiums besuchen konnte, galt er als „Politiker". Mit Fünfzehn bereits veröffentlichte er Artikel im *Lübecker Volksboten*. Als sich 1931 Teile des linken Flügels von der SPD trennten, schloß sich auch Herbert Frahm (so der Geburtsname Brandts) der neuen „Sozialistischen Arbeiterpartei (SAP)" an. Nach Hitlers Machtergreifung war er im illegalen Widerstand aktiv und steckte mit Genossen selbst erstellte Flugblätter in Briefkästen. Im März 1933 nahm er am ebenfalls illegalen Parteitag der SAP in Dresden teil. Für Paul Frölich, einen der führenden SAP-Politiker, sollte Brandt die illegale Ausreise nach Norwegen organisieren, damit dieser dort einen Stützpunkt der Partei aufbauen konnte. Norwegens Sozialisten gehörten zu den wenigen großen Arbeiterparteien, die eine der SAP ähnliche, linkssozialistische Linie vertraten. Frölich aber wurde an der Grenze verhaftet und Brandt daraufhin von der Parteiführung beauftragt, mit seinen 19 Jahren selbst die Vertretung in Norwegen zu errichten. Im April 1933 verließ er Lübeck und ging illegal über Dänemark nach Oslo. Dort konnte Brandt schnell Fuß fassen – nicht nur wegen der guten Beziehungen der SAP zur Norwegischen Arbeiterpartei, sondern auch weil Brandt sehr schnell das Norwegische erlernte und sich einlebte. Schon nach wenigen Monaten konnte er Zeitungsartikel über die Lage in Deutschland veröffentlichen. In den folgenden Jahren lebte Willy Brandt von seiner journalistischen Tätigkeit, die es ihm ermöglichte, zugleich die Aufgaben als örtlicher Vertreter der SAP zu erfüllen. Im Herbst 1936 besuchte er in der Tarnung eines norwegischen Studenten Berlin, um Kontakte mit den dort illegal arbeitenden SAP-Genossen aufzunehmen. Auch nach diesem Aufenthalt, den er unerkannt überstand, hoffte er, daß im Falle eines Krieges die deutschen Arbeiter das nationalsozialistische Regime stürzen würden. Im folgenden Jahr ging er zur Vorbereitung einer Konferenz sozialistischer Jugendverbände nach Barcelona. Dort geriet er – mitten im Spanischen Bürgerkrieg – in die internen Auseinandersetzungen der republikanischen Seite und erlebte die Verschleppung und Ermordung von Sozialisten durch Kommunisten. Zurück in Norwegen erfuhr er 1938 von seiner Ausbürgerung durch die Nationalsozialisten. Da er dadurch staatenlos wurde, beantragte er nun die norwegische Staatsbürgerschaft. Während des Krieges wurde auch Willy Brandt, wie vielen anderen Emigranten, immer deutlicher, daß die nationalsozialistische Diktatur nicht von innen gestürzt werden würde. Er sehnte die deutsche Niederlage herbei, obwohl und weil er deutscher Herkunft war. Vorerst aber erlebte er deutsche Siege. Am 10. April 1940 überfiel die Wehrmacht Norwegen. Willy Brandt mußte vor der Gestapo untertauchen und konnte sich als norwegischer Soldat tarnen. Nach sehr kurzer Kriegsgefangenschaft flüchtete er im August des Jahres nach Schweden. Ebenfalls in diesem Monat erhielt er endlich die norwegische Staatsbürgerschaft. In seinem neuen Gastland arbeitete er wieder als freier Journalist, der über die Entwicklungen in Norwegen berichtete. Aufgrund der guten Kontakte zur Exilregierung und zum Widerstand im Land waren seine Artikel gefragt. In Stockholm traf er – in viel größerem Maße als in Oslo – auf Emigranten aus anderen Ländern. Die Bindungen zur SAP lockerten sich. Vorrangig arbeitete er in der „Internationalen Gruppe demokratischer Sozialisten" mit, die Flüchtlinge aus 15 Ländern zusammenbrachte. Gegründet worden war sie im Juli 1942. In den Diskussionen der Gruppe lehnte Brandt die Position des britischen Politikers Lord Vansittart, für den alle Deutschen von Natur aus böse waren, ab. Im Frühjahr 1943 veröffentlichte die Gruppe die *Friedensziele der demokratischen Sozialisten*.[1] Die Verfasser, zu denen Willy Brandt gehörte, forderten, die Kriegsverbrecher nach der Niederschlagung der Hitler-Diktatur zu bestrafen. Widersprüchlich sind die Informationen, für wie glaubwürdig Brandt die Berichte über die Ermordung der Juden hielt. Barbara Marshall schrieb in ihrer Brandt-

Biographie: „Willy Brandts Haß auf den Nationalsozialismus ging so tief, daß er einer der wenigen Emigranten war, die niemals die Wahrheit der Berichte über deutsche Konzentrationslager anzweifelten."[2] Brandt selbst hingegen notierte in seinen *Erinnerungen*:

Auch in Stockholm wußten wir nicht alles, bei weitem nicht, aber einiges. (...) Gegen Ende 1942 oder zu Beginn 1943 hatte mir der polnische Sozialist und Gesandte der Exilregierung, Karniol, einen knappen Bericht über Vergasungen in Kraftwagen vorgelegt (...). Ich ... gab sie in unseren kleinen Kreis hinein, in dem wir in aller Offenheit alles besprachen. Aber zu besprechen war nichts. Fritz Tarnow, der bedeutende Gewerkschafter, der einst die Holzarbeiter geführt ... hatte, wehrte entschieden ab: An die Richtigkeit des Berichts zu glauben, weigerte er sich, denn ‚so etwas machen Deutsche denn doch nicht'. Seine Vermutung, die nur zu gern aufgegriffen wurde: eine Wiederbelebung der Greuelpropaganda aus dem Ersten Weltkrieg.

Dies klingt so, als habe auch Brandt zu dieser Zeit bereitwillig Tarnows Vermutung geteilt. Diese Position war die Regel; nur sehr wenige konnten sich das wirkliche Ausmaß und die Formen des deutschen Völkermords auch nur annähernd vorstellen, auch wenn sie keine Zweifel daran hatten, daß Juden von Deutschland verfolgt und ermordet wurden.

Das Kriegsende erlebte Willy Brandt in Stockholm. Im Oktober 1945 konnte er endlich wieder Deutschland besuchen. Verglichen mit anderen Emigranten war dies ein früher Zeitpunkt. Möglich wurde es, weil Brandt im Auftrage skandinavischer Zeitungen über den Nürnberger Kriegsverbrecherprozeß berichten sollte. Die Reise nutzte er, seine Mutter in Lübeck zu besuchen. Auch über die Ermordung der Juden sprach er mit ihr. „Meine Mutter wie ihr Mann, beide unbezweifelbare und unerschütterliche Nazi-Gegner, gaben vor, von Massenvernichtung keine Ahnung gehabt zu haben. Zu fühlen, was in ihnen vorging, war nicht schwer. Es war die Anschuldigung, daß alle Deutschen Mörder seien, die auf ihnen lastete und die sie nicht tragen wollten."[3] Brandt wurde dadurch in seiner Ansicht bestärkt, daß der Vorwurf einer deutschen Kollektivschuld nicht nur nicht zutraf, sondern auch die Auseinandersetzung mit dem Geschehenen erschweren würde.

Innere Aussöhnung

In Nürnberg wurde Brandt mit der vollen Wahrheit über die Verbrechen des nationalsozialistischen Deutschland konfrontiert, wunderte sich aber, kaum noch einen Deutschen zu finden, der sich als Anhänger des Nationalsozialismus bekannte. Die Prozesse hielt er für richtig. Brandts gewichtigster Kritikpunkt an den Verfahren war, daß den deutschen Nazigegnern nicht die Möglichkeit gewährt wurde, sich an der Anklage gegen die Verbrecher zu beteiligen. Über die strafrechtliche Aufarbeitung von Schuld hinaus konstatierte er die Verantwortung aller Mitläufer und auch derer, „die nichts getan hatten, Hitler von der Macht fernzuhalten."[4] Dies war aber kein Kollektivschuldvorwurf. Seine Position führte ihn nicht dazu, einer umfassenden Entfernung von ehemaligen NSDAP-Mitgliedern aus dem Staatsdienst und wichtigen anderen Funktionen das Wort zu reden. „Die Entnazifizierung dauerte zu lange, sie umfaßte zu viele und vielfach die Falschen."[5] Mit letzterem wollte er zum Ausdruck bringen, daß aus seiner Sicht kleine Parteigenossen und Mitläufer schneller und schärfer verurteilt wurden als manch hoher Funktionär. Er plädierte statt dessen für eine innere Aussöhnung. 1978 beschrieb er dies so: „Ich habe über viele Jahre hinweg im Ausland um Verständnis dafür gebeten, daß wir auf die Dauer nicht als ein wegen der Nazi-Zeit innerlich gespaltenes Volk leben könnten." Auch Adenauers „Vergangenheitspolitik" nahm er in diesem Jahr rückschauend in Schutz: „Wenn man Adenauers politisches Wirken einmal würdigt, dann wird dies als seine eigentliche Leistung stehenbleiben. Er hat die Gefahr einer inneren Spaltung unseres Volkes gebannt, sicher auf seine Weise, indem er auf Zeitgewinn setzte, sich auch ein bißchen durchmogelte." Einen Rückschritt in der Haltung führender Unions-Politiker meinte er aber festzustellen, als Hans Filbingers Marinerichter-Tätigkeit in Norwegen bekannt wurde: Unter Adenauer „hätte jedenfalls keiner stellvertretender CDU-Vorsitzender bleiben können, der den Satz sagt, daß heute nicht Unrecht sein könne, was damals Rechtens war. Da hat sich was verschoben." Von der Versöhnungspolitik unterschied Brandt die juristische Aufarbeitung strafrechtlich relevanter Taten: „Ich bin leider nicht davon überzeugt, daß wir früh und energisch genug die Prozesse (gegen NS-Verbrecher, B.R.) vorangebracht haben."[6] In den Debatten um die Verlängerung bzw. Aufhebung der Verjährungsfristen für NS-Verbrechen Mitte der sechziger und Ende der siebziger Jahre war Willy Brandt jedoch kein entschiedener Befürworter einer Fortsetzung der gerichtlichen Ahndung dieser Taten. 1965 erklärte er nach dem Beschluß des Bundestages zugunsten der Verlängerung, er habe sich auch eine andere Entscheidung vorstellen können.[7] Und im selben Interview, aus dem das letzte Zitat stammt, bekannte er 1978, man müsse ihn erst noch davon überzeugen, daß die Aufhebung der Verjährungsfrist – die 1979 erfolgte – erforderlich und sinnvoll sei.[8] Zu erklären ist diese Haltung natürlich nicht durch Sympathie oder übermäßige Nachsicht gegenüber früheren Nazis. Willy Brandts Ziel war – wie das von Konrad Adenauer – die Integration all derjenigen ehemaligen Nazis, die sich nun zum demokratischen System der Bundesrepublik Deutschland bekannten.[9] Die strafrechtliche Verfolgung von Verbrechen sollte davon unberührt bleiben, aber nicht ad infinitum fortgesetzt werden. Diese Position war wohl staatspolitisch geboten, moralisch jedoch problematisch. Geboten erscheint sie in der Rückschau, weil die Stabilität des neuen Gemeinwesens nicht zu erreichen gewesen wäre, hätte man die Millionen früherer NSDAP-Mitglieder ausgeschlossen. Ohne den ökonomischen Erfolg der fünfziger Jahre aber wäre die Akzeptanz der Demokratie ebenfalls viel geringer ausgefallen. Viele andere europäische Staaten gingen nach der Befreiung ähnlich vor: die bekanntesten Repräsentanten der Kollaboration wurden verurteilt, die große Zahl der Alltags-Kollaborateure aber von Verfolgung freigestellt. In Deutschland aber ging es nicht um Kollaboration, sondern um Urheberschaft. Die Ausgrenzung von Millionen zu verwerfen, mußte nicht zugleich bedeuten, auch die Integration hoher Beamter des gestürzten Regimes gutzuheißen. Die Achenbachs, Globkes und Oberländers waren vor 1945 keine kleinen Mitläufer gewesen, und die Wiederzulassung von Gestapo-Beamten zum Öffentlichen Dienst war kein Zeichen des vollständigen Bruchs mit der Diktatur. Jedoch gilt es zu bedenken, daß in den fünfziger Jahren die Bereitschaft zur „Aussöhnung" von fast allen politischen Kräften geteilt wurde. Selbst die KPD war 1951 im Bundestag zur Rehabilitierung von Gestapo-Angehörigen bereit, sofern sie „'trotz allem ein Mensch geblieben'" waren.[10] Die SPD stimmte dem „131er"-Gesetz zu, weil sie die Entstehung eines Nährbodens für Freikorps wie in den Anfangsjahren der Weimarer Republik befürchtete.[11] „Erleichtert" wurde diese Haltung Brandt und vielen Sozialdemokraten durch die massiven Vorbehalte, die es zumindest in den ersten 20 Jahren des Bestehens des westdeutschen Staates bei der Mehrheit der bundesrepublikanischen Gesellschaft gegen eine Auseinandersetzung mit der NS-Vergangenheit gab. Erleichtert wurde sie speziell Brandt aber auch dadurch, daß er im Nachkriegs-Berlin „das Antinazistische" als dominierender empfand „als vielerorts sonst in der Bundesrepublik."[12] Persönlich beteiligte sich Brandt kaum an den Debatten zur Aufarbeitung der Vergangenheit. Seine Beweggründe lassen sich nur aus rückblickenden Bemerkungen erschliessen. Da er im Grundsatz der Linie seiner Partei in dieser Frage zustimmte, bedurfte es von ihm, dessen politische Schwerpunkte in anderen Bereichen lagen, auch keiner dezidierten Äußerungen. Ein einziges Mal meldete er sich zu Wort – und auch hier nur intern. In der Debatte der SPD-Bundestagsfraktion über die anstehende Erwiderung Schumachers auf

Adenauers erste Regierungserklärung 1949 forderte er, den andauernden Antisemitismus schärfer zu verurteilen, als dies der Bundeskanzler getan hatte. Schumacher griff diese Anregung auf.[13]
Mit Brandts Aufstieg zu bundespolitischer Prominenz – 1961 war er erstmals Kanzlerkandidat der SPD – kam es jedoch zu einer eigentümlichen Wandlung. Nicht daß er nun verstärkt zur Frage des Umgangs mit der nationalsozialistischen Vergangenheit das Wort ergriffen hätte. Vielmehr wurde er selbst zum Objekt einer entsprechenden Debatte, die – was bedeutsam war – von der CDU/CSU initiiert wurde. Hier ging es nicht um NS-Verbrechen, sondern um angeblich antipatriotische Positionen und Handlungen Brandts in der Emigration. Ja, die Emigration an sich wurde ihm angekreidet. Dies war keine Auseinandersetzung mit dem NS im Sinne der vorliegenden Porträtsammlung, aber dennoch für den „Erinnerungskampf" (Norbert Frei) der Adenauer-Zeit aufschlußreich genug, um hier kurz erläutert zu werden. Willy Brandt wurde mit Anwürfen konfrontiert, deren Tenor am besten 1961 in Franz-Josef Strauß' – heute unverschämt erscheinender – rhetorischer Frage deutlich wurde: „'Eines wird man Herrn Brandt fragen dürfen: was haben Sie zwölf Jahre lang draußen gemacht? Wir wissen, was wir drinnen gemacht haben.'" Zum Vorwurf wurde ihm sein Engagement für die Spanische Republik während des Bürgerkriegs gemacht; in Norwegen habe er auf deutsche Soldaten geschossen; im *Spiegel*-Gespräch mußte er genau schildern, wann er getauft worden war und ob er noch der Kirche angehörte. Adenauer sprach über ihn als „Herrn Frahm", und „Emigrant" wurde zu einem auf Brandt gemünzten Schimpfwort.[14]
Diese Auseinandersetzung konnte Brandt nicht „gewinnen", sondern nur durchstehen, denn von der Union wurde sie mit der Überlegung geführt, daß in jedem Fall – auch wenn die Vorwürfe widerlegt wurden – irgendetwas hängenbleiben würde. In den ersten Jahren setzte sich Brandt noch gerichtlich mit der Kampagne auseinander und gewann auch die Prozesse. Ab Mitte der sechziger Jahre, als die Vorwürfe trotz der juristischen Erfolge nicht enden wollten, reagierte er nicht mehr direkt. Eine indirekte Folge dürfte sein, daß bei der auszugsweisen Veröffentlichung der *Friedensziele der demokratischen Sozialisten* aus dem Jahr 1943 Willy Brandt 1966 u.a. den Abschnitt über die Bestrafung der Kriegsverbrecher strich.[15] In der Rückschau bedauerte er, „daß ich mich viel zu defensiv verhalten habe." So habe er nachgewiesen, nicht auf deutsche Soldaten geschossen zu haben. „Aber ich hätte hinzufügen sollen, daß es gewiß nicht schandhafter gewesen wäre, gegen als für Hitler zu kämpfen."[16]

Vergangenheitsbewältigung durch Machtwechsel

Dennoch wäre es falsch, Willy Brandt Geschichtslosigkeit zu unterstellen. Dies zeigte sich in seinem Kommentar in der Wahlnacht 1969: „Jetzt hat Hitler endgültig den Krieg verloren."[17] Die Form von Vergangenheitsbewältigung, die Brandt vorschwebte, war offenkundig die der allmählichen Überwindung der Relikte der Vergangenheit – auch und gerade in personeller Hinsicht –, nicht die einer „Säuberung". In der Zwischenzeit galt es, teils mehr Rücksichten als eigentlich gewünscht zu nehmen, und den Vorbelasteten die Chance der Wandlung zu geben. Daß aber jemand mit einer Biographie, wie er sie hatte, Bundeskanzler werden konnte, war dann doch ein wirklicher Erfolg gegen all die, die in den Jahren zuvor die Fronten hatten verkehren wollen und die Emigranten statt der Kollaborateure angegriffen hatten. Auch nach seiner Wahl zum Bundeskanzler setzte Brandt die zurückhaltende Vorgehensweise in Sachen Vergangenheitsbewältigung fort. In seiner Regierungserklärung zum 25. Jahrestag der deutschen Kapitulation war die Aufarbeitung der NS-Vergangenheit kein Thema, vielmehr sprach er über den Wiederaufbau nach Kriegsende. Die Zeit des Nationalsozialismus wurde von ihm nicht angesprochen, ebensowenig war vom Schicksal der KZ-Häftlinge, von den ermordeten politischen Gegnern und den Opfern des Rassenwahns die Rede. Daß es am 8. Mai 1945 auch Deutsche gegeben hat, deren Schicksal sich nicht verschlechterte, sondern verbesserte, tauchte in der Ansprache nicht auf, obwohl Brandt selber aus deren Reihen kam. Von Befreiung redete er nur für andere Völker. Der „Zusammenbruch des Reiches" habe hingegen die „Existenz des (deutschen, B.R.) Volkes selbst ... in Frage gestellt."[18]

Um so mehr kontrastiert zu diesem Verhalten der Kniefall von Warschau, wo er sich zur Unterzeichnung des deutsch-polnischen Vertrages aufhielt. Die Geste war nicht vorbereitet, sondern eine spontane Entscheidung, und deswegen um so überzeugender. Brandt schrieb dazu in seinen Erinnerungen: „Ich hatte nichts geplant, aber Schloß Wilanow, wo ich untergebracht war, in dem Gefühl verlassen, die Besonderheit des Gedenkens am Ghetto-Monument zum Ausdruck bringen zu müssen. Am Abgrund der deutschen Geschichte und unter der Last der Millionen Ermordeten tat ich, was Menschen tun, wenn die Sprache versagt."[19] Prägnant wurde dies zusammengefaßt im Kommentar eines Journalisten: „Dann kniet er, der das nicht nötig hat, da für alle, die es nötig haben, aber nicht da knien – weil sie es nicht wagen oder nicht können oder nicht wagen können."[20]

In welchem politischen Umfeld sich Willy Brandt bewegen mußte, zeigen die Reaktionen in Deutschland, aber auch in Polen. In der Bundesrepublik wurde – neben viel Zustimmung – auch gefragt, ob die Geste nicht übertrieben gewesen sei. 48% der Bevölkerung – so eine Umfrage des *Spiegel* – sahen dies so, nur 41% hielten sie für angemessen.[21] Auf polnischer Seite wurde von einigen kritisch angemerkt, daß Brandt am Grabmal des unbekannten Soldaten „nur" einen Kranz niedergelegt habe.[22] Je größer der zeitliche Abstand wurde, desto uneingeschränkter wurde Brandts Geste aber als historisch und angemessen bewertet. Es zeigte sich darin ein allmählicher, wohl um die Wende von den siebziger zu den achtziger Jahren anzusiedelnder Wandel im öffentlichen Diskurs über die NS-Vergangenheit und den Umgang mit ihr. Die Rede des Bundespräsidenten Richard von Weizsäcker zum 40. Jahrestag von Kriegsende und Befreiung ist das bekannteste Zeugnis dieses Umschwungs hin zu einer offeneren und kritischeren Beschäftigung mit der Geschichte des „Dritten Reichs". Auch bei Willy Brandt läßt sich dieser Wandel partiell feststellen. 1986 erklärte er in einem langen Interview, daß er den „zeitweilig" von ihm positiv bewerteten Umgang Adenauers mit der jüngeren Geschichte mittlerweile kritischer sehe. Auf weitere Nachfrage, ob denn nicht eine deutsche „Selbstreinigung" nötig gewesen, aber leider unterblieben sei, antwortete Brandt aber doch mit Argumenten, die er auch schon früher so vertreten hatte:

Man kann nicht ein total zerstörtes Land materiell wieder aufbauen, ein halbwegs geordnetes Staatswesen entstehen lassen in der Hoffnung, daß sich daraus etwas wie eine soziale Demokratie und ein Partner der anderen Völker entwickle, und gleichzeitig dieses Volk in seiner Schuld und Mitverantwortung eingraben. Sie müssen, wenn Sie das erste wollen, versuchen, so viele Leute wie irgend möglich, einschließlich nicht gerade Unbefleckter ... einzubeziehen, ... ihnen die Chance zu geben, neu anzufangen.[23]

Im Kern war dies die Bekräftigung der Adenauerschen Politik der Versöhnung durch Vergessen. Dem deutschen Volk – jedenfalls dem Teil, der in den Westzonen lebte – wurde eine „zweite Chance" eingeräumt, statt es einem strengen Strafgericht zu unterwerfen. Darin waren sich seit der Gründung der Bundesrepublik die wichtigsten Politiker sowohl der West-Alliierten als auch der demokratischen Parteien im Bundestag einig. Die Grenzen zur Verharmlosung des Nazi-Regimes und zum Wiederaufstieg alter „Seilschaften" waren dabei schnell berührt. Daß sie nie ernstlich überschritten wurden, war alliierter Wachsamkeit geschuldet – man denke an das Einschreiten der britischen Behörden gegen die Aktivitäten von Nazi-Größen in der nordrhein-westfälischen FDP in den fünfziger Jahren – und der Tatsache, daß eben auch

Nazi-Gegner wie Schumacher, Ollenhauer, Erler, Brandt in der SPD, Konrad Adenauer in der CDU die Grenzen der Tolerierung beeinflussen konnten. Moralisch anrüchig war es dennoch. Aber vielleicht entstand dadurch der feste Grund, auf dem erst die wirkliche Aufarbeitung der Vergangenheit ab den sechziger Jahren erfolgen konnte, ohne die innere Stabilität der westdeutschen Demokratie auch nur annähernd zu gefährden. Ein offenerer Umgang mit der Zeit des Nationalsozialismus setzte ja nicht erst in den achtziger Jahren ein, als kaum noch einer der Täter lebte. Die großen Prozesse wurden zwanzig Jahre früher geführt, und zu den Themen von „1968" gehörte auch die Frage an die Älteren, was sie 1933 – 1945 getan hatten. Willy Brandts Kniefall hat diese Bewegung zweifelsohne befördert und ihr ein Bild gegeben.

Anmerkungen

1. Vgl. dazu: Klaus Misgeld: Die „Internationale Gruppe demokratischer Sozialisten" in Stockholm 1942-1945. Zur sozialistischen Friedensdiskussion während des Zweiten Weltkrieges. Bonn 1976. S. 62-110.
2. Barbara Marshall: Willy Brandt. Eine politische Biographie. Bonn 1993. S. 21.
3. Willy Brandt: Erinnerungen. Frankfurt/Main 1989. S. 143f.
4. Willy Brandt: Links und Frei. Mein Weg 1930-1950. Hamburg 1982. S. 404, 408 (hier das Zitat).
5. A.a.O., S. 395.
6. Spiegel-Gespräch vom 28. August 1978, in: Erich Böhme/Klaus Wirtgen (Hg.): Willy Brandt: Die Spiegel-Gespräche 1959 – 1992. Stuttgart 1993. S. 277-287, hier S. 279-282, 286.
7. Rede beim Juristenkongreß, Heidelberg, 27. März 1965, in: Brandt-Reden 1961 – 1965. Ausgewählt und eingeleitet von Hermann Bortfeldt. Köln 1965. S. 138f., hier: S. 139. Im Gegensatz dazu schrieb Brandt 1989: „Aussöhnung war geboten, aber bei schonungsloser Auseinandersetzung mit der bösen Vergangenheit." Brandt, Erinnerungen (Anm. 3), S. 38.
8. Spiegel-Gespräch vom 28. August 1978, in: Böhme/Wirtgen, Spiegel-Gespräche (Anm. 6), S. 286.
9. A.a.O., S. 282: „Entscheidend ist, ob jemand den Trennungsstrich gegenüber dem Unrechtsstaat gezogen hat."
10. Nach Norbert Frei: Vergangenheitspolitik. Die Anfänge der Bundesrepublik und die NS-Vergangenheit. München ²1997. S. 80.
11. Willy Brandt: „...wir sind nicht zu Helden geboren". Ein Gespräch über Deutschland mit Birgit Kraatz. Zürich 1986. S. 66.
12. A.a.O., S. 58.

13 Petra Weber (Bearb.): Die SPD-Fraktion im Deutschen Bundestag. Sitzungsprotokolle 1949 – 1957, Erster Halbband: 1949 – 1953. Düsseldorf 1993. S. 11 (Sitzung am 20. Sept. 1949).

14 Vgl. Marshall, Brandt (Anm. 2), S. 53-55; das Strauß-Zitat S. 53. Vgl. auch das Spiegel-Gespräch zu diesem Thema vom 15. März 1961, in: Böhme/Wirtgen, Spiegel-Gespräche (Anm. 6), S. 51-63. Jüngste, fast sieben Jahre nach Brandts Tod kaum noch für möglich gehaltene Variante dieser Kampagne ist der Artikel von Josef Hufelschulte, „Deckname ‚Polarforscher'‚ in *Focus*, Nr. 15/1999, 12. April 1999, S. 88-95.

15 Vgl. Misgeld, „Gruppe" (Anm. 1), S. 95; Willy Brandt: Draußen. Schriften während der Emigration. Hg. Von Günter Struve. München 1966. S. 291-298.

16 Brandt, „Helden" (Anm. 11), S. 111.

17 So die Wiedergabe durch Brandt in einem Gespräch mit Klaus Harpprecht, in: Klaus Harpprecht: Willy Brandt. Porträt und Selbstporträt. München 1971. S. 31.

18 Erklärung zum 25. Jahrestag des Endes des Zweiten Weltkrieges im Bundestag, in: Bundeskanzler Brandt. Reden und Interviews. Hg. vom Presse- und Informationsamt der Bundesregierung. Bonn 1971. S. 207-210.

19 Brandt, Erinnerungen (Anm. 3), S. 214.

20 Hermann Schreiber: Ein Stück Heimkehr. *Der Spiegel* vom 14. Dezember 1970. S. 29.

21 Peter Zudeick: Willy Brandt. Ein biographischer Essay, in: Hans Klein (Hg.): Die Bundeskanzler. Berlin ³1995. S. 220-285, hier: S. 262.

22 Brandt, Erinnerungen (Anm. 3), S. 214f.

23 Brandt, „Helden" (Anm. 11), S. 58-60, 118.

Danksagung der Herausgeber

Viele Ideen entstehen erst im Gespräch. Die Idee zu diesem Band ist bei uns während der konstituierenden Tagung der Ad-hoc-Gruppe „Geschichte und Politik" der Deutschen Vereinigung für Politische Wissenschaft (DVPW) im Februar 1997 in der Gedenkstätte Deutscher Widerstand in Berlin entstanden.

Auf dem Weg von der Idee zum Konzept wie bei der Auswahl der Porträtierten und der Suche nach Autoren haben wir viele Anregungen und wichtige Hinweise bekommen. Danken möchten wir PD Christoph Albrecht (Potsdam), PD Rainer Erb (Berlin), PD Dr. Bodo von Greiff (Berlin), Dr. Peter Krause (Frankfurt/Oder), Prof. Dr. Joachim Perels (Hannover), Anneke de Rudder (Berlin), Prof. Dr. Peter Steinbach (Berlin), Dr. Johannes Tuchel (Berlin).

Die Drucklegung unseres Sammelbandes wurde von der „Gesellschaft zur Förderung politisch-wissenschaftlicher Publizistik und demokratischer Initiativen e.V." (Bonn), von „Gegen Vergessen – für Demokratie e.V." (Bonn) und von der „Friedrich-Ebert-Stiftung" (Bonn) mit dem Herbert-Wehner-Stipendium finanziell unterstützt.

Nicht zuletzt gilt unser Dank dem Team des Verlags Westfälisches Dampfboot, namentlich Prof. Dr. Hans-Günter Thien, der unserer Konzeption von Beginn an vertraut und das Projekt mit großem Interesse begleitet hat.

Berlin im Juni 1999   Claudia Fröhlich und Michael Kohlstruck

Die Autorinnen und Autoren

Detlef Bald, Jg. 1941; Dr. phil. Bis 1996 Leiter des Bereichs Militär und Gesellschaft am Sozialwissenschaftlichen Institut der Bundeswehr; Mitarbeiter am Institut für Sicherheitspolitik und Friedensforschung an der Universität Hamburg; lebt als freier Publizist in München. Publikationen in Auswahl: Militär und Gesellschaft 1945-1990. Die Bundeswehr der Bonner Republik. Baden-Baden 1994; Die Atombewaffnung der Bundeswehr. Militär, Politik und Öffentlichkeit in der Ära Adenauer. Bremen 1994; Hiroshima, 6. August 1945. Die atomare Bedrohung. München 1999.

Hanno Beth, Jg. 1944; Publizist, derzeit verantwortlicher Redakteur der 'HausARbeiT'. Veröffentlichungen u.a.: Einführung in die Kommunikationswissenschaft (zusammen mit Harry Pross); Feder-Lese. Publizistik zwischen Distanz und Engagement (Hg.), Berlin 1983; Beiträge zu H.L. Arnold (Hg.): Kritisches Lexikon zur deutschsprachigen Gegenwartsliteratur, München 1979ff.; Chefredaktion von: Handbuch zur EG-Strukturförderung, Berlin 1992ff.; Animieren, stimulieren, überzeugen. Internationale Kooperation in der beruflichen Aus- und Weiterbildung. In: Weiterbildung in Europa. Dokumentation des 4. Europäischen Weiterbildungskongresses „Eurotrain für Training". Berlin 1993.

Werner Bergmann, Jg. 1950; Professor am Zentrum für Antisemitismusforschung der TU Berlin. Forschungsschwerpunkte: Soziologie und Geschichte des Antisemitismus und angrenzender Gebiete wie Xenophobie und Rechtsextremismus; Theorie kollektiven Verhaltens, insbesondere soziale Bewegungen und kollektive Gewalt, Öffentlichkeit und Meinungsforschung, Systemtheorie. Jüngste Veröffentlichungen: Antisemitismus in öffentlichen Konflikten. Kollektives Lernen in der Geschichte der politischen Kultur der Bundesrepublik 1949-1989, Frankfurt a.M. 1997; Antisemitism in Germany. The Post-Nazi Epoch Since 1945, New Brunswick 1997 (zus. mit Rainer Erb); Kommunikationslatenz und Vergangenheitsbewältigung, Leviathan, SH 18, 1998.

Thorsten Bonacker, Jg. 1970; Dr. phil., wissenschaftlicher Mitarbeiter am Institut für Soziologie und Sozialforschung der Carl von Ossietzky-Universität Oldenburg, Buchveröffentlichungen: Die Gesellschaftstheorie Adornos (Hg. zusammen mit Stefan Müller-Doohm und Dirk Auer) (1998), Möglichkeiten und Grenzen gesellschaftlicher Rationalität bei Habermas und Luhmann (1997), Konflikttheorien (1996); Aufsätze u.a. zum Problem der Unentscheidbarkeit in Konflikttheorien (1997), zur Macht- und Herrschaftsproblematik bei Habermas und Lyotard (1997), zur politischen Theorie der Dekonstruktion (1999) und zur Einwanderung des Moralischen in den Krieg (1999).

Hans-Ernst Böttcher, Jg. 1944; Präsident des Landgerichts Lübeck. Veröffentlichungen zur Justizstruktur und zu praktischen Fragen des Verfassungsrechts.

Angelika Ebrecht, Jg. 1957; Dr. phil., Psychologin. Arbeitsschwerpunkte: Psychoanalyse, Politische Psychologie, Feministische Theorie, Kulturelle Anthropologie, Theoriegeschichte und Literaturtheorie. Mitherausgeberin von: *Querelles.* Jahrbuch für Frauenforschung. *Neuere Veröffentlichungen:* Über das Unheimliche im „rechten" Leben – Zur psychischen Funktion der Neuen Rechten für die politische Kultur der Bundesrepublik Deutschland. In: Emilio Modena (Hg.): Das Faschismus-Syndrom. Zur Psychoanalyse der Neuen Rechten in Europa. Gießen: Psychosozial, 1998; (zusammen mit Andreas Wöll): Psychoanalyse, Politik und Moral. Tübingen 1998.

Claudia Fröhlich, Jg. 1971; M.A., Wissenschaftliche Mitarbeiterin an der Forschungsstelle Widerstandsgeschichte der FU Berlin und der Gedenkstätte Deutscher Widerstand in Berlin.
Publikationen: Der 20. Juli kommt vor Gericht. Der Remer-Prozeß und Fritz Bauers Kampf um eine neue politische Kultur in Deutschland. *Frankfurter Rundschau* vom 20.07.1998; Widerstand und demokratische Identität. *Die Mahnung*, H. 4, 1999. S. 1f.

Rolf Hanusch, Jg. 1943; Dr. phil., evangelischer Theologe, Leiter der Evangelischen Akademie Berlin-Brandenburg

Johannes Heesch, Jg. 1966; Dipl.-Politologe, Stipendiat der Friedrich-Ebert-Stiftung im Projekt „Faktoren und Verläufe der Konstitution demokratischer politischer Identität in nachdiktatorischen Gesellschaften"; freier Mitarbeiter der Friedrich-Ebert-Stiftung. Publikation: Antikommunismus, Pro-Amerikanismus und Amerikakritik im politischen Denken von Helmut Schmidt. In: Gesine Schwan (Hg.): Antikommunismus und Antiamerikanismus in Deutschland. Kontinuität und Wandel nach 1945. Baden-Baden 1999.

Die Autorinnen und Autoren

Michael Kohlstruck, Jg. 1957; Dr. phil., Sozialwissenschaftler. Derzeitige Arbeitsschwerpunkte: Politische Kultur, Zeitgeschichte. Neuere Veröffentlichungen: Der Fall Mehnert. In: Helmut König (Hg.): Der Fall Schwerte im Kontext. Opladen 1998; Vergangenheitsbewältigung am Ende des 20. Jahrhunderts. Opladen/ Wiesbaden 1998 (Hg. zusammen mit Helmut König und Andreas Wöll).

Helmut Kramer, Jg. 1930; Dr. jur., zuletzt Richter am OLG Braunschweig und im Niedersächsischen Justizministerium tätig. Mitgründer der Zeitschrift *ÖTV in der Rechtspflege*. Zahlreiche Veröffentlichungen zur juristischen Zeitgeschichte, insbesondere der NS-Justiz und ihrer Aufarbeitung in der Bundesrepublik., darunter: Oberlandesgerichtspräsidenten und Generalstaatsanwälte als Gehilfen der NS-„Euthanasie". In: Kritische Justiz 1984, H. 1; „Gerichtstag halten über uns selbst". Das Verfahren Fritz Bauers zur Beteiligung der Justiz am Anstaltsmord. In: Hanno Loewy/ Bettina Winter (Hg.): NS-Euthanasie vor Gericht. Fritz Bauer und die Grenzen juristischer Bewältigung. Frankfurt a.M. 1996.

Andreas Nachama, Jg. 1951; Dr. phil., Vorsitzender der Jüdischen Gemeinde zu Berlin und Publizist. Neuere Veröffentlichungen: Nach der Befreiung. Jüdisches Leben in Berlin 1945- 1953, in: Reinhard Rürup (Hg.): Jüdische Geschichte in Berlin. Essays und Studien, Berlin 1995; Die Reise nach Jerusalem. Eine kulturhistorische Exkursion in die Stadt der Städte (Hg. zusammen mit Hendrik Budde), Berlin 1995; Jüdische Orte in Berlin (zusammen mit Ulrich Eckhardt und Elke Nord), Berlin 1996.

Joachim Perels, Jg. 1942; Professor für Politische Wissenschaft an der Universität Hannover. Neuere Publikationen: Wider die ‚Normalisierung' des Nationalsozialismus. Interventionen gegen die Verdrängung, Hannover 1996. Fritz Bauer, Die Humanität der Rechtsordnung. Ausgewählte Schriften, Frankfurt a.M. 1998 (Hg. zusammen mit Irmtrud Wojak). Opposition als Triebkraft der Demokratie. Bilanz und Perspektiven der zweiten Republik. Hannover 1998 (Hg. zusammen mit Michael Buckmiller).

Bernd Rother, Jg. 1954; Dr. phil., Historiker; Wissenschaftlicher Mitarbeiter der Bundeskanzler-Willy-Brandt-Stiftung in Berlin. Publikationen u.a.: Der Parteivorstand der SPD im Exil. Protokolle der Sopade 1933-1940. Hg. von Marlis Buchholz und Bernd Rother (= Archiv für Sozialgeschichte, Beiheft

15). Bonn 1995; Rassenwahn und Rassenstolz. Sephardische Reaktionen auf die Judenverfolgung in: Menora. Jahrbuch für deutsch-jüdische Geschichte, 1997, S. 199-227. Franco und die deutsche Judenverfolgung; in: Vierteljahrshefte für Zeitgeschichte, H. 2, 1998, S. 189ff.

Gerhard Schoenberner, Jg. 1931; war 1973-1978 Direktor des Deutschen Kulturzentrums in Tel Aviv, Gründungsvorsitzender des „Aktiven Museums e.V." (1989-1996), Vizepräsident des westdeutschen P.E.N. (1991-1994) und Gründungsdirektor der Gedenkstätte Haus der Wannsee-Konferenz (1990-1996). Co-Vorsitzender der „Freunde der deutschen Kinemathek Berlin" seit 1979. Neuere Publikationen: Der gelbe Stern (zahlreiche Übersetzungen u. Neuauflagen 1960-1998); „Unser einzig Weg ist Arbeit." Das Ghetto in Lodz 1940-1944, Ausstellung und Buchausgabe (mit Hanno Loewy) 1990, in Frankfurt/Main, Wien, Stuttgart, München, Berlin, Lodz; Die Judenverfolgung 1933-1945. Ständige Ausstellung im Haus der Wannsee-Konferenz, Berlin 1992.

Leonore Siegele-Wenschkewitz, Jg. 1944; Pfarrerin der Evangelischen Kirche in Hessen und Nassau, Direktorin der Evangelischen Akademie Arnoldshain, Professorin für Historische Theologie an der Johann Wolfgang Goethe-Universität in Frankfurt a.M. Arbeitsschwerpunkte: Nationalsozialistische Religionspolitik, Theologische Wissenschaftsgeschichte im 20. Jahrhundert, das Verhältnis von Christentum und Judentum in der Frühen Neuzeit und im 19. und 20. Jahrhundert, Geschichte von Frauen im deutschen Protestantismus im 19. und 20. Jahrhundert.

Alfons Söllner, Jg. 1947; Professor für Politische Theorie und Ideengeschichte an der TU Chemnitz-Zwickau. Neuere Publikationen: Deutsche Politikwissenschaftler in der Emigration. Studien zu ihrer Akkulturation und Wirkungsgeschichte, Wiesbaden 1996; Totalitarismus. Eine Ideengeschichte des 20. Jahrhunderts (Hg. zusammen mit Ralf Walkenhaus und Karin Wieland), Berlin 1997; Ostprofile. Universitätsentwicklungen in den neuen Bundesländern (Hg. zusammen mit Ralf Walkenhaus), Wiesbaden 1998.

Eckart Spoo, Jg. 1936; Journalist, 1962 bis 1997 Redakteur der *Frankfurter Rundschau*, 1970 bis 1986 ehrenamtlicher Bundesvorsitzender der „Deutschen Journalisten-Union" in der „IG Druck und Papier" (später „IG Medien"), seit Ende 1997 Herausgeber und verantwortlicher Redakteur der Zwei-

Die Autorinnen und Autoren

wochenschrift *Ossietzky*, zahlreiche Buchveröffentlichungen, hauptsächlich zu zeitgeschichtlichen, gesellschafts- und medienkritischen Themen.

Rita Thalmann: Jg. 1926; emigrierte 1933 und wuchs in der Schweiz und in Frankreich auf; emeritierte Professorin für Sozial- und Kulturgeschichte der deutschsprachigen Länder und Gründerin des Zentrums für intereuropäische Forschung an der Universität Paris 7 – Denis Diderot; Vorstandsmitglied der Internationalen Liga gegen Rassismus und Antisemitismus (LICRA). Publikationen in Auswahl: „Die Kristallnacht". 9.-10. November 1938. Hamburg ³1993; Frausein im Dritten Reich. Berlin ²1987; Jochen Klepper. Ein Leben zwischen Idyllen und Katastrophen. Gütersloh ³1997; Gleichschaltung in Frankreich 1940-1944. Hamburg 1999.

Erika Weinzierl, Jg. 1925; em. Professorin für neuere und neueste Geschichte am Institut für Zeitgeschichte der Universität Wien. Neuere Veröffentlichungen: Zu wenig Gerechte. Österreicher und Judenverfolgung 1938-1945. Graz, Wien, Köln, 4. Aufl. 1997., Vertreibung und Neubeginn. Israelische Bürger österreichischer Herkunft, Wien, Köln, Weimar 1992 (Hg. zusammen mit Otto Kulka); Herausgeberin der Zeitschrift *zeitgeschichte* seit 1973.

Peter Jochen Winters, Jg. 1934; Dr. phil., Redakteur; 1965 Deutscher Journalistenpreis der IG Druck und Papier für seine Berichterstattung über den Auschwitz-Prozeß; seit 1968 Redakteur der *Frankfurter Allgemeinen Zeitung*, seit 1972 Redaktion Berlin; 1977 bis 1990 zudem ständig akkreditierter Korrespondent der F.A.Z. in Ost-Berlin; Publikationen: Unrecht als Gesetz. Vom 30. Juni 1934 zu den „Mauerschützen". In: Helge Grabitz/ Herbert Bästlein (Hg.): Die Normalität des Verbrechens. Bilanz und Perspektiven der Forschung zu den nationalsozialistischen Gewaltverbrechen. Festschrift für Wolfgang Scheffler. Berlin 1994; Zahlreiche wissenschaftliche Publikationen zur deutschen Rechtsgeschichte und zur Außenpolitik, zur deutschen Einheit und zur Geschichte Berlins.

Andreas Wöll, Jg. 1966; Dipl.-Politologe, Wissenschaftlicher Mitarbeiter am Institut für Politische Wissenschaft der RWTH Aachen. Neuere Veröffentlichungen: Vergangenheitsbewältigung. Modelle der politischen und sozialen Integration in der bundesdeutschen Nachkriegsgeschichte, Baden-Baden 1997 (Hg. zusammen mit Gary S. Schaal); Psychoanalyse, Politik und Moral, Tübingen 1998 (Hg. zusammen mit Angelika Ebrecht).

Vera Neumann
Nicht der Rede wert
Die Privatisierung der Kriegsfolgen
in der frühen Bundesrepublik
Lebensgeschichtliche Erinnerungen
Mit einem Vorwort von Lutz Niethammer
1999 – 227 S. – DM 39,80
ÖS 291 – SFR 37,00 – ISBN 3-89691-451-0

„Vera Neumann hat in einer aufregenden Neuauswertung von lebensgeschichtlichem Interviewmaterial die dramatische Geschichte der Dauerüberlastung der Nachkriegsfamilien nachgezeichnet, die sich mit dem Erbe des Krieges herumzuschlagen hatten, mit psychischen Störungen, sozialen Depravationen. In ihrem Band entsteht das Bild einer 'Kriegsopfergesellschaft', die so noch nicht erzählt worden ist…"
                                                         Klaus Naumann   Die ZEIT

Bernd Gehrke/
Wolfgang Rüddenklau (Hrsg.)
… das war doch nicht
unsere Alternative
DDR-Oppositionelle
zehn Jahre nach
der Wende
1999 – ca. 350 S. – ca. DM 48,00
ÖS 350 – SFR 44,50 – ISBN 3-89691-466-9

Nein! – Die „Wende" in der DDR mußte nicht gleichsam naturgeschichtlich zur Übernahme des westdeutschen Gesellschaftssystems und zur konservativen Sturzgeburt staatlicher Vereinigung der Deutschen führen. Solche Mythen widerlegen auch AutorInnen aus verschiedenen Gruppen der ehemaligen „Bürgerbewegungen" mit kritischen Analysen von DDR, Bundesrepublik und der „Wende" – einschließlich ihrer eigenen Praxis.

Katja Dominik/Marc Jünemann/
Jan Motte/Astrid Reinecke (Hrsg.)
Angeworben – eingewandert
– abgeschoben
Ein anderer Blick auf die
Einwanderungsgesellschaft
Bundesrepublik Deutschland
1999 – 377 S. – DM 48,00
ÖS 350 – SFR 44,50 – ISBN 3-89691-441-3

„Geschichtswissenschaft stellt sich hier ihrer aufklärerischen Bestimmung, sie deckt Klischees auf und macht unbewußte Geschichts-Bilder bewußt, bearbeitbar und damit veränderbar."
Albrecht Kieser WDR/ Am Abend vorgestellt

WESTFÄLISCHES
DAMPFBOOT
Dorotheenstr. 26a · 48145 Münster
Tel. 0251/6086080 · Fax 0251/6086020
e-mail: dampfboot@login1.com
http://www.login1.com/dampfboot